2022 敦煌學國際聯絡委員會通訊

2022 Newsletter of International Liaison Committee for Dunhuang Studies

高田時雄　柴劍虹
策　劃

郝春文
主　編

陳大爲
副主編

敦煌學國際聯絡委員會
中國敦煌吐魯番學會
首都師範大學古文獻研究中心
主　辦

上海古籍出版社

2022.8.上海

敦煌學國際聯絡委員會幹事名單：

中　國：樊錦詩　郝春文　柴劍虹　榮新江　張先堂
　　　　　鄭阿財(臺灣)　　汪　娟(臺灣)
日　本：高田時雄　荒見泰史　岩尾一史
法　國：戴　仁
英　國：吳芳思　高奕睿
俄羅斯：波波娃
美　國：梅維恒　太史文
德　國：茨　木
哈薩克斯坦：克拉拉·哈菲佐娃

敦煌學國際聯絡委員會網頁：
http：//www.zinbun.kyoto-u.ac.jp/~takata/ILCDS/
敦煌學國際聯絡委員會秘書處地址：
日本國　京都市　左京區北白川東小倉町 47
　　　　京都大學人文科學研究所
　　　　高田時雄教授　Tel：075—753—6993
INSTITUTE FOR RESEARCH IN HUMANITIES
KYOTO UNIVERSITY KYOTO 606—8265，JAPAN

2022

敦煌學國際聯絡委員會通訊

目　録

論著目録

2021 年敦煌學研究綜述

負國傑　曾月秋（上海師範大學）

據不完全統計,2021 年度中國大陸地區出版的與敦煌學相關的學術專著 60 餘部,公開發表的研究論文 400 餘篇。兹分概説、歷史、社會文化、宗教、語言文字、文學、藝術、考古與文物保護、少數民族歷史語言、古籍、科技、書評與學術動態十二個專題擇要介紹如下。

一、概　　説

本年度關於敦煌學研究概括性的論著主要涉及敦煌學學術史、敦煌文獻刊佈與整理、敦煌學人和敦煌學數字化建設等方面的内容。

敦煌學學術史方面。榮新江、劉進寶、郝春文、項楚、趙聲良撰寫《敦煌學視域中的中古歷史》(《中國社會科學》2021 年 8 期)組文。其中,榮新江《敦煌文書所記絲綢之路的新篇章》從漢文化的西傳和佛教、粟特商人、三夷教的東漸,以及 9—10 世紀的絲綢之路與吐蕃、歸義軍的貢獻等角度,論述了敦煌文書爲絲綢之路的歷史增添了豐富的内涵。劉進寶《敦煌學對中古史地研究的新貢獻》通過敦煌文獻與傳世文獻相結合的實例,揭示了敦煌學對西北史地研究的貢獻和獨特價值。郝春文《敦煌文獻展現的中古宗教史研究新圖景》指出敦煌文獻展現了中古佛教流行情況,恢復了早期禪宗史的本來面貌,再現了寺院和僧人生活的真實圖景,揭示了道教經教化的另一條途徑。項楚《敦煌語言文學資料的獨特價值》介紹了敦煌文學、語言學研究的成果及其意義,認爲敦煌文學的新發現顯示了改寫中國文學史的必要性和可行性,敦煌語言文字學已成爲漢語史研究的一個極富特色和成果豐碩的領域。趙聲良《百年敦煌藝術研究的貢獻和影響》探討了敦煌藝術研究的主要成果對中國藝術史等學科的深遠影響以及對當代藝術創新的推動作用。

榮新江《華戎交匯在敦煌》(甘肅教育出版社)闡述了敦煌歷史上的民族遷徙與融合、中外文化的交流與互動等問題。郝春文《蒙塵千年的敦煌寶藏》(甘肅教育出版社)介紹了敦煌遺書概況、數量及收藏情況、内容及價值。胡同慶《蓮開敦煌：揭開敦煌的神秘面紗》(文物出版社)從佛道教故事、敦煌石窟藝術、寫本流失、歷史遺蹟、敦煌特產等方面對敦煌進行了全方位介紹。張涌泉、羅慕君、朱若溪《敦煌藏經洞之謎發覆》(《中國社會科學》2021 年 3 期)對學界一直爭論的敦煌藏經洞封存之謎做了新的論述。鄭炳林《傳承敦煌文

化　堅定文化自信》(《絲路百科》2021 年 3 期)展望了敦煌學的發展未來,提出要強化對歷史文獻的研究,探索多學科交叉研究方法,加强國際交流合作。

敦煌文獻的刊佈與整理方面。西北民族大學、上海古籍出版社與英國國家圖書館聯合編纂的《英國國家圖書館藏敦煌西域藏文文獻》(上海古籍出版社)第十五册出版,收録 IOL.Tib.J.VOL.68 的後半部分和 IOL.Tib.J.VOL.69,圖版 300 餘張,包括 30 餘種可定名的藏文文獻。甘肅省圖書館、敦煌研究院等編《甘肅藏敦煌藏文文獻》第 28、29、30 册"甘肅省圖書館卷"(上海古籍出版社)於 2021 年 4 月出版,收録甘肅省圖書館藏公元 8—9 世紀的敦煌藏文文獻 189 號。郝春文等編著《英藏敦煌社會歷史文獻釋録》第十七卷(社會科學文獻出版社)出版,其中包括 S.3686—S.3926 數百件社會歷史文書。王啓龍主編《法國國家圖書館藏敦煌藏文文獻目録解題全編》(廣西師範大學出版社)對法國國家圖書館藏 3 176 個敦煌藏文寫卷進行了編目。李國、師俊傑《甘肅藏敦煌遺書研究文獻引得》(甘肅教育出版社)全面搜集整理了 1909—2018 年甘肅各地所藏敦煌藏經洞及莫高窟北區出土的 8 100 多件漢文、藏文、回鶻文、西夏文、回鶻蒙文、八思巴文、梵文、敘利亞文等各類文獻的研究成果約 13 000 條。劉毅超《漢文敦煌遺書題名索引》(學苑出版社)彙集英、法、中、俄及海内外散藏敦煌遺書,抽取題名與編號,以中文拼音順序排列編製成索引。

敦煌學人方面。劉大勝《陳寅恪與"敦煌學"概念》(《史學理論研究》2021 年 5 期)從陳寅恪學術的内在理路和現代學術的必備理念出發,分析爲何陳寅恪能夠獨立提出"敦煌學"概念。常書鴻自傳《願爲敦煌燃此生》(天地出版社)講述了常書鴻先生傾盡一生守敦煌、終生奉獻敦煌保護事業的故事。常書鴻、[日] 池田大作《敦煌的光彩:常書鴻、池田大作對談録》(天地出版社)再版,對話從敦煌藝術的淵源、發展與傳播説開去,兼及東西文化的相互作用與比較,同時也談到兩人的經歷、志趣、理想與友情。宋翔《常書鴻先生與敦煌藝術研究》(《敦煌研究》2021 年 1 期)肯定了常書鴻先生作爲"敦煌的守護神"的歷史功績,同時强調了其在敦煌藝術研究方面的獨特性。作者認爲他是一位優秀的油畫家,關注中外文化的對比與交融問題;也是一名學術領導者,他的研究思路影響了國立敦煌藝術研究所(後改名爲敦煌文物研究所)的發展方向,且至今亦具有重要的借鑒意義。管小平《張大千臨摹敦煌壁畫繫年録》(《敦煌研究》2021 年 2 期)釐清了張大千在 1940 年 10 月至1943 年 6 月期間三次敦煌之行的工作内容、行程路綫及時間節點等問題。于天文在《張大千對敦煌壁畫的貢獻及意義》(《炎黄地理》2021 年 11 期)中,通過對張大千臨摹敦煌壁畫相關史料的整合,梳理了張大千對敦煌壁畫考證、宣傳、保護做出的貢獻,總結了張大千臨摹敦煌壁畫具有的時代意義。屠瀟《羅振玉古文獻學貢獻述略》(《漢字文化》2021 年 20 期)一文從敦煌文書與敦煌學、内閣大檔的整理與出版、漢晉簡牘三方面出發,介紹了羅振玉先生的突出成就和貢獻。鄭阿財《潘重規先生敦煌學研究及其與四川的因緣》(《中國俗文化研究》2021 年 2 期)敘述了潘重規從事敦煌學近六十年的研究成就及其與四川的因緣。敦煌研究院編著《堅守大漠 築夢敦煌——敦煌研究院發展歷程》(甘肅教育出版社)用圖文結合的形式客觀記録和展示了敦煌研究院 75 年的發展歷程,系統回顧了以常書鴻、段文傑和樊錦詩爲代表的敦煌文物工作者在敦煌石窟保護、學術研究、文化弘揚等方面取得的成績。汪正一《奮鬥百年路 啓航新征程·數風流人物——“敦煌的女兒”樊錦詩》(《敦煌研究》2021 年 4 期)講述了樊錦詩用“擇一事、終一生”的信念守護保護敦煌莫高窟的事蹟。

敦煌數字化建設方面。李若妍《敦煌文化的數字化傳承與傳播》(《中國民族博覽》2021 年 10 期)認爲只有從運營、文化 IP 與文創產品入手,纔能提昇敦煌文化的數字化傳承與傳播能力。趙哲超、王昕《媒介記憶視域下物質文化遺産的數字化傳播——以微信小程序“雲遊敦煌”爲例》(《新聞與寫作》2021 年 3 期)圍繞物質文化遺産與社會成員的聯結程度及其所承載的民族集體記憶的擴散程度,以“雲遊敦煌”小程序爲代表的數字化傳播方式,爲全方位展示物質文化遺産、廣泛傳播遺産信息以及更好地弘揚遺産價值提供了新的可能。郝凱利《淺析數字化視角下的非遺文化保護與傳播——以甘肅敦煌彩塑藝術爲例》(《明日風尚》2021 年 23 期)在數字化視角下,以甘肅敦煌彩塑藝術爲例,討論了數字化創新建設的必要性。

二、歷　史

敦煌學歷史方面的研究主要集中在政治史、歷史人物、經濟史、法制史、西北史地等方面。

政治史方面。張俊民《懸泉漢簡:社會與制度》(甘肅文化出版社)梳理了漢簡裏的鄉里分佈及人物姓名、身份等信息,探討鄉里制度、鄉里功能、基層官職。楊富學、張海娟、胡蓉、王東《敦煌民族史》(社會科學文獻出版社)是國内外首部敦煌民族通史,也是第一部全面系統論述敦煌民族歷史文化的學術專著,具有裨補闕漏的意義。管俊瑋《俄藏 Дx02160Va 考釋——兼對唐代長行坊減料制度的一點補充》(《敦煌研究》2021 年 2 期)將該文書定名爲《唐天寶某年敦煌郡長行坊申上載十二月驢馬減料帳》,認爲敦煌、西州等地方政府所轄長行坊給料標準不合常規之處,是唐代基層政府"日常統治"的常態。管俊瑋《唐代尚書省"諸司符"初探——以俄藏 Дx02160Vb 文書爲綫索》(《史林》2021 年 3 期)通過考釋俄藏 Дx02160Vb 文書和解讀其他吐魯番和敦煌出土省符文書,對諸司符的格式進行了復原,爲進一步探索堂帖的制度源頭提供了可能,爲進一步觀察唐代中樞體制的演變提供了新視角。賈鴻源《敦煌本〈刺史書儀〉"俵錢去處"所涉後唐宮城諸門位置商榷》(《華夏考古》2021 年 2 期)通過對《刺史書儀》"俵錢去處"所記後唐洛陽宮城諸門位置的重新考訂,發現相同俵錢處置行列内的宮門或毗鄰或依次貫通的空間佈局特點。苑恩達、陸離《敦煌文書 P.3885 號中的"敵禮之恩"問題》(《西藏研究》2021 年 6 期)認爲"敵禮之恩"在一定程度上提高了吐蕃的政治地位,但並不意味著改變了吐蕃對於唐朝的藩屬地位。包曉悦《唐代使牒考》(《敦煌吐魯番研究》第 20 卷)對唐代使牒的文書形態、使牒的性質與來源、牒式補任文書的形態與功能、使牒與官文書等級體系的規範方面進行了全面考察。

朱麗雙《吐蕃統治時期沙州的部落劃分問題——P.T.1089 年代研究》(《中國藏學》2021 年 4 期)認爲 790 年(午年)吐蕃大概先將沙州百姓以軍户組成行人部落,以民户組成絲綿部落,然後將行人部落分成上、下和中元三個部落。冉永忠、李博《吐蕃統治敦煌時期"奴"等群體社會地位考述》(《西藏民族大學學報》2021 年 3 期)認爲吐蕃對敦煌實行的並非是野蠻的奴隸制度,而是對敦煌地區進行了有效的統治,維護了社會穩定,推動了當地社會經濟文化的發展。李軍《控制、法定與自稱:唐宋之際歸義軍轄區變遷的多維度考察》(《中國史研究》2021 年 4 期)探討了轄區盈縮與歸義軍政局變動之間的内在聯繫,指出以轄區變遷劃分歸義軍史的時代是一種新的可能。陸離《關於浙藏敦 114 號〈肅州府主致沙州令公書狀〉的幾個問題》(《青海民族大學學報》2021 年 1 期)探討了五代歸義軍節度使曹議金時期與肅州政權的關係,以及龍家、柔然、回鶻等部族在肅州一帶活動的情況以及肅州地區的佛教信仰狀況。陳雙印《張氏歸義軍時期敦煌漢族人口蠡測》(《敦煌學輯刊》2021 年 2 期)認爲不論是蕃佔時期還是張氏歸義軍時期漢族居民都是敦煌地區的主體民族,張氏歸義軍是一個以漢族爲主和旗下少數民族組成的聯合政權。楊立凡《敦煌歸義軍接待外來使者之儀探析》(《敦煌學輯刊》2021 年 3 期)指出接待外來使者之儀不僅是歸義軍政治倫理秩序的禮制化反映,並且是籠絡周邊政權人心的有效統治手段。韓剛《敦煌曹氏歸義軍宮廷繪畫機構與官職考略》(《美術大觀》2021 年 7 期)對曹氏歸義軍宮廷繪畫機構與畫家官職做進一步釐清,並探討當時美術興盛的原因。

歷史人物方面。楊寶玉《晚唐文士張球生平索隱》(《敦煌研究》2021 年 6

期)勾勒了張球生平的大致輪廓,探討了對其生平作品研究的意義。鄭怡楠《敦煌寫本 P.3556〈張慶德邈真讚并序〉考釋》(《敦煌學輯刊》2021 年 2 期)指出慶德姓張,即張慶德,是曹氏歸義軍政權中的重要人物。馮培紅、馮曉鵑《唐代粟特軍將康太和考論——對敦煌文獻、墓誌、史籍的綜合考察》(《敦煌研究》2021 年 3 期)揭示了唐代粟特軍將康太和跌宕起伏的生平經歷,並考察粟特人在唐朝邊防中的作用及宮廷宿衛情況。

經濟史方面。蘇金花《"商品"與"貨幣"——再論唐五代時期敦煌地區絲綢流通的特點》(《中國社會經濟史研究》2021 年 4 期)認爲絲綢作爲一種貨幣在市場上流行既是唐王朝"錢貨兼用"的政策體現,也是唐五代敦煌地區日常和絲路貿易中實物貨幣支付普遍性的具體反映。楊銘《再論吐蕃統治敦煌時期的馱、碩、斗、升》(《敦煌學輯刊》2021 年 3 期)對學界有爭議的吐蕃統治敦煌時期的度量衡問題進行了考證。楊銘、貢保扎西《法藏 1078bis〈悉董薩部落土地糾紛訴狀〉考釋——兼論吐蕃在敦煌分配"籍田"(rkya zhing)的時間》(《敦煌研究》2021 年 4 期)認爲文書內容反映了吐蕃統治敦煌時期處理民間糾紛的一般程式和基本辦法,指出吐蕃曾在 808 年爲敦煌部分農戶分配"籍田"(rkya zhing)並徵其賦役。路虹、楊富學《敦煌文獻所見沙州與周邊回鶻的商品貿易》(《中原文化研究》2021 年 3 期)指出沙州使團的商業貿易功能以及甘州、西州、伊州回鶻與沙州之間的經濟交流與互補,促進了中西方文化的交流與傳播。

法制史方面。中國社會科學出版社出版的李功國《敦煌古代法律制度略論》和《敦煌法學文稿》是敦煌法學新學科建設的支柱性書目,前者對敦煌法制文獻中所反映的敦煌正籍典章、經濟管理制度、契約制度、婚姻家庭與繼承制度、民族宗教制度、軍事烽燧屯田制度以及訴訟程式制度與判集、案例等,進行了整理與闡釋;後者闡述了敦煌法學的概念、特徵以及行政管理等各項法律制度。馬智全《敦煌懸泉月令詔條的節律詮釋》(《中國社會科學報》2021年 4 月 27 日)認爲詔條體現的珍愛萬物生靈、珍惜自然資源、遵從自然節律、依照時令生産生活,反映出古人對人與自然和諧共生的樸素認知。劉子凡《何以商胡不入蕃——從〈唐開元戶部格殘卷〉看唐代的商胡貿易法令》(《中國邊疆史地研究》2021 年 1 期)根據出土文書和傳統史料,對《戶部格》垂拱元年八月敕中商胡"不得入蕃"問題進行闡釋,指出唐朝對商胡往來興販持開放態度,但在邊疆形勢緊張的時候又會臨時禁止商旅往來,體現了唐朝在律令執行上的靈活性。張笑峰《黑水城出土元代律令與詞訟文書整理研究》(中國社會科學出版社)首次系統整理了《中國藏黑水城漢文文獻》《俄藏黑水城文獻》《斯坦因第三次中亞考古所獲文獻》(非佛經部分)以及誤入《俄藏敦煌文獻》的黑水城出土元代律令與詞訟文書。作者通過重新録文校勘,糾正了以往刊佈、研究中存在的録文錯誤。

西北史地方面。李并成《"敦煌"得名新考》(《敦煌學輯刊》2021 年 1 期)認爲應站在漢王朝經營西域、"鑿空"絲綢之路大背景的高度上去探討"敦煌"得名,作者認同李吉甫在《元和郡縣圖志》中的觀點。鄭炳林、張静怡《西漢敦煌郡的設置和敦煌城的修築》(《敦煌學輯刊》2021 年 2 期)認爲敦煌郡的設置和敦煌城的修築是在匈河將軍趙破奴的主持下進行的,並修築了敦煌郡水利灌溉體系。袁延勝《懸泉漢簡使節往來中的西域女性》(《西域研究》2021 年 2 期)基於懸泉漢簡,指出這些西域各地國王的妻子都有單獨派遣使者的權力,其不少是漢朝派去和親的公主或宮女,時間上基本都在宣帝以後。黎鏡明《漢代敦煌的邊城景觀和地理意象》(《城市史研究》2021 年 1 期)認爲漢代時人心中的敦煌地理意象經歷了由"蠻夷之地"到"華夏之區"的轉變過程,這種意象的轉換也使得當時乃至後世的中原人士始終以保家衛國的自覺保衛敦煌。

三、社 會 文 化

本年度敦煌社會文化研究主要集中在童蒙教育、社會生活以及文化交流方面。

童蒙教育方面。金瀅坤《論敦煌蒙書的教育與學術價值》(《浙江師範大學學報》2021 年 3 期)就敦煌蒙書對唐五代童蒙教育、社會大眾教育的價值和意義進行了討論;其《敦煌蒙書〈武王家教〉中的唐代富貴貧賤觀念解析——以"十惡"爲中心》(《敦煌研究》2021 年 6 期)認爲所謂"十惡"實爲有悖中華民族的優秀傳統"勤儉"的十種不良行爲,養成"勤儉"等良好家風,纔是決定一個家庭富貴貧賤的關鍵。朱鳳玉《敦煌本〈太公家教〉的傳播及其對中國俗文化的展現》(《敦煌研究》2021 年 6 期)指出此蒙書具有傳承性、變異性與集體性的特色,彰顯出傳統蒙書的社會價值及其對中國俗文化的意義。焦天然《漢唐間孔子與周公地位之嬗變——以敦煌蒙書〈孔子備問書〉"孔子問周公"爲緣起》(《浙江師範大學學報》2021 年 3 期)探討了孔子與周公的形象在漢、唐兩個時期社會地位變化的原因,認爲《孔子備問書》成書年代在武周時期、抄寫年代在開元時期。任占鵬《論唐代敦煌蒙書〈上大夫〉與後世〈上大人〉的關係》(《浙江師範大學學報》2021 年 3 期)認爲隨著宋以後統治秩序和儒家禮制重建,《上大人》取代了《上大夫》,凸顯了儒家的"仁"與"禮"。黑曉佛《從寺學教育看敦煌地區的佛儒融合》(《絲綢之路》2021 年 3 期)指出寺學是隋唐以來三教融合趨勢在敦煌的具體呈現,同時也是唐宋時期敦煌社會文化現象的縮影。

社會生活方面。周尚兵《唐五代敦煌的泥匠與百姓的日常生活》(《敦煌學輯刊》2021 年 1 期)介紹了唐五代敦煌地區泥匠的活計、作業的技術内涵和泥匠的壘牆過程,展現出敦煌百姓以立春、寒食及九月爲時間節點的日常生活風貌。游自勇《敦煌吐魯番漢文文獻中的剃頭、洗頭擇吉日法》(《文津學志》2021 年 1 期)認爲與日常生活密切相關的占書雖然消失,其内容則借由曆書、日常生活類書的廣泛傳播,滲透百姓的日常生活。林春、李成《棋聲沙漠戈壁間——敦煌莫高窟藏經洞發現的棋戲和棋理》(《敦煌學輯刊》2021 年 4 期)通過對 S.5574《碁經》的弈棋制度和棋法進行研究,揭示其在文化史、思想史、民俗史發展中所起的廣泛作用。郭海文、張平《敦煌壁畫所見中古女子體育遊藝初探》(《絲綢之路研究集刊》第 6 輯)以形象史學視角對敦煌壁畫中出現中國古代社會中女子體育遊藝活動進行探析。

文化交流方面。王黎《從吐蕃佛經目録分類看漢藏文化交流》(《西藏大學學報》2021 年 3 期)指出漢藏佛經目録分類的不同,體現了吐蕃時期佛教在自身的發展壯大中對佛教教義體系認識的深入。楊寶玉《晚唐敦煌文化中的江南元素及越州文士的貢獻》(《紹興文理學院學報》2021 年 2 期)認爲越州文士代表人物張球在中原與江南文化傳播到敦煌過程中扮演了重要角色。趙洪娟《中古敦煌祈賽習俗觀見敦煌與西域之文化關係》(《敦煌研究》2021 年 5 期)對賽青苗神、賽祆、結葡萄賽神等定期祈賽之俗的異域來源進行了分析,指出敦煌作爲東西方文明交匯的樞紐,中西文化在此發生了互動融合。

四、宗　教

本年度敦煌宗教研究主要涉及佛教、道教、景教、摩尼教等方面。

佛教方面的研究主要包括佛教文獻綴合、佛教經典研究、佛教信仰、佛教儀軌以及佛教寺院等方面。

佛教文獻綴合方面。王招國、王雪《敦煌本〈大乘百法明門論開宗義記〉殘卷綴合研究》(《圖書館雜誌》2021 年 8 期)通過對這些殘卷的内容、裂痕、行款、筆跡、書風、紙張等方面的分析,將其中 38 號殘卷綴合爲 13 組。郭丹《遼寧省博物館藏敦煌寫經綴合四則》(《敦煌吐魯番研究》第 20 卷)介紹了關於遼寧省博物館藏敦煌寫經《大佛頂萬行首楞嚴經》卷第六、《大般若波羅蜜多經》卷第四百三十三和卷第二百四十二、《大智度經》卷第十九的綴合研究成果。沈秋之、張涌泉《敦煌本〈和菩薩戒文〉殘卷綴合研究》(《出土文獻》2021 年 3 期)全面搜集了 79 號國内外藏敦煌本《和菩薩戒文》文書,將其中的 24 號殘卷或殘片綴合成 9 組,並從斷代、正背面文獻關係等方面探討綴合的意義。羅慕君、張涌泉《海内孤本周紹良舊藏〈金剛經〉殘卷綴合記》(《敦煌研究》2021 年 5 期)將周紹良舊藏《金剛經》殘卷與北大敦 20 號綴合,證明了其確是敦煌寫卷真品。此外,羅慕君、張涌泉《敦煌漢文本〈金剛經〉的綴合及啓示》(《敦煌吐魯番研究》第 20 卷)對 3668 號敦煌漢文本《金剛經》分析研究,將其中 788 號綴合爲 312 組,探討了字體比較幫助斷代和定名、字形比較幫助辨僞以及字跡比較幫助綴合方面的意義。劉丹、王勇《敦煌〈十誦律〉寫本綴合研究》(《敦煌學輯刊》2021 年 3 期)在前人研究的基礎上,通過寫卷邊緣的拼合、書風字跡與行款格式的比對、文本内容的分析,將敦煌文獻中目前已發現《十誦律》寫本共 57 號中的 20 號綴合爲 8 組,綴合後的寫卷形態完整,揭示了寫本時代《十誦律》修訂與流傳的全新圖景。傅及斯《敦煌本〈辯意長者子經〉整理與研究》(《中國典籍與文化》2021 年 3 期)將敦煌佛教文獻《辯意長者子經》10 號其中的 8 號綴爲 3 組,並通過分析諸寫本的文本樣貌及字形特徵,認爲敦煌寫本能夠反映該經譯出後在西域地區的流佈情況,與傳世文獻記載相合。

　　佛教經典研究方面。劉顯《敦煌漢文本〈大智度論〉整理與研究》(廣陵書社)首次對 500 號左右的《大智度論》寫卷從解題、字詞、句讀、注文等方面進行全面整理研究。董大學《論唐代敦煌地區僧人的佛典學習——以 BD08263〈金剛般若波羅蜜經注〉爲中心》(《圖書館雜誌》2021 年 8 期)概述了 BD08263《金剛般若波羅蜜經注》及敦煌地區僧人的佛典學習情況,認爲經注在佛教中國化過程中扮演著重要角色。趙青山、劉淑偉《敦煌藏經洞所出外道口力論師文書〈五百梵志經〉研究》(《敦煌研究》2021 年 5 期)通過對日本杏雨書屋藏敦煌遺書羽 633－2《五百梵志經》的考證,認爲此經實際上主要反映的是外道口力論師之思想。張鑫媛、普慧《敦煌遺書 S.4571〈維摩詰經講經文〉考論》(《西南民族大學學報》2021 年 10 期)探索 S.4571《維摩詰經講經文》寫本形態的演變及其影響,並推補了各斷片之間的缺文。王曉燕《羽 2〈維摩經義記・卷第二〉考釋》(《學衡》2021 年 1 期)認爲"甘露"是遼耶律倍的年號,"甘露二年"即公元 927 年;羽 2 所書内容乃是隋慧遠(523—592)所撰的《維摩義記》。夏吾措、桑吉東知《敦煌藏文寫本〈大乘無量壽宗要經〉的分類與流變關係研究》(《西藏大學學報》2021 年 3 期)通過對比敦煌研究院收藏的 84 件《大乘無量壽宗要經》寫本的内容異同之處,按其經文的差異與咒語的長短分爲甲、乙、丙、丁四種寫本,並以具體示例説明四種寫本之間的流變關係。昌如《敦煌文獻 Pelliot chinois 2183 校録》(《中國佛學》2021 年 1 期)參照日本學者池田將則的録文,對敦煌文獻 P.2183 重新校録。王磊《敦煌六朝寫本與〈十誦律〉的翻譯與校定》(《中山大學學報》2021 年 3 期)通過對

S.797、S.6661、BD03375 三件六朝《十誦律》寫本的考察,認爲其是未經卑摩羅叉改定的《十誦律》舊本。金延林《敦煌本〈律雜抄〉初探》(《敦煌吐魯番研究》第 20 卷)介紹了《律雜抄》的基本情況,並對該敦煌本做了釋録。侯廣信《敦煌典籍對佛教中國化的現代啓示——以〈提謂波利經〉爲例》(《中國宗教》2021 年 7 期)指出該經産生於北魏佛教的復興時期,作爲南北朝中國僧人撰述的溝通中印、融合儒道之佛典,"格義"之法在經中表現得淋漓盡致。常亮《旅順博物館藏敦煌寫本六祖壇經校寫與英譯》(宗教文化出版社)一書内容分爲旅順博物館藏敦煌寫本《六祖壇經》的校寫與以此校寫爲基礎的英譯兩個部分,兩個部分採取漢英對照的形式呈現。侯冲《〈壇經〉"曹溪原本"考辨》(《世界宗教文化》2021 年 4 期)認爲敦煌本確實是最早的《壇經》,明清時期的所謂"曹溪原本"實際上是契嵩本的改本,並不存在所謂敦煌本之前的"曹溪原本"。

佛教信仰方面。紀應昕、馬德《唐宋時期敦煌密教餓鬼觀念及其信仰探析》(《敦煌學輯刊》2021 年 3 期)指出敦煌密教餓鬼信仰功用具有多樣性,不僅包括救度亡靈,還包括祈福國家無戰争之災、消除瘟疫、疾病等。張小剛《古代敦煌龍王信仰及其圖像研究》(《敦煌研究》2021 年 3 期)介紹了古代敦煌地區的龍王信仰,探討了石窟中龍王的形象,並對《龍王禮佛圖》的功能和來源進行了探究。馬托弟《觀音菩薩療疾功能演變研究》(《敦煌學輯刊》2021 年 3 期)以敦煌文獻中的觀音療疾信仰爲切入點,通過對觀音療疾功能的演變的梳理,發現唐五代時期療疾已成爲中土觀音救難的主要内容。劉波《"修故之福,無量無邊"——敦煌遺書中所見補綴舊經製作佛教功德寫經現象》(《敦煌吐魯番研究》第 20 卷)討論在佛事活動中存在的"修故之福,無量無邊""但能修故,不假造新"的功德觀念,可視爲大量修復佛經存在的一種解釋。何劍平《民間俗曲與佛教講經文之關係論略——以〈十二時(普勸四衆依教修行)〉與 P.2133 號〈妙法蓮華經講經文(三)〉爲例》(《敦煌學輯刊》2021 年 4 期)認爲《十二時》與法華經講經文中同時記載的反映普通民衆參與地藏信仰"十齋日"的日常活動與持誦《法華經》觀世音名號、唱念彌陀往生西方的結合,是中土法華信仰民間化的重要表徵之一。公維章《西夏時期敦煌的觀音信仰》(《泰山學院學報》2021 年 4 期)認爲西夏敦煌觀音信仰呈現出顯密觀音融合、以密教觀音爲主的信仰特色。

佛教儀軌方面。[日] 倉本尚德《行像與行城——敦煌行城儀式起源考》(《唐研究》第 26 卷)通過對唐至宋初敦煌地方每年二月八日舉行的佛事活動的考察,研究了行城儀式的起源。馬德、紀應昕《8—10 世紀敦煌無遮齋會淺識》(《敦煌研究》2021 年 2 期)指出敦煌的無遮大會並無任何帝王參與,但開始時也打著帝王旗號,敦煌的"無遮"一開始就體現出佛教地域化、大衆化、社會化的特色。徐銘《敦煌八關齋戒文獻寫本整理與研究》(《法音》2021 年 7 期)認爲受持八關齋戒的儀式在中國的傳播發展過程中形成了很多自己的特質,體現了中國化的過程,在一定程度上也反映了當地信徒獨特的信仰情感和精神訴求。

佛教寺院方面。湛如《長安與敦煌之間:西明寺的大乘沙門與莫高窟的敦煌賢者》(《敦煌研究》2021 年 2 期)以玄奘弟子中的"大乘"稱號爲切入點,連結莫高窟的"大乘賢者"稱號,指出繼承玄奘"大乘"稱號的弟子有兩大特徵,一是玄奘的弟子,二是必須擔任過譯場的職位。趙貞《杏雨書屋藏羽 689〈吐蕃監軍論董勃藏修伽藍功德記〉考釋》(《宗教信仰與民族文化》2021 年 1 期)指出論董勃藏重修伽藍、彩塑佛像、修葺佛塔、栽種果園、佈施財物、設齋度僧及敬禮高僧的佛事功德,對探討吐蕃時期的敦煌社會及寺院經濟的發展都有重要的史料價值。陳大爲《唐後期五代宋初敦煌寺院中的客僧》(《敦煌研究》2021 年 2 期)探討了唐後期五代宋初敦煌寺院中客僧的來源和僧團對客僧的管理情況。王祥偉《敦煌"傔狀"文書再探》(《敦煌研究》2021 年 4 期)認爲 P.2250V 和 P.6005 不是傔狀文書,實際爲勾檢分傔曆;將 P.3600 擬名爲《戊年(818)普光寺等傔狀及勾傔曆》並探討了傔狀在分傔活動中的應用。張豔玉《唐後期五代宋初敦煌僧尼養老優老問題初探》(《敦煌學輯刊》2021 年 4 期)指出敦煌年老僧尼可從僧俗兩界獲得優待和幫助,包括宗教中弟子的侍奉、優敬老宿及請其決策教團事務、減免力役,以及由僧尼世俗關係提供的贍養或照料。武紹衛《無名僧人的名山事業:中古時期僧人的日常抄經與校勘活動》(《中國史研究》2021 年 2 期)通過考察 S.102 寫本所見諸種校勘情形,揭示了敦煌乃至整個中古時期僧人抄經、校經、讀經等一整套圍繞佛教經典展開的日常修行活動。

道教研究方面。張鵬《輻合增衍模式下的道經文本——以敦煌本〈上清大洞真經〉爲中心》(《宗教學研究》2021 年 2 期)通過梳理《大洞真經》文獻的流變過程,指出其文本結構出現縱向與橫向兩個維度的增衍,各種修行法訣都被允許存在,打破了陶弘景所謂"浮偽"的看法,逐漸形成了道藏六卷本《上清大洞真經》的樣貌。陸雯雯《唐代的儒釋道融合——以敦煌道教文書爲例》(《中國宗教》2021 年 7 期)以敦煌道教文書爲例,對唐代的儒釋道融合思想進行簡要闡釋。劉志《道教文化與絲綢之路——記王卡先生新疆、敦煌調研》(《中國本土宗教研究》第 4 輯)通過記敘 2015 年 9 月王卡先生一行在新疆、敦煌考察活動,介紹了絲綢之路中心路綫、絲綢之路北綫、海上絲綢之路上的道教文化,並闡述道教文化在絲綢之路的傳播及影響。

景教、摩尼教研究方面。林悟殊《唐代景教再研究(增訂本)》(商務印書館)出版,本書以檢視既往唐代景教研究爲前提,圍繞相關基本資料解讀和使用中所遺留的問題或認識上的誤區,對唐代景教進行全面論述。此次增訂在原有的兩大主體部分外,另辟"續篇",收錄作者後來所撰相關文章。"續篇"所收文章除對既往研究的進一步思考外,多與 21 世紀始發現的景教經幢、李盛鐸舊藏敦煌寫經真蹟公刊有關。彭曉靜、楊富學《摩尼教"樹"信仰及其哲學化二元論思想——以敦煌文獻爲中心》(《敦煌研究》2021 年 3 期)以敦煌漢文文獻爲基本依據,結合西亞、北非等地發現的科普特文與敦煌吐魯番發現的回鶻文摩尼教典籍,對"樹"以及作爲對立統一概念的"活樹""死樹"命題所體現的摩尼教哲學問題進行探討。楊富學、楊琛《華化摩尼教冥界觀與敦煌本〈十王經〉關係索隱》(《敦煌研究》2021 年 5 期)通過研究摩尼教冥界觀與敦煌的《十王經》及其"十王"思想之間的聯繫,指出冥界觀念並非波斯摩尼教原生的宗教設置,而是在入華後逐漸汲取佛教、道教、儒學以及本土民間信仰的宗教內涵纔構建和塑造出來的。

五、語 言 文 字

本年度關於敦煌語言文字的研究主要集中在音韻和字詞校釋方面。

音韻方面。鄧文寬《敦煌本〈字寶〉中的活俚語(去聲)》(《敦煌學輯刊》2021 年 3 期)通過探究《字寶》的去聲部分,發現其中的一部分俚語在當代晉南方言裏仍有很強的生命力。依據它們的現代語義,我們可以對其在中古時代的意義獲得更加準確的理解。傅及斯《"列"字新解》(《中國語文》2021 年 3 期)認爲"列"字並非由偏旁反切合音形成,而是藏文字母 ྲ(tag)形體"漢字化"的結果。余柯君《四種〈大身咒〉齒音聲母的比較研究》(《語文研究》2021 年 2 期)比較了《大身咒》在四個譯本中齒音聲母的對音情況,發現四本在齒音聲母字的對音上存在明顯差異,這些差異由對音風格和基礎方音的差異以及歷史語音的發展三方面原因造成。

字詞校釋方面。張涌泉、沈秋之《敦煌社邑文書人名錄校匡正及其識讀方法》(《語文研究》2021 年 3 期)將社邑文書人名錄校的疏誤隱栝爲因字形辨認失當、不明敦煌地區人名特點、不辨原卷衍文、圖版模糊而致誤四大類,討論了敦煌社邑文書人名用字的識讀方法。張小豔《敦煌本〈雜集時用要字〉疑難詞語校釋》(《敦煌吐魯番研究》第 20 卷)從語音、字形兩方面入手,校釋了敦煌本《雜集時用要字》中的十一則疑難詞語,展示了這些詞語在唐宋社會生活中扮演的重要角色,指出某些詞語仍活躍在現代方言口語中。尤澳、楊祖榮《日本杏雨書屋藏〈説文解字〉寫本殘卷考辨》(《閩江學院學報》2021 年

4 期)在對羽 674 殘卷進行録文和考釋後,將其與大小徐本進行對比,發現在部首排列上有 8 段不同。王棟《日本杏雨書屋藏"説文解字殘簡"考釋》(《古漢語研究》2021 年 2 期)通過對羽 674 來源和印鑒、書法風格上以及所存卷次、字形、部序的考釋,認爲該殘卷極大可能是近代人的僞作。李圓媛《敦煌本〈太公家教〉"齊""聞"二字考辨》(《晉城職業技術學院學報》2021 年 4 期)針對《太公家教》部分語句出現"齊""聞"混用的情況,對"齊""聞"二字進行考辨。湯偉《S.202〈傷寒論・辯脈法〉疑難字考釋》(《西昌學院學報》2021 年 3 期)利用文字學的相關知識,考釋了 S.202《傷寒論・辯脈法》中的疑難字。黃繼省《敦煌寫本〈尚書釋文〉"字形説解"類目研究》(《天水師範學院學報》2021 年 2 期)探討了敦煌寫本《尚書釋文》"字形説解"類目。彭慧《〈韓擒虎話本〉校注拾遺》(《天水師範學院學報》2021 年 6 期)在研讀文本的基礎上,參照寫卷 S.2144 討論了"争況合朝大臣""尅日活擒陳王進上"及"拽弓叫圓"等 9 處文字的形義問題。任燁璿《〈燕子賦〉"祁摩"補釋》(《漢字文化》2021 年 1 期)就敦煌變文《燕子賦》中"祁摩"一詞釋義梳理考辨,認爲"祁"乃"邪"之誤寫,"邪摩"與"舍摩"音同,即"舍摩利",讀爲梵語"Sama",義當指"木棉"。

張喆、党懷興《從王弼〈周易注〉看敦煌寫本的文字學價值》(《中國文字研究》2021 年 1 期)指出敦煌寫本王弼《周易注》在敦煌易類文獻中内容最爲豐富,可與傳世本相互比對。其文字學方面意義是,敦煌王弼《周易注》可豐富近代文字研究的史料;對於研究正俗字體的形成過程有參考價值,還可直觀呈現漢字由隸書到楷書的發展變化。李洪財《敦煌馬圈灣漢簡草書釋正》(《出土文獻》2021 年 3 期)通過對馬圈灣漢簡中的草書的研究,指出"厶"不一定只是草稿中的代稱,可能在日常書寫中,甚至在上奏文書中已經作爲一種謙稱使用,並對其他誤釋字作了釋讀補證。康健、陳君逸《唐宋禪籍與敦煌文獻中的"子"綴詞》(《西華師範大學學報》2021 年 6 期)認爲唐宋禪籍與敦煌文獻的"子"綴詞存在形同義近、形異義近、形同義異、此有彼無、選用"子"綴或"頭"綴等種種現象。李華斌《敦煌寫卷佛經音義疑難字考釋六則》(《中國文字研究》2021 年 1 期)一文摘録敦煌寫卷佛經中的六則疑難字,從文字、音韻、訓詁、梵漢對音等逐一考釋。劉瑶瑶《敦煌寫本功德記輯釋》(西南交通大學出版社)對敦煌文獻中的功德記文書進行了全面的搜集、整理、輯録和校勘,全書共有功德記録文 62 篇,每一篇録文均包括題解、正文和校勘三個部分。

六、文　　學

敦煌文學相關的研究成果主要集中在佛教文學、敦煌變文、詩詞、戲劇與小説等方面。

敦煌文學綜論性的研究有：伏俊璉《敦煌文學寫本研究》（上海古籍出版社）對 51 個寫本上所有的信息進行全面著録，包括寫本正面背面抄寫的内容、題記、雜寫、塗畫，還有寫本的性質用途、裝幀形式、紙質和書寫工具等。王志鵬《佛教影響下的敦煌文學》（人民出版社）對敦煌寫卷中的佛教文學作品及與佛教相關的文學作品進行了比較全面、系統的考察，勾勒出比較清晰的敦煌文學發展脈絡。胡蓉《敦煌吐魯番文獻所見蒙元時期的絲路文學》（《吐魯番學研究》2021 年 2 期）指出敦煌吐魯番出土的元代回鶻文、蒙古文文獻，不僅拓寬了元代西北地區文學研究的視野，而且增補了敦煌學研究的新内容。

佛教文學方面。劉傳啓《敦煌佛教齋文文體結構的劃分》（《西華師範大學學報》2021 年 6 期）梳理了學界對敦煌佛教齋文文體結構的五種劃分，並探討了各種劃分的得失，認爲從敦煌齋文寫本固有的文體結構劃分及編撰抄寫的實際情況來看，宜採用“五段法”或“三分法”。武紹衛《敦煌本 P.3618V〈秋吟〉初探》（《西華師範大學學報》2021 年 6 期）通過討論 P.3618V《秋吟》寫卷内容及相關表演環節，指出文本的成熟性是佛教講唱文化和遊方生活發展的結果，兩版《秋吟》同時抄寫在 P.3618 卷背説明僧人能同時掌握不同版本的《秋吟》。熊一瑋《佛教割乳佈施典故探原》（《敦煌學輯刊》2021 年 4 期）一文通過對印度文學和漢傳佛教中割乳佈施這一典故的爬疏和探討，認爲《天譬喻經》可能是漢文佛經和克孜爾壁畫主題的共同來源。

敦煌變文方面。陳映錦《律藏譬喻對敦煌變文的影響》（《中國宗教》2021 年 11 期）指出律藏中大量的譬喻故事會因爲戒律文獻在敦煌地區的傳播與使用而對敦煌變文的表述方式産生影響，進而影響到中國本土的民間文學創作。黑曉佛《敦煌世俗變文中中原情結的呈現與流變——兼論敦煌文化的基本精神》（《甘肅理論學刊》2021 年 3 期）認爲中原情結貫穿敦煌文化始終，特別在敦煌世俗變文中得到了充分而具體的體現。張志婧《敦煌變文女性形象研究》（《時代報告》2021 年 5 期）結合當時的時代背景介紹了敦煌變文中一些女性的外在形象及其内在的性格特徵，揭示女性當時所處的社會地位和生存狀態。程潔《敦煌變文獨特的敘事策略：夢境敘事》（《名作欣賞》2021 年 14 期）探究敦煌變文獨特的夢境敘事，指出夢境情節在結構上有其獨特的程式化特徵。黄志傑《敦煌變文與河西寶卷淵源探論——兼述地方非經典文學作品的價值重估》（《中國俗文化研究》2021 年 2 期）通過探索敦煌變文與河西寶卷兩者之間在文本内容、演出儀式、傳播流變上的淵源，指出兩者背後凸顯出濃厚的地方性和時代性，有助於進一步認識中國俗文學傳承與發展的脈絡。

敦煌詩詞方面。王志鵬《敦煌絲綢之路詩歌整理研究述略》(《內蒙古大學學報》2021 年 5 期)介紹了敦煌詩歌的範圍、數量及時代,回顧了學界對敦煌文學的整理研究,評價了敦煌詩歌的學術價值。石雲濤《敦煌歷史變遷在唐詩中的書寫》(《石河子大學學報》2021 年 4 期)指出唐朝前期敦煌的繁榮和安定、抵抗吐蕃的英勇鬥爭、張議潮驅逐吐蕃的巨大勝利都在唐詩裏得到吟詠和歌頌。朱瑜章《敦煌寫本 P.2555 卷"馬雲奇詩"考辨》(《敦煌學輯刊》2021 年 2 期)通過對敦煌寫本 P.2555 卷"馬雲奇詩"內容風格、書寫格式、字體大小、作者年齡等方面的考辨,論證了《懷素師草書歌》後屬 12 首詩爲馬雲奇所作,並探討了馬雲奇的大致生平。王素《敦煌 S.76 號文書所見劉廷堅其人其詩》(《敦煌吐魯番研究》第 20 卷)通過梳理學界關於敦煌 S.76 文書的研究,考索了劉廷堅的籍貫和兩首詩作,認爲劉廷堅是吉州人,詩作寫的是廬山。趙庶洋《敦煌詩校錄析分失當舉例》(《敦煌研究》2021 年 5 期)指出在敦煌詩歌的校錄中,我們應當充分尊重寫卷原本的抄寫形態以及詩歌本身的意義完整性,盡量減少主觀誤判對詩歌文本面貌的干擾。楊富學、葉凱歌《敦煌回鶻語頭韻詩及其格律特徵》(《敦煌研究》2021 年 2 期)以敦煌出土回鶻文文獻爲依據,從回鶻頭韻詩之格律及其來源、回鶻民間文學作品中的頭韻現象、回鶻佛教文學作品與佛事文獻中的頭韻以及回鶻佛典翻譯之頭韻追求等角度展開研究,指出回鶻押頭韻是回鶻文最具獨特性的押韻形式,具有形式多樣且繁密的特點。

蕭虹《迷失的環節:〈雲謠集〉在詞誕生過程中的定位》(《蘇州教育學院學報》2021 年 3 期)梳理從唐詩到曲子詞再到詞的文體發展過程,分析《雲謠集》與《花間集》的傳承關係,進而確定了《雲謠集》在詞的誕生過程中的位置。袁隴珍《敦煌曲子詞的譯介:現狀與未來》(《蘭州文理學院學報》2021 年 3 期)提出敦煌曲子詞譯介應注重底本、注疏與釋義研究,借鑒詩歌翻譯理論與實踐及專家型國際翻譯模式等建議。楊寶玉《〈貳師泉賦〉作者考辨》(《敦煌學輯刊》2021 年 4 期)首先梳理了學界關於《貳師泉賦》作者的不同主張,再從 P.2488 該賦作者題署中的"鄉貢進士"入手,並聯想到張球所撰《張淮深碑》抄件卷背詩提及其早年經歷,推測作者可能是張球。

戲劇與小説方面。喻忠傑《敦煌寫本戲劇發生研究》(甘肅文化出版社)對敦煌寫本中的戲劇文獻進行了系統鉤稽,並對其中的戲劇要素進行了深入挖掘,其中對敦煌講唱文學作品中戲劇因素的揭示是本書研究重點。全書緊扣中國戲劇發展特點,卻不囿於西方戲劇理論,從敦煌文獻文本出發,旨在尋繹自唐五代以來,漢魏六朝時期早期戲劇向複雜、綜合的宋元成熟戲劇轉變的軌跡。楊倩《敦煌俗賦與戲曲》(《保山學院學報》2021 年 4 期)通過考察探究敦煌俗賦的受衆、敘事方式、語言表達、主題思想,指出其作爲民間説唱藝術的誕生品,對古代戲曲在表演、敘事唱詞上都有一定的關聯。張焕忠《再論〈茶酒論〉的戲劇性——以 P.3910 爲中心》(《湖北文理學院學報》2021 年 6 期)探討了 P.3910《茶酒論》寫本中的戲劇特徵、内容的戲劇性、特定場合的戲劇演出等問題。何迪《敦煌本〈搜神記〉研究綜述》(《寧夏師範學院學報》2021 年 2 期)在梳理敦煌本《搜神記》現存 8 個寫本的基礎上,歸納出 5 種故事模式,並總結前人對敦煌本《搜神記》相關研究成果。

七、藝　術

本年度學界關於敦煌藝術的研究成果主要涉及敦煌石窟個案研究、敦煌壁畫、敦煌書法等方面。

敦煌石窟個案研究方面。梁紅、沙武田《敦煌石窟中的歸義軍歷史:莫高窟第 156 窟研究》(甘肅文化出版社)在前人研究基礎上,對莫高窟第 156 窟的保存現狀及洞窟各壁圖像進行了綜合研究,内容包括洞窟營建史再探、彩塑主尊身份考、敦煌石窟歸義軍首任都僧統洪辯供養像考、供養人畫像研究等方面。邵强軍《圖像與政權:敦煌曹議金第 98 窟研究》(甘肅教育出版社)將莫高窟第 98 窟置於曹議金主政敦煌時期特殊歷史背景中進行研究,主要探討第 98 窟中佛教藝術和世俗文化之間的關係,並以附錄的方式公佈了第 98 窟壁畫上殘存的所有文字。

敦煌壁畫圖册出版方面。趙聲良主編《敦煌壁畫藝術精品》(中國書店)分早期壁畫藝術、中期壁畫藝術、晚期壁畫藝術三部分,圖文並茂,闡述了三個時期典型洞窟壁畫特徵。敦煌文藝出版社出版了史敦宇、金洵璠《敦煌壁畫復原精品集》《敦煌飛天》,分別篩選並復原敦煌莫高窟各朝代壁畫代表作品 232 幅,敦煌莫高窟各個時期有關飛天的壁畫代表作品 180 幅。敦煌研究院編著《石窟面壁:關友惠關晉文敦煌壁畫臨摹集》(江蘇鳳凰美術出版社),本書所展現的作品一共有 179 件,按時代依次爲北涼、北魏、西魏、北周、隋代、初唐、盛唐、中唐、晚唐 五代、宋、西夏、回鶻、元代的經典壁畫。高山《再現敦煌壁畫藝術臨摹精品集》(江蘇鳳凰美術出版社)爲大 8 開的圖文畫册,書中收録了 80 餘幅高山敦煌壁畫的臨摹作品及壁畫再創作作品。

敦煌壁畫圖像研究方面。張小剛《敦煌壁畫中兩種于闐歷史傳説故事畫新考》(《西域研究》2021 年 2 期)認爲莫高窟北宋初第 454 窟甬道頂佛教感通畫下部一組畫面可能表現的是于闐國王先祖地乳出生由來的傳説故事;莫高窟第 126 窟甬道頂中央五代時期的佛教感通畫中榜題爲"于闐國太子出家時"的畫面,可能表現的是于闐國王尉遲毗梨耶王遺失後尋得的孩子在牛頭山伽藍出家,成爲于闐最早得獲阿羅漢果的論道沙門的傳說故事。路文《儒家文化對中國佛教繪畫的影響——以阿旃陀石窟和敦煌的壁畫風格對比爲例》(《中國宗教》2021 年 8 期)從古印度阿旃陀石窟壁畫和敦煌壁畫的風格對比角度出發,發現佛教在中國受到儒家文化的影響,淡化了出離的色彩,更加強調出世與入世的統一性。郭俊葉《敦煌執扇彌勒菩薩圖像考》(《敦煌研究》2021 年 2 期)認爲這種造型的執扇菩薩圖像應是彌勒菩薩,與現藏日本清涼寺的彌勒菩薩圖源頭一致,是屬於北宋畫家高文進的創作。陳曉咚《北涼時期三窟壁畫的西域風格與造型特點》(《藝術評鑒》2021 年 8 期)通過對北涼第 275、268、272 窟壁畫與克孜爾壁畫比較,探討了北涼時期三窟壁畫西域風格的造型特點,並討論了其西域風格與審美價值。王樂樂《從印度到中國克孜爾、敦煌石窟:施身主題本生圖像的演變》(《湖北美術學院學報》2021 年 3 期)從藝術形式和文化內涵兩個方面探討本生圖像從印度到中國克孜爾、敦煌石窟所發生的變異,探索中印本生圖像之間的源流關係。李婷《榆林窟第 29 窟圖像配置研究》(《法音》2021 年 4 期)根據圖像間的配置關係對榆 29 窟整體配置進行分析,指出榆 29 窟具有顯密圓融的特點。劉屹《敦煌所謂"白衣佛"問題之我見》(《敦煌吐魯番研究》第 20 卷)認爲北朝五個洞窟西壁中央的"白衣佛"是釋迦佛,與"法滅"背景無關,並探討了其與"千佛"以及阿旃陀"白衣佛"的關係問題。趙聲良《光與色的旋律——敦煌隋代壁畫裝飾色彩管窺》(《敦煌研究》2021 年 3 期)指出在隋朝的敦煌壁畫中,畫家對佛光的效果進行了多方面的探索,以大面積的火焰紋表現佛背光及龕楣,形成宏大的氣勢,以色彩的細膩變化表現奇妙的光感,充分體現了隋朝畫家旺盛的創造力。張春佳、趙聲良《莫高窟北朝忍冬紋樣的藝術特徵》(《敦煌研究》2021 年 6 期)通過對不同組合、構成方式的忍冬紋樣等進行歸納分類,闡述壁畫中忍冬紋的不同類型及特點;列出莫高窟北朝洞窟各類紋樣的量化比例以及分佈狀況,闡述了莫高窟北朝洞窟四個時期中不同紋樣的覆蓋、分佈洞窟以及發展演變的脈絡。

敦煌藻井方面。陳振旺《隋及唐前期莫高窟藻井圖案研究》(甘肅教育出版社)通過對隋及唐前期莫高窟藻井形制、圖案類型、造型演化、文化源流和語義變遷的專題研究,探求這一時期各階段藻井圖案的特徵和發展變化規律。楊東苗、金衛東《絲路上的華美:敦煌藻井》(浙江人民美術出版社)一書彙集了從南北朝到元代各個歷史時期敦煌藻井、平棋的代表圖案,是一部關於敦煌歷代藻井復原圖案專集。侯翔宇《蓮華覆海:敦煌莫高窟北朝至隋代藻井研究》(清華大學出版社)探析敦煌莫高窟藻井藝術風格的起源、傳播路徑和時代發展,並通過分期、分類、分式的方法梳理了北朝至隋代藻井紋樣的繼承和變化,以及從整體空間角度考量藻井圖案與窟内其他藝術形式的互動關係。高晏卿《敦煌莫高窟唐前期藻井寶相花中對葉形紋樣分析》(《佛學研究》2021 年 1 期)梳理了藻井寶相花中對葉形紋樣較爲明確的發展脈絡,並揭示了其文化内涵。于小彤、宋莉《盛唐莫高窟藻井藝術風格探究——以第 320 窟爲例》(《美術文獻》2021 年 4 期)在分析盛唐時期莫高窟第 320 窟藻井圖案的紋樣、構成方式、色彩的基礎上,探究其具有的典雅富麗、創新融合等時代特徵及其反映的開放包容的社會文化風尚。

經變畫方面。張景峰《佛法身在敦煌經變畫中的體現——莫高窟第 31 窟研究之一》(《敦煌學輯刊》2021 年 4 期)認爲報恩經變出現於第 31 窟中不僅體現了報恩思想,而且表達了觀佛的需求;金剛經變的繪製是對報恩經變的有力應對,以佛的法相代替其他諸像,進而達到無相的目的。龍忠、陳麗娟《彌勒單尊像、說法圖和彌勒經變的關係研究》(《絲綢之路》2021 年 3 期)指出敦煌石窟中的彌勒經變出現在隋代,經歷唐代的興盛,到五代以降呈現出程式化的藝術樣式。龍忠、陳麗娟《唐宋時期敦煌石窟彌勒經變的演變》(《大衆文藝》2021 年 11 期)通過梳理隋代至宋代敦煌石窟中的彌勒經變圖像,探索了敦煌石窟彌勒經變的發展演變過程,顯示了彌勒信仰從兜率净土信仰向彌勒净土信仰轉變。張善慶《圖像的層累與〈觀世音菩薩普門品〉的完整再現——莫高窟第 395 窟研究之一》(《敦煌研究》2021 年 4 期)提出甬道主題是觀世音菩薩之三十三種變化身,和主室觀世音菩薩救助八難,共同構成了一部完整的觀世音菩薩普門品變。吕曉楠《阿艾石窟與莫高窟 217 窟“觀無量壽經變”圖像比較研究——兼談敦煌壁畫粉本對龜兹石窟藝術的影響》(《西北美術》2021 年 2 期)對比阿艾石窟與莫高窟 217 窟“觀無量壽經變”圖像,劃定阿艾石窟的大致營建時期,並討論了“粉本”的流傳。

供養人方面。陳菊霞、馬兆民《延鼐夫婦供養人像辨析》(《敦煌學輯刊》2021 年 3 期)全面考察了莫高窟和榆林窟的延鼐夫婦供養人畫像,發現延鼐供養人像主要出現在莫高窟第 61 窟、榆林窟第 19、25、33、35、36 窟;延鼐丈夫慕容言長供養人像主要出現在莫高窟第 256 窟、榆林窟第 25、35 窟。劉維棟《榆林窟 29 窟西夏男性供養人再考》(《北方文物》2021 年 6 期)通過蠡測榆林窟 29 窟男性供養人身份,指出其家族應具有番、漢、粟特等多族群成分。劉人銘《敦煌石窟回鶻王像身份屬性再思考》(《中國美術研究》2021 年 2 期)梳理回鶻王夫婦像以及同時期供養像圖像中漢人易服回鶻裝、善用帷幔等信息,判定回鶻王像身份大概是文獻記載中沙州鎮國王子,即沙州北亭可汗。

敦煌樂舞方面。朱曉峰《唐代莫高窟經變畫樂舞圖像述略》(《敦煌研究》2021 年 6 期）從樂舞圖像的分類、表現形式以及功能三個方面入手，對唐代莫高窟經變畫樂舞圖像加以耙梳，認爲樂舞圖像在經變畫中的出現是佛教經文中樂舞的圖像式轉化。朱曉峰《西夏觀無量壽經變中的音樂史觀察》（《敦煌學輯刊》2021 年 2 期）從音樂視角觀察榆林窟第 3 窟主室南壁中部所繪西夏時期觀無量壽經變，認爲在首次製樂的大慶元年至二次製樂的人慶二年之間，西夏音樂應該是朝著簡約務實、突出本民族特徵的方向發展。張建華、余虹《唐宋古譜研究舉要兼啓示》（《音樂探索》2021 年 2 期）通過梳理敦煌古譜和姜白石歌曲旁譜二譜的研究成果，歸納出唐宋古譜研究的五點啓示。劉文榮《敦煌壁畫樂器的綫形表達——兼談壁畫的以圖辨樂與圖像敘事》（《樂器》2021 年 7 期）結合壁畫和文獻中的有關樂器的材料，從美術繪畫角度對敦煌壁畫中的樂器進行考論，並對樂器構圖進行分析。

朱曉峰、劉致暢《敦煌樂舞中的舞蹈：概念與分類》（《北京舞蹈學院學報》2021 年 3 期）詳細整理了敦煌絹畫、敦煌文獻中的舞蹈類圖像，並進一步討論了敦煌樂舞中樂與舞相輔相成的關係。趙喬《基於舞蹈表演教學的唐代飛天“身”“神”“韻”研究》（《北京舞蹈學院學報》2021 年 3 期）從舞臺表演視角出發，以唐代敦煌飛天爲歷史依據，探討敦煌舞表演的“身”“神”“韻”問題，並由此延伸出斷代研究對敦煌舞表演教學的學術價值與現實意義。高德祥《敦煌壁畫中的反彈琵琶舞姿溯源》（《北京舞蹈學院學報》2021 年 3 期）梳理了敦煌壁畫中琵琶舞在各個歷史時期的表現形式，認爲反彈琵琶舞姿是琵琶舞中的一個姿態，並不是完整舞蹈。文章指出其是在吸收“胡旋舞”“胡騰舞”等外來舞蹈的基礎上形成，是唐樂舞發展到高峰時期創造出的一種新的舞蹈形式。馬軍、何銘《敦煌舞派“六法”探究》（《舞蹈》2021 年 6 期）以“謝赫六法”爲基礎，比照敦煌舞“六法”，探究了敦煌舞的傳承發展。

敦煌書法方面。“中國碑帖集珍系列”之一（唐）劉弘珪《金剛經敦煌寫本》（浙江人民美術出版社）所示爲唐代劉弘珪所書《金剛般若波羅蜜經》，書於儀鳳元年（676），是唐楷成熟期的作品，法完體備，清潤秀勁，是臨摹、賞析唐楷的經典法帖。梁德水《敦煌馬圈灣漢簡》（河南美術出版社）一書主要從書法學習者的角度，影印了敦煌馬圈灣漢簡彩圖字帖。賴以儒《中國國家博物館藏〈唐河西支度營田使戶口給糧計簿殘卷〉雜寫書法研究》（《中國國家博物館館刊》2021 年 5 期）校錄藏於國家博物館的一件唐代敦煌文書的正面雜寫，指出雜寫中契約文書屬於草稿，其他均屬習字書跡；濃墨或淡墨大小字書寫，有楷書、行書及草書書體。夏青《唐代敦煌寫經中章草墨蹟捃摭》（《大學書法》2021 年 3 期）通過簡述敦煌寫經整體流傳情況，歸納唐代敦煌寫經的特點，梳理唐代章草的傳世狀況，在此基礎上對唐代敦煌寫經中的章草墨蹟進行分類整理。熊雙平《敦煌唐碑書法考察》(《西泠藝叢》2021 年 1 期)通過現存敦煌碑刻,探討唐朝時期敦煌地區書法的特徵和發展演變,並討論唐代敦煌文化的地域特色以及東西文化交流對碑刻書法的影響。李逸峰《敦煌漢簡中轉折筆形分類研究》(《書法研究》2021 年 2 期)通過對敦煌漢簡轉折筆形的書寫用筆方式及其形成的筆形狀態進行分析分類,運用坐標系將圓轉與硬折各分爲四類,進而考察隸變、草化等字體演化程度。

其他方面。劉元風《絕色敦煌之夜:絲綢之路(敦煌)國際文化博覽會服飾精粹》(中國紡織出版社)精選了"敦煌服飾文化研究暨創新設計中心"研究、設計和製作的古代藝術再現服飾和現代創新設計服裝,並由主創人員進行創作理念、取材元素和設計過程的詳細解析,展示了敦煌服飾文化的魅力和服務於現代生活的創新成果。陳爽《"秘畫珍圖":敦煌繪本長卷 P.2683〈瑞應圖〉再探》(《中國國家博物館館刊》2021 年 9 期)從 P.2683 的物質形態觀察入手,進一步佐證了 P.2683 源自顧野王《符瑞圖》的推斷。于向東《莫高窟第 285 窟西壁兩側龕內人物身份研究》(《敦煌學輯刊》2021 年 3 期)通過對第 285 窟西壁圖像整體構成、兩側龕內人物樣式特徵與組合方式及弟子像流行背景的分析,認爲兩側龕內塑像表現的應是佛陀座下的兩大弟子,正龕內主尊佛像很可能是釋迦牟尼佛。

八、考古與文物保護

本年度有關考古與文物保護的研究成果包括石窟考古和文物保護方面。

石窟考古方面。韋正《莫高窟第 275 窟的年代方案》(《敦煌研究》2021 年 5 期)將第 275 窟置於莫高窟自身、吐魯番—河西早期石窟兩個序列中進行比附,推測出該窟與莫高窟北魏洞窟聯繫緊密,年代應爲北魏早期,與北魏攻佔河西後敦煌獨盛、餘地皆衰的歷史背景吻合。沙武田《禮佛窟·藏經窟·瘞窟——敦煌莫高窟第 464 窟營建史考論(上)(下)》(《故宮博物院院刊》2021 年 7、8 期)對第 464 窟歷史、考古、圖像作全面的分析,確認了洞窟的兩次維修時間均爲西夏,並使其具備禮佛和藏經雙重功能;並推測元代大量的多民族語言文字的佛經封存在這個洞窟,是作爲佛教徒瘞埋的隨葬品,又使該洞窟增添了瘞窟的屬性。陳菊霞、李珊娜《榆林窟第 33 窟營建年代與功德人辨析》(《敦煌研究》2021 年 1 期)依據第 33 窟甬道南壁節度使曹元忠的供養人畫像題名,將其營建年代大致判定在宋初,並指出該窟是由瓜州州府、軍府和晉昌縣的官員爲主導,與定居在晉昌縣的一些官員和百姓共同自願發起營建的。段媛媛《試論敦煌莫高窟十六國至北朝時期覆斗形頂(上)——莫高窟覆斗頂與晉墓頂》(《敦煌研究》2021 年 2 期)借助考古發現的魏晉墓葬遺存,與莫高窟十六國至北朝時期的十個覆斗形頂洞窟的頂部形態作比較,重新審視了之前學界對莫高窟早期覆斗形頂的既有看法。趙曉星《關於敦煌莫高窟西夏前期洞窟的討論——西夏石窟考古與藝術研究之五》(《敦煌研究》2021 年 6 期)認爲綠壁畫洞窟主要屬於北宋曹氏歸義軍後期和沙州回鶻時期的重修,沙州回鶻洞窟基本上可視作北宋曹氏營建的餘緒。趙豐、王淑娟、王樂《莫高窟北區 B121 窟出土元代絲綢研究》(《敦煌研究》2021 年 4 期)對敦煌莫高窟北區 B121 窟出土的十餘件元代織物進行了研究,包括織物材料、品種和款式。甘肅省文物考古研究所《敦煌佛爺廟灣—新店臺墓群 2015 年度發掘報告》(甘肅教育出版社)爲 2015 年敦煌佛爺廟灣—新店臺墓群發掘的180 座魏晉十六國、隋唐時期墓葬基礎材料的報告,不僅詳細記述了整個考古發掘過程,還對墓葬形制專門進行了分類論述,爲相關考古研究提供了珍貴的重要材料。

文物保護方面。張明泉、曾正中、王旭東、郭青林《莫高窟和月牙泉景區水環境》(蘭州大學出版社)一書收集整理了作者多年來對敦煌莫高窟、榆林窟、月牙泉景區水環境調查研究的成果,重點論述這幾處景點的水環境特徵和變化規律及其對文化景區的影響,其目的是瞭解景區水環境對文物保護、旅遊開發的影響,趨利除害,利用好珍貴的水資源,消除水患,保護好文化遺產和自然遺產,保護好旅遊景區環境,合理利用自然文化景觀發展旅遊業,促進敦煌社會經濟健康、穩定的發展。余生吉、吳健、王春雪、俞天秀、胡琢民《敦煌莫高窟第 45 窟彩塑高保真三維重建方法研究》(《文物保護與考古科學》2021 年 3 期)通過研究和設計雙相機結構光的 FOTOMOULD 三維重建系統,對莫高窟第 45 窟彩塑菩薩三維重建,在獲取高精度幾何信息的同時,達到了色彩、紋理、細節等高度還原的效果。金良、薄龍偉、宋利良、吳健、俞天秀《莫高窟第 249 窟 VR(虛擬現實)展示系統的設計與實現》(《敦煌研究》2021年 4 期)指出敦煌研究院經過多年探索和潛心研究,運用攝影和計算機等技術保護手段,保存和重現莫高窟壁畫、彩塑等文物的數字信息。但目前莫高窟的展覽方式缺乏互動性與趣味性,另外受到展覽週期與空間的限制,在展覽過程中無法完整展示文物的相關信息,在參觀過程中大眾都是被動接受,參與性不足。所以計劃設計一套具有生動性、趣味性、互動性的展示系統,在展示莫高窟文物、更好地保護和傳承莫高窟文化方面具有重要意義。

九、少數民族歷史語言

本年度少數民族歷史語言研究的成果涉及多個方面,以古藏文的成果較爲豐富,另外還包括西夏文、回鶻文方面的成果。

古藏文詞句釋讀方面。陳踐《敦煌古藏文語詞匯釋》（中國藏學出版社）一書是對敦煌古藏文語詞的學術性總結，包括三部分內容：一爲吐蕃時期古藏文疑難詞語釋讀，多爲藏學詞典未曾收入，或曾收入但不是同一解釋；二爲運用安多方言和民俗資料釋讀的古藏文語詞；三爲作者在幾十年從事敦煌文獻翻譯研究中對古藏文語詞釋讀的温故知新和自我糾謬。書後附有“古藏文語詞對照”，爲古藏文閲讀者提供了便利和參考。阿旺嘉措、才讓扎西《敦煌〈八囀聲頌〉藏文寫卷的梵藏語法比較研究》（《敦煌學輯刊》2021 年 3 期）用梵藏比較的角度分析了前弘期語法作品中名詞格尾及其背後蘊藏的梵文語法傳統的淵源，得出“以樹舉例”是一貫傳承的名詞格尾的比喻手法，而“karaka”則是來源於梵文語法傳統的內容的結論。任小波《敦煌藏文〈十善説〉譯注與解説》（《敦煌吐魯番研究》20 卷）選用 A 本作爲對勘底本，借用他本互校，將十善説分爲“十善”“修習”兩個部分，並指出其對吐蕃佛教史的研究具有重要學術價值。貢保扎西《敦煌西域出土古藏文契約文書的相關問題研究》（《西南民族大學學報》2021 年 9 期）根據這些契約文書中的交易時間、交易物品、參與人員、簽名印鑒等信息，對契約的概念和稱謂等問題進行了研究。索南加《敦煌本〈吐蕃大事紀年〉部分地名及疑難詞句研究》（《西藏大學學報》2021 年 1 期）利用各種新、舊研究成果，對敦煌古藏文文書《吐蕃大事紀年》中部分地名、紀事內容以及幾組動詞的用法等方面，從詞義學和地名學角度作進一步分析並提出了新的看法。才讓《延續壽命法：〈尊勝陀羅尼〉吐蕃譯本與流傳》（《敦煌研究》2021 年 2 期）對敦煌藏文文獻中所存《尊勝陀羅尼》予以梳理，並與《甘珠爾》所收譯本進行比較，探求敦煌本在後世流傳情況，並介紹了《尊勝陀羅尼》結構以及內在含義，豐富了《尊勝陀羅尼》吐蕃譯本的研究成果。

利用敦煌古藏文文獻研究吐蕃歷史方面。李宗俊《敦煌古藏文歷史文獻的撰修及其反映的早期吐蕃史》（《西藏研究》2021 年 5 期）認爲敦煌古藏文歷史文獻《小邦邦伯家臣及贊普世系》的主修應該是在松贊干布後期至噶爾·東贊域宋主政時期，爲當時吐蕃政權的官方行爲，具有檔案的性質；《贊普傳記》則反映松贊干布祖孫三代統一高原的歷史；《大事紀年》爲唐初受中原王朝實録影響創制，並涉及吐蕃廢立泥婆羅王的具體時間與松贊干布滅象雄的時間。黄維忠《從〈吐蕃大事紀年〉看吐蕃巡守制度》（《中國藏學》2021年 4 期）通過對《吐蕃大事紀年》相關內容的分析，論證了吐蕃時期存在巡守制度，強調贊普的巡狩既是和合人際關係的嘉禮，又是蘊涵聯姻、交聘、通好的賓禮，還是耀武、征伐的軍禮。杜曉峰、張旭、楊銘《敦煌本古藏文〈大事紀年〉記載的吐蕃社會階層及其地位》（《魏晉南北朝隋唐史資料》2021 年 1 期）

通過對敦煌本古藏文《吐蕃大事紀年》的解讀,闡釋了吐蕃官吏的位階次序、實際職位與職責等問題。楊銘《rkya:吐蕃統治敦煌西域時期的編户制度》(《西域研究》2021年4期)對於敦煌西域古藏文文書中出現的rkya一詞,檢索並比對了相關的古藏文寫本、石窟題記以及漢文文書,認爲古藏文文書中的rkya一詞,作爲一種户籍制度單稱可譯作"籍",被編入者可稱爲"編户"。吐蕃建立這種制度的目的,就是讓入籍者向官府、軍隊或寺廟、僧團提供賦税和勞役,從後一層面講,此詞還兼具"供養"或"供養户"之義。陳于柱、張福慧《敦煌漢、藏文〈宅經〉的比較歷史學研究》(《敦煌研究》2021年4期)認爲敦煌藏文本P.3288V《宅經·五姓家宅圖等占法抄》與P.T.127V《人姓歸屬五音經》均係依據漢文本《宅經》編譯而成。它們的發現,表明宅經文獻不僅在中國古代的中原地區長期流行,同時對吐蕃日常生活也有深刻影響,隱喻著歸義軍時期敦煌吐蕃移民轉型發展、積極融入地方社會的具體路徑,成爲唐宋時代漢、藏認同融合歷史歸宿的重要見證。

西夏文方面。段玉泉、馬萬梅《新見法藏敦煌出土西夏文獻考釋》(《敦煌研究》2021年4期)將伯希和從敦煌莫高窟北區發掘卻被《法藏敦煌西夏文文獻》漏刊的材料進行考釋。文章爲這27件文獻中的17件給出準確的定名,另有4件可據內容給出初步擬題。閆安朝《新見俄藏西夏文〈三才雜字〉考》(《西夏研究》2021年4期)通過與《俄藏黑水城文獻》中乙種本《三才雜字》的比較與分析,確認新發現的俄藏黑水城文獻 Инв.No.82 共10個殘頁共15面,是西夏文《三才雜字》的殘片,並對乙種本所缺文字做出了一些增補,對於從內容上復原西夏文《三才雜字》具有重要意義。文志勇《英藏黑水城出土文獻西夏文〈壇經〉釋考》(《西夏研究》2021年2期)經過對新出土《壇經》釋讀和研究,確定它是依據最早的法海本《壇經》簡寫而成,在禪法思想上,完全忠實於惠能本人的原意,充分證明了譯寫經文者對於禪宗義理的解悟能力,對研究禪宗早期歷史和禪法思想及其傳播影響力都具有重要的意義。〔俄〕維·彼·扎伊采夫、戴忠沛《英國國家圖書館藏西夏文殘片 Or.12380/3495 再考》(《西夏研究》2021年1期)指出 Or.12380/3495 文書左上角意思不明的藏文拼寫爲西夏文殘片第五行首五字的藏文注音,並根據筆跡比較和被注西夏字的聲母歸屬釋讀了若干難辨的藏文注音。趙成仁《英藏西夏文〈大般若波羅蜜多經〉卷八殘片考》(《西夏研究》2021年1期)解決了黑水城出土的《英藏黑水城文獻》第五册中有部分殘片尚未釋讀定名的問題。釋讀出的編號 Or.12380-3764.1、Or.12380-3764.2、Or.12380-3764.3、Or.12380-3764.4 的四張殘片歸屬於《大般若波羅蜜多經》第八卷,且上下文相繼,可互相綴合。

回鶻文方面。張鐵山《敦煌研究院舊藏兩葉回鶻文〈阿含經〉殘片研究》

（《敦煌學輯刊》2021 年 1 期）首次刊佈敦煌研究院舊藏中的兩葉回鶻文《阿含經》殘片，對原文進行轉寫和注釋，並附漢文原文以資對照。作者認爲它們是元代回鶻文手稿本，且版本應爲册子本。張鐵山、［德］皮特·茨默《敦煌研究院舊藏一葉回鶻文〈阿毗達磨順正理論〉殘葉及其相關問題研究》（《敦煌研究》2021 年 2 期）首次對其中一葉回鶻文《阿毗達磨順正理論》進行原文轉寫、漢譯和注釋，並探討了該殘葉經名、版本、譯者、抄寫年代、夾寫漢字和翻譯方式等相關問題。［日］森安孝夫、馮家興、白玉冬《敦煌出土元代回鶻文書中的行在緞子》（《中山大學學報》2021 年 4 期）通過釋讀伯希和編號敦煌莫高窟第 181 窟出土第 193 號和 194 號回鶻文書，指出該文書是記録物品發放的賬本殘片，屬於元代。其中的 qïngsai 是行在的音寫，即南宋都城臨安、今日的杭州。qïngsai tavar 即"行在緞子"之義，表明杭州産的緞子在元代已經流通於西北地區的敦煌等地。

十、古　　籍

本年度古籍整理與研究的成果涵蓋儒家經典、道家典籍、史學文獻、中醫古籍和敦煌類書方面。

儒家經典方面。郭金鴻《孝經鄭玄注匯校》（中國社會科學出版社）以皮錫瑞校訂本《孝經鄭玄注疏》爲底本，以陳鐵凡《敦煌本孝經類纂》、龔道耕《孝經鄭氏注》、曹元弼《孝經鄭氏注箋釋》爲參校，輔之以國内外學人輯本 30餘種，並佐之以敦煌等出土的《孝經》注本，同時借鑒當代學者研究成果，對"《孝經》鄭注"進行補正，集匯校、考證、補輯於一體，使之更加完善，進而爲《孝經》學、鄭學乃至於經學研究提供更爲真實、翔實的文獻資料。王慶衛《敦煌寫本 P.3816〈御注孝經讚並進表〉再考》（《國學學刊》2021 年 3 期）推斷出《御注孝經讚並進表》的作者是安西副大都護張嵩，其目的是頌揚開元本《御注孝經》的發行，完成時間大約在開元十年六月至開元十二年之間。P.3816則抄寫於唐肅宗乾元二年正月後，抄者在抄寫過程中對於張嵩原始文本中的唐玄宗尊號和尊稱都做了程度不一的改編，並且把頌揚對象轉移到了唐肅宗的身上。儲麗敏《從新反切層的角度看敦煌殘卷〈周易音義〉性質》（《漢語史學報》2021 年第 1 期）通過大量文獻的對比，弄清了敦煌殘卷本、今傳宋本《周易音義》所據祖本的先後關係，得出了敦煌殘卷本和今傳宋本《周易音義》均在唐代就受到不同程度改造的結論，與學界向來認爲的《釋文》是到宋代纔始被改的觀點相異。張傳官《敦煌漢簡 2130〈急就篇〉殘觚復原》（《文史》2021年 3 期）結合以往研究成果和照片對敦煌漢簡 2130《急就篇》進行釋寫，指出此簡應是每行 32 字，整簡約長 46 釐米。劉婷《敦煌文書 P.2607〈勤讀書抄〉

考辨》(《形象史學》2021 年 2 期)對《勤讀書抄》進行了校錄,並分析了其引文來源及撰寫方式和特點。作者推斷出其成書上限爲中唐,發現所引《後漢書》或出自多個版本和存在轉抄他書的可能。

道家典籍方面。周詩華《發現成玄英:敦煌文獻研究中的知識細化問題——以敦煌本〈老子道德經義疏〉第五殘卷的研究爲中心》(《歷史文獻》第二十三輯)總結了歷年對義疏殘卷的研究成果,包括作者的歸屬、殘卷的成書年代等問題。文章還強調了該殘卷對於中國哲學史、思想史研究的重大意義,表明義疏殘卷的研究過程揭示了敦煌文獻研究的正確路徑。秦樺林《敦煌唐寫本〈劉子〉新識》(《敦煌學輯刊》2021 年 2 期)通過考索國内外各家收藏的《劉子》寫本,指出現存的敦煌出土《劉子》寫本的總數不少於 12 件;又新辨識、比定出俄藏 Дx.487+Дx.829+Дx.2771A 號《劉子》寫本,在錄文的基礎上將此卷與啓功先生藏 S.6029 寫卷進行綴合。

史學文獻方面。李建華《敦煌石室〈晉史〉寫本乃孫盛〈晉陽秋〉考》(《古籍整理研究學刊》2021 年 5 期)立足文本,從行文特點和人物品評的獨特性等方面考證其文獻來源。文章認爲敦煌石室《晉史》寫本和孫盛《晉陽秋》爲追求敘事的完整性而打破年月限制的特點完全契合。同時,敦煌石室《晉史》寫本對王敦的評價和《晉陽秋》一致而與鄧粲《晉紀》相左又爲追尋寫本的歸屬指明了方向,得出了敦煌石室《晉史》寫本當鈔錄自孫盛《晉陽秋》的結論。梅雪、楊寶玉《法藏敦煌文書 P.2700bis〈大唐西域記〉殘片校釋》(《石河子大學學報》2021 年 5 期)對該卷進行了認真細緻的文獻學整理,辨析了殘片内容與研究價值。文章指出殘片中"聖獸""戊地國"等特殊寫法具有一定校勘價值;文書將被後世學者稱爲《序論》的文字抄於三十四國名之後,可證其當屬卷一,而非全書之序;該卷存於敦煌文書中,可證敬播序流傳時間頗長、範圍頗廣。

中醫古籍方面。陳明《天竺大醫:耆婆與〈耆婆書〉》(廣東教育出版社)首次從綜合和整體的角度,以耆婆爲研究對象,將其與宗教、醫療、民俗、藝術等多個領域的關聯和影響,以及其在中外文化交流史上的重要性揭示出來,爲進一步理解古代陸海絲綢之路的醫學文化交流的多元性和複雜性,提供了有代表性的實證分析。附錄部分是敦煌出土《耆婆書》梵文本殘卷的漢譯以及敦煌于闐語本《耆婆書》殘卷(英譯版)的漢譯,這是中古醫療史和宗教史研究的一份基礎史料。王璽、李培潤《探析敦煌遺書〈輔行訣五臟用藥法要〉》(《光明中醫》2021 年 10 期)從《輔行訣》辨病用藥體系、湯液經法圖、該書作者考及"傷寒,金匱"四個方面對這部敦煌醫學古籍進行分析,爲認識和瞭解這一醫籍提供一個獨特的視角和路徑。葛政、萬芳《敦煌吐魯番出土醫藥文獻中著録出處的亡佚隋唐醫方考》(《中國中醫基礎醫學雜誌》2021 年 4 期)將《古今録驗方》與傳世醫書中的亡佚隋唐醫方進行比對分析,考察了敦煌吐魯番出土醫藥文獻中著録出處的亡佚隋唐醫方,對研究亡佚醫籍、擴充隋唐時期醫籍内容、校勘傳世醫籍、深化豐富傳統中醫理論、拓寬臨床用藥思路等方面具有重要的學術價值。

敦煌類書方面。耿彬《敦煌寫本類書〈應機抄〉研究》(中國社會科學出版社)經研究認爲敦煌寫本類書《應機抄》是敦煌文獻中的一種抄本文獻,是由書抄向類書編纂演進過程中所産生的一部古代典籍,是唐代敦煌民間傳授日常基本知識和學養的蒙學教材或家中長輩勸勉誡勵子孫而抄録的家學讀物。原卷現藏於英國國家圖書館,編號 S.1380。本書對《應機抄》寫卷進行了全面系統的校箋,研究具體涉及寫卷的引書研究,寫卷的性質、内容及成書年代,編撰的社會歷史背景,寫卷所反映的唐代道德倫理教育等方面内容,具有一定的創新性和學術價值。楊寒《英藏敦煌本〈兔園策府〉考證及其影響研究》(《唐史論叢》2021 年 2 期)認爲《兔園策府》的作者是杜嗣先,係成書於顯慶三年至麟德元年的一部具有綜合性和時效性的科舉類書,並討論了該書的内容及其反映的唐代社會文化和後世的影響等問題。高静雅《〈文場秀句〉在日本的流傳與影響》(《敦煌研究》2021 年 6 期)通過考察日本所存相關文獻,推斷《文場秀句》傳入日本的時間當在 889 年之前,並以日本所存文獻增補敦煌本《文場秀句》缺失的部類、事對、釋文等,探討《文場秀句》在日本的流傳及其對日本類書、秀句集編撰的影響。

十一、科　　技

本年度敦煌科技的成果主要集中在敦煌醫學、天文曆法和數學研究方面。

敦煌醫學方面。王道坤《守正傳承岐黄術:王道坤與敦煌醫學學派》(科學出版社)一書介紹了王道坤教授的治學方法、養生要旨、學術思想及臨床診治慢性萎縮性胃炎及胃癌前病變、根治潰瘍病、減輕患者痛苦、延長中晚期癌症患者生命等方面的寶貴經驗;同時又把王教授勇於探索敦煌醫學寶庫的心得和臨床應用體會、科研成果作了畫龍點睛的展現,頗有參考和借鑑價值。高佳星等《敦煌醫學重灸理論指導下治療類風濕性關節炎的研究進展》(《針灸臨床雜誌》2021 年 7 期)提到類風濕性關節炎在敦煌醫學中被稱爲"冷痹",採用的重灸療法治療本病療效突出,本研究對《灸經圖》中的重灸理論進行整理研究,旨在爲類風濕性關節炎的臨床治療提供新的可靠理論和方法,以期爲臨床推廣應用提供理論依據。類似的研究還有周亞婕等《敦煌醫學灸法治療類風濕關節炎選穴研究》(《中華中醫藥雜誌》2021 年 8 期),該文通過整理分析《灸經圖》中與灸療類風濕關節炎（RA）相關的大椎至十三椎節穴區、髓孔、風市、手腕節、膊井 5 個穴區、穴位，並結合歷代文獻認識和現代臨床應用對敦煌醫學治療 RA 獨特的選穴理念進行探討，以期爲治療 RA 提供新的理論依據，以便在臨床推廣應用。武佼佼、王進玉《絲綢之路上的訶黎勒及其在醫藥中的應用》（《敦煌學輯刊》2021 年 2 期）提到訶黎勒是漢唐時期絲綢之路中西文化交流的重要物品，波斯等地出産的訶黎勒傳入中國後廣泛用於醫藥方面，我國醫藥史書中大都有用訶黎勒治病的記載。敦煌藏經洞保存的醫藥方、寺院帳簿及其他有關史料中也有相關記錄。蔣勤儉《敦煌句本〈搜神記〉孝子故事所涉藥物考》（《中醫藥文化》2021 年 4 期）通過對敦煌句道興本《搜神記》中三則涉醫故事的研究，發現醫治樊儵母親的鯉魚具有食用、醫藥和民俗多重文化價值；張嵩母親所食之堇爲齒，堇菜所具有的藥效使其母親病癒；神仙授予焦華父親充藥的“瓜”不僅可以治病療疾，而且折射出了我國古代葫蘆文化、瓜崇拜現象。

天文曆法、數學研究方面。孫占宇、趙丹丹《〈懸泉漢簡（壹）〉曆表類殘册復原——兼談“曆日”與“質日”》（《敦煌研究》2021 年 6 期）通過對 13 枚殘簡的具體內容進行細緻考證，局部復原了 5 件年代可考的册書。作者指出“曆日”主要用於查看日期和時日禁忌，與近世流行的“憲書”“皇曆”並無太大區別；而“質日”則兼具“曆日”與“記事簿”的雙重功能，與今日流行的臺曆較爲接近。二者之別，主要在是否記事或預備記事。任占鵬《敦煌〈算經〉編撰年代及源流探析》（《敦煌研究》2021 年 6 期）結合韓延《夏侯陽算經》，將敦煌《算經》編撰年代推定在唐代宗建中元年之後的中晚唐或後唐。此外，通過對《算經》源流探析，指出從北大秦簡《算書》甲篇、《孫子算經》、北朝《算書》到《算經》，可以搭建起一條此類基礎算書從秦代到唐五代的基本發展脈絡，顯示出中國古代天文學和數學發展的偉大成就。

十二、書評與學術動態

書評方面。趙貞《百餘年來敦煌學成就的全面總結——郝春文教授等〈當代中國敦煌學研究（1949—2019）〉評介》（《敦煌研究》2021 年 4 期）指出《當代中國敦煌學研究（1949—2019）》是一部全面反映中國敦煌學研究成果的重要著作。該書融科學性和前沿性於一體，在對百餘年來敦煌學發展歷程的梳理、敦煌學理論的建構、敦煌學學術史的撰寫以及未來敦煌學發展趨向的展望等方面，都有重要創穫，對於當前及未來相當長一段時間內的敦煌學研究都有一定的指導意義。柴劍虹《金針度人，功德無量——捧讀〈敦煌藝術大辭典〉感言》（《敦煌研究》2021 年 1 期）從詞目分類、數量、內容創新，老、中、青三代學者的編撰隊伍和編委組成,詞目釋文文體特色及高清數字化彩圖的運用等方面,指出《敦煌藝術大辭典》的問世,填補了敦煌藝術研究在大型專科辭書出版領域的空白,且對於向廣大讀者介紹敦煌藝術和集大成的研究成果,兼有普及、提高和引領的作用。劉子凡、馬俊傑《華戎交匯的歷史圖景——讀陸慶夫〈敦煌民族文獻論稿〉》(《2021 敦煌學國際聯絡委員會通訊》,上海古籍出版社)評價此書立足於敦煌地區的民族文獻,展現了河西民族發展的歷史和民族文化交融的軌跡,並指出其邏輯嚴密、視野宏闊,乃敦煌民族學研究之力作,開拓了河西古代民族研究的新境界。王子瀟《〈敦煌民族文獻論稿〉評介》(《中國史研究動態》2021 年 5 期)認爲該書既是作者陸慶夫教授精勤治學、博觀約取的縮影,也從一個側面反映了改革開放以來中國敦煌學學術發展的歷程,具有相當重要的學術價值。李若愚、于方方《〈織網與鑿井:中西交通史研究論稿〉評介》(《2021 敦煌學國際聯絡委員會通訊》,上海古籍出版社)提到該書的標題極具啓發意義,從縱向和橫向兩個維度探索了中西交通史研究中面臨的各方面問題,雖然本書依舊存在某些問題研究不够深入的不足,但瑕不掩瑜。邢小震、劉孟嬌《敦煌佛教圖像研究之肇始與彌新》(《中國出版》2021 年 1 期)在通讀中文版的《敦煌畫研究》(浙江大學出版社,2019 年 9 月)基礎上,總結了此書的三個特點:一是分類研究的開創性;二是研究翔實,圖例豐富;三是查缺補漏,焕發新生。石雲濤《別開生面的文史互證研究——讀朱雷師敦煌變文研究系列論文》(《許昌學院學報》2021 年 6 期)指出作爲歷史學家,朱雷先生從歷史角度對變文作品進行了別開生面的解讀,他敏鋭地發現其中的史料價值,發凡起覆,通過變文作品的解讀揭示了唐史的重大問題。朱雷先生是研究唐代政治制度方面的大家,當他觸及這批文藝材料時,幾乎在不經意間就能發現前人解釋的失誤,從而進行了精當的辨析。他重視校勘,在讀敦煌變文劄記諸篇中解決了一系列疑難字句的釋讀。作者認爲這些論文"文史互證",是研治敦煌變文不能繞開的確當之論。

研究綜述方面。郝春文主編《2021 敦煌學國際聯絡委員會通訊》(上海古籍出版社)刊佈多篇敦煌學研究綜述,例如:宋雪春《百年來法藏敦煌寫本文獻編目成果評述》、定源(王招國)《杏雨書屋藏敦煌遺書編目整理綜論》等。楊瑾《中國學者視野中敦煌與波斯關係研究現狀與展望》(《敦煌研究》2021 年 5 期)總結了學界有關敦煌與波斯關係研究表現在藝術、器物、人物、服飾、醫藥、飲食、宗教、天文等諸多方面,提出未來研究中應注重探尋薩珊波斯與後薩珊波斯不同時段的風格在敦煌的連續性與遷移性,構建國際伊朗學和中國伊朗學框架下的研究範式。劉國平、虞運《敦煌體育研究綜述》(《武術研究》2021 年 5 期)從敦煌體育的類別、文化價值與意義、作用三個方面進行了梳理和總結，認爲當下的研究還是存在缺乏新材料、研究廣度和深度不足等問題。佟茵《唐宋俗語詞研究綜述》（《漢字文化》2021 年 9 期）肯定了敦煌文獻在研究唐宋時期俗語詞上佔據的重要地位，並指出當下學術界重視書面語研究而輕視口語研究的情況使得俗語詞研究的深度廣度還不夠，應該加强俗語溯源研究。

學術會議方面。2021 年 6 月 26 日至 28 日在敦煌莫高窟舉辦了"敦煌晚期石窟的分期與斷代"學術會議。此次會議採用小範圍的研討與交流方式，圍繞敦煌晚期石窟的主題，就敦煌晚期石窟相關的歷史、宗教、文化、壁畫、文獻、石窟斷代等方面展開了熱烈討論。會議的召開拓展了敦煌石窟研究的思路，加强了敦煌與周邊地區歷史文化研究的聯繫。2021 年 9 月 24 日至 26 日，"敦煌論壇：'一帶一路'視野下的敦煌學研究學術研討會暨中國敦煌吐魯番學會 2021 年度理事會會議"在敦煌國際會展中心召開，會議由文化和旅遊部、甘肅省人民政府共同主辦，甘肅省文物局、敦煌研究院承辦。參會人員包括 40 位敦煌學研究、絲綢之路研究領域的專家學者，論壇圍繞"一帶一路"與敦煌學研究的新課題，絲綢之路歷史文化研究，百年來國際敦煌學研究史地回顧與總結，敦煌石窟考古與藝術研究，敦煌文獻、宗教文化、少數民族研究，敦煌文化傳承與創新研究等議題分享最新研究成果和學術見解，學者們還分赴莫高窟和榆林窟、鎖陽城實地參觀考察。2021 年 10 月 23 日至 24 日，"第二屆敦煌吐蕃文化學術研討會"於綫上召開。會議由敦煌研究院主辦，敦煌文獻研究所和科研管理處共同承辦。本次會議圍繞敦煌與吐蕃歷史文化、吐蕃時期敦煌漢藏文獻、敦煌石窟與吐蕃文化遺存、敦煌石窟與藏傳佛教藝術研究、唐代至元代絲綢之路各民族交融互鑒五個主題展開討論，學者們對古代敦煌地區少數民族歷史文化研究最新成果進行了分享與交流。

紀念文方面。《敦煌吐魯番研究》第二十卷（上海古籍出版社）刊載了多位學者紀念趙和平先生的文章。郝春文《哭和平》回憶了與趙和平先生在生活與學術上的交流，表達了作者的追思。榮新江在《守正創新治殘簡尊師重道理遺篇——懷念趙和平師兄》中梳理了趙和平先生在敦煌書儀研究和《敦煌大辭典》編纂中的重要貢獻，肯定了其在學術方面的成就。吳麗娛《趙和平先生與他的書儀研究》概括了趙和平先生在書儀研究方面的相關突破，表達了對其學術研究之遠見、史識積累之深厚的敬意。寧欣在《一抹斜陽，青山猶在——紀念和平教授》中，總結了與趙和平先生個人交往的經歷感想，從回憶中的細節表達了對趙和平先生的衷心感謝。劉屹所撰寫的《懷念趙和平老師》一文，記錄了作者學生時代趙和平先生傳達的努力刻苦的求學治學精神，强調了這段求學經歷對自己所產生的深遠影響。王麗

《趙和平先生與〈周一良全集〉》，指出了趙和平先生在《周一良全集》出版過程中所做的突出貢獻，充滿追憶之情。趙晨昕在《趙和平學術綜述》中，系統整理了趙和平先生自 1980 年始在敦煌寫本書儀上的突出成績，並羅列了其歷年來的論著目録。

2021 年吐魯番學研究綜述

林　達　梁天呈（上海師範大學）

　　本年度中國大陸地區的吐魯番學研究成果頗爲豐碩。據不完全統計，吐魯番學研究專著及相關圖文集出版（含再版與譯著）近 50 部，公開發表的相關研究論文達 440 餘篇。以下將 2021 年中國大陸地區的吐魯番學相關研究成果分爲概説、歷史、社會文化、宗教、語言文字、文學、藝術、考古與文物保護、少數民族歷史語言、古籍、科技、書評與學術動態十二類專題擇要介紹如下。

一、概　　説

　　本年度總括性研究成果涉及絲綢之路的概念及其研究意義、吐魯番學人研究、西域出土文獻刊佈和介紹、西域考察團研究等方面。

　　絲綢之路概念及其研究意義方面。周偉洲《中國絲路學理論與方法芻議》（《西域研究》2021 年 1 期）回顧了中國絲路學的發展歷程，重點梳理了 80 年代以來絲綢之路的定義、本質、内涵、外延和斷代問題，對絲路學的定義、理論和方法提出了自己的看法。楊巨平編《古國文明與絲綢之路》（中國社會科學出版社）系統考察了希臘化王國、帕提亞帝國、貴霜帝國、羅馬帝國、薩珊波斯帝國、粟特人和斯基泰人通過絲綢之路與中國進行的文化交流。馬曼麗、李丁《絲綢之路發展史》（中國社會科學出版社）論述了絲綢之路主要通道的形成、發展和貿易交往等内容。耿彬、劉全波《西行文獻的價值與意義》（《敦煌學輯刊》2021 年 1 期）回顧西周至近代的西行文獻，指出其對西域交通、西北宗教和文化景觀研究的學術價值及現實意義。

　　吐魯番學人研究方面。沈衛榮《陳寅恪與佛教和西域語文學研究》（《清華大學學報》2021 年 1 期）敘述和討論了陳寅恪對佛教語文學等學科的貢獻，指出陳寅恪將東方文本語文學與中國傳統考據方法結合在一起，開創了佛教與西域語文學研究的學術新風。羅豐《黃文弼與絲綢之路》（科學出版社）通過大量的歷史照片、文物照片及檔案資料，生動展現了黃文弼先生的生平履歷和主要成就。劉瑩《新發現唐長孺先生整理吐魯番文書筆記概述》（《文物》2021 年 5 期）從宏觀上介紹和論述了三本唐長孺吐魯番文書筆記的内容以及筆記之間的相互關係，並指出了唐長孺先生筆記的學術價值和當代學術史價值。同作者《關於麴氏高昌"義和政變"學術史的新發現——讀唐長孺先生整理吐魯番文書筆記零拾》(《西域研究》2021 年 2 期)發現唐長孺先生丙本吐魯番文書筆記中已有對"義和政變"的認識,認爲重光年號應歸屬麴伯雅。張莉《樓蘭未了情——侯燦先生未完成的樓蘭研究寫作計劃》(《吐魯番學研究》2021 年 2 期)以《〈樓蘭的發現〉編寫提綱》和《樓蘭研究與探查》爲中心,梳理侯燦先生的樓蘭考古與研究工作,指出這兩本書稿具有前後繼承性,認爲其研究内容和學術思想是樓蘭學術史上的重要部分。

西域出土文獻刊佈和介紹方面。王振芬、孟憲實、榮新江編《旅順博物館藏新疆出土漢文文獻》(中華書局)收錄旅順博物館藏 26 000 餘件新疆出土漢文文獻的彩版圖片和解題,依館藏編號爲序編排,每件文獻儘量都以原大影印,全彩錄入,並在圖版下注明館藏編號和目前看來最適當的定名,爲絲路研究提供了新的資料。榮新江、史睿編《吐魯番出土文獻散錄》(中華書局)收錄各地散藏吐魯番文書 372 件,分"典籍"和"文書"兩大類進行解題和錄文,爲吐魯番學研究提供了新的資料。趙超《漢魏南北朝墓誌匯編(修訂本)》(中華書局)依據拓本及照片錄文,收錄從漢魏到北周及高昌時期共計 558 方墓誌材料,另附疑僞誌目錄 97 條,爲後續的研究工作提供了便利。

西域考察團研究方面。李吟屏《19 世紀末 20 世紀初外國人對帕米爾地區的探險考察》(《絲綢之路研究集刊》第六輯)梳理了 19 世紀末 20 世紀初外國人對帕米爾地區的考察歷程,重點介紹了戈登、楊哈斯本、斯文·赫定、斯坦因和大谷光瑞組織的考察活動,並分析了中國考察隊和外國的區別和差距。[俄]И.Ф.波波娃著、楊軍濤譯《С.Ф.奥登堡第二次俄羅斯新疆探險考察(1914—1915 年)》(《敦煌吐魯番研究》第 20 卷)以奥登堡日記、信件和檔案爲文獻材料,對奥登堡的第二次新疆探險考察的歷史背景、考察過程和收穫進行了整理。李梅景《奥登堡新疆考察文物獲取途徑——以俄國駐烏魯木齊領事克羅特科夫與奥登堡往來信函爲中心》(《敦煌研究》2021 年 3 期)以奥登堡和克羅特科夫的往來信件爲研究對象,指出奥登堡文物獲取主要有清理挖掘和收購兩種途徑。王子燁《榮赫鵬在帕米爾的四次探查活動考述》(《西域研究》2021 年 3 期)對榮赫鵬四次帕米爾探查路綫進行了考證和勘定,並認定其探查活動具有侵略性、軍事性、政治性和地理勘察等特性。居政驥、許建英《1923 年德國阿斯米斯的新疆考察報告》(《西域研究》2021 年 3 期)根據阿斯米斯的秘密報告,列舉其中的經濟和交通作用,指出阿斯米斯的新疆經濟考察報告對中德經貿發展所起到的作用。吐送江·依明《德國西域探險團與德藏回鶻語文獻》(《敦煌學輯刊》2021 年 2 期)敘述了德國西域探險團在中國西部地區的考古探險活動,梳理中外學者對被盜走的回鶻語文獻的研究成果。

二、歷　　史

歷史方面的研究成果包含政治、法律、經濟、軍事和西北史地等方面。

政治方面的成果主要集中於中央政權對西域的經營、民族關係與對外交往、制度史研究等方面。

漢唐時期中央政權對西域的經營方面。張德芳《從出土漢簡看漢王朝對絲綢之路的開拓與經營》(《中國社會科學》2021 年 1 期)根據出土漢簡勾勒出漢王朝對絲綢之路不同路段所採取的不同經營措施,指出絲綢之路並非是一條任意行走的"網",而從一開始就是中華文明與西方世界直接對接的結果。王子今《論"西北一候": 漢王朝西域決策的戰略思考》(《西域研究》2021 年 1 期)認爲"東南一尉"與"西北一候"體現了漢代對外交往的兩個戰略方向,而班超定遠使得絲綢之路草原交通和海洋交通都受重視的新局面得以實現。張瀚墨《延長中心,羈縻邊疆: 早期政治地理模式影響下漢帝國對西域的經營與書寫》(《中國人民大學學報》2021 年 6 期)從《史記》和《漢書》對西域不同的描述入手,揭示東周以來的理想王朝地理政治空間構想對漢代邊疆經營政策的影響,並認爲是漢武帝邊疆政策導致這一模式的偏離,而東漢的羈縻政策讓失序重歸平衡。武晶、劉琴《兩漢經營西域戰略下絲綢之路沿綫的屯田發展研究》(《西域研究》2021 年 4 期)指出兩漢時期絲綢之路沿綫的屯田區隨著西域統一進程而發展壯大,形成沿絲綢之路南北兩道分佈的格局,城市建設隨之興盛,中原地區的先進生產技術也傳播到了西域,加速西域民衆的中華文化認同。李斯《立高懷遠: 漢代西域使者與邊疆經略》(《西域研究》2021 年 1 期)分析漢代西域三通三絶的複雜形勢,揭示兩漢西域經營歷年的具體方式差異,考察漢代邊疆經略歷史進程中西域使者所發揮的作用。王海、續楠《"斷匈奴右臂"戰略與漢朝西域經營》(《西域研究》2021 年 1 期)指出漢代人觀念意識中"斷匈奴右臂"有不同層面的含義,表河西、列四郡是戰略前提,取西域三十六國是關鍵,時人已經認識到天山北路在"斷匈奴右臂"戰略中發揮的決定性作用。孫聞博《輪臺詔與武帝的西域經營》(《西域研究》2021 年 1 期)指出輪臺詔標誌著在李廣利投降匈奴後,漢武帝對西域經營策略的調整,而昭、宣二帝向西域進取的突破性成功和西域都護的建立,則是對武帝基業的繼承。樊麗沙、楊富學《司馬遷"行國"史觀及其對後世的影響》(《史學史研究》2021 年 2 期)分析《史記》中對西域各國的描寫,發現司馬遷將"不土著""隨畜遷徙"視爲行國的特徵,並指出司馬遷"行國"觀念對畜牧經濟的誤解和對後世史學的影響。

張萍《唐王朝對楚河、塔拉斯谷地的經營與中亞文化遺産》(《社會科學戰綫》2021 年 2 期）分析了唐王朝在楚河和塔拉斯谷地的經營和影響,羅列了這些區域歷史時期的聚落遺址地點,並通過分析出土文物,指出唐朝曾經直接控制塔拉斯谷地。白玉冬、張慶祈《碎葉出土殘碑再考——唐伊犁道行軍相關史事蠡測》（《敦煌學輯刊》2021 年 3 期）指出此碑爲一方漢文墓誌或壁記殘片,可能與顯慶年間伊犁道行軍攻滅西突厥有關,顯示高宗年間唐朝對北方少數民族進行了成功的羈縻統治,征調鐵勒部落攻滅西突厥的歷史。董永強《平高昌前後的争論與唐初西域政策的轉向》（《唐都學刊》2021 年 2 期）分析了唐朝決策層在出兵高昌等問題上的巨大分歧,勾勒出唐朝西域政策轉變的歷史進程和原因,並利用吐魯番出土文書揭示唐朝對高昌直接的民政管理措施。王玉平《唐代伊吾軍的遷移與伊州屯戍佈局的形成》（《中國邊疆史地研究》2021 年 3 期）指出東突厥的西侵使伊州屯戍重心向北轉移,移駐甘露川之後,伊吾軍爲中心的烽燧交通得以建立,軍鎮屯田和烽鋪屯田爲防制東突厥西侵和保障絲綢之路安全起到了重要作用。

明清中央政府對西域的經營方面。代維《明代邊疆經略視域下回回通事群體研究》（《回族研究》2021 年 2 期）對回回通事的構成及在明朝西北邊疆經略中的作用進行考察,由於吐魯番的東進和部分回回通事涉及不法之事,回回通事地位逐漸下降。陳躍、韓海梅《明代哈密危機與嘉峪關開閉之爭》（《安徽史學》2021 年 2 期）全面梳理和探討了明政府嘉峪關開關與閉關之爭,指出"大禮議"開啓了明朝對西域政策的轉變,明朝綜合運用多種手段,承認吐魯番吞併哈密,重新確立治理西域的新秩序,爲明後期西北地區的穩定發展創造條件。李阿慧《"西北藩屬"與"東方問題"——重審近代西北邊疆危機的兩個視角》（《北方民族大學學報》2021 年 4 期）認爲近代西北邊疆危機既是基於中華禮秩的西北藩屬體系的瓦解過程,也是歐亞大陸國際背景下東方問題的擴展。白京蘭《常與變:唐清西域治理之比較》（《中國邊疆史地研究》2021 年 2 期）從族群文化背景、天下體制、機密制度、治邊法制及近代轉型五個方面具體分析,比較唐、清西域治理之異同,闡明了唐代於清代西域治理之規定性,清代於唐代西域治理之連續性以及唐、清二代西域治理的相異性。曲强《吐魯番伯克莽噶里克歸附始末考——兼論清朝對吐魯番的初步治理》（《清史研究》2021 年 2 期）通過敘述莽噶里克攜吐魯番歸附始末,分析清廷邊疆統治的方針和策略變遷,指出清朝對吐魯番統轄的方針經過四次變化,有一家獨大和分而治之兩種模式。

民族關係與對外交往方面。馬智全《漢朝與西域的貢賜貿易》（《敦煌研究》2021 年 6 期）指出漢朝與西域的貢賜貿易在政治上表明西域諸國歸順於漢,經濟上促進了漢與西域的物資交流,思想上則源自儒家"來遠人"的王道思想,貢賜貿易是漢代絲綢之路暢通繁榮的重要保障。張龍海《兩漢時期中國與奄蔡、阿蘭交往芻論》(《外國問題研究》2021 年 4 期)通過分析里海和黑海以北出土的兩漢器物,進一步證實了史料記載中中國與奄蔡、阿蘭存在的直接、間接交往與貿易活動,中國對奄蔡、阿蘭的文化習俗產生了一定影響。葉德榮《漢晉時期京師西域侍子及其佛教行事》(《學衡》2021 年 1 期)對漢至西晉時期西域佛教傳播漢地的具體途徑進行探討,從朝貢關係角度考察西域侍子在漢地京師的官方身份、活動空間的官方性質及其佛教行事來説明佛教最初傳入漢地的途徑是朝貢。景凱東《開元二十五年崔希逸襲擊吐蕃事件探析——以王言爲中心》(《吐魯番學研究》2021 年 1 期)以王言等文獻材料,勾勒出唐蕃和平局面下潛藏的危機,揭示出崔希逸襲擊吐蕃事件背後,是唐、吐蕃雙方與突厥、突騎施等其他強國間一系列政治軍事博弈,這一博弈直接影響了開元後期唐蕃戰爭和東亞戰略形勢的走向。王力《准噶爾蒙古與俄國貿易的類型及其特點》(《中國邊疆史地研究》2021 年 4 期)梳理了准噶爾蒙古與俄國貿易的類型及其特點,分析准噶爾蒙古對俄貿易商品結構,以及影響雙方貿易的主要因素。

制度史研究方面。劉安志《唐代解文續探——以折衝府申州解爲中心》(《西域研究》2021 年 4 期)對《唐開元二十一年(733)九月某折衝府申西州都督府解》進行了考釋,確認其爲西州某折衝府上西州都督府倉曹的解文,據以復原了唐代折衝府申州解的解式。趙貞《從敦煌吐魯番文書談唐代的"身死"》(《中國史研究》2021 年 4 期)通過對敦煌吐魯番籍帳文書的分析,指出唐代的身死不但包含死者家屬的申報,還包含了官府的勘驗,由於涉及死者戶籍的注銷、勞役的免除,唐代對於死亡人口的勘驗十分嚴格。張林君《唐代監牧置廢發展考論》(《農業考古》2021 年 4 期)梳理了唐代監牧制度發展的三個階段:唐初、高武時期和唐中後期。每個階段都反應了統治者對監牧的治理情形,顯示了朝廷對戰備資源的需求及其背後隱含的政治變遷。張林君《唐代監牧基層勞動群體探微》(《江漢論壇》2021 年 4 期)利用敦煌吐魯番出土文書和傳統文獻,對唐代監牧基層組織的構成、監牧基層勞動者的充任及待遇,監牧基層勞動的内容等方面進行了深入探討。孫麗萍《吐魯番文書〈唐西州高昌縣狀爲送闕職草事〉復原研究》(《敦煌吐魯番研究》第 20 卷)分析了唐西州高昌縣狀爲送闕職草事的三個文書,將文書定名爲《唐西州都督府案卷爲高昌縣闕職草事》並重新錄文,復原出該職草案卷處理的流程,考證出文書的判官、年代。李兆宇《吐魯番所出〈唐果毅高運達等請過所(?)殘文書〉初探》(《西域研究》2021 年 4 期)通過考證阿斯塔那 29 號墓地所出《唐果毅高運達等請過所(?)殘文書》,理清幾種筆記先後書寫順序,闡明了其與同墓所出《唐垂拱元年(685)康尾義羅施等請過所案卷》之間的關聯,對該文書的性質進行了討論。

唐代地方行政制度研究方面。周偉洲《唐"安西四鎮"最早設置時間辨》(《中國邊疆史地研究》2021 年 4 期)認爲貞觀二十二年始於龜兹置四鎮可信,但因當時周邊形勢和太宗去世,設置四鎮可能有名無實,唐朝再次將安西都督府遷至龜兹已在高宗顯慶三年之後。劉子凡《唐代北庭軍鎮體系的發展——敦煌 S.11453、S.11459 瀚海軍文書再探討》(《隋唐遼宋金元史論叢》第十一輯)根據敦煌 S.11453、S.11459 瀚海軍文書等出土文獻和傳統史料,以北庭爲視角考察唐代軍鎮體系的特點和前期軍事制度的演變。陸離《再論吐蕃統治下于闐、敦煌等地的 tshan》(《西藏大學學報》2021 年 2 期)指出 M. Tagh. Cii,0048 號(IOL Tib N1854)木簡所記之"tshan"不應對應漢文的"州",而是源自吐蕃本部,與敦煌、薩毗等地的"將"類似,是規模較小、級別較低的行政建制。王聰延《從唐代西州户籍殘卷管窺唐朝户籍制度在西州的推行》(《新疆地方志》2021 年 1 期)通過對唐代西州户籍殘卷的研究,發現唐代西州户籍殘卷具有分類齊全、内容詳盡、縝密、格式與内地户籍格式相統一的特點,反映出唐朝國家制度在西域的貫徹和執行。

清代地方行政制度研究方面。王啓明《清前期吐魯番"土流並治"回衆管理模式的形成》(《清史研究》2021 年 4 期)利用軍機處滿文録副奏折等檔案,勾勒吐魯番回遷威魯堡回衆和原莽噶里克屬衆遷居伊犁的史事,分析清前期回衆管理體系的調整以及"土流並治"的回衆管理模式的形成。聶紅萍《從辦事大臣到都統:乾隆朝新疆東路歸屬甘肅及其演變》(《中國邊疆史地研究》2021 年 2 期)通過分析新疆東路的歸屬及其演變,指出新疆東路行政建制雖然隸屬於甘肅省,但陝甘總督從未完全行使管轄權,使新疆成爲督撫體制的特殊轄區,這是清政府應對局勢變化發展的結果。劉錦增《1715—1755 年間新疆兵屯研究——以吐魯番、巴里坤和哈密爲中心》(《中國邊疆史地研究》2021 年 1 期)利用奏折作爲第一手資料,指出這一時期的新疆兵屯並非專指綠營兵屯田,還包括滿洲、蒙古、察哈爾和官員自力屯墾,新疆地區的屯田有效地支持了前線的戰事,減輕了軍糧轉輸負擔,並爲後續新疆的大規模屯田奠定了基礎。劉超建、孫燕京《清代烏魯木齊地區巡檢司研究》(《新疆大學學報》2021 年 3 期)利用烏魯木齊地區有關巡檢司的文獻記載,對巡檢司的設置、職能和性質進行了詳細探討,並與其他區域的巡檢司進行對比,發現烏魯木齊地區巡檢司還承擔著管理屯田、保障軍糧安全與供應、緝捕逃兵逃犯和抵禦外敵侵略的特殊職能。鄧濤《藩部經略與直省支撐——甘肅在清朝經營新疆中的獨特地位》(《新疆大學學報》2021 年 6 期)指出甘肅作爲内地連接新疆的交通要道,在清朝經營新疆中發揮獨特作用,扮演了清代邊疆經略中的直省角色,以其經濟依托和連接紐帶實現清朝對新疆等藩部地區的統一和穩固統治。廖文輝《清代嘉慶時期的新疆協餉運作及政策討論》(《新疆大學學報》2021 年 6 期)以清代奏折爲主要材料,分析了嘉慶時期新疆協餉的情況,以及清朝內部關於新疆協餉政策的討論,指出雖然最終新疆協餉並未有較大變動,但財政層面已無法自給,爲道光年代的回疆危機埋下伏筆。

　　法律研究方面。張文晶、李天石《3—4 世紀鄯善王國財產權法初探——以土地產權爲重點》(《中國經濟史研究》2021 年 6 期)利用尼雅遺址出土的佉盧文資料,發現鄯善王國形成了明確而具體的財產權法,比較了鄯善王國財產權法與中原地區的異同,認爲鄯善王國土地私有化程度較漢晉中原地區更強一些。鄭顯文、張媛媛《唐式東傳及對日本古代法典的影響》(《社會科學戰綫》2021 年 5 期)通過對比現存古代文獻、敦煌吐魯番出土的唐式殘卷和日本的《延喜式》,分析唐代律令與日本律令的差別,指出飛鳥、奈良時期的日本政府對唐代法律的態度是宏觀上全面接受,微觀上延續本民族法律習慣。張弛《公元 3—4 世紀鄯善訴訟制度研究——以尼雅出土佉盧文簡牘爲中心》(《貴州社會科學》2021 年 11 期)認爲尼雅出土的佉盧文書較爲全面地反映了 3—4 世紀鄯善的訴訟制度,具體討論了訴訟形式、訴訟類型、法官構成、判決書形制和判決生效的手續,並指出鄯善的訴訟體制完備並受漢晉律令以及印度《摩奴法典》的影響。管俊瑋《〈唐開元十七年(726)于闐蓋阿興典牒爲奴送麥事〉性質考釋》(《敦煌吐魯番研究》第 20 卷)根據文書背面的《唐于闐毗沙都督府案卷爲家畜事》未鈐官印,有塗改,似爲草稿,判定此文書爲外部單位發送給毗沙都督府的公文,廢棄後被用來當做草稿繼續使用。張亞華《吐魯番出土辯辭研究》(《吐魯番學研究》2021 年 2 期)通過對吐魯番出土辯辭進行具體分析,揭示唐代辯辭有行文規範,使用固定的套語。出土的吐魯番辯辭展現出了吐魯番地區商業活動、府兵執勤、法律約束等社會風貌,可以與中原地區的法律制度相印證。佟文娟《乾隆朝新疆旗人遣犯"年滿安置"問題》(《新疆大學學報》2021 年 1 期)依據滿文檔案,對乾隆朝新疆旗人遣犯的"年滿安置"問題進行系統考察,探討旗民身份差異以及身份差異在"年滿安置"問題上的影響。白京蘭、彭立波《清代"保狀"研究——以〈清代新疆檔案選輯〉爲資料基礎》(《新疆大學學報》2021 年 1 期)梳理了《清代新疆檔案選輯》中的千餘份保狀,對清代吐魯番地區保狀的格式、類型、主體、事由、責任、性質等進行初步研究,指出保狀承載的誠信價值理念是社會關係的重要基礎,在保障維護基層社會秩序中發揮積極作用。

　　經濟方面的研究以敦煌吐魯番出土文獻和檔案爲基礎材料、探討地方的經濟問題爲重點。鄭學檬、柴劍虹、張涌泉、劉進寶《敦煌吐魯番經濟文書和海上絲路研究》(浙江大學出版社)著眼於敦煌吐魯番出土的經濟文書,探討了與漢代絲綢之路有關的一系列問題。楊際平《論北朝隋唐的土地法規與土地制度》(《中國社會科學》2021 年 2 期)考察了北朝至隋唐時期的土地法規和土地制度,具體分析了不同時期、不同區域土地法規的實施情況,指出北朝至隋唐的土地法規是土地國有理想和土地私有現實矛盾的結果,漢唐間土地私有制始終占絕大多數。王旭送《唐代西州高昌縣隔地授田》(《中國社會經濟史研究》2021 年 4 期)利用吐魯番出土文書,探討隔地授田異地田産的來源,隔地授田的概況、管理,以及政府在隔地授田分配的原則,授受權和所有權等問題。馮玉《西北漢簡所見西域獻畜的管理》(《西域研究》2021 年 3 期)根據出土漢簡和傳統史料,對不同類型的西域獻畜進入敦煌後的封檢、待遇、安置情況進行專題研究。

農業經濟方面。張婧《鄯善國農業管理措施探究——以佉盧文書爲文本的研究》(《乾旱區資源與環境》2021 年 7 期)以樓蘭、尼雅出土的佉盧文書爲研究對象,發現鄯善農業管理主要是針對土地,水源和耕種的統一管理,這使得鄯善國耕作技術進步、糧食産量增加和釀酒業繁榮。李麥産《論粟作西傳新疆與中原昆吾人西遷》(《農業考古》2021 年 4 期)根據哈密等新疆地區粟作東來這一事實,以及哈密地區粟作出現在商湯滅夏桀前後諸情形,推斷西遷的昆吾人將中原的粟作帶進哈密。李志強、趙静、程露明《西漢屯田對西域各個綠洲小麥種植和傳播的影響》(《和田師範專科學校學報》2021 年 4 期)根據傳統史料,梳理了西漢屯田對西域地區小麥種植的耕作模式、種植技術、生産工具的影響,指出西域在西漢時期的文化橋作用。張開《唐代西北地區農牧兼營現象的機制分析》(《石河子大學學報》2021 年 4 期)指出作物結構、稅草制度和放養畜牧業之間的相互依存是這一時期西北農牧兼營的重要支撑因素。馬秀英、曹樹基《清代後期吐魯番的葡萄園典當與金融》(《清史研究》2021 年 6 期)採用新制度經濟學的權利束概念具體分析了清代後期吐魯番葡萄園典當類型、借貸償債、利率和絕賣問題,揭示了傳統時代借貸市場或金融市場的基本特徵。蔣洪恩、喬秋穎《從出土文獻看吐魯番晉唐時期的葡萄栽培》(《敦煌學輯刊》2021 年 4 期)根據出土文獻,探討吐魯番先民葡萄定植的時間、方式、架式、圍墙設置、埋土防寒等問題。劉錦增《“籌備軍糧”與“節省國帑”:乾隆年間新疆兵屯作物種植結構調整問題研究》(《雲南民族大學學報》2021 年 3 期)分析乾隆年間新疆兵屯作物中糧食作物的結構調整、軍需作物料豆的推廣和胡麻、菜籽等油料作物的推廣。文章指出新疆兵屯對作物種植結構的調整解決了新疆駐防官兵的軍糧問題,産生深遠影響。瞿萍

《五涼河西蠶桑業考》(《敦煌學輯刊》2021 年 1 期)依靠傳統史料,對五涼割據政權時期高昌、河西地區蠶桑業的發展情況進行梳理,指出五涼時期地方政權對於蠶桑業在西域地區發展和傳播的貢獻。

唐代商品貨幣經濟方面。羅帥《漢佉二體錢新論》(《考古學報》2021 年 4 期)通過梳理相關考古和文獻材料,介紹了漢佉二體錢的出土情況、年代性質和發行的歷史背景,並對漢代絲綢之路經濟文化交流以及于闐歷史進行論述。裴成國《中古時期絲綢之路金銀貨幣的流通及其對中國的影響》(《吐魯番學研究》2021 年 1 期)根據考古資料,分析絲綢之路金銀貨幣流入中國的時間、使用的範圍、拜占庭金幣和薩珊銀幣的來源,並探討拜占庭金幣和薩珊銀幣在中國的流通與唐代金開元通寶鑄造之間的關係。李樹輝《西域棉布貨幣研究》(《敦煌學輯刊》2021 年 3 期)依據傳統史料和吐魯番出土文書,梳理了棉布貨幣在質地、地域和尺寸上的區別,在西域流通的情況、棉布貨幣的幣值及借貸利率等問題,探討了棉布貨幣出現於西域的原因。

軍事方面的研究成果主要集中於漢唐時期的軍事制度、烽燧功能等問題。

軍事制度方面。孟彥弘《唐代府兵"六馱馬""八馱馬""十馱馬"釋義》(《北京大學學報》2021 年 4 期)通過分析傳統文獻並對吐魯番文書進行考釋,認爲"六馱""八馱""十馱"指馬驢騾的負重能力,指出文書的"馱"制與"六馱"的"馱"相同,爲重量單位。黃樓《唐代"十馱馬"制度新探》(《西域研究》2021 年 4 期)從府兵和兵募兩種情況考察了西州地區"十馱"在交納和征行中的特點,指出"十馱"爲十人納馬一匹的助軍馱馬,帶有明顯的官有馬匹性質,"六馱"則爲府兵所有的私馬。李世忠、高人雄《從吐魯番出土文書看唐代西域的軍馬制度》(《喀什大學學報》2021 年 5 期)對吐魯番文書進行研究,從軍馬的徵集與採買、牧養、管理、使用等方面,對唐代西域軍馬制度進行了全方位介紹,並指出西域軍馬制度對軍事活動、信息傳遞、社會動員和官僚執行力的作用。張安福《天山廊道軍鎮遺存與唐代西域邊防》(社會科學文獻出版社)以地理環境爲切入點,以軍鎮烽戍遺存調查整理爲綫索,對不同局勢下整個天山廊道軍防體系在唐朝經略西域的進程中所發揮的具體戰略作用進行了探討。張重洲《天寶六載唐擊小勃律行軍考》(《敦煌學輯刊》2021 年 1 期)梳理了天寶六年唐征小勃律的行程和軍隊裝備情況,指出這一事件的政治和戰略意義。

烽燧功能方面。黃永美《漢代軍事防禦中的加密思想和行爲初探——以烽燧信息傳遞爲中心》(《中國邊疆史地研究》2021 年 4 期)根據出土漢簡和考古資料,還原漢代烽燧的形制建制和分佈情況,勾勒出漢代烽燧戍卒不同蓬火、位置、舉法所代表的複雜烽火信號,揭示蘊含現代密碼學的氣息,並指出烽燧信息加密對漢代邊防的影響和作用。党琳、張安福《克亞克庫都克烽燧所見唐代西域治理》(《史林》2021 年 5 期)分析了烽燧出土文書和木簡所反映的唐朝在西域交通、移民屯田、軍防治邊方面的制度措施。

西北史地的研究有交通路綫、古地名和區域考釋方面,以及自然和人文地理演變幾個方面。

交通路綫方面。崔永紅《絲綢之路——青海道史》(青海人民出版社)通過史料與實地調查、文物對比研究,詳細考察了古絲綢之路青海道的形成、發展和演變過程。朱悦梅、康維《吐谷渾政權交通地理研究》(中國社會科學出版社)考察了吐谷渾政權及其活動範圍、吐谷渾與中原各政權的交通、吐谷渾外向發展及其道路交通與隋唐軍事擠壓下吐谷渾交通格局的萎縮,探討了吐谷渾政權時期的交通體系及其特徵。周大鳴、馬斌斌《道路與族群互動——南絲綢之路上的都蘭縣及其研究》(《西北民族研究》2021 年 1 期)從人類學的角度,以絲綢之路都蘭縣爲田野點,從貿易、政治和文化交融三個維度討論道路對族群互動的影響,並論述都蘭縣在歷史上的重要地位。侯楊方《重返帕米爾——追尋玄奘與絲綢之路》(上海譯文出版社)研究了玄奘東歸路綫的帕米爾段,並對相關的地點如尸棄尼、波謎羅川、大龍池等地進行了考察。党琳《克亞克庫都克烽燧與唐代焉耆交通研究》(《敦煌學輯刊》2021 年 1 期)分析了唐代使用克亞克庫都克烽燧的主要原因和史料缺載"大磧路"的原因,認爲"大磧路"在唐代非但没有廢棄而且有繼續强化的趨勢,從而肯定了焉耆在西域交通中的重要地位。史念海、王雙懷《唐代的道路系統》(《絲綢之路研究集刊》第六輯)梳理了以長安爲中心的唐朝交通網絡和道路系統。王玉平《天寶十三載封常清在交河郡的行程》(《中國歷史地理論叢》2021 年 1 期)以阿斯塔那 506 號墓出土的交河郡驛館馬料賬爲研究對象,考察驛館名稱和地點,還原了交河郡長行坊的運作過程和封常清的行程。何强林《絕域音書——悟空遊記所見之安西北庭》(《唐史論叢》2021 年 2 期)以唐朝僧人悟空遊記中的所見所聞爲切入點,敘述安西和北庭都護府政治軍事情況,以及西域大寺的譯經活動。岳凱峰、楊芳《風險與機遇:北宋青唐路的興起及原因再探》(《青海師範大學學報》2021 年 1 期)通過分析傳統史料,指出青唐路氣候多變、環境惡劣、交通不便,還時常遭受劫掠和戰爭威脅,青唐路的興起是西域諸國權衡政治環境和經濟利益的折中選擇,以高風險換取高利潤回報。宋立州《明清絲綢之路哈密——吐魯番段"沙爾湖路"研究》(《歷史地理研究》2021 年 1 期)通過文獻、地圖、遙感影像、數字高程模型等手段,運用歷史學、地理學、語言學方法復原沙爾湖路,對其歷史記載、路綫地點、出現及中斷原因進行研究,填補了學界關於沙爾湖路產生的政治背景與自然環境研究的空白。李軍《徐松西域調查行蹤稽考》(《中國邊疆史地研究》2021 年 4 期)通過對徐松著作及其師友零散記載的研究,勾勒出徐松西域調查的行程軌跡,將徐松的西域調查劃分爲五個階段,敘述了其行程中自然和文化景觀以及徐松的心路歷程。

古地名及區域考釋方面。李豔玲《西漢祁連山考辨》(《敦煌學輯刊》2021 年 2 期)指出西漢祁連山不專指一地,而在東漢時期"祁連山""東天山"在中原漢人的稱呼中已有定名,反映出中原漢地對異域文化的認知過程。周倩倩《唐代吐谷渾部安樂州考》(《敦煌學輯刊》2021 年 3 期)通過分析官方史書、私人著作及墓誌資料,認爲安樂州與長樂州是同一州,位於靈州境内,造成州同名異的原因是唐肅宗對安禄山的避諱及吐谷渾王室對安禄山與安樂公主的自覺避嫌。李鶴麗《西域"火燒城"祛疑》(《古典文獻研究》2021 年 2 期)指出吳玉貴所持"火燒城"爲"放火燒城"之説不能成立,認爲火燒城的位置不在安西都護府,也並非"于術守捉城",而應在明陝西莊浪衛南、蘭州西北,即今蘭州永登縣内。李炳海《西域國名大月氏、安息、條支考釋》(《江漢論壇》2021 年 9 月)依靠傳統文獻,從文字構型、地理環境和國際關係等角度,對大月氏、安息、條支三個西域邦國的得名進行了考證,並在讀音方面提出了自己的看法。李炳海《邏:用於表示以自然天險爲邊境的界碑——〈大唐西域記〉漢譯地名研究札記》(《北方論叢》2021 年 3 期)通過分析《大唐西域記》中帶有"邏"字的漢譯地名所處的地理環境,指出"邏"字不單是具有標音作用的西域語的音譯,同時也包含所指對象處於自然天險邊緣的意譯因素,並分析了其中存在的語言學價值。付馬《〈蒙古山水地圖〉中的"洗兒乞""脱谷思"與回鶻時代的伊西路》(《中國邊疆史地研究》2021 年 1 期)利用回鶻時代的史料勘定"洗兒乞""脱谷思"等地名的名稱和位置,並進一步探討新城市産生的背景和原因。

自然和人文地理演變方面。陳同濱、陳淩編《絲路遺蹟:城鎮篇》(中國建築工業出版社)結合絲綢之路上城鎮的地理空間分佈和特徵,介紹了散佈在綿延幾千公里的絲綢之路上的城市節點,以及由此而構建的相對完整的絲綢之路城鎮帶,爲全面勾勒和認識絲綢之路的意義奠定了基礎。王炳華《深一步認識阿拉溝》(《西域研究》2021 年 3 期)從傳統文獻和考古遺存出發,肯定了阿拉溝及天山峽谷在民族遷徙流動和經濟文化交流上的重要性。李後强、李海龍《尼雅古城廢棄原因探析》(《中華文化論壇》2021 年 2 期)系統性回顧了學界關於尼雅古城廢棄原因的三個觀點,並從尼雅遺址現場情形與地震災害場景吻合、尼雅遺址處於地震帶、地震能够解釋尼雅遺址呈現的情形等方面指出,尼雅古城廢棄的直接原因是地震。王羽堅、王思明《伊朗喀山與我國新疆吐魯番坎兒井對比研究》（《農業考古》2021 年 1 期）根據網絡資源數據庫和現代大地測量理論，對吐魯番地區坎兒井、伊朗坎兒井測量方法進行了對比研究，分析了二者的相似和不同之處。

三、社 會 文 化

社會文化的研究成果包含文化交流、物質文化、社會風貌和歷史人物等方面。

文化交流方面的成果，主要聚焦於漢文化與西域各民族文化的交流融合。崔明德《論和親文化》（《中國邊疆史地研究》2021 年 2 期）對和親文化的内涵及其認知進行了深入討論，將之分成北方、西北、西南三大和親文化圈，並對和親文化的特點進行概括總結，提出了加强和親文化發掘建設的建議。孫悟湖、班班多傑《多元通和：漢族、藏族、蒙古族宗教文化交往交流交融的歷史考察》（《民族研究》2021 年 1 期）系統回顧了從唐代至清代漢、藏、蒙族以儒道佛文化爲主軸的宗教文化交流史，將漢、藏、蒙族文化交流類型分成了官方主導型、學者交往型和民間浸潤型三種。張俊明《互動與交融：論粟特人融入中華的歷史軌跡》（《敦煌學輯刊》2021 年 4 期）將粟特人融入中華的類型分爲融入漢族和融入少數民族兩大類型，指出粟特人融入中華各族的特點具有長期性、廣闊性和全面性，粟特人在中華民族及其文化的發展與壯大中發揮了重要作用。米海萍《西王母神話西傳蠡測》（《青海民族大學學報》2021 年 1 期）指出西王母神話西傳與絲綢之路密切相關，起源於中國的西王母傳說經過絲綢之路貿易中各個民族的反覆轉述，在傳播過程中出現斷續、疊加和訛化變形，最終傳到了遙遠的西亞和歐洲大陸。吳爽《西域對中華文化的認同——以兩漢時期漢語漢文在西域的使用與傳播爲視角》（《西域研究》2021 年 4 期）介紹漢代西域漢語漢文的使用群體，從文書、生活用品和銘文等方面，論證漢語漢文在西域地區的廣泛使用，指出兩漢西域漢語漢文使用對後世發展的影響與意義。張乃翥《從魏晉南北朝時期東西方社會交流看中華民族共同體的形成》（《石河子大學學報》2021 年 1 期）依據傳統文獻和考古資料，梳理了從曹魏到北朝晚期東西方社會交流，指出這種多民族血緣融合和意識形態趨同推動了中華民族共同體的形成。張成渝、張乃翥《文物視域下的西晉洛陽與西域地區的文化交流》（《絲綢之路研究集刊》第六輯）通過分析三臨辟雍碑、韓壽墓表、支伯姬墓誌等文化遺蹟和其他出土文書與簡牘，揭示西晉時期洛陽地區與西域地區密切的文化交流。劉子凡《唐朝經營西域的文化影響至深至遠》（《歷史評論》2021 年 5 期）指出唐朝經營西域的一個半世紀裹，以儒家思想爲核心的中華文化在西域廣泛傳播，爲西域地區的中華文化認同奠定了心理基礎。尹波濤《唐代粟特康氏的祖先記憶與族群認同》(《唐史論叢》2021 年 2 期)通過分析唐代粟特康氏墓誌中關於祖先記憶的記述，指出隨著來華時間的增長，粟特祖源的記憶逐漸衰微，並在攀附華夏祖源的過程中形成會稽、汲郡、敦煌、潁川四望。單超成《文化融合視域下宋元時期回鶻的宗教生活與中華文化認同》(《新疆地方志》2021 年 3 期)通過研究宋元時期漢文史籍、回鶻文文獻和考古資料，勾勒出西域回鶻的宗教信仰發展的歷史，並揭示中華文化對回鶻宗教生活的影響和回鶻對中華文化的認同。張子青、葉爾夏提・葉爾肯《元代阿兒渾人華化事蹟補遺一則》(《史學史研究》2021 年 2 期)從儒學、祠祭、美術和名氏四個方面具體介紹了阿兒渾人理熙的華化事蹟，填補了元代早期阿兒渾人華化情況研究的空白。尹偉先、陳芳園《清代西寧縣維吾爾人社會生活研究——以〈皇清職貢圖〉爲中心的討論》(《西北民族大學學報》2021 年 2 月)利用《皇清職貢圖》和其他傳統文獻，對西寧縣維吾爾族的來源、生計、服飾和飲食風俗進行了研究，並指出西寧維吾爾人最終融入當地的其他民族。朱亞峰《清末西北邊疆"中華民族"一體觀的演進——一個實踐論的知識過程考察》(《北方民族大學學報》2021 年 6 期)梳理了新疆與中原地區一體觀念形成的歷程，指出新疆建省后經濟文化交流加深使得中原文化在新疆扎根，整體性的中華民族觀得以快速發展。

物質文化研究方面。沈衛星編《外國文物裹的絲綢之路》(光明日報出版社)圍繞絲綢之路沿綫發現的古代文物及文化遺存，結合中外歷史文獻、海陸絲綢之路古遺址的考古發掘新成果，從文明交流互鑒的角度解讀絲路沿綫的文物。温睿、曹詩媛《試論宋元時期新疆玻璃器皿的功用與來源》(《西域研究》2021 年 3 期)總結宋元時期新疆玻璃器的出土情況、工藝與成分特徵，探討其來源和交流特點。文章指出新疆出土的玻璃器皿是熔鑄水平參差不齊的實用器皿，説明玻璃器皿已經進入日常生活。吳曉桐等《新疆吐魯番加依墓地人類遷徙與飲食結構分析》(《西域研究》2021 年 3 期)對吐魯番加依墓地 12 例人類個體牙釉質進行同位素分析，研究加依墓地人類遷徙與飲食結構。趙美瑩、党志豪、蔣洪恩《新疆米蘭遺址吐蕃時期的植物遺存》(《人類學學報》2021 年 6 期)考察了吐蕃時期米蘭戍堡出土的各類植物，指出吐蕃佔領時期的米蘭地區微環境較今天更爲濕潤，米蘭戍堡的守衛者栽培穀物的同時也栽培了一定規模的桃樹。殷小平、賈楠《中古時期西域食物的傳入與本土化》(《農業考古》2021 年 1 期)以中古時期中西交通的歷史發展爲背景，梳理漢代至唐代從西域傳來作物、香料、肉食、烹飪手法、種植技術和製作工藝，探討胡食東漸過程中的本土化問題。劉軍麗《絲綢之路上的粟特、回鶻民族與茶葉在亞洲腹地的傳播》(《農業考古》2021 年 2 期)以傳統文獻和出土文物爲綫索,從唐王朝對西域的建設與統治、與西域的交通、社會經濟發展三方面,對回鶻、粟特民族與茶葉傳播的基礎條件進行了研究,梳理茶葉向外傳播的路徑。

社會風貌方面的研究包括社會生活、服飾妝容等。

社會生活方面。董惟妙《哈密盆地史前居民食譜》(復旦大學出版社)依據在哈密盆地青銅時代和早期鐵器時代的三個重要遺址開展的同位素食譜分析結果及其反映的先民生計形態差異,結合植物考古以及其他生業模式相關研究,總結了不同時期、不同環境下哈密盆地史前居民的食物利用、生計選擇差異,並探討了其背後的可能原因。蔣洪恩、呂恩國、張永兵《吐魯番洋海先民的生業模式探討》(《吐魯番學研究》2021 年 1 期)通過對考古資料的研究,指出傳世文獻對洋海先民生業模式存在斷章取義,洋海先民有著相對固定的遊牧範圍,在遊牧之外兼營農業,處於半遊牧半定居的生活狀態。包曙光、姜一哲《公元前一千紀東天山地區遊牧人群的屠宰行爲》(《農業考古》2021 年 6 期)梳理了公元前一千紀東天山地區動物遺存的考古發現,結合考古學和民族學的研究方法與成果對這一地區遊牧人群屠宰行爲的複雜性進行探討和分析,認爲該地區遊牧人群至少存在以殉牲和冬牲爲目的的兩種屠宰行爲。張元、閆雪梅、陳濤、蔣洪恩《新疆吐魯番哈拉和卓晉唐古墓群出土植物遺存研究》(《農業考古》2021 年 4 期)考察了哈拉和卓古墓群中出土五穀袋中的各類植物,同時敘述了這些植物在晉唐時期的食用與物用情況,由此討論了吐魯番當地於晉唐時期的生產生活情況。羅權、李鑫鑫《葉尼塞河碑銘所見唐代黠戛斯的社會生活》(《中華文化論壇》2021 年 1 期)以葉尼塞突厥文碑銘爲中心,回顧了葉尼塞突厥文碑銘的發現整理與特點,對唐代黠戛斯人口學、年代學、原始信仰、遊牧經濟進行探討。王啓濤《吐魯番出土文獻所見人名賤稱與佳稱考》(《西南民族大學學報》2021 年 8 期)以吐魯番文獻爲例,對三種人名中的賤稱或佳稱進行考釋,揭示其文化內涵,同時對賤稱和佳稱有關的疑難俗字進行考釋。高壽仙《唐至明數目字人名的興衰及其原因》(《北京聯合大學學報》2021 年 3 期)通過對吐魯番文書、科舉名錄等文獻進行研究,討論行第稱謂興起與流行的歷史過程,流行中的泛化和變異,並探討數目字人名興盛和衰落的原因。李鑫江、李開遠《從克孜爾壁畫中透視古代西域體育文化》(《武術研究》2021 年 4 期)指出從克孜爾壁畫中透視古代體育文化,對於瞭解中國體育文化的特徵以及現代體育項目對古代體育文化的傳承,具有重要意義。

服飾妝容方面。張曉妍《唐代女性妝飾文化中的西域文明》(中國紡織出版社),從冶容研究、妝具研究、首飾研究、香身研究四個部分探討唐代女性妝飾文化的内因和形式來源,展現了唐代女性妝飾文化瑰麗多姿的整體形象、時代風貌和文化成因。連彤、吕釗《高昌回鶻女供養人"對襟長袍"結構和閉合方式分析》(《化纖與紡織技術》2021 年 4 期)用圖像觀察法和文獻查閱法,研究回鶻女供養人的服飾結構,分析了對襟長袍的年代劃分和閉合方式。馬豔輝、吕釗《回鶻三叉冠的初步研究》(《化纖與紡織技術》2021 年 9 期)通過圖像造型背景和文獻研究對回鶻男子三叉冠的歷史源流、發展及文化背景進行總結和梳理。黄瑞、柳孟楠《兩漢至隋唐時期西域女性妝容探析》(《新疆藝術學院學報》2021 年 3 期)依靠出土材料,從髮型樣式、面妝等方面對西域女性的妝容進行介紹,並分析了漢唐西域女性妝容的審美風尚及其特點。

歷史人物研究方面。張維慎《唐鴻臚卿蕭嗣業事蹟鉤沉》(《絲綢之路研究集刊》第六輯)利用傳統史料和相關碑石墓誌資料,對蕭嗣業的事蹟進行鉤沉,肯定了蕭嗣業對唐初北疆安定所作出的貢獻。鄭旭東《西安新出唐代粟特裔翟伯墓誌研究二題》(《石河子大學學報》2021 年 5 期)對翟伯墓誌進行録文,同時根據墓中出土的金幣和墓誌内容考證翟伯的族源爲入華粟特人,並根據萬年縣設立情況考察參旗軍的初建問題,推測唐初十二軍或爲逐漸形成。李小白、劉志偉《宋雲、惠生西行考論》(《敦煌研究》2021 年 2 期)依據《洛陽伽藍記》和其他傳統史料,對宋雲、惠生的身份問題,二人擔任西行使節的原因和出使的目的進行探討,指出宋雲、惠生二人是胡太后的親信,出使西域既源於北魏羈縻西域和胡太后鞏固自身權力的需要,也有宗教文化的原因。

四、宗　　教

本年度吐魯番宗教研究主要涉及佛教、三夷教、道教和其他民間信仰等方面。

佛教方面的研究主要在佛教歷史、佛教典籍研究等方面。

佛教歷史方面。霍旭初《龜兹佛教研究的定位問題》(《西域研究》2021 年 3 期)通過梳理龜兹佛教的産生與發展歷程,將龜兹佛教研究的歷史定位爲佛教的部派佛教歷史範疇;理論定位爲部派佛教時期的阿毗達摩,即毗曇學理論體系。何芳《唐代龜兹佛教的若干史事——以唐代佛教史料爲中心的考察》(《西域研究》2021 年 3 期)依據對龜兹佛教基本屬性、信仰理念、戒律特色及龜兹佛教史事等方面的新認識,指出以小乘爲主體的龜兹佛教文化與以大乘爲主體的中原佛教並存和發展,不同派别佛教藝術互相影響、交流與融合,造就了龜兹佛教文化藝術。苗利輝《唐宋時期漢傳佛教在龜兹地區的傳播——以菩薩信仰爲中心》(《石河子大學學報》2021 年 6 期)以龜兹石窟的壁畫和佛教經典爲綫索,具體介紹了龜兹地區的彌勒、觀音、文殊、地藏四種菩薩信仰。彭無情《鄯善佛教嬗變研究》(《佛教文化研究》2021 年 1 期)依據傳統史料和佉盧文文書,從鄯善獨特的地理人文環境出發,多角度探討佛教在鄯善地區的傳播、發展、興盛、衰亡的歷程及其原因。王晨悦《于闐地區佛教信仰轉變過程中的影響因素探析》(《西部學刊》2021 年 5 期)梳理了佛教進入于闐和中原的傳播路綫,分析了于闐地區佛教信仰由小乘轉向大乘的時間及其原因,指出這一轉變受佉盧文、大月氏、漢族君主、漢族僧人和漢族移民的共同影響,但漢文化是促成這一轉變的主要原因。玉素甫江·肉孜《焉耆佛教與七個星佛寺遺址研究》(《西部學刊》2021 年 8 期)對焉耆佛教文化的代表性遺存七個星佛寺遺址歷史沿變、文化内涵、生存狀况、出土文物進行分析,詳述外國探險家破壞性的發掘,認爲其中出土的回鶻文木牘及吐火羅文抄寫的《彌勒會見記》劇本等文物的價值最高。劉屹、劉菊林《懸泉漢簡與伊存授經》(《敦煌研究》2021 年 1 期)將懸泉漢簡中反映大月氏和佛教相關的内容,放置在大月氏和貴霜的歷史框架、佛教在印度和中亞的發展脈絡,以及"佛教初傳中國"的背景下予以考察,通過揭示"小浮屠里簡"中隱藏的關於佛教傳統的信息,證明伊存授經是可靠的。張雁紅《北魏平城佛教與絲綢之路》(《雲岡研究》2021 年 1 期)概述了北魏平城時代對絲綢之路的經略和佛教的盛傳,並探討其中的聯繫,平城作爲絲路東段的貿易中心,經濟繁榮,佛教也因此得以發展和傳播。石小英《魏晉南北朝時期尼僧與世俗家庭的關係》(《敦煌學輯刊》2021 年 4 期)以整個魏晉南北朝時期爲探討時段,對尼僧與世俗家庭聯繫密切的現象和原因進行研究,指出儒家孝道思想和佛教慈悲理念的相互交融是這一現象產生的原因,也是佛教在中國本土化、世俗化的典型表現。劉子凡《唐北庭龍興寺碑再考——以李征舊藏"唐金滿縣殘碑"綴合拓片爲中心》(《首都師範大學學報》2021 年 5 期)對李征舊藏"唐金滿縣殘碑"綴合拓片進行整理研究,指出此碑爲僧碑而非寺碑,考證了碑文中"天宫"的含義,並具體論述了北庭官吏、兵士與北庭佛教發展的關係。王啓濤《吐魯番文獻所見粟特人的宗教信仰》(《宗教學研究》2021 年 1 期)通過全面調查吐魯番文獻,對十六國時期至唐西州時期絲綢之路西域段粟特人的宗教信仰進行全面的研究,以粟特人名爲切入點,深入考察了粟特人的信仰,指出來到吐魯番的粟特人受中華文化影響,大量信仰漢傳佛教,一些粟特人還信仰道教,逐步融入中華民族共同體中。王紅梅《宋元時期高昌回鶻彌勒信仰考》(《世界宗教文化》2021 年 4 期)通過梳理回鶻文文獻,認爲彌勒造像及經變畫集中出現於北庭回鶻寺,概述了吐魯番出土的回鶻文彌勒經典、回鶻文寫本、詩歌和與彌勒信仰有關的雕塑、壁畫等實物遺蹟。文章分析壁畫中彌勒上生與下生信仰並存現象,指出回鶻佛教徒對兩種净土信仰的包容。班瑪更珠《藏傳佛教上路弘法與古格王朝的文化選擇》(《中國藏學》2021 年 4 期)依據漢文和藏文文獻回顧了古格王朝"上路弘法"的歷史,並指出在藏傳佛教上路弘法的文化背後有逐步伊斯蘭化的西域地區與西藏地方的激烈碰撞,其實質體現了西藏面臨宗教信仰選擇問題。

佛教典籍研究方面。嚴世偉《高昌郡的佛典——以旅順博物館藏新疆出土漢文文獻爲中心》(《敦煌學輯刊》2021 年 4 期)對《旅順博物館藏新疆出土漢文文獻》中的高昌郡佛典寫本進行統計與分析,認爲高昌郡已經三藏具足,4—5 世紀時漢文佛典在西域的流傳説明中原與西域保持著緊密的聯繫,文化交流頻繁,中原文化對西域有强大影響力。王邦維《也談〈大唐西域記〉的"闕文"問題》(《文史》2021 年 2 期)重新討論了范祥雍先生的《〈大唐西域記〉闕文考辨》一文中存在"最初本"《大唐西域記》的論斷,通過對比"闕文"的上下文與《大唐西域記》對應内容,判斷其在文字、行文格式和風格方面具有一致性,從而認定其爲異文而非"闕文"。王汝良、譚樹林《〈大唐西域記〉:"烈士傳説"的宗教背景考辨》(《西南民族大學學報》2021 年 4 期)通過把握故事敘述結構,分析《大唐西域記》中關於密教的記載和"烈士報恩"中棄絶癡愛、抵抗魔嬈、守一不摇、人生如夢、知恩圖報五個主題,指出"烈士傳説"的宗教背景應當爲密教而非道教。阿依達爾·米爾卡馬力、薩仁高娃《中國國家圖書館藏回鶻文〈華嚴經·如來現相品〉殘葉研究》(《新疆大學學報》2021 年 3 期)概述了已公佈的回鶻文《華嚴經》文獻的情況,對該殘卷進行了文獻學考證,通過比對,認爲敦煌研究院、甘肅省博物館、蘭州范氏、台北傅斯年圖書館藏諸寫本和羽田藏圖片與該藏品屬於同一寫本。[日] 中村健太郎著,王領、哈斯巴特爾譯《從回鶻文佛經到蒙古文佛經(下)》(《吐魯番學研究》2021 年 1 期)通過研究回鶻文佛經和蒙古文佛經,指出 13 世紀蒙古統治階層讀回鶻文可能性較大,考證了現蒙古文、回鶻文佛經出現的時間,認爲蒙元時期回鶻文佛教文獻中的頭韻四行詩繼承自西回鶻王國摩尼教、佛教文獻的傳統。夏伙根、彭冰、楊婧《重慶中國三峽博物館藏敦煌高昌漢文寫經敘錄》(《敦煌學輯刊》2021 年 4 期)敘錄了各件館藏敦煌高昌漢文寫經的形制、保存情況與大致内容。乃日斯克《蒙古與回鶻故事中的文化心理共性——以一則回鶻文故事殘卷爲例》(《吐魯番學研究》2021 年 2 期)通過研究故事文本、情節與母體、主人公形象和儀式性描寫,指出吐魯番回鶻文殘片與蒙古文《尸語故事》内容相似,可能是連接巴利文《本生經》與蒙古文《尸語故事》的重要環節。

三夷教方面。姚崇新《珍珠與景教——以十字架圖像爲中心的考察》

（《西域研究》2021 年 1 期）指出，波斯人對珍珠偏愛、波斯灣盛産珍珠、波斯藝術中珍珠廣泛使用、諾斯替宗教語境中珍珠的象徵意義，使得珍珠與馬耳他式十字架成爲固定搭配，形成"敘—波混合型十字架"並在東方景教傳播區域廣泛流行。木再帕爾《回鶻摩尼教諸神之名考》（《河西學院學報》2021 年 1 期）結合回鶻摩尼教文獻，揭示文獻中常見神祇之名的來源，揭示粟特語對回鶻語的影響，詳細整理和説明了摩尼教教義中經常出現的諸神在不同語言中的形式。［匈］康高寶《摩尼教審判繪畫二幀》（《中山大學學報》2021 年 4 期）結合宋元繪畫傳統、摩尼教及佛教文獻表現形式上的内在畫像學邏輯展開論述，對畫像的人物及其内容提出了新的解讀。

道教和其他民間信仰。張世奇《高昌"俗事天神"新論——以魏晉南北朝時期道教流佈爲中心》（《絲綢之路研究集刊》第六輯）運用考古資料和文獻資料，從《魏書》編纂者對"天神"的認知、高昌地區主體民族的信仰、吐魯番地區的道教歷史文化遺存三個方面論證高昌"俗事天神"是道教信仰。李大偉《漕矩吒與穢那天神考》（《唐史論叢》2021 年 1 期）對漕國與漕矩吒意義進行考證，結合當時歷史狀況，將漢文與異域文獻進行比對，深入探究漢文史籍所記西域諸國名稱及其意義，指出漕矩吒國順天神之記載爲瞭解當地婆羅門教提供了綫索。衡宗亮《清至民國時期新疆定湘王信仰研究》（《中國本土宗教研究》第四輯）對新疆"方神"與定湘王之間的關係進行辨析，指出方神信仰即是定湘王信仰，並探討這一信仰本土化的動力以及其背後的文化動機。

五、語 言 文 字

語言文字方面的研究涉及對語言文字考釋和民族語系與漢字的關聯兩方面。

語言文字考釋方面。王啓濤《絲綢之路語言新探》（社會科學文獻出版社）考察了古代絲路的語言狀況和政策，絲路文獻的實詞、虛詞和識別字號系統，並對絲綢之路文獻的語言文字疑案進行了重新審理和考證，總結了古代絲路文獻語言文字研究的方法及作用和唐長孺先生絲綢之路文獻語言文字研究的價值與意義。王啓濤《吐魯番出土文獻疑難詞語考釋》（《文獻語言學》2021 年 2 期）對"彼""料""屈椀""遷""貼助"五個疑難詞語進行考釋，考證其含義、使用條件和使用時期。張獻方、李豔麗、邊思怡、高静《新疆出土醫學文書俗字研究》（《浙江中醫藥大學學報》2021 年 11 期）闡明了新疆地區出土醫學文書中俗字應用歷史，分析其中俗字産生的類型並總結其特點。

民族語系與漢字的關聯方面。楊成虎、錢志富《“屈支”“龜兹”等詞譯音考釋》(《語言與文化論壇》2021 年 1 期)從音韻變化的角度,對梵漢翻譯中“屈支”“龜兹”等音譯詞用字情況從音韻變化的角度進行了考釋。曹利華《從借詞看晉唐時期吐魯番地區的民族交往——以吐魯番出土文書爲中心》(《新疆大學學報》2021 年 1 期)從語言接觸的角度,考證吐魯番出土文書中的商業類、生活類、軍事類、宗教類的“薩薄”“迭”“胡禄”“胡天”四詞在漢語中的使用、流變及折射出的民族關係和民族交往特點。

六、文　學

文學方面的研究涉及絲路文學價值、詩歌研究和其他三個方面。

絲路文學價值方面。鄧小清、李德輝《唐代青海軍城的文學價值》(《中國韻文學刊》2021 年 1 期)從作爲唐詩今典和軍事意象、西北邊鎮紀實文學的關鍵字、作爲陷蕃文學的重要書寫對象三方面分別論述了唐代青海軍城的文學價值。丁宏武《唐前河隴文學的地域特色與文化品格》(《西北師大學報》2021 年 4 期)探討了唐前河隴文學的三方面特點:亦文亦武的“兩棲”特色與河隴文學的質直共性;邊塞苦寒環境影響下河隴文學的慷慨悲涼之氣;華戎交會背景下河隴文學的“秦風”特質與文化品格。

詩歌研究方面。傅紹磊、鄭興華《高昌歸唐與歌謠傳播》(《新疆地方誌》2021 年 2 期)以高昌歸唐爲節點,考察謠諺、凱歌、樂府中關於西域局勢變化與時人看法的相關內容。石雲濤《從自然地貌到人文意象——唐詩中的莫賀延磧》(《地域文化研究》2021 年 1 期)以唐詩爲引,討論了莫賀延磧在唐代交通域外的功能;同時探討了唐邊塞詩中莫賀延磧體現的邊塞將士的報國與思鄉共存的複雜情感。米彥卿《元代草原絲綢之路上的上都書寫》(《西北民族研究》2021 年 1 期)著眼於當時文人詩作,勾勒了上都作爲絲路東端“流動盡頭的静止點”與“文化的融匯點”的特點,提出上都所具有的“紀念碑性”。

其他方面的研究。乃日斯克《回鶻文“善惡兩王子的故事”與蒙古文、漢文故事文本的比較研究》(《民間文化論壇》2021 年 6 期)考察了漢文文本、回鶻文文本和蒙古文文本之間名詞術語、俗語諺語表述、情節母題的異同,提出蒙古文本更接近漢文文本,而回鶻文文本在翻譯中進行了符合本民族語言表述特點的創新和改編。常萍《從文體特徵看吐魯番墓誌的發展演變》(《檔案》2021 年 11 期)按時間順序考察了從大涼時期到初唐吐魯番墓誌的發展演變,指出其中內容逐漸豐富,從僅記録時間、官職、姓氏到包括了稱頌品德功績與銘文等內容。

七、藝　　術

　　與藝術相關的研究涉及佛教石窟造像、壁畫、墓葬、音樂、舞蹈、書法、圖像、造型與服飾藝術等方面。

　　佛教石窟造像研究方面。徐漢傑、楊波《"龜茲風"的延續與變遷——森木塞姆第 44 窟研究》(《敦煌學輯刊》2021 年 4 期)從地理位置及保存現狀、畫塑題材及佈局、畫塑佈局特點、供養人民族屬性方面系統性地研究了森木塞姆第 44 窟,指出其是回鶻時期最接近龜茲傳統模式的洞窟,又在圖像佈局、壁畫細節上也出現一些新的變化。滿盈盈《克孜爾石窟主室前壁説法圖主尊之再思》(《南京藝術學院學報(美術與設計)》2021 年 4 期)從身份界定、圖像特徵與造像思想探討了克孜爾石窟主室前壁説法圖,指出説法圖是龜茲佛教思想與王權思想共同發展的記録,主尊身份變動是聖君出世的隱喻。常青《炳靈寺第 169 窟西秦塑像與壁畫風格淵源》(《美術觀察》2021 年 1 期)追溯了炳靈寺第 169 窟西秦塑像與壁畫的風格淵源,指出塑像有來自印度笈多和西域的因素,壁畫風格則兼有西域凹凸畫法與東方漢族綫描風。李瑞哲《龜茲石窟壁畫佈局反映的小乘説一切有部佛教思想》(《絲綢之路研究集刊》第六輯)對龜茲石窟壁畫的題材進行了全方位的介紹,分析壁畫佈局中體現的"累世修行"和"三世實有"的小乘佛教説一切有部思想。楊效俊《試論克孜爾石窟第 38 窟的佛舍利崇拜主題》(《文博》2021 年 4 期)探討了克孜爾第 38 窟與印度支提窟和犍陀羅地區的淵源,分析了克孜爾第 38 窟建築與圖像表現的宗教内容,研究了石窟寺佛舍利崇拜主題及其形成與傳播。王雨《克孜爾第 38 窟原創性影響初探》(《絲綢之路研究集刊》第六輯)通過對克孜爾第 38 窟的禮佛空間和天宮伎樂圖原創性影響進行分析,揭示這種原創性的形成和影響,指出克孜爾 38 窟原創的雙人組合天宮伎樂圖源於樂神乾闥婆及其妻室緊那羅的經典記載。

　　壁畫方面。寧强、方蒙《須摩提女請佛故事畫的圖像學考察——以克孜爾、敦煌爲中心》(《美術學報》2021 年 2 期)考察了從犍陀羅、克孜爾、吐峪溝到敦煌須摩提女請佛故事畫的特點與演變,探討了其中反映的龜茲信仰變化以及請佛題材中表現的北魏政治隱喻。[意]賽麗娜·奥佚羅著、鄭燕燕譯《印度河上游地區的佛教巖畫及其與古代新疆佛教藝術的關係》(《西域研究》2021 年 1 期)考察了克孜爾石窟、犍陀羅等地區母虎本生、尸毗王本生、精進力比丘本生與克孜爾石窟同類壁畫在繪畫中各種要素的異同,認爲印度商販和朝聖者們沿途鐫刻的巖畫促進佛教藝術在中國的傳播。李瑞哲《高昌、龜茲回鶻風格佛教遺址中的地獄圖像》(《敦煌學輯刊》2021 年 2 期)分析了高昌回鶻時期和龜兹回鶻風格石窟中的地獄圖像,探討了地藏菩薩救度思想的發展對回鶻佛教的影響及摩尼教的地獄觀念對地獄圖像流行的影響,指出高昌、龜兹回鶻風格石窟的輪回圖像在表現形式和内容方面的特點。李瑞哲《龜兹石窟中的禪修窟與禪修壁畫》(《敦煌吐魯番研究》第 20 卷)系統介紹了龜兹石窟中的禪修洞窟的形制和來源,依據佛教典籍和梵文禪修殘卷分析禪修壁畫的主題和内涵,並指出禪修洞窟和壁畫與一切有部在龜兹地區的主流地位有關。劉韜《高昌夜叉圖像考——以吐峪溝西區中部回鶻佛寺主室門道南壁畫跡爲中心》(《美術學報》2021 年 4 期)對比分析了高昌回鶻時期護法神像,辨識出該"天神"的尊格爲"執杖藥叉",認爲"執杖藥叉"與"四臂女神"的圖像配置爲當地獨有,映射出回鶻佛教對祆教圖像的借鑑,並指出高昌密跡金剛像體現回鶻王朝對漢地西來圖像的改造。張惠明《從那竭到于闐的早期大乘佛教護法鬼神圖像資料——哈達與和田出土的兩件龍王塑像札記》(《西域研究》2021 年 2 期)通過對哈達佛寺舒圖爾丘塔院遺址與和田出土的兩件龍王塑像考古與史籍文獻資料及相關研究進行梳理和考釋,探究早期大乘佛教護法圖像在西域地區的流傳與發展的歷史源流和脈絡。王菽一《丹丹烏里克佛寺遺址壁畫與于闐畫派》(《書畫世界》2021 年 5 期)從綫條、臉部造型和手部造型入手,探討了丹丹烏里克的壁畫和于闐畫派之間的一致性。新巴·達娃扎西《"鹿王本生"圖像再探》(《西藏民族大學學報》2021 年 1 期)結合已公佈的相關漢藏文獻對包括克孜爾石窟 17 窟在内現有的圖像材料藝術特徵、構圖形式進行對比研究,探討了其傳承及演變過程。楊文博《克孜爾石窟諸王皈依類説法圖研究》(《敦煌學輯刊》2021 年 2 期)考察了波斯匿王禮佛、阿闍世王皈依、頻毗娑羅王皈依的情節,指出這是當時龜兹佛教徒希望龜兹國王以及王室能夠更加崇信佛教並擴大佛教的影響所做的宣傳。張統亮《涅槃與"衆生舉哀圖"名稱考》(《絲綢之路研究集刊》第六輯)根據佛教經典和柏孜克里克石窟壁畫圖像考證涅槃的含義,利用佛教經文的記載,否定了"王子舉哀圖"的定名,指出在現場的應只有拘尸那城的末羅族人,應當定名爲"拘尸那城末羅族舉哀圖"。崔瓊、吾買爾·卡德爾《伯西哈石窟第 3 窟藥師净土變考》(《絲綢之路研究集刊》第六輯)分析了學界將伯西哈石窟第 3 窟前壁門頂壁畫誤判爲地藏變的原因,並通過分析佛教典籍和壁畫圖像,指出該壁畫應定名爲"藥師净土變",並確定了壁畫中其他形象的身份。任平山《克孜爾壁畫"挽弓試力金地王"釋讀》(《西域研究》2021 年 4 期)聚焦於克孜爾第 38 窟中方形佛傳座前所繪王者及持弓人物,比對經文,指出克孜爾第 8 窟、第 38 窟、第 179 窟、第 224 窟相關壁畫以異時同圖的形式呈現了藏臣寶取呈弓箭、金地王臣服,以及轉輪王恢復真身爲佛陀及衆弟子教化説法等場景,定名爲"挽弓試力金地王"。趙莉《克孜爾石窟"彌勒菩薩"圖像的重新認識》（《中原文物》2021 年 5 期）從龜兹佛教歷史發展、佛教派屬和經典出發,並分析洞窟題材内容和佈局,指出克孜爾石窟"釋迦菩薩兜率天宫説法圖"中的菩薩應爲釋迦菩薩。

墓葬藝術方面。姚敏《新疆古代碑刻藝術的珍品——〈且渠封戴墓表〉》（《新疆藝術（漢文）》2021 年 1 期）對吐魯番地區迄今發現紀年最早的墓表即《且渠封戴墓表》的形制、字體、内容進行了分析,闡明其歷史文化價值。高愚民《試析吐魯番阿斯塔那墓葬出土彩塑價值》（《新疆地方志》2021 年 3 期）從文物、藝術、科學的角度考察了阿斯塔那墓葬出土彩塑的特點與價值。

音樂研究方面。趙維平《絲綢之路胡樂人現象研究》（《音樂研究》2021 年 1 期）梳理了從南北朝至晚唐胡樂人來華的歷史變遷,並分析胡樂人的成分來源及其對中原音樂發展的貢獻。李琳倩《三部龜兹樂考辨》（《音樂研究》2021 年 4 期）追溯史料探討了"西國"所指,考察了"西國龜兹"形成時佛教的作用,研究了"齊朝龜兹"的生成傳播過程,考證了"土龜兹"的傳播路徑。朱韜武《從繁塔伎樂石刻磚看隋唐至宋代樂隊形制變化》（《藝術評鑒》2021 年 8 期）著眼於繁塔伎樂石刻磚上繪製的宋代初期龜兹樂隊,探討了隋唐樂制的關係及樂器演變。成軍《隋唐多部樂中的"龜兹伎"》（《當代音樂》2021 年 10 期）考察了隋唐時期多部史料與克孜爾等地壁畫中龜兹伎樂歌舞。劉詩洋、王鶴《論唐李壽墓石槨坐部伎奏樂圖中的胡漢並舉》（《當代音樂》2021 年 7 期）討論了唐李壽墓石槨坐部伎奏樂圖和相關史料中體現的樂器、樂曲"胡漢並舉"、即中原音樂與龜兹音樂同時存在相互融合的特點。温和《從新疆地區壁畫看唐代琵琶的孤柱現象》（《音樂文化研究》2021 年 2 期）自宋代郭茂倩的《樂府詩集》相關記載起步,從圖像和文獻兩方面考察了唐代琵琶類樂器的"孤柱"現象,指出"孤柱"並非五弦琵琶所特有,在絲綢之路上曾經作爲一種被應用於不同彈撥樂器上的普遍設施。周菁葆《絲綢之路上的于闐琵琶（上、下）》（《樂器》2021 年 11、12 期）依次考察了米蘭佛寺遺址和尼雅遺址、約特干遺址、策勒達瑪溝遺址出土的琵琶,探討各種琵琶的形制,並從出土遺址本身分析了于闐琵琶可能的發展沿革,以及現在對此類研究的限制。

舞蹈研究方面。常任俠《絲綢之路與西域文化藝術》（商務印書館）論述漢唐間西域音樂、舞蹈與雜技藝術東漸的歷史,鈎稽梳理西域文化藝術經絲綢之路傳入中國再東傳日本的沿革綫索。繆泓雲《從舞莛圖樣看唐代流行粟特樂舞的基本形象》（《人民音樂》2021 年 7 期）考察了考古圖像中舞莛形制,文史對照考察了舞莛歷史存在,探討了其從西域進入中原並產生影響的過程。周菁葆《隋代虞弘墓葬中的粟特樂舞（上、下）》（《樂器》2021 年 1、2 期）

考察了虞弘墓葬壁畫中的樂舞題材,探討了其中的舞蹈圖案。

書法研究方面。賴以儒《敦煌吐魯番出土貞觀年間寫經書跡研究》(《中國書法》2021 年 3 期)著眼於敦煌吐魯番出土的唐代貞觀年間的二十二件寫經書跡,從抄經人身份、寫經書跡進行分析,將高昌地區與中原地區寫經書跡進行對比,指出初唐時期中原與西域書風的差異性是在設立西州後逐漸融合。張永強《近代西北考察探險與絲綢之路書法史的構建》(《西泠藝叢》2021 年 1 期)考察了近代西北探險發掘品中書法作品的類型,探討了其價值。郭岩《新出土高昌本、樓蘭本〈急就篇〉楷書墨蹟研究》(《散文百家(理論)》2021 年 9 期)和《新出土高昌本〈急就篇〉書體研究》(《散文百家(理論)》2021 年 10 期)分析高昌、樓蘭本《急就篇》楷書形態,探究隸書向楷書演變階段的特徵及同時代同地區楷書書寫的獨特風格,並對高昌本《急就篇》異文和字體進行考辨,對比高昌本《急就篇》與中原和高昌地區書法的聯繫與異同,梳理了《急就篇》在西域的接受和流傳情況。

圖像研究方面。楊潔《何爲"蘇幕遮"——庫車出土"舍利盒"樂舞圖辨析(一)》(《新疆藝術(漢文)》2021 年 4 期)利用庫車出土"舍利盒"樂舞圖,討論了四個問題:即其爲佛教舍利盒還是祆教納骨甕;蘇幕遮是乞寒習俗還是再生渾脱舞;樂舞是佛教儀禮還是祆教葬儀;祆教中靈與肉的二元觀。王蘊錦《北朝至隋唐時期西域紡織品生命樹紋樣研究》(《民族藝林》2021 年 1 期)比對多件文物,考察了北朝至隋唐時期西域紡織品生命樹紋樣。劉韜《德國吐魯番探險隊所獲高昌天王幡的圖像與樣式考析》(《美術研究》2021 年 4 期)辨識幡身與絹畫中天王與天部諸神的尊格,歸納出唐西州至高昌回鶻王朝毗沙門天王圖像的樣式與風格,指出高昌毗沙門天王樣式非兜跋毗沙門天王樣式,並討論毗沙門天王幡反映祈願毗沙門天王護國與"五事"之願的信仰。隋立民《新疆巖畫中野生動物的形象解讀》(《新疆藝術(漢文)》2021 年 5 期)探討了新疆巖畫中野生動物的形象、藝術特徵及其對原始先民的意義。李晶静《吐魯番出土伏羲女娲圖像上的北斗星象》(《新疆藝術(漢文)》2021 年 6 期)考察了吐魯番出土伏羲女娲圖像上的北斗星象,探討了圖中星象的特徵和文化內涵。

造型與服飾藝術方面。董昱辰《回鶻扇形冠造型藝術分析》(《化纖與紡織技術》2021 年 3 期)分析了回鶻扇形冠遺存情況,提出扇形冠疑爲回鶻貴族模仿摩尼教雙面扇形冠。阿不來提·賽買提《樓蘭古墓出土的精美絲綢》(《新疆藝術(漢文)》2021 年 2 期)考察了數件典型的出土織錦,並探討了其藝術特徵。李曉《新疆阿斯塔那——哈拉和卓墓群所出織錦聯珠對稱紋樣的文化與宗教因素》(《西北美術》2021 年 3 期)對哈拉和卓墓群出土織錦聯珠對稱紋樣的産地，以及其中蘊含的漢文化、外域文化和宗教因素進行探討。

八、考古與文物保護

考古與文物保護相關的研究涉及考古發掘與研究、科技考古、出土文物研究、文物修復保護等方面。

考古發掘與研究方面。齊東方《我在考古現場——絲綢之路考古十講》（中華書局）以絲綢之路爲綫索，介紹了西安、碎葉、撒馬爾罕、布哈拉等絲綢之路沿綫的考古情況，並講述了自己考古生涯中值得銘記的經歷。胡興軍等《新疆尉犂縣克亞克庫都克唐代烽燧遺址》（《考古》2021 年 8 期）完整介紹了對遺址的發掘概況與出土遺物，包括 7 件文書、陶器、銅器、鐵器、木器、漆器、骨器、角器、石器等。李肖、廖志堂《犍陀羅地區與塔里木盆地周緣佛教寺院形制佈局的比較研究》（《敦煌研究》2021 年 3 期）分別考察了犍陀羅地區、中亞—阿富汗地區、中國新疆塔里木盆地周緣地區佛教寺院的歷史沿革、形制佈局特點及後者所受前兩者的影響。張弛《公元前一千紀新疆伊犂河谷墓葬的考古學研究》（科學出版社）對伊犂河谷早期鐵器時代墓葬形制、器物類型進行研究，並結合出土情境對當地遊牧人群的葬式葬俗、經濟活動、生活方式、特殊墓葬現象及族屬進行分析，探討伊犂河谷早期鐵器時代考古學文化的源流演進及與周邊區域的聯繫。瑪爾亞木·依木拉音木、林鈴梅《論 IM21 墓主身份及洋海墓地的薩滿墓葬》（《吐魯番學研究》2021 年 1 期）介紹了墓葬的基本情況與乾屍揭取工作，進行了服飾研究，在此基礎上進一步辨析了洋海墓地中的薩滿墓葬問題。舍秀紅、張永兵《新疆吐魯番巴達木墓地 2005 年發掘簡報》（《吐魯番學研究》2021 年 1 期）介紹了巴達木墓地的墓穴形制與出土器物，判斷其爲唐西州時期墓葬。路瑩《勝金口石窟 1 號寺院遺址調查研究》（《吐魯番學研究》2021 年 2 期）參考 19 世紀末 20 世紀初外國探險家考察報告及其拍攝圖片，結合實地調查，考察了勝金口石窟 1 號寺院現狀、形制，對比柏孜克里克 15 窟和 20 窟形制、壁畫内容、繪畫風格，推斷 1 號寺院爲高昌回鶻時期遺存。高春蓮《勝金口石窟 6 號寺院遺址調查研究》（《吐魯番學研究》2021 年 2 期）參考 19 世紀末 20 世紀初外國探險家考察報告及其拍攝圖片，結合實地調查，考察了勝金口石窟 6 號寺院現狀、形制、窟頂壁畫以及南側寺院遺址，推斷 6 號寺院爲高昌回鶻時期遺存。

艾力江·艾沙《2018~2019 年度新疆喀什汗諾依遺址考古收穫》（《西域研究》2021 年 4 期）完整介紹了對汗諾依遺址的發掘概況、遺址佈局與出土遺物，對汗諾依遺址及西城的年代進行了測定，西城營建時間在公元 687—888 年間，廢棄時間可能不早於宋，另外指出汗諾依遺址有可能存在比東西兩城更大的城邑。劉翔《塞伊瑪—圖爾賓諾遺存發現與研究》(《西域研究》2021年1期)以20世紀50年代之前、20世紀50年代至60年代、20世紀70年代至90年代初與20世紀90年代至今爲段分階段敘述了對塞伊瑪—圖爾賓諾遺存的發掘與研究成果。張相鵬、党志豪、李春長、徐佑成《新疆輪臺縣奎玉克協海爾古城考古發掘的新收穫與初步認識》(《西域研究》2021年2期)介紹了對奎玉克協海爾古城遺址的發掘與出土遺物概況,簡述了發掘中探明的堆積的基本情況、城牆構築方式與基本結構、城内高臺的構築方式與遺蹟分佈與城址的建造、使用與廢棄年代,對奎城文化性質、人群的生業模式與文明起源做了初步的探討。田多等《公元前一千紀新疆巴里坤地區的農業生產:農田雜草視角》(《西域研究》2021年3期)從出土情況、種植與收穫以及處理活動等方面,對新疆巴里坤地區石人子溝、紅山口、海子沿3處遺址的植物考古材料進行了數據分析。任萌等《新疆巴里坤海子沿遺址考古發掘收穫與思考》(《西域研究》2021年3期)介紹了對海子沿遺址的發掘概況、遺址地層、主要結構與形成以及出土遺物,探討了遺址中居民的主要生業方式與生業形態。陳意、楊波、艾合買提·牙合甫《新疆哈密市拉甫卻克佛寺調查簡報》(《吐魯番學研究》2021年1期)介紹了對白楊河流域新發現的拉甫卻克佛寺遺址的發掘概況,分區介紹了I區、II區、僧房窟與嬰兒墓的遺址佈局、形制與現狀。

張海龍、舍秀紅、蔣金國《新疆鄯善縣楊家溝墓地發掘簡報》(《吐魯番學研究》2021年1期)介紹了對楊家溝墓地的發掘概況、墓葬形制以及出土遺物,推測墓地群爲晉唐時期蒲昌城居民的公共墓地。沙娜《新疆拜城縣克孜爾石窟第27窟調查簡報》(《吐魯番學研究》2021年1期)考察了克孜爾石窟第27窟的形制與現狀、塑像及壁畫,探討了其年代與分期。高春蓮《交河溝北一號臺地石窟調查簡報》(《絲綢之路研究集刊》第六輯)和李亞棟《交河溝北三號臺地石窟調查簡報》(《絲綢之路研究集刊》第六輯)分別回顧了交河溝北一號臺地石窟和三號臺地石窟調查情況,介紹了洞窟的開鑿時間、位置、形制、現狀、壁畫和題記,並對3號窟開鑿和繪製的時間,6號窟後室殘存的回鶻文題記和窟門開口方向等問題進行了討論。陳凌、娃斯瑪·塔拉提、王龍《新疆輪台卓爾庫特古城考古收穫》(《西域研究》2021年2期)介紹了卓爾庫特古城、奎玉克協海爾古城兩處遺址的發掘概況、遺址佈局以及出土遺物,簡單探討了兩城的歷史。宋立資《塔里木盆地佛塔的類型及相關問題》(《敦煌學輯刊》2021年1期)考察了塔里木盆地佛塔的分佈與遺存狀況、類型與形制、佈局形式,指出隨著佛塔墳墓用途的逐漸消失,禮拜重點的不斷變化,其基座形狀、塔基層數、塔基設施、塔身高度和形狀的變化。夏立棟《吐峪溝西區中部高臺窟院的功能空間》(《敦煌研究》2021 年 5 期)考察了中部高臺窟院遺址的功能與分區、連通建築、公共空間,指出三者都是寺院重要組成部分,應將整個遺址視作一處聚落單元,考慮寺院整體複雜、多元的運行機理。胡興軍《新疆若羌縣瓦石峽墓地考古發掘簡報》(《文博》2021 年 1 期)介紹了新疆若羌縣瓦石峽墓地的墓葬形制、葬式葬具、出土遺物,後者包括 7 件陶器、金器、銀器、銅器、鐵器、漆器、木器、骨角器、玉器、紡織品與草製品,探討了瓦石峽墓地的墓葬形制的時期種類。吾買爾·卡得爾、楊超傑《吐峪溝石窟瘞窟的新調查》(《中原文物》2021 年 4 期)介紹了 2016 年吐峪溝石窟中新發現的瘞窟,重點討論了高昌回鶻文化與中原佛教文化的關係。陳國科等《甘肅武周時期吐谷渾喜王慕容智墓發掘簡報》(《考古與文物》2021 年 2 期)介紹了慕容智墓的發掘概況、墓葬的形制與結構、壁畫以及隨葬器物,指出慕容智墓在政治禮制、文化面貌上已整體納入了唐王朝的統治體系當中,漢化明顯,同時也保留了部分本民族文化特徵。

科技考古方面。高愚民《新疆吐魯番阿斯塔那墓葬出土壁畫顏料分析》(《吐魯番學研究》2021 年 2 期)以吐魯番阿斯塔那 65TAM38 唐代墓葬出土屏風壁畫殘塊爲研究對象,利用體視顯微鏡、偏光顯微鏡、X 射綫螢光分析、X 射綫衍射分析、拉曼光譜分析等方法對壁畫成分及結構進行了分析,並討論了材質工藝研究、後續保護修復材料及工藝選擇的問題。孫諾楊等《新疆吐魯番勝金店墓地出土煤精製品的科技分析》(《文物保護與考古科學》2021 年 4 期)利用氣相色譜—質譜聯用、紅外光譜及同步輻射顯微 CT 技術對新疆吐魯番西漢時期勝金店墓地出土的一枚黑色珠子進行無損和微損分析,指出漢代新疆地區開始零星出現煤精製品,可能是漢代時期漢文化對新疆地區深刻影響的體現之一。譚宇辰、李延祥、叢德新、賈偉明《新疆溫泉縣阿敦喬魯遺址出土早期銅器的初步科學分析》(《西域研究》2021 年 3 期)選取出土的 48 件銅器進行了無損檢測與金相、掃描電鏡觀測,考察了銅器的技術特徵並與薩恩薩伊墓地同類銅器比較,指出遺址出土的臂釧器型或技術工藝都符合安德羅諾沃文化銅器特點,因而遺址銅器可能是通過歐亞草原交流引入而非本地生產。

出土文物研究方面。于穎、王博《新疆鄯善耶特克孜瑪扎墓地出土元代光腰綫袍研究》(《文物》2021 年 7 期)介紹了出土光腰綫袍的基本情況並考辨了名物,討論了綫袍的功能設計以及其對明代騎射服的影響。牛耕《巴音郭楞考古發現的銅鏡》(《吐魯番學研究》2021 年 2 期)考察了新疆巴音郭楞發現各件銅鏡的形制,進行了銅鏡的型式和時期的分析,提出了一些關於銅鏡於當地發展演進的看法。劉維玉《新疆史前考古遺存中人偶崇拜及其相關問題初探》(《新疆藝術(漢文)》2021 年 3 期)分別考察了出土的大型人偶、隨葬人偶、小型人偶和"木屍"木人的形制及其在人偶崇拜中的作用。王照魁、武仙竹、封世雄《動物考古揭示成邊將士別樣的閒情逸趣——新疆大河古城出土馬髖骨》(《大衆考古》2021 年 4 期)考察了唐代伊吾軍屯田駐地甘露川出土的一塊馬髖骨,分析了其上的取食、加工修整與使用痕跡,探討了其使用方式,指出該髖骨應爲某位戰士食用後加工以消遣的簡易"玩具"。牟新慧《新疆出土針衣囊袋考述》(《絲綢》2021 年 10 期)通過與中原地區出土品進行比較,總結了新疆出土針衣囊袋名稱及其藝術特徵,指出針衣囊袋反映了新疆地區的獨特女紅文化以及中原文化對新疆地區的影響。趙永升《新疆幾處唐代壁畫顏料分析研究》(《文化産業》2021 年 4 期)考察了柏孜克里克千佛洞、阿斯塔那 38 號墓、吐峪溝千佛洞與坎斯坎套塔格佛寺四處唐代壁畫中所用顏料與成分。

文物修復保護方面。萬潔編《瀚海析微:新疆山普拉墓地出土紡織品保護研究》(文物出版社)主要對山普拉墓地出土紡織品的保護進行了研究,還收錄山普拉一期項目 46 件文物的高清圖片。張安福、田海峰《環塔里木漢唐遺址》(廣東人民出版社)調查了塔里木南北兩道城址、烽燧、墓葬、岩畫和宗教等 100 多處遺址,對環塔里木漢唐遺址現狀和保護路徑進行探討並提出相應的對策。陳玉珍《吐魯番勝金店墓地 M25 出土紅色絹襪的評估與修復》(《吐魯番學研究》2021 年 1 期)在進行病害分析、評估以及檢測分析的基礎上,採用添加背襯、針綫修復法對織物進行修復加固,結果符合文物修復的標準,達到了修復的目的。姚敏《吐魯番阿斯塔那出土泥塑文物修復中新材料的應用》(《吐魯番學研究》2021 年 1 期)介紹了滲透加固劑、粘合劑、補塑泥與斷裂縫隙填充材料四類材料下使用的新材料與其應用。周智波《一塊異形壁畫的保護修復——以庫木吐喇石窟已揭取壁畫第 38 窟第 19 塊爲例》(《文物鑒定與鑒賞》2021 年 9 期)介紹了作者在庫木吐喇石窟修復異形壁畫大致情況、技術方法與具體操作。

九、少數民族歷史語言

少數民族歷史方面。有關于闐歷史方面,朱麗雙、榮新江《兩漢時期于闐的發展及其與中原的關係》(《中國邊疆史地研究》2021 年 4 期)結合傳世文獻與出土文物梳理了兩漢時期于闐國的歷史,並探討了其與中原包括漢與貴霜、匈奴等勢力之間的局勢變化的關係。陳菊霞、李珊娜《于闐國王李聖天供養人像及其相關問題》(《文津學志》2021 年 1 期)通過梳理和考證,認爲莫高窟第 4、98、454 窟和榆林窟第 31 窟的五幅于闐國王畫像均爲李聖天。

關於回鶻歷史方面。吴飛《中國古代北方民族史·回鶻卷》(科學出版社)介紹了與漠北回鶻有關的史料概況、20 世紀國内外回鶻史的研究歷程、回鶻族源、族名、歷史源流、民族關係、政治軍事、文化習俗諸方面内容。楊富學、葛啓航《高昌回鶻王國西部疆域再探》(《敦煌吐魯番研究》第 20 卷)在森安孝夫對 MIK II 7279 回鶻木杵銘文解讀的基礎上,結合王延德《西域使程記》、S.6551 講經文和一份 11 世紀回鶻文敕令對高昌回鶻的西部疆域進行了研究,指出伊犁河、楚河流域的部族在 930 年前後向高昌回鶻臣服。白玉冬、吐送江·依明《有關高昌回鶻歷史的一方回鶻文墓碑——蒙古國出土烏蘭浩木碑釋讀與研究》(《敦煌吐魯番研究》第 20 卷)認爲碑文年代屬於高昌回鶻王國早期,碑主出征布爾津地區是指對咽蔑或黠戛斯餘部的戰争,征討圖拉河流域的轄戛人是指高昌回鶻對九姓轄戛的戰争,出征漠北忽母思部也可能與九姓轄戛之間的戰争有關。白玉冬《黄頭回紇源流考》(《西域研究》2021 年 4 期)對米蘭出土的 Or.8212/76 魯尼文軍需文書與和田出土魯尼文木牘文進行釋讀研究,認爲黄頭回鶻是文書記録的 10 世紀時期活動在塔里木盆地北緣的佛教徒撒里。

此外,曲强《元明之際吐魯番政治變遷考》(《中國邊疆史地研究》2021 年 4 期)依據回鶻文、蒙古文文書考察了從亦都護内遷永昌起的高昌地區長官,並利用《明實録》《拉失德史》等史料考察了黑的兒火者汗至歪思汗即位時吐魯番的政治局勢。潘堯《北齊和士開族姓來源考論》(《暨南史學》2021 年 1 期)總結了學術界對和士開族姓來源的三個理論,勾勒出和士開所屬的鮮卑素和部的遷徙軌跡,指出遊牧部落本就不常定居,和士開先輩是東胡與是西域胡商並不矛盾。曹金成《元代"黄金家族"稱號新考》(《歷史研究》2021 年 4 期)從回鶻文和蒙古文文獻入手,探討"黄金家族"一詞在回鶻文獻和蒙古文獻中出現的時期,"黄金家族"稱號産生的時代背景以及孛兒只斤、乞顔與黄金家族的指稱範圍。

少數民族語言方面。朱國祥《回鶻文獻梵語借詞研究》(上海古籍出版社)廣泛地搜集了各種回鶻文獻中的梵語借詞,作"回鶻語—梵語"語音對音研究,並對梵語借詞在回鶻文獻中分佈、存在緣由作了簡要的分析。李剛、張海龍《吐魯番吐峪溝 10 號窟新發現之回鶻文題記考釋》(《西域研究》2021 年 1 期)對吐峪溝石窟 10 號窟 A、B 兩窟室保存的回鶻文題記進行了考釋,提出其應書寫於元代,討論了其中簡單模式、以工具格"ïn"表達時間方式以及其中夾寫漢文題記的問題。朱國祥《回鶻文〈長阿含經〉梵語借詞對音研究》(《民族語文》2021 年 4 期)參考了張鐵山關於回鶻文《阿含經》的釋讀成果,通過譯音之間的對比,分析歸納了梵語與回鶻語的語音對音規律。米熱古麗·黑力力《古代維吾爾語的硬齶鼻音ń及其歷史演變》(《民族語文》2021年6期)在前人研究的基礎上,根據鄂爾渾—葉尼塞文、回鶻文及哈卡尼亞文文獻語料,探討了硬齶鼻音ń的歷史演變過程。[日]吉藤孝一、[德]彼得·茨默著,張九玲、王凱譯《〈金剛經纂〉與西夏和漢文本對應的回鶻文本》(《西夏研究》2021年1期)參照了敦煌寫本《金剛經纂》、1909年刊《金剛般若波羅蜜經纂》、西夏文《金剛經纂》與大足寶頂山地藏菩薩十齋日,對回鶻文本的《金剛經纂》進行了比對復原。次仁頓珠《〈大唐西域記〉工布查布藏譯本疑點舉隅》(《西藏研究》2021年4期)對《大唐西域記》工布查布藏譯本存在的諸多誤譯、漏譯等問題進行評析,加以糾正。[日]吉田豐著、歐陽暉譯《粟特"昭武"姓氏的起源及相關問題研究》(《吐魯番學研究》2021年2期)梳理了從語言學角度對"昭武"一詞的研究成果,並指出隋唐時期認爲粟特諸國起源於昭武城的說法並非史實,"昭武"一詞可能起源於一個英雄的名字čamuk。扎西本《和田出土〈法華經〉古藏譯本的初步研究報告(二)》(《西藏研究》2021年1期)考察了和田出土《法華經》古藏譯本的譯者、年代與寫經生問題。趙潔潔《〈西域爾雅〉詞彙校勘與整理舉隅》(《龍岩學院學報》2021年4期),《西域爾雅》是一部清代多種民族語對照辭書,文章結合現有文獻和字典辭書,校勘整理了《西域爾雅》中誤文、衍文、脫文、倒文、斷句之誤、釋義不當、錯標語種七類問題,對詞源進行了考辨,並從語言文化學角度考察了《西域爾雅》的詞彙系統。

十、古　籍

朱玉麒《李徵舊存照片中的〈詩經〉寫本》(《吐魯番學研究》2021年2期)聚焦於李徵遺物中一張《詩經》寫本殘片照片,考察了寫本形制、內容,指出此爲"毛傳鄭箋"本的《小宛》,討論了該寫本寫法上和抄寫格式上的特點。郭殿忱《吐魯番殘卷昭明太子〈文選序〉校釋》(《吐魯番學研究》2021年2期)比照傳世的李善注本等,校釋了昭明太子《文選序》殘卷,考察了文字、音韻、訓詁等內容。李鵬翔《〈遐域瑣談〉爲〈西域聞見錄〉最初版本新證》(《西域研究》2021年2期)考察了《遐域瑣談》作者姓氏、異名版本,由此指出抄本《遐域瑣談》可能是《西域聞見錄》的最初樣貌。胡興軍《新疆尉犁縣克亞克庫都克烽燧遺址出土〈韓朋賦〉釋析》(《西域研究》2021年2期)考釋了克亞克庫都克烽燧出土的《韓朋賦》內文,指出此文書爲初唐時期版本,將文書內容與傳世文獻和已知材料對比,指出其中內容與傳世文獻區別較大而與敦煌本內容較爲接近。張新朋《吐魯番出土〈駕幸溫泉賦〉殘片補考》(《尋根》2021年3期)參照《開天傳信記》所載《賀幸溫泉賦》、敦煌P.5037號、P.2976號以及大谷文書,考釋了吐魯番出土《駕幸溫泉賦》殘片,指出《駕幸溫泉賦》在敦煌、吐魯番二地所流傳的文本並不完全一致。張新朋《旅博藏吐魯番文獻中的〈千字文〉殘片考辨》(《吐魯番學研究》2021 年 2 期)考辨了旅順博物館所藏《千字文》殘片,發現前人未定名的 2 片,並探討了已定名 4 件與龍谷大學所藏殘片之間的關係,形成《千字文》片段 3 段。竇秀豔《日藏吐魯番出土〈爾雅〉殘片考》(《東方論壇》2021 年 6 期)敘述了大谷探險隊對《爾雅》殘片的發現、收藏,考察了殘片出土地、書寫時代、訓詁體式及作者、舊注殘片用字。

十一、科　　技

王微、郭幼爲《本草考古:出土醫藥文書的歷史文化考察》(《農業考古》2021 年 4 期)考察了各地出土的醫藥文書,指出文書間互有影響,方藥淵源蹟象明顯;藥物跨區域流動,地區間藥物藥方交流頻繁;"藥食同源"觀念由來已久,"毒藥"由"藥之凶毒者"向"百藥之長"過渡。田可《吐魯番洋海 1 號墓闞氏高昌永康曆日再探》(《西域研究》2021 年 4 期)考察了墓中出土高昌闞氏曆法與其中節氣,對其進行初步復原。劉子凡《黃文弼所獲〈唐神龍元年曆日序〉研究》(《文津學志》2021 年 1 期)對《唐神龍元年曆日序》進行考釋,並通過比對確認吐魯番出土的兩種唐代曆日與日本《天平勝寶八歲曆日》有密切關係。陳習剛《元代的葡萄加工與葡萄酒釀造技術的進步》(《吐魯番學研究》2021 年 2 期)分析了元代葡萄酒的類型特點、釀造技術以及其他葡萄加工產品與加工技術。藺詩芮《西北地方青銅時代早期的金屬使用——從技術與資源角度探討》(《文博》2021 年 5 期)介紹了西北地方青銅時代早期銅器的文化年表,探討了砷銅、錫青銅、鉛青銅合金技術特徵與西北各地青銅器的含量情況,主要利用微量元素法、鉛同位素比值法考察資源利用特徵,指出西北各地在冶金技術與活動上的發展情況。

十二、書評與學術動態

書評方面。劉全波《開啓西行文獻整理與研究的新境界——〈中國西行文獻叢書〉紹介》(《吐魯番學研究》2 期)介紹了書內搜羅的自漢魏至民國各時期西行文獻資料的特點,討論了其在學術上與對"一帶一路"建設的價值。李亞棟《趙紅著〈吐魯番俗字典〉》(《敦煌吐魯番研究》第 20 卷)認爲該書繼承了《敦煌俗字典》的編纂優點,俗字收錄範圍廣,字條下的按語也爲該書增色,編纂態度也很嚴謹,但在人名、地名和文書編號定名、文書錄文字詞和編校方面仍有改進空間。邱忠鳴《拆除巴別塔 鑿山顯禎瑞——評介〈龜茲石窟題記〉》(《敦煌吐魯番研究》第 20 卷)認爲此書體例完備,不僅刊佈了新材料,還訂正了録文和釋讀、利用現代技術增强了題記的辨識度,採用了多學科交叉的考察方法,但是對部分圖像細節描述不準確,描述單元内壁畫時未利用編號,行文繁瑣,合參困難。孫武軍《入華粟特人墓葬圖像的新解讀——讀沈睿文〈中古中國祆教信仰與喪葬〉》(《唐史論叢》2021 年 1 期)指出該書對單幅葬具圖像的主題、内容、神祇進行新比定,甄别出了墓葬的粟特和祆教元素,將墓葬所有因素看作整體,並以葬具圖像内部元素進行"内證",但存在未能利用國外研究成果等問題,結論難以成立。朱旭潔《圖像學視野下的胡族衣履——讀〈漢唐胡服研究〉》(《吐魯番學研究》2021 年 2 期)總結了原書各專題研究的不同胡服的特點,討論了原書多學科多角度交叉研究等研究特點。趙海霞《新疆經濟史研究的新拓展——〈新疆農牧業歷史研究〉評介》(《西域研究》2021 年 1 期)簡述了原書研究内容,討論了原書的研究特點與不足。陳菊霞《我國龜兹語研究的里程碑之作——〈龜兹石窟題記〉評介》(《敦煌研究》2021 年 4 期)介紹了《題記》中三册的寫成經由、各自内容特點與研究調查中發現的一些重大成果。姚崇新《里程碑式的成果——〈龜兹石窟題記〉評介》(《藝術設計研究》2021 年 4 期)結合書中内容對《題記》進行了學術上的評價。姚崇新《敦煌吐魯番文獻"最後的寶藏"——〈旅順博物館藏新疆出土漢文文獻〉評介》(《吐魯番學研究》2021 年 2 期)完整介紹了國内對旅順博物館藏吐魯番文獻的整理情況與整理團隊整理工作中一系列突出的工作及其背後考量,討論了其成果在學術上的意義並予以高度評價。吳華峰《敦煌吐魯番文獻"最後的寶藏"——〈旅順博物館藏新疆出土漢文文獻〉評介》(《西域研究》2021 年 4 期)同樣完整介紹了國内對旅順博物館藏吐魯番文獻的整理情況,並探討了該書整理的科學性及學術價值。劉屹《旅順博物館藏新疆出土漢文文獻》(《敦煌吐魯番研究》第 20 卷)認爲此書採用全彩印刷,裝幀精美,整理工作學術水平也極高,定名方面已經做到極致,在文獻綴合方面也可稱典範。鄭玲《集百家之長,成一家之言——楊富學〈回鶻文佛教文獻研究〉讀後》(《吐魯番學研究》2021 年 1 期)介紹了該書的内容並探討了其學術特點。敏春芳《從語言接觸的角度考察民族關係——讀〈吐魯番地區民族交往與語言接觸研究——以吐魯番出土文書爲中心〉有感》(《甘肅高師學報》2021 年 4 期)指出該書從語言接觸的獨特視角和共時、歷時兩個維度對吐魯番民族交往與交融進行實證性研究,填補了利用語言接觸論證該地區民族關係的空白。

學術會議方面。2021 年 5 月 15 日,"西域歷史語言研究"高端論壇在蘭州大學舉行會議,張鐵山、沈衛榮、杜建録、孫伯君、宮海峰、木再帕爾等學者分别以敦煌研究院舊藏回鶻文《悉談章》殘片綴合研究、吐魯番出土回鶻文藏傳密宗文獻解題、西夏文獻整理研究回顧與展望、蒙元時期西夏遺僧對藏傳佛教薩迦派在河西地區與中原傳播的貢獻——以八思巴作品的西夏文譯本爲例、元代的使臣牌與官牌、回鶻諸文字源流等主題進行了學術報告。2021 年 6 月 21 日至 22 日,由中國敦煌吐魯番學會主辦,浙江省敦煌學與絲綢之路研究會、中國絲綢博物館、浙江大學歷史學系、浙江大學古籍所承辦的"絲綢之路:多元共存和包容發展"中國敦煌吐魯番學會 2021 特別年會在杭州召開,20 多位敦煌學、吐魯番學和絲綢之路研究的專家學者圍繞絲路考古、文物保護、敦煌寫本、敦煌藝術等多項議題展開討論。2021 年 7 月 19 日至 20 日在敦煌舉辦了"河西走廊與中亞文明"學術研討會,會議由西北師範大學中亞研究院和西北師範大學河西走廊研究院主辦,西北師範大學歷史文化學院和西北師範大學敦煌學院承辦,參會專家包括 70 餘位專家學者,會議圍繞河西走廊與中亞文明交流的途徑、內容、特點與影響進行深入探討和交流。

　　研究綜述方面。祁梅香、杜夢《新疆晉唐墓葬研究述略》(《吐魯番學研究》2021 年 1 期)對新疆出土晉唐墓葬的考古資料進行梳理,以吐魯番晉唐墓葬爲中心,指出目前國內外學者研究存在的不足,主要在於缺乏墓葬資料整理,缺乏完整的分析標準與系統,缺乏對吐魯番地方社會的研究,缺乏絲綢之路東西文化交流的新視角。楊瀏依、趙斌《漢晉蜀錦研究綜述》(《吐魯番學研究》2021 年 1 期)從蜀錦史研究、蜀錦織造與紋樣藝術、蜀錦發展與傳播、蜀錦貿易、漢晉蜀錦與絲綢之路關係五個專題對 19 世紀後半葉以來學界對蜀錦尤其是漢晉時期蜀錦的研究作一綜述。杜海、郭楊《吐魯番地區粟特人研究綜述》(《吐魯番學研究》2021 年 1 期)從商貿活動、社會生活和文化信仰方面對吐魯番地區粟特人研究進行梳理。張鐵山《回鶻文契約研究及其存在的問題》(《西域研究》2021 年 4 期)以列舉著作爲主,介紹各國學者對回鶻文契約的研究成果,並分析了研究中存在的問題。楊遠楨《漢代西域都護研究的學術史考察》(《喀什大學學報》2021 年 5 期)詳細考察了傳統學術時期、傳統學術向現代學術演進時期與新中國成立以來各時期關於西域都護的專題研究,討論了一些需要進一步推進和深化的問題。龍正華《西域文化與盛唐詩歌百年研究的回顧與反思》(《石河子大學學報》2021 年 2 期)考察了盛唐詩歌中的胡樂、胡舞、胡酒、胡人等西域因素,探討了西域文化對盛唐詩歌特質的影響,總結了相關研究領域存在的不足。

　　此外,趙晶《敦煌吐魯番文獻與仁井田陞的中國法制史研究(上)》(《文津學志》2021 年 1 期)對仁井田陞的學術成果進行了介紹,將仁井田陞的研究分爲對文獻本身的搜羅與校錄、對某類文獻系統化整理和圍繞畫押、印章等文書樣式展開研究的"外史",著眼於文獻所載的内容以討論法源、財産法、身份法、刑罰的"内史"。〔俄〕М.Д.布哈林著、楊軍濤譯《"我們兩個都在爲俄羅斯、爲科學工作……":俄羅斯科學院檔案館收藏的 С.Ф.奧登堡與 Н.Н.克羅特科夫的往來通信(下)》(《吐魯番學研究》2021 年 1 期)翻譯俄羅斯科學院檔案館收藏的 С.Ф.奧登堡與 Н.Н.克羅特科夫的往來通信。

二十一世紀以來吐蕃統治敦煌時期研究綜述

張藝凡（上海師範大學）

吐蕃統治敦煌時期研究是唐史、吐蕃史、敦煌學研究的重要内容之一。傳統史籍對吐蕃統治敦煌歷史記載甚少，而敦煌西域等地出土的漢藏文文獻彌補了這一缺陷。21世紀以來，《法國國家圖書館藏敦煌藏文文獻》和《英國國家圖書館藏敦煌西域藏文文獻》陸續出版。[①] 相關文獻的整理刊佈引起了學術界對吐蕃統治敦煌歷史的廣泛關注，學界對吐蕃統治敦煌的政治、經濟、軍事、法律、宗教、文化交流等方面研究取得了相當可觀的成績。楊富學《20世紀國内敦煌吐蕃歷史文化研究述要》，楊富學、樊麗沙《新世紀初國内敦煌吐蕃歷史文化研究述要》以及楊銘《國内外吐蕃統治敦煌史研究的回顧和展望》對20世紀到21世紀初前幾年的吐蕃統治敦煌研究做了簡要評述。[②] 本文在此基礎上擬對21世紀以來國内外學界關於吐蕃統治敦煌時期研究進行綜述，補充相關研究成果，探討以往研究中的得與失，並展望未來的研究方向。

一、整 體 性 研 究

國内對吐蕃統治敦煌進行整體研究的學者主要有楊銘、陸離兩位。楊銘《吐蕃統治敦煌與吐蕃文書研究》對吐蕃統治敦煌時期的政治制度、經濟活動、民族關係、宗教事務等問題進行了研究，其中涉及對一些重要民族、人物、出土文書的考證。[③] 同氏《吐蕃統治敦煌西域研究》以百年來敦煌西域出土的漢文、古藏文和其他民族文獻爲中心，結合傳世漢文史籍，對吐蕃統治敦煌西域的歷史進行了考證，並深入研究了部分出土古藏文文書以及文書中所見的名號。[④] 陸離《吐蕃統治河隴西域時期制度研究：以敦煌新疆出土文獻爲中心》通過對敦煌、新疆出土的漢藏文獻以及傳世史籍的考索，系統研究了吐蕃統治時期河隴西域的職官、告身、兵制、驛傳、法律、賦稅、勞役、倉廩、市券、寺

---

① 西北民族大學、上海古籍出版社、法國國家圖書館編《法國國家圖書館藏敦煌藏文文獻》（全35冊），上海：上海古籍出版社，2006—2020年。西北民族大學、上海古籍出版社、英國國家圖書館編《英國國家圖書館藏敦煌西域藏文文獻》（1—15冊），上海：上海古籍出版社，2011—2021年。

② 楊富學《20世紀國内敦煌吐蕃歷史文化研究述要》，《中國藏學》2002年第3期。楊富學、樊麗沙《新世紀初國内敦煌吐蕃歷史文化研究述要》，《西夏研究》2012年第1期。楊銘《國内外吐蕃統治敦煌史研究的回顧和展望》，郝春文主編《2008敦煌學國際聯絡委員會通訊》，上海：上海古籍出版社，2008年，第101—111頁。

③ 楊銘《吐蕃統治敦煌與吐蕃文書研究》，北京：中國藏學出版社，2008年。

④ 楊銘《吐蕃統治敦煌西域研究》，北京：商務印書館，2014年。

戶、僧官等制度,書中將藏文官職與同等漢文文書官職對應,便於讀者更好地理解這一制度,如作者指出吐蕃在河隴西域地區設立的札論(dgra—blon)、牧地管理長(gzhis—pon)分別對應爲漢文文書中的防城使、草宅使,是吐蕃特有官職,分別負責軍事、畜牧方面的事務。[①] 同氏《敦煌的吐蕃時代》從吐蕃對敦煌的佔領過程、吐蕃統治時期的政治、軍事、法律、經濟制度以及文化教育、宗教、民族關係等方面入手,展現了吐蕃統治敦煌的整體歷史。[②] 同氏還有《吐蕃統治河隴西域與漢藏文化交流研究——以敦煌、新疆出土漢藏文獻爲中心》一書,該書角度新穎,美中不足之處在於該書主要從以往研究中的節度使、都督、部落等政治問題中探尋漢藏文化交流,對於文化交流中生活方式的共享探討較少。[③] 國外方面,德國學者 Gertraud Taenzer 著《吐蕃統治下的敦煌地區(787—848):對莫高窟發現的世俗文書的研究》一書,考證了吐蕃王朝本土以及吐蕃統治下河隴西域的行政機構、敦煌地區居民數量與結構以及敦煌的經濟狀況,作者對藏文文書的釋讀較爲深入,不足在於漢文史料運用較少,書中的一些觀點值得商榷。[④]

二、社會歷史研究

有關吐蕃統治敦煌社會歷史的研究集中於政治、軍事、經濟等研究領域。

政治制度方面。敦煌處於瓜州節度使管轄之下,管理模式由鄉里制變爲部落制。日本學者岩尾一史《吐蕃支配下敦煌の漢人部落——行人部落を中心に》對行人部落性質、設置時間做了進一步探討。[⑤] 陸離《吐蕃統治敦煌時期的"行人""行人部落"》一文探討了落蕃唐人組成的行人部落和絲綿部落,指出行人部落係軍事部落,主要負責軍事行動;絲綿部落主要負責農桑生產。公元 820 年在敦煌成立的阿骨薩和悉董薩兩個獨立的軍事部落,分別取代了前期的行人、絲綿部落。[⑥] 陳繼宏《吐蕃佔領初期敦煌部落設置考》一文指出吐蕃佔領敦煌後採取"蕃名唐制"的權宜之計,在唐行政建制的基礎上對世俗人口和宗教人口分而治之,設置鄉部落、道門親表部落和僧尼部落,並派遣吐蕃本土的"擘三部落"對瓜沙地區各項事務進行一定程度的監管。[⑦] 朱利雙

---

① 陸離《吐蕃統治河隴西域時期制度研究:以敦煌新疆出土文獻爲中心》,北京:中華書局,2011 年。
② 陸離《敦煌的吐蕃時代》,蘭州:甘肅教育出版社,2013 年。
③ 陸離《吐蕃統治河隴西域與漢藏文化交流研究——以敦煌、新疆出土漢藏文獻爲中心》,北京:社會科學文獻出版社,2018 年。
④ Gertraud Taenzer, *The Dunhuang Region during Tibetan Rule (787—848): A Study of the Secular Manuscripts Discovered in Mogao caves*, Wiesbaden: Harrassowitz Verlag, 2012.
⑤ [日]岩尾一史《吐蕃支配下敦煌の漢人部落——行人部落を中心に》,《史林》2003 年第 4 期。
⑥ 陸離《吐蕃統治敦煌時期的"行人""行人部落"》,《民族研究》2009 年第 4 期。
⑦ 陳繼宏《吐蕃佔領初期敦煌部落設置考》,《雲南社會科學》2015 年第 5 期。

《吐蕃統治時期沙州的部落劃分問題——P.T.1089 年代研究》認爲,790 年(午年)以軍户組成行人部落,民户組成絲綿部落,行人部落又分爲上、下和中元三部落,所謂的"擘三部落"並不是部落名稱,而是指"劃分爲三個部落"。①

職官制度方面。吐蕃統治敦煌時期在當地設置了一系列職官來進行統治,主要有乞利本、節兒監軍、都督、部落使等。在 20 世紀研究的基礎上,國内學者先後進行探討,並對這些官職的級別、職能發表看法:陸離《吐蕃敦煌乞利本考》指出作爲當地最高軍事長官的乞利本又名沙州節兒論,簡稱節兒,該官職由吐蕃人擔任,負責推行吐蕃的各項統治制度和措施。② 陸離對僅次於乞利本的節兒監軍(萬户悉編)以及下層官吏如收税官、文書官、營田官、水官等也進行了研究。③ 此外,學界對這一時期漢人任職情況做了考察,如趙曉星《吐蕃統治敦煌時期的落蕃官初探》,文章對吐蕃統治初期敦煌落蕃官的出生、任職、心理以及處境做了探討。④ 與職官制度相輔相成,吐蕃在敦煌沿用了本土的告身、大蟲皮等勛位制度,趙心愚、陸離、王啓龍等人對這一制度進行了考察。值得一提的是,王啓龍與其他兩位學者的看法不同,王氏通過梳理告身制度與吐蕃職官的對應關係,指出:"漢文文獻所謂吐蕃告身制度乃'官之章飾'的説法是有問題的,吐蕃告身實質是對吐蕃各階層所謂賢者的褒獎制度。"⑤

軍事方面。吐蕃統治時期敦煌軍事領域的主要特點是逐步蕃化,逐漸向本土實行的軍政合一的軍事制度靠近。具體來説,吐蕃統治前期,敦煌所設部落大都爲民事性質,如絲綿部落、僧尼部落等;820 年以後敦煌逐步設置阿骨薩、悉董薩、悉寧宗三個軍事部落,設置百姓服兵役的軍事組織"tshar"。陸離對這一時期敦煌的軍事制度有一系列論著,舉其要者有:《吐蕃統治敦煌基層兵制新考》通過分析 ch,73,xv,10 號寫卷,指出阿骨薩部落軍隊由"射手"和"護持"組成,前者是作戰主力,後者負責雜物並參戰,類似於吐蕃軍隊的桂(rgod)庸(gyung)制度,文章也涉及對"曹"(tshar)這一建制的考證;⑥《關於吐蕃統治敦煌時期的基層組織——十將、將》一文,提出吐蕃統治時期軍事部落設有十將使、將頭,均以左、右廂編制,主要管理相關軍事行政事務;⑦其《敦

---

① 朱麗雙《吐蕃統治時期沙州的部落劃分問題——P.T.1089 年代研究》,《中國藏學》2021 年第 4 期。
② 陸離《吐蕃敦煌乞利本考》,《中國邊疆史地研究》2007 年第 4 期。
③ 陸離《吐蕃統治敦煌的監軍、監使》,《中國藏學》2010 年第 2 期。陸離《吐蕃統治河隴西域時期職官四題》,《西北民族研究》2006 年第 2 期。
④ 趙曉星《吐蕃統治敦煌時期的落蕃官初探》,《中國藏學》2003 年第 2 期。
⑤ 趙心愚《吐蕃告身制度的兩個問題》,《西藏研究》2002 年第 1 期。陸離、陸慶夫《關於吐蕃告身制度的幾個問題》,《民族研究》2006 年第 3 期。王啓龍《吐蕃告身制度相關問題研究》,《學術月刊》2017 年第 6 期。
⑥ 陸離《吐蕃統治敦煌基層兵制新考》,《中國史研究》2003 年第 4 期。
⑦ 陸離《關於吐蕃統治敦煌時期的基層組織——十將、將》,《中國邊疆史地研究》2015 年第 6 期。

煌藏文 P.T.1185 號〈軍需調撥文書〉及相關問題研究》探討了吐蕃統治下河隴地區軍用物資的徵集與發放問題。① 巴桑旺堆先後發表《一份新發現的敦煌古藏文吐蕃兵書殘卷解讀》《一份新發現的敦煌古藏文吐蕃兵律文書(下卷)初步解讀》,他完整抄録了《吐蕃兵律》全文,並對文書進行了漢文翻譯,同時對寫卷涉及的一些吐蕃兵法律例作了初步的解讀。② 林冠群《唐代吐蕃軍事佔領區建制研究》依據漢藏文史料與出土文獻,考證了吐蕃佔領區的軍事建制問題,指出其特色即行政、軍事、生產三位一體。③ 賀東《軸心制度、社會控制與軍事博弈——吐蕃軍事制度研究述評》一文梳理了當前吐蕃軍事制度的研究現狀,並對未來研究進行了展望,本文對理解吐蕃統治敦煌的軍事制度也有參考意義。④

經濟方面。吐蕃統治時期突田制代替了均田制,賦稅勞役發生了改變,按地畝徵收地子和按戶徵收突稅,部落民戶要爲官府服勞役,包括驛傳、修造、守囚、抄經、營田、廳子、手力、看碉等。陸離《也談敦煌文書中的唐五代"地子""地税"》《吐蕃統治敦煌時期的官府勞役》《吐蕃統治敦煌時期的官府牧人》⑤等文章對這些問題做了探討;此外,陸離對吐蕃統治敦煌時期的官田、營田做了探討。⑥ 畜牧業在吐蕃經濟中佔有重要的地位,這一時期敦煌地區的畜牧業也較爲發達,陳繼宏提出敦煌地區的畜牧業有官府經營、寺廟經營、民間經營三種模式。⑦ 對這一時期農業著墨較多的是郝二旭,其博士論文《唐五代敦煌農業專題研究——以敦煌寫本文獻爲中心》對吐蕃統治敦煌時期的土地制度、農業生產方式、水稻種植、農業人口的消長等問題進行了系統的研究。⑧ 手工業方面,陳繼宏全面梳理了敦煌文書中唐五代敦煌手工業的相關記載,其中涉及吐蕃時期敦煌的冶鑄業、絲織業、造紙業等。⑨

户籍和契約的研究也是經濟領域研究的重點,金瀅坤《吐蕃統治敦煌的户籍制度初探》、陸離《關於吐蕃統治敦煌時期户籍制度的幾個問題——兼談吐蕃統治敦煌的部落設置》對當時的户籍制度進行了研究,他們指出爲了便於徵發勞役及徵收賦稅,吐蕃當局重新編造了敦煌户籍;敦煌寺户户籍由官

---

① 陸離《敦煌藏文 P.T.1185 號〈軍需調撥文書〉及相關問題研究》,《西藏研究》2016 年第 2 期。
② 巴桑旺堆《一份新發現的敦煌古藏文吐蕃兵書殘卷解讀》,《中國藏學》2014 年第 3 期。巴桑旺堆《一份新發現的敦煌古藏文吐蕃兵律文書(下卷)初步解讀》,《中國藏學》2015 年 S1 期。
③ 林冠群《唐代吐蕃軍事佔領區建制研究》,《中國藏學》2007 年第 4 期。
④ 賀東《軸心制度、社會控制與軍事博弈——吐蕃軍事制度研究述評》,《西藏大學學報》2016 年第 1 期。
⑤ 陸離《也談敦煌文書中的唐五代"地子""地税"》,《歷史研究》2006 年第 4 期。陸離《吐蕃統治敦煌時期的官府勞役》,載於《魏晉南北朝隋唐史資料》第 22 輯,武漢:武漢大學學報編輯部,2006 年。陸離《吐蕃統治敦煌時期的官府牧人》,《西藏研究》2006 年第 4 期。
⑥ 陸離《論吐蕃統治敦煌時期的官田與營田》,《南京師範大學學報》2009 年第 3 期。
⑦ 陳繼宏《吐蕃統治時期敦煌畜牧業管窺》,《敦煌學輯刊》2020 年第 4 期。
⑧ 郝二旭《唐代敦煌農業專題研究》,蘭州大學 2011 年博士學位論文。
⑨ 陳繼宏《吐蕃統治敦煌時期歷史問題研究二題》,蘭州大學 2016 年博士學位論文。

府和敦煌僧團共同管理,從而把佛教納入了統治體系。① 契約研究方面,卓瑪才讓《敦煌吐蕃文書 P.T.1095 號寫卷解讀》從文本翻譯著手,在録文、翻譯的基礎上展開各方面的討論,指出 P.T.1095 號是一份購牛契約文書,反映了當時的商業交易活動和民族關係,文章顯示了作者熟練運用藏漢文獻的能力。② 徐秀玲《吐蕃統治敦煌西域時期雇傭契約研究》指出雇價的支付,漢文契約中一般是麥,古藏文契約中是青稞、小米、麥、酒、絹等;從雇傭雙方的利益來看,受雇者通過雇價償還債務或改善生活,雇主則有充裕的時間從事其他活動,對於統治者來説,雇人代役解決了人員不足,鞏固了統治。③ 何志文《吐蕃統治敦煌西域時期的雇傭問題探析——兼與陷蕃之前及歸義軍統治時期雇傭比較》、丁君濤《絲綢之路吐蕃文契約與漢文契約比較研究》指出吐蕃統治時期的雇契具有鮮明的民族特色:其一,在吐蕃統治後期,契約書寫統一使用古藏文;其二,吐蕃十二生肖紀年方式被運用於契約中;其三,雇契採用吐蕃量制。④ 楊銘、貢保扎西《絲綢之路沿綫所出古藏文契約文書概説》梳理了絲綢之路沿綫所出土古藏文契約文書的刊佈與研究情況,有利於總體把握這一時期的古藏文契約。⑤

此外,一些研究重現了這一時期經濟生活的重要領域:陸離《吐蕃統治時期敦煌釀酒業簡論》考察了當時官府對釀酒業的經營管理、僧人飲酒風氣的形成以及蕃佔時期釀酒業承上啓下的地位;其《吐蕃統治河隴西域的市券研究》考察了吐蕃對河隴地區民間貿易的管理。⑥ 何志文《吐蕃統治敦煌時期地方財政支出的一個考察——以敦煌出土漢、藏文支出帳爲中心》《吐蕃統治敦煌時期的土地糾紛問題——以 S.2228 與 P.T.1078B 古藏文訴訟文書爲中心》對這一時期敦煌的地方財政支出與土地糾紛問題做了探討。⑦

三、宗 教 研 究

宗教的研究主要涉及佛教與道教。

學界有從整體上把握吐蕃時期敦煌佛教發展情況的,如〔日〕上山大峻

① 金瀅坤《吐蕃統治敦煌的户籍制度初探》,《中國經濟史研究》2003 年第 1 期。陸離《關於吐蕃統治敦煌時期户籍制度的幾個問題——兼談吐蕃統治敦煌的部落設置》,《中國經濟史研究》2013 年第 2 期。

② 卓瑪才讓《敦煌吐蕃文書 P.T.1095 號寫卷解讀》,《西藏研究》2007 年第 1 期。

③ 徐秀玲《吐蕃統治敦煌西域時期雇傭契約研究》,《敦煌研究》2018 年第 6 期。

④ 何志文《吐蕃統治敦煌西域時期的雇傭問題探析——兼與陷蕃之前及歸義軍統治時期雇傭比較》,《中國農史》2017 年第 5 期。丁君濤《絲綢之路吐蕃文契約與漢文契約比較研究》,《雲南民族大學學報》2020 年第 1 期。

⑤ 楊銘、貢保扎西《絲綢之路沿綫所出古藏文契約文書概説》,《西南民族大學學報》2017 年第 7 期。

⑥ 陸離《吐蕃統治時期敦煌釀酒業簡論》,《青海民族學院學報》2004 年第 1 期。陸離《吐蕃統治河隴西域的市券研究》,載於《敦煌吐魯番研究》第 9 卷,北京:中華書局,2006 年。

⑦ 何志文《吐蕃統治敦煌時期地方財政支出的一個考察——以敦煌出土漢、藏文支出帳爲中心》,《中國社會經濟史研究》2019 年第 2 期。何志文《吐蕃統治敦煌時期的土地糾紛問題——以 S.2228 與 P.t.1078B 古藏文訴訟文書爲中心》,《西藏大學學報》2019 年第 3 期。

著、顧虹等譯《從敦煌出土寫本看敦煌佛教研究》和趙曉星、寇甲《吐蕃統治敦煌時期佛教研究的成果與問題》分別以敦煌出土的佛教文獻爲依據,介紹了藏經洞佛教文獻的研究現狀,指出了目前研究的不足以及今後的研究方向。① 兩篇文章總結的爲 2005 年以前的情況,其後總體梳理性的文章較少。一些學者從宏觀上探討了吐蕃對佛教的扶持與佛教的社會作用,陳大爲《唐後期五代宋初敦煌僧寺研究》以吐蕃歸義軍時期爲歷史背景,首先以敦煌净土寺爲中心探討其與社會不同階層、民族的往來關係;其次探討了龍興寺在敦煌地區政治、經濟、佛教、文化教育及社會生活中的作用。② 李亞《吐蕃統治敦煌時期對佛教的扶植及其影響》、張永萍《吐蕃統治時期的敦煌寺學》對佛教繁榮的表現,如寺院、僧人數量的增加、寺院經濟的繁榮、僧侣社會地位的提高、寺院壟斷了教育等方面做了説明。③

　　吐蕃統治敦煌時期的寺院管理以及寺院經濟相關問題仍然是研究的熱點。寺院管理方面,陸離《吐蕃寺院岸本考》對吐蕃時期敦煌寺院寺卿(寺院下管家)以及常駐敦煌僧團都僧統司的吐蕃人寺卿(寺院上管家)做了考證,指出他們除了接受吐蕃僧官體系的管轄外,還接受中央、地方各級官員的管轄。④ 同氏在《吐蕃統治時期敦煌僧官的幾個問題》中指出吐蕃統治時期的敦煌都教授爲本地最高僧官,下屬每個寺院教授具體負責管理僧團某一方面的事務,這種做法爲吐蕃僧官制度所特有。⑤ 王祥偉《吐蕃對敦煌寺院屬民的管理考論》指出敦煌寺院屬民依附於佛教教團,與吐蕃本土不同的是,敦煌地區建立了專門的寺院屬民户册以便對其加强管理。同氏《敦煌都司的設置考論》指出都司是吐蕃統治時期在蕃漢民族矛盾突出、吐蕃推行宗教制度改革等背景下,爲了更好管理敦煌佛教事務及當地蕃漢居民而設置的機構。⑥

　　寺院經濟及其相關問題方面,徐秀玲《吐蕃時期敦煌寺院的賦役探析》指出吐蕃統治時期,敦煌的僧人除了身份上是僧人,需要參加重要佛教活動之外,實際與普通百姓一樣,是繳納賦税、承擔徭役的重要群體之一。⑦ 楊銘、貢保扎西《Or8210/S.2228 系列古藏文文書及相關問題研究》對古藏文文

　　① ［日］上山大峻著、顧虹等譯《從敦煌出土寫本看敦煌佛教研究》,《敦煌研究》2001 年第 1 期。趙曉星、寇甲《吐蕃統治敦煌時期佛教研究的成果與問題》,載鄭炳林《絲綢之路民族古文字與文化學術討論會文集》,西安:三秦出版社,2007 年。

　　② 陳大爲《唐後期五代宋初敦煌僧寺研究》,上海:上海古籍出版社,2014 年。

　　③ 李亞《吐蕃統治敦煌時期對佛教的扶植及其影響》,《湖北第二師範學院學報》2009 第 11 期。張永萍《吐蕃統治時期的敦煌寺學》,《西藏研究》2013 年第 2 期。

　　④ 陸離《吐蕃寺院岸本考》,《陝西師範大學學報》2019 年第 3 期。

　　⑤ 陸離《吐蕃統治時期敦煌僧官的幾個問題》,《敦煌研究》2005 年第 3 期。

　　⑥ 王祥偉《吐蕃對敦煌寺院屬民的管理考論》,《西藏研究》2012 年第 3 期。王祥偉《敦煌都司的設置考論》,《敦煌研究》2013 年第 3 期。

　　⑦ 徐秀玲《吐蕃時期敦煌寺院的賦役探析》,《安徽廣播電視大學學報》2020 年第 3 期。

Or8210/S.2228 進行了考釋,該系列文書涉及永壽寺的林地歸屬、民間借貸、租佃等問題,作者對這一系列文書的解讀也爲研究敦煌寺院與民間關係提供了資料。[1] 王祥偉《吐蕃至歸義軍時期敦煌佛教經濟研究》指出吐蕃時期敦煌官府允許僧尼通過不同途徑擁有地產,但又通過向僧尼據地徵稅課役和掌管僧尼土地所有權的變更等方式加強對僧尼地產的管理。[2]

吐蕃時期的寫經制度也受到了學界重視,趙青山與張延清對這一問題關注較多。趙青山《吐蕃統治敦煌時期的寫經制度》《5 件文書所反映的敦煌吐蕃時期寫經活動》《吐蕃佔領敦煌時期寫經道場相關問題考述》探討了吐蕃統治敦煌時期寫經制度的主要特點,並對其利弊做了簡要分析。[3] 張延清主要有《簡析敦煌古藏文經的抄寫年代》《敦煌藏文寫經生結構分析》《吐蕃敦煌抄經制度中的懲治舉措》,作者認爲吐蕃在敦煌的佛經抄寫運動"年代當在公元 826—830 年之間,從準備到結束,上下浮動幾年,大概有 10 年左右時間",漢族寫經生佔有很大比例,吐蕃上層統治者親自到敦煌督促寫經,這一時期的寫經制度已經上昇到了法律的高度。[4] 國外方面,日本學者岩尾一史、[5]美國學者 Brandon Dotson[6] 都對敦煌寫經有所論及。

佛教經典的詮釋及新解方面。越來越多的學者關注敦煌佛教文獻,涌現出很多成果。趙曉星致力於密教問題的研究,發表了多篇論文,這些文章研究的內容大多集結於趙曉星《吐蕃統治時期敦煌密教研究》一書,作者通過整理吐蕃統治敦煌時期與密教有關的文獻與圖像資料,對這一時期的敦煌密教進行了定位,指出"此時的密教是整個敦煌密教發展史上的轉折點與里程碑,既上承盛唐以來漢傳密教傳統,又下啓中唐以後密教多元發展的道路",[7]值得一提的是趙氏關注到了吐蕃統治時期敦煌密教與其他宗教信仰之間的相互關係。牛宏《英藏敦煌藏文密教文獻編目狀況述評》對英國國家圖書館藏

---

① 楊銘、貢保扎西《Or8210/S.2228 系列古藏文文書及相關問題研究》,《敦煌研究》2016 年第 5 期。

② 王祥偉《吐蕃至歸義軍時期敦煌佛教經濟研究》,北京:中華書局,2015 年。

③ 趙青山《吐蕃統治敦煌時期的寫經制度》,《西藏研究》2009 年第 3 期。趙青山《5 件文書所反映的敦煌吐蕃時期寫經活動》,《中國藏學》2013 年第 4 期。趙青山《吐蕃佔領敦煌時期寫經道場相關問題考述》,《藏學學刊》第 11 輯,2014 年。

④ 張延清《簡析敦煌古藏文經的抄寫年代》,《敦煌研究》2007 年第 2 期。張延清《敦煌藏文寫經生結構分析》,載於鄭炳林《絲綢之路民族古文字與文化學術討論會文集》,西安:三秦出版社,2007 年。張延清《吐蕃敦煌抄經制度中的懲治舉措》,《敦煌研究》2010 年第 3 期。

⑤ Iwao Kazushi, *The Purpose of Sūtra Copying in Dunhuang under the Tibetan Rule*, In Irina Popova and Liu Yi, eds., Dunhuang Studies: Prospects and Problems for the Coming Second Century of Research, St. Petersburg: Slavia, 2012. Iwao Kazushi, *On the roll-type Tibetan Śatasāhasrikā prajñāpāramitā sūtra from Dunhuang*, in B. Dotson, Iwao Kazushi, and Tsuguhito Takeuchi eds., Scribes, Texts, and Rituals in Early Tibet and Dunhuang, Wiesbaden, 2013.

⑥ Brandon Dotson, *The Remains of the Dharma: Editing, Rejecting, and Replacing the Buddha's Words in Officially Commissioned Sūtras from Dunhuang, 820s to 840s*, Journal of the International Association of Buddhist Studies, vol. 36/37, 2013/2014(2015).

⑦ 趙曉星《吐蕃統治時期敦煌密教研究》,蘭州:甘肅教育出版社,2017 年。

的敦煌藏文文獻所涉及的密教內容及寫作題材做了簡要梳理,該文有助於總體把握敦煌藏文密教文獻的留存情況。是文作者尤精於對這一時期禪宗的研究,先後發表《P.T116 中有關禪師語錄的文獻譯注》《敦煌藏文禪宗文獻修法性質探析》《敦煌藏文禪宗文書〈無所得一法論〉釋譯》①等數篇論文。關於佛教文獻的研究比較重要的還有很多,如才讓《敦煌藏文密宗經典〈白傘蓋經〉初探》《敦煌藏文本〈金光明祈願文〉研究》、②任小波《敦煌藏文〈十善説〉譯注與解説》③等都是值得重視的研究成果。

道教方面的研究,主要有劉永明的《吐蕃時期敦煌道教及相關信仰習俗探析》《吐蕃統治時期的敦煌道教初探——以 S.2729V〈懸象占〉〈太史雜占曆〉爲核心》《略論敦煌區域道教研究的意義》,作者指出吐蕃時期漢民族依然在一定程度上保持本民族的生活方式和信仰習俗,體現在建宅行爲、占卜術數等方面,遭受當局壓制的道教也以隱蔽的形式融合於這些習俗之中。④

除此之外,陳于柱、張福慧《敦煌古藏文寫本 P.T.1055+IOL Tib J 744〈十二錢卜法〉研究——敦煌漢、藏文術數書的比較歷史學研究之三》通過對漢、藏文《十二錢卜法》的綜合比較分析,指出吐蕃統治時期苯教與佛教共存於敦煌社會生活之中。⑤ 這一時期敦煌地區的景教發展也不容樂觀,需要依託、附會佛教和民間習俗纔能生存下去,顔福、高倩《法藏敦煌吐蕃占卜文書P.T.351研究》通過對 P.T.351 號文書內容仔細爬梳,指出在吐蕃統治時期,敦煌的景教僧團曾利用包括吐蕃禁忌在內的傳統習俗和生活場景進行宣教,發展的不容樂觀使這時期的景教活動本土化,更具靈活性。⑥

四、民族關係與文化交流研究

民族關係與文化交流方面的研究相對比較薄弱。

民族關係方面,楊銘《近 30 年來唐代吐蕃與西北民族關係史研究評述》以文獻綜述的形式對吐蕃統治敦煌後與河西地區的民族交往進行了簡要論

---

① 牛宏《P.T116 中有關禪師語錄的文獻譯注》,《中國藏學》2017 年第 2 期。牛宏《敦煌藏文禪宗文獻修法性質探析》,《青藏高原論壇》2019 年第 4 期。牛宏《敦煌藏文禪宗文書〈無所得一法論〉釋譯》,《西藏大學學報》2020 年第 3 期。

② 才讓《敦煌藏文密宗經典〈白傘蓋經〉初探》,《敦煌學輯刊》2008 年第 1 期。才讓《敦煌藏文本〈金光明祈願文〉研究》,《敦煌學輯刊》2010 年第 1 期。

③ 任小波《敦煌藏文〈十善説〉譯注與解説》,郝春文主編《敦煌吐魯番研究》第二十卷,上海:上海古籍出版社,2021 年,第 101—117 頁。

④ 劉永明《吐蕃時期敦煌道教及相關信仰習俗探析》,《敦煌研究》2011 年第 4 期。劉永明《吐蕃統治時期的敦煌道教初探——以 S.2729V〈懸象占〉〈太史雜占曆〉爲核心》,載於《敦煌民族研究》,蘭州:甘肅文化出版社,2011 年。劉永明《略論敦煌區域道教研究的意義》,《世界宗教文化》2019 年第 1 期。

⑤ 陳于柱、張福慧《本敦煌古藏文寫本 P.T.1055+IOL Tib J 744〈十二錢卜法〉研究——敦煌漢、藏文術數書的比較歷史學研究之三》,《蘭州大學學報》2017 年第 5 期。

⑥ 顔福、高倩《法藏敦煌吐蕃占卜文書 P.T.351 研究》,《蘭州大學學報》2017 年第 1 期。

述。① 楊作山《吐蕃統治河隴時期的民族政策》利用相關文獻揭示了吐蕃統治時期推行的民族政策及各民族間的相互關係。② 何志文《從 P.T.1077 文書看吐蕃統治時期沙州地區民族關係》從 P.T.1077 號訴訟文書入手,指出唐蕃雙方的交融、互動、理解是解決雙方糾紛的根本途徑。③

　　文化交流方面,李吉和《吐蕃統治敦煌時期漢蕃文化互動初探》、楊銘《試論唐代吐蕃與西北各族的文化交流》闡述了這一時期各民族文化間的良性互動,如語言、服飾、信仰方面的互相借鑑,居住格局的雜居化、民族通婚等。④ 卓瑪才讓《淺談吐蕃統治敦煌時期藏語文的使用和漢藏翻譯活動——以敦煌本古藏文文獻爲例》運用大量敦煌出土的古藏文文書論證了藏語文在官方和民間的廣泛使用,指出藏語文的普遍使用方便了民族間的文化交流。⑤ 也有學者從較小的切入點研究漢藏之間的文化交流,如王黎《從吐蕃佛經目錄分類看漢藏文化交流》指出吐蕃佛經目錄分類中的三藏(經、律、論)和大小乘判教分類法與唐代漢文佛經目錄分類結構相似,反映了吐蕃佛經分類中的漢藏文化交流。⑥ 劉海波《從結社活動看吐蕃統治敦煌時期蕃漢民衆的交流》運用結社文書,指出這一時期吐蕃人、漢人、粟特人共同參與結社,各族百姓通過結社活動在社會生活領域進行交流與融合。⑦ 馬俊峰、沙武田《唐蕃清水會盟在敦煌石窟中的圖像遺存——瓜州榆林窟第 25 窟婚嫁圖繪製年代再探》對吐蕃統治敦煌時期的代表性洞窟榆林 25 窟進行考察,指出其圖像爲我們提供了清水會盟前後瓜沙地區漢藏文化交流互動的一個側面。⑧ 王東《絲路視域下 8—10 世紀敦煌民族交融與文化互鑒——從敦煌古藏文占卜文書談河西民衆社會生活》對占卜文書的典型文本 IOL Tib J 740(Ch.9.Ⅱ.19)號文書進行釋讀,指出此文書内容涉及占卜婚姻、財運、訴訟、軍功等多個方面,體現了民衆生存的真實狀態,反映了河西地區的民族交融與文化互鑒。⑨ 馮家興《敦煌文書所見蕃佔時期傳承中原文化的敦煌詩僧》肯定了蕃佔時期敦煌詩僧及其詩歌作品對中原文化的大力弘揚,該文角度新穎,遺憾的是論

① 楊銘《近 30 年來唐代吐蕃與西北民族關係史研究評述》,《民族研究》2008 年第 6 期。
② 楊作山《吐蕃統治河隴時期的民族政策》,《寧夏大學學報》2007 年第 6 期。
③ 何志文《從 P.T.1077 文書看吐蕃統治時期沙州地區民族關係》,《西北民族大學學報》2020 年第 6 期。
④ 李吉和《吐蕃統治敦煌時期漢蕃文化互動初探》,《西南民族大學學報》2010 年第 3 期。楊銘《試論唐代吐蕃與西北各族的文化交流》,《中國邊疆史地研究》2019 年第 10 期。
⑤ 卓瑪才讓《淺談吐蕃統治敦煌時期藏語文的使用和漢藏翻譯活動——以敦煌本古藏文文獻爲例》,《西藏研究》2008 年第 4 期。
⑥ 王黎《從吐蕃佛經目錄分類看漢藏文化交流》,《西藏大學學報》2021 年第 3 期。
⑦ 劉海波《從結社活動看吐蕃統治敦煌時期蕃漢民衆的交流》,《河北青年管理幹部學院學報》2015 年第 5 期。
⑧ 馬俊峰、沙武田《唐蕃清水會盟在敦煌石窟中的圖像遺存——瓜州榆林窟第 25 窟婚嫁圖繪製年代再探》,《石河子大學學報》2015 年第 5 期。
⑨ 王東《絲路視域下 8—10 世紀敦煌民族交融與文化互鑒——從敦煌古藏文占卜文書談河西民衆社會生活》,《西北民族大學學報》2019 年第 6 期。

述不夠深入。①

五、文學與石窟藝術研究

文學方面的研究主要是變文、碑文與詩歌。這一時期的文學作品是對社會現實的一種反映。朱利華《俗情蘊誠意　雅文彰功德——吐蕃攻佔河西時期的敦煌碑文》認爲吐蕃統治下的敦煌碑文不僅反映了蕃佔時期的社會現實，也兼具文學色彩，無論思想内容還是藝術手法都代表了這一時期的最高水平。伏俊璉、朱利華《吐蕃攻佔時期的敦煌文學》、朱利華《敦煌文學嬗變研究——以吐蕃統治時期爲中心》也是研究蕃佔期敦煌文學方面的文章，後文爲作者的博士學位論文，該文對吐蕃統治敦煌時期的作品進行了編年，文章穿插社會背景的研究，指出吐蕃統治時期推行了一系列吐蕃化的政策，表現在文學創作上，體現爲作者心態和創作動機的變化，從而使這一時期的文學作品呈現出與以往不同的風貌。② 朱利華、伏俊璉《敦煌文人竇良驥生平考述》對敦煌寫卷中保留的竇良驥十篇作品進行分析，透過這些作品作者考證了竇良驥的生平經歷，分析了作品體現的漢族文人心態。③ 王樹平、包得義《敦煌變文〈四獸因緣〉考論》通過對《四獸因緣》的考察，指出這一作品是古代漢族通俗文學與藏族佛教文學交流融合的産物。④ 黑曉佛《敦煌世俗變文中中原情結的呈現與流變——兼論敦煌文化的基本精神》進一步指出透過這一時期的世俗變文，可以看出敦煌民衆對中原的眷戀與思念。⑤

藝術方面的研究主要集中於石窟壁畫，近年來隨著對莫高窟壁畫研究的不斷深入，吐蕃時期的石窟藝術研究成果不斷涌現。敦煌研究院沙武田對這一時期的石窟有很多研究，舉其要者：《吐蕃統治時期敦煌石窟研究綜述》從學術史的角度，對綜合研究、洞窟營建史、分期、單個洞窟、單個圖像、榆林窟25 窟、莫高窟第 365 窟漢藏文題記、畫風、供養人圖像與服飾、經變畫專題等問題的研究做了梳理，並總結了這一時期石窟研究的特點。《吐蕃統治時期敦煌石窟供養人畫像考察》指出了吐蕃統治時期敦煌石窟供養人畫像的特殊性，如供養人畫像的減少、東壁門上出現供養人、吐蕃男裝供養人與女裝供養

---

① 馮家興《敦煌文書所見蕃佔時期傳承中原文化的敦煌詩僧》，《檔案》2021 年第 5 期。
② 朱利華《俗情蘊誠意　雅文彰功德——吐蕃攻佔河西時期的敦煌碑文》，《河西學院學報》2011 年第 6 期。伏俊璉、朱利華《吐蕃攻佔時期的敦煌文學》，《天水師範學院學報》2013 年第 4 期。朱利華《敦煌文學嬗變研究——以吐蕃統治時期爲中心》，西北師範大學 2016 年博士學位論文。
③ 朱利華、伏俊璉《敦煌文人竇良驥生平考述》，《敦煌學輯刊》2015 年第 3 期。
④ 王樹平、包得義《敦煌變文〈四獸因緣〉考論》，《中國文化論壇》2020 年第 3 期。
⑤ 黑曉佛《敦煌世俗變文中中原情結的呈現與流變——兼論敦煌文化的基本精神》，《甘肅理論學刊》2021 年第 3 期。

人並存、僧人多於俗人、題記簡單化等;①其《莫高窟第 231 窟陰伯倫夫婦供養像解析》《莫高窟吐蕃期洞窟第 154 窟——主尊彩塑造像的性質與定名考》《吐蕃統治下一位唐人畫師民族情節——以瓜州榆林窟第 25 窟婚嫁圖和老人入墓圖爲例》三文,從個案的角度,對莫高窟 231 窟、154 窟、榆林 25 窟圖像做了研究。② 此外,沙武田先生還發表了一系列文章從石窟營建的角度考察吐蕃統治時期的粟特人,如《敦煌石窟粟特九姓胡人供養像研究》《敦煌莫高窟第 158 窟與粟特人關係試考(上)(下)》《莫高窟吐蕃期洞窟第 359 窟供養人畫像研究——兼談粟特九姓胡對吐蕃統治敦煌的態度》《莫高窟第 322 窟圖像的胡風因素——兼談洞窟功德主的粟特九姓胡人屬性》等。③

其他學者對吐蕃時期的洞窟壁畫及其相關問題也有所研究。王中旭《陰嘉政窟 敦煌吐蕃時期的家窟藝術與望族信仰》從陰嘉政家族的宗教信仰、情感(報恩)角度分析了陰窟主室的圖像樣式和配置,指出敦煌望族既是推翻吐蕃統治的決定性力量,也是推動莫高窟藝術變革的關鍵性因素。④ 謝静《敦煌莫高窟〈吐蕃贊普禮佛圖〉中吐蕃族服飾初探——以 159 窟、231 窟、360 窟爲中心》、陳栗裕《榆林 25 窟——佛八菩薩圖研究》、謝繼勝、趙媛《莫高窟吐蕃樣式壁畫與絹畫的初步分析》及中國臺灣學者史臺麗《吐蕃時期敦煌莫高窟一五八石窟研究》從不同角度説明了莫高窟中的吐蕃元素。⑤ 萬學匯《吐蕃統治時期敦煌石窟藝術的時代特性》從宏觀角度總結了吐蕃統治時期敦煌石窟藝術的幾點特徵。⑥

六、研 究 展 望

21 世紀以來學界關於吐蕃統治敦煌研究取得了豐富的成就,其特點概括如下:第一,學者們在前期基礎上整理、釋讀了包括漢、藏文文獻資料以及考古資料(碑文、石窟)在内的大量研究史料。第二,學界對於吐蕃統治敦煌時

① 沙武田《吐蕃統治時期敦煌石窟研究綜述》,《西藏研究》2011 年第 3 期。沙武田《吐蕃統治時期敦煌石窟供養人畫像考察》,《中國藏學》2003 年第 2 期。

② 白天佑、沙武田《莫高窟第 231 窟陰伯倫夫婦供養像解析》,《敦煌研究》2006 年第 2 期。沙武田《莫高窟吐蕃期洞窟第 154 窟——主尊彩塑造像的性質與定名考》,《裝飾》2010 年第 4 期。王雨、沙武田《吐蕃統治下一位唐人畫師民族情節——以瓜州榆林窟第 25 窟婚嫁圖和老人入墓圖爲例》,《藝術設計研究》2016 年第 1 期。

③ 沙武田《敦煌石窟粟特九姓胡人供養像研究》,《敦煌學輯刊》2008 年第 4 期。沙武田《敦煌莫高窟第 158 窟與粟特人關係試考(上)(下)》,《藝術設計研究》2010 年第 1 期、第 2 期。沙武田《莫高窟吐蕃期洞窟第 359 窟供養人畫像研究——兼談粟特九姓胡對吐蕃統治敦煌的態度》,《敦煌研究》2010 年第 5 期。沙武田《莫高窟第 322 窟圖像的胡風因素——兼談洞窟功德主的粟特九姓胡人屬性》,《故宫博物院院刊》2010 年第 3 期。

④ 王中旭《陰嘉政窟 敦煌吐蕃時期的家窟藝術與望族信仰》,北京:民族出版社,2014 年。

⑤ 謝静《敦煌莫高窟〈吐蕃贊普禮佛圖〉中吐蕃族服飾初探——以 159 窟、231 窟、360 窟爲中心》,《敦煌學輯刊》2007 年第 2 期。陳栗裕《榆林 25 窟——佛八菩薩圖研究》,《故宫博物院院刊》2009 年第 5 期。謝繼勝、趙媛《莫高窟吐蕃樣式壁畫與絹畫的初步分析》,《西北民族大學學報》2010 年第 4 期。史臺麗《吐蕃時期敦煌莫高窟一五八石窟研究》,《東方學報》33 册,2012 年。

⑥ 萬學匯《吐蕃統治時期敦煌石窟藝術的時代特性》,《中國藏學》2007 年第 1 期。

期的政治事件、政治制度、職官制度、經濟制度、佛教寺院等方面的研究成果豐碩，發文量較大，尤其對政治制度的解析、佛教文獻的闡釋等方面呈現出百家爭鳴的態勢；敦煌寫經制度、石窟藝術、文學等方面的研究也開始受到學界的關注，成爲吐蕃敦煌研究中新的研究領域。第三，隨著國內外敦煌文獻的刊佈，海內外從事吐蕃統治敦煌研究的學者呈現增加趨勢，尤其是藏族學界開始涉足這一領域，使得研究隊伍不斷擴大。

21 世紀吐蕃統治敦煌史需要在以下三方面進行深入研究。

首先，研究內容方面。其一，學界目前對於民衆的社會生活的研究稍顯不足，對這一方面的研究有助於更加生動地把握吐蕃統治敦煌時期的社會；其二，有關這一時期文化交流的研究較爲薄弱，這方面的論著，或是以政治、職官等制度作爲文化交流的切入點，或是只涉及吐蕃與漢族文化交流的一個側面，綜合研究文化交流與相互影響的較少。

其次，研究視野方面。葛承雍言："長安與敦煌的研究就像一條紐帶，有著千絲萬縷的聯繫，對兩地雙方的互動讓我們的眼界再寬一些，心胸再寬一些，知識再多一些，積累再強一些。"①吐蕃與敦煌的研究也如此，吐蕃與敦煌的歷史皆爲唐代重要文化標誌，吐蕃有著敦煌折射的影像，敦煌有著吐蕃直接的影響。吐蕃與敦煌的互動，是吐蕃統治時期王朝中央與地方的互動，更是漢族文化與藏族文化的相融。當以挖掘新材料、開闢新領域、採用新方法爲要旨，推動吐蕃與敦煌的互動研究，探索各自的世界性的歷史生成與動態演變軌跡。

最後，研究方法方面。應將這一時期的吐蕃與敦煌置於全球視野下加以宏觀考察，吐蕃與敦煌皆爲絲路體系下全球交流網絡中的重要聯結點，是跨境文化交流、商業貿易、宗教傳播的重要一環。唐前期，敦煌與吐蕃各自與其他文化交流碰撞；蕃佔敦煌時期，兩地相互回應與認同，爲此後大一統中華民族的形成奠定了基礎。

---

① 葛承雍《"長安與敦煌"研討會致辭》，載於陝西歷史博物館編《陝西歷史博物館館刊》第 23 輯，西安：三秦出版社，2016 年，第 357 頁。

敦煌晚期石窟的分期與斷代研究會議綜述

閏珠君　陶蓉蓉（西北民族大學）

　　2021 年 6 月 25 日至 28 日,由敦煌研究院主辦的"敦煌晚期石窟的分期與斷代研究工作坊"在敦煌莫高窟召開,此次會議共有 53 位代表出席了會議,提交論文 40 餘篇,圍繞主要議題敦煌晚期石窟的斷代研究展開,此外還涉及敦煌學、宗教學等方面的内容。在學術會議之外,結合會議主題還特意安排了瓜州榆林窟、鎖陽城以及敦煌莫高窟實地考察活動。此次學術研討會和參觀考察活動,組織嚴謹有序,内容豐富多元,有助於推進敦煌石窟斷代研究工作的發展,將敦煌石窟斷代研究推向了一個新的高峰。

一、概　　説

　　本次會議開幕式由敦煌研究院人文研究部部長楊富學研究員主持,在介紹了與會專家學者之後,敦煌研究院院長趙聲良研究員致開幕式歡迎詞。趙聲良講到,習近平總書記在敦煌研究院的講話,爲我們研究敦煌學確立了方向,在探討歷史、考古等諸多問題時,敦煌文化體現出中華民族的精神、中華民族的包容性,以及大量吸收外來文化、不斷創新的精神。敦煌文化不忘本來、吸收外來、面向未來、不斷創新。敦煌石窟的分期經過了很長的時間,前輩學者樊錦詩、關友惠等先生在早期時候對隋朝、唐朝前期還有西夏時期的石窟做過一些分期研究,爲我們留下了一些非常值得借鑒的經驗和規範。相信經過大家的共同努力,敦煌晚期的石窟可以做更多的工作。敦煌晚期石窟比較複雜,五代以後敦煌地區多民族交融,歷史比較複雜,民族關係、宗教的發展也有很多變化,對其進行研究是一件非常有意義的事。希望通過此次會議,與會專家學者的共同研究、探討能夠推進學界對於晚期石窟的認識,能夠推動整個敦煌學的發展。

　　此次學術會議以敦煌晚期石窟的分期與斷代研究爲主題,以進行晚期石窟斷代研究爲主要目的,旨在通過分析壁畫藝術風格、繪畫内容及結構,結合敦煌及其周邊的歷史地理學研究來確定石窟具體開鑿年代,求同存異、去偽存真。本次會議由敦煌研究院主辦,由敦煌研究院人文研究部與敦煌研究院院級課題重點項目"敦煌晚期石窟的分期與斷代研究"課題組承辦。來自新疆大學、澳門科技大學、四川大學、河南大學、鄭州大學、陝西師範大學、河北師範大學、山西師範大學、山東師範大學、新疆師範大學、新疆藝術學院、西北師範大學、西北民族大學、西南民族大學、甘肅政法大學、河西學院、四川博物院、寧夏文史館、三秦出版社、龍門石窟、麥積山石窟、雲岡石窟、吐魯番學研究院及主辦單位敦煌研究院等 20 多個單位的 53 位專家學者及研究生應邀參加了會議。與會代表提交會議論文 40 餘篇,會議安排 30 餘篇論文在會中做出詳盡報告,所提交論文內容涉及石窟斷代、宗教、文化、藝術和歷史地理等方面。

會議閉幕式由敦煌研究院人文研究部部長楊富學研究員主持。楊富學講到,敦煌晚期石窟向稱難治,關鍵在於民族更迭頻繁,藝術風格繼承性不明顯,漢文文獻記載稀少,少數民族文獻又較難利用,故而晚期石窟研究頗具爭議,有待於結合莫高窟北區洞窟出土文獻、石窟題記和少數民族歷史文化活動進行綜合研究。此次是由敦煌研究院主辦的小規模石窟斷代工作坊,主旨就在於推進學界對這一問題的關注與研究。

二、敦煌宗教學相關研究

敦煌石窟的彩塑和壁畫,內容豐富多彩,大都是佛教內容:如彩塑和壁畫的尊像,釋迦牟尼的本生、因緣、佛傳故事畫,各類經變畫,眾多的佛教東傳故事畫、神話人物畫等,每一類都有大量、豐富、系統的材料。參加此次會議的專家學者就這一方面做出了部分成果報告。河北師範大學歷史文化學院博士生導師崔紅芬教授在所撰《遼、夏遺存〈華嚴經〉相關問題考》一文中提出,《華嚴經》是大乘佛教的重要經典之一,應縣木塔、豐潤天宮寺塔和黑水城等遺存文獻中皆有保存。遼刻《華嚴經》存三種版本,木塔存第 1 號為第一種版本,第 2、3、4 號為第二種版本,天宮寺中存 80 卷為第三種版本。學界對木塔第二種版本《華嚴經》的觀點不一,而黑水城文獻保存《華嚴經》對遼刻經的研究有一定參考價值,學界對此鮮有關注。崔紅芬教授在對遼刻《華嚴經》進行梳理和瞭解學界分歧的基礎上,把木塔存《華嚴經》與黑水城相關文獻進行比較,初步確定遼寺院曾雕印過行 15 字的藏經。這種裝幀藏經傳至西夏後,對秉常(1068—1086 年在位)時期佛經裝幀產生了很大影響,黑水城文獻保存《華嚴經》《華嚴經普賢行願品》等十餘部佛經裝幀版本與木塔第二種版本相同或類似。它們的存在也揭示了遼、宋、西夏間佛教文化的交流與互動。

《勞度叉鬥聖變》是敦煌壁畫中重要的經變畫題材之一,以往一些學者主要集中對莫高窟該題材壁畫進行了部分研究,對於周圍其他石窟中該題材壁畫鮮有關注。肅北五個廟石窟第 3 窟中的《勞度叉鬥聖變》是時代最晚的一鋪。張小剛、梁嘯和曲波合撰的《肅北五個廟石窟第 3 窟〈勞度叉鬥聖變〉研究》一文中結合敦煌石窟其他同類題材壁畫內容及藏經洞和佛教典籍中相關文獻,重新梳理肅北五個廟石窟第 3 窟中的《勞度叉鬥聖變》的故事情節,細述舍利佛與勞度叉各種鬥法的情景,對其做出相關研究。

柏孜克里克石窟第 17 窟窟頂所存《無量壽經變》,是高昌回鶻時期極具特色的一幅經變畫。陳愛峰、田利萍《柏孜克里克第 17 窟〈無量壽經變〉考釋》一文中首先對壁畫內容做出細緻的圖像志描述,再將畫中情節與佛經對照,辨識其中人物身份,並進一步討論圖像背後的意涵以及壁畫所依據經本的來源問題。

敦煌地區俗家的殯葬儀式既有儒家的傳統葬儀,也融入了佛教的祭奠儀式。陳豔玲《敦煌文書所見的古代葬儀》中主要運用敦煌文書的相關喪葬資料,按照傳統儒家安葬亡者的程式,著力探究喪家將靈柩從殯所運往墓地下葬的過程,主要包括出殯前的親友弔喪(延僧念經)、臨壙設祭(孝子哭拜、僧誦齋文、僧侶作法事、四眾"十念")、升棺入壙、掩壙迎神等,旨在探討在喪葬過程中佛教與儒家葬儀相融相攝的實相。

文殊信仰是一種典型的菩薩信仰,歷史上一度因得到政權的支持而十分流行,特別是唐代的文殊信仰曾盛極一時,在佛教史上佔有重要的地位。胡小鵬、張海娟《蒙元時期文殊信仰初探》一文認爲在崇奉佛法的蒙元統治者的率先垂範下,文殊信仰進一步得到弘揚。究其宏盛之因,概分爲三:文殊信仰的護國護身性質既滿足了人們尋求宗教庇佑的精神訴求,又適應了統治者以佛教這一意識形態工具肯定和強化其世俗王權的政治需要;蒙元漢—藏佛教體制雙力助推弘揚文殊信仰;宋、遼、西夏等文殊信仰對蒙元之影響。

根敦阿斯爾《蒙古佛教與地域實踐的研究——以內蒙古呼和浩特市域的事例爲中心》通過分析佛教傳承的要素,論述了印度佛教在空間上的傳播,其實是基於各個時代、地域、民族的本土文化,或者在當時的政治背景中通過取捨、選擇後的傳播。因此,研究佛教與民俗的關係是一個方向。而研究佛教與民俗關係的重點,就是要弄清楚,對於一個多民族國家,並且受到多元外來文化的影響,不斷融合、變化後,是如何構築、形成了現有佛教傳承的性格與現狀。其中,蒙古佛教寺院的事例是這種佛教中國化現象的一個代表。

從宗教美術的角度而言,敦煌石窟是佛教藝術聖地,僅在清代出現了一些道教主題的洞窟,可見敦煌石窟的題材僅限於佛教和道家。邢耀龍《榆林窟第 43 窟:敦煌石窟僅存的儒家窟》從榆林窟第 43 窟僅存的塑像來看,其內容屬於"三皇五帝"、三代君王及孔子,表現的是儒家的先祖信仰和聖賢信仰。這些塑像體現了儒家思想主導下的古史系統的構建過程,也是清代河西地區典型的一個先賢祭祀洞窟,這一點,在洞窟牆壁上的遊人題記裏也有明確的體現。故而邢耀龍提出榆林窟第 43 窟是敦煌石窟目前發現的唯一的一個儒家題材洞窟,其獨特的内容再一次擴大了敦煌石窟的宗教美術邊界,對清代河西地區的民間儒家信仰的研究和敦煌石窟内容的重新詮釋有重要意義。

三、敦煌晚期石窟斷代研究

榆林窟第 3 窟爲敦煌石窟群中最具代表性的大型洞窟之一,學界對其開鑿時代頗具爭議,故而也成爲本次會議最具爭議問題之一。

岳鍵撰文《西夏石窟以圖分期的可行性研究及其相關問題》,提出西夏石窟按圖像學類型考古可分爲三期,以串花垂幔紋、寬頻黑邊紋及所屬串珠垂幔紋、瓔珞垂幔紋、雙重卷雲勾連垂幔紋、五彩垂帶布帷鈴鐺紋作爲分期辨識標準。岳鍵提出:串花垂幔紋適用於早期石窟;寬頻黑邊紋及附屬紋飾適用於中晚期石窟。以此爲據,岳鍵比定出了西夏中期石窟 9 個:榆林窟第 2、3、4、10、13、26、29 窟、文殊山萬佛洞前山石窟以及五個廟石窟第 4 窟。以寬頻黑邊紋及五彩垂帶布帷鈴鐺紋爲辨識標準,比定出了西夏晚期石窟 4 個:東千佛洞第 2、4、5 窟及莫高窟第 61 窟。

楊富學、劉璟合撰《榆林窟第 3 窟爲元代西夏遺民窟考辨》一文中認爲榆林窟第 3 窟爲元代敦煌西夏遺民所營建。該文作者從多方面出發做出綜合判斷:西夏裝與蒙古裝交織,則必爲元代,因爲元代敦煌西夏勢力强大,與蒙古王室關係密切,西夏時代不曾有蒙古人;元朝推行主僕制度,甬道壁上的西夏與蒙古供養人,只能是施主,但不可能是窟主,窟主是"三王"之一的瓜州蕭王家族;該窟藝術水平極高,具有皇家藝術風格,但這個皇家不可能爲西夏,只能爲駐守瓜州的蒙古豳王家族。西夏國時代的瓜沙荒涼且落後,遠不比元代之繁榮,元代後期的敦煌西夏遺民人數衆多且地位很高;窟中著名的《釀酒圖》反映的是蒸餾酒的釀制過程,這是元代以後才有的事,不可能歸於西夏;甬道下部的蒙古供養人像對上部的西夏供養人像雖有疊壓關係,但明顯未對西夏供養人像造成破壞,保護之意清晰可見,且西夏供養人像大於蒙古供養人像,這些現象只能説明二者同皆屬元代之物,否則,蒙古與西夏國有世仇,不會保護西夏國的供養人像,更不能允許其供養人像大於自己。綜合各種因素可以證明,榆林窟第 3 窟當爲元代敦煌西夏遺民所營建,絕不可能屬於西夏國之遺物。

榆林窟第 4 窟究竟爲西夏還是元代洞窟,學界亦存在爭議。邢耀龍、楊富學《榆林窟第 4 窟爲元代窟新證》中,提出充分論據力證其爲元代開鑿石窟。榆林窟第 4 窟文殊變五臺山圖中保存有元代大白塔的清晰形象,該塔乃 1301年由尼泊爾匠師阿尼哥設計建造,是證此窟當開鑿於 1301 年之後;榆林窟第 4 窟之蒙古供養人,此前曾被誤認爲乃後補之物,其實非也,其與洞窟壁畫是整體劃一的;窟中的西夏上師像被認爲是噶瑪噶舉派之裝束,論者認爲噶瑪噶舉派主要流行於西夏而非元代,其實不然,元代後期噶瑪噶舉派備受蒙古統治者尊崇,甚至擁有"無冕"帝師的地位;榆林窟第4窟之五臺山形象可與元代五臺山道場之密教寺院相比對;該窟之天龍八部形象又與山西芮城永樂宮的元代天蓬元帥接近;論者以窟內有西夏文題字而證明該窟爲西夏窟,殊不知西夏文不惟西夏國流行,元代也很流行;論者謂瓜沙於西夏時繁榮而元時衰,實則恰恰相反。諸如此類,可以構成完整的證據鏈,證明榆林窟第4窟當爲元代之遺物,具體修建時間當在1301年五臺山大白塔修建之後至1364年乳必多吉活佛巡禮沙州兩座文殊窟之前。

崔瓊《吐魯番中小型石窟調查與初步研究》談及吐魯番除了吐峪溝石窟和柏孜克里克石窟兩處大型石窟外,現在依然留有13處中小型石窟遺址,這些窟室大多散落在火焰山各條沖溝的崖壁上,東西綿延140餘里,自西向東依次是亞爾鄉石窟、雅爾湖石窟、庫魯特卡石窟、大桃兒溝石窟、小桃兒溝石窟、葡萄溝石窟、烏江布拉克石窟、伯西哈石窟、勝金口石窟、七康湖石窟、蘇貝希石窟、連木沁石窟、忙得古爾石窟,現仍存有100餘個窟室,保存有壁畫者近30個,年代跨南北朝至元末。崔瓊主要從洞窟分佈及形制、壁畫內容與藝術風格兩個方面做出剖析,結合史實,考慮之下將現存壁畫大致分爲五期:第一期有七康湖1、2、4號窟、忙得古爾6號窟、雅爾湖7號窟,年代爲5世紀至7世紀中葉;第二期七康湖13號窟、七康湖1號窟後室甬道、亞爾鄉3號窟,年代爲7世紀中葉至9世紀中葉;第三期勝金口5、6、7號窟、烏江布拉克6號窟、伯西哈3號窟,年代爲9世紀中葉至11世紀中葉;第四期有雅爾湖4號窟(第二層壁畫)、伯西哈1、2、4、5號窟、勝金口1、3號窟、七康湖3號窟,年代爲11世紀中葉至12世紀末;第五期有烏江布拉克8號窟、葡萄溝1、3區,庫魯特卡石窟、大桃兒溝石窟、小桃兒溝石窟、蘇貝希石窟,年代爲13世紀至14世紀。

項一峰《對麥積山石窟分期斷代的幾點思考——以第127、78、76等窟爲例》講到洞窟的開鑿造像,因歷史中的自然和人爲等因素破壞和損壞,佛教講重修妝鑾佛像具有造像的同等功德利益,造成某一洞窟造像(壁畫)經後代重修或多代重修的現象,對洞窟開鑿造像原始時代的探討判斷造成混亂。現在我們研究石窟,對洞窟開鑿造像時代的判斷,雖然是仁者見仁,智者見智,對此原創性、真實性的探討務必嚴謹慎重。尤其是《內容總錄》《考古報告》等類的基礎工具書,在洞窟存在不同判定時代,又難以一說定論的情況下,應該尊重學術、尊重科學,兼顧百家爭鳴宗旨,在洞窟的時代判定上給出一種較合理的時代,或說明另有他說,不能捨此去彼,避免造成誤判或誤導,以爲研究者提供一定的參考價值,並對進一步深入研究起到積極的作用。

四、敦煌壁畫藝術相關研究

根據佛典的描述,花是佛陀慈悲清净的象徵,是體現佛國世界美妙景象的基本元素。所以,鮮花供養便成了佛教諸多供養中最常見的形式。史忠平《敦煌繪畫中的盤花圖像研究》論述了在敦煌壁畫、紙畫、絹畫中,除手持折枝花卉和瓶花供養外,還描繪了大量手持盤中花卉供養的圖像,並以蓮花爲主,兼有部分牡丹和其他花卉。不僅集中體現了盤花在佛教供養中的重要地位,而且傳遞了手持盤花在各時期的造型變化和圖像源流,值得關注。

敦煌壁畫中的山水畫是作爲壁畫的背景而存在,是敦煌壁畫藝術的重要組成部分。王成文在《略談敦煌壁畫中山水畫之特性》一文中以山水畫藝術自身發展的角度來審視敦煌壁畫中的山水畫,與山水畫傳統發展基本是同步的,因此在形式、語言等方面均體現出了裝飾性、空間性、寫意性等特質,對當下山水畫藝術的創作給以印證和啓發意義。

趙燕林《敦煌石窟中的束蓮彩畫建築圖案——兼議莫高窟宋、西夏部分洞窟的時代問題》提出束蓮彩畫建築圖案爲學者討論莫高窟宋、回鶻和西夏時期的洞窟時代關係提供了可靠的參考,發現分期爲宋代 6 個和西夏 18 個洞窟和部分回鶻洞窟中都繪製有束蓮彩畫建築圖案。與此相似的內容還出現在沙州回鶻時期的洞窟中,但和宋、西夏的卻大爲不同。據此可知,這些有相同內容的宋和西夏窟應爲同一時期繪製而成。

董睿《朝堂與佛殿:武后及武周時期龍門與敦煌石窟藝術之比較》客觀總結了武后和武周時期,龍門與敦煌石窟藝術之比較。龍門位居國家權力的中心,其石窟的開鑿也是受到統治者的支持和資助,石窟的政治化趨勢超越了佛教本身的宗教儀軌。敦煌莫高窟遠離政治中心,其受中原政治的影響具有滯後性。尤爲重要的是,從敦煌莫高窟這一時期的石窟形制和藝術形式我們可以看出,敦煌同一時期受政治的影響和控制較中原地區爲弱,其石窟藝術仍然是以宣揚佛教義理和教義等爲依歸。

馮麗娟通過梳理 1948 年及 1951 年三地兩場大型敦煌展覽文獻與圖像資料,在《敦煌藝術的傳播與接收——圍繞二十世紀四五十年代敦煌藝展的歷史考察》中明確 20 世紀四五十年代兩場敦煌藝術專題展覽讓敦煌藝術重新回歸世人的視野,並代表了 20 世紀初中國第一代美育開拓者的人文眼界與社會改良的文化變革實踐,改變了學術界對中國傳統繪畫的固有認知,促進了民族文化遺存的保護研究,開啓了中國傳統藝術資源與愛國主義、民族主義、國家政治認同、文化復興自省的互動關係。敦煌藝術展覽爲中國美術館展覽模式的良性發展奠定了基礎,啓動了新中國美術展覽的新範式。

行佳麗《敦煌晚期石窟與西夏藝術研究之間的交互作用》旨在論述敦煌晚期石窟不斷變動的歸屬劃分干擾西夏藝術理論歸納,敦煌石窟西夏藝術風格定論又影響著西夏石窟分期研究。西夏藝術風格作爲西夏藝術研究的一部分,在總結過程中要考慮到場合(地域)、藝術創作(行爲)、藝術品(物)和藝術接受者(人)四要素。將敦煌西夏石窟分爲西夏統治時期與蒙元西夏遺民營造時期,能够更有效地歸納總結西夏藝術風格。

五、回鶻學相關研究

新疆大學博士生導師阿依達爾·米爾卡馬力教授就國家圖書館藏一葉回鶻文《佛説天地八陽神咒經》進行研究。回鶻文《佛説天地八陽神咒經》於11世紀譯自漢語,在元代進行了大規模的傳抄。該文獻現分藏在倫敦、京都、柏林、聖彼得堡、北京等地,總數達400餘件。作者對北京國家圖書館收藏一葉回鶻文《八陽經》寫本(編號 GT15－12)進行轉寫、翻譯和語文學註釋,並將其與倫敦本、京都本等進行對照分析,發現該文獻不同於其他版本,屬於另一種譯本。根據正字法特點,判斷其抄寫時間屬於元代。

張田芳《回鶻文〈説心性經〉中的金輪王夢與唐傳奇關係探微》論述《説心性經》與早期禪宗文獻《觀心論》《修心要論》《般若心經疏》等有密切的關係,該故事有可能來自禪宗文獻中的《南柯夢》。金輪王做夢的故事不僅有濃厚的禪意,更體現了回鶻轉輪王信仰和懺悔觀。可以看出,該故事是禪宗文化和回鶻文化相結合的産物,更説明回鶻文《説心性經》是根據漢文佛典改編的回鶻禪籍文獻。

侯世新、于海琴《從吐魯番哈拉和卓 384M 看西域回鶻人的文化與融合》論述作者於 1985 年在吐魯番哈拉和卓鄉清理發掘的一座散落的回鶻人墓葬,可印證出:一,回鶻人雖然在 8 世紀中葉已開始了定居的農耕生活,但生活在西域的回鶻人,依然保留有其傳統的遊牧文化,騎射是他們生活中較爲重要的組成部分。二,墓中大量出現棉布衣物,説明定居在這裏的回鶻人,已由"多食肉寢皮"的遊牧生活向農耕文化的成功過渡。三,從墓葬形制、木棺、覆面、赤鐵粉等隨葬物品,體現出了生活在西域的回鶻人受中原喪葬習俗影響之深及回鶻人對漢文化的認同。四,回鶻人在棉織物上的印花、刺繡、織金銀工藝即反映出了回鶻人的審美觀,又折射出聰明智慧的回鶻人手工業技能的高度發達,織金織銀成爲了回鶻人對我國紡織業界的一大貢獻。五,縱觀西域棉布織造業的發展歷程,其經歷了由白氎(粗棉布)、細疊、花蕊布、到繡文(紋)花蕊布的遞進演化過程。從而證明回鶻人是一個極具包容且很善於學習外來文化的民族,他們在西域的發展歷程,正是體現了新疆一體多元的民族融合文化。

<h1 style="text-align:center">六、其　　他</h1>

楊富學、王小紅《甘肅榆中女真遺民的調查與研究》通過實地調查以及史料分析,可知榆中女真遺民漢氏與蒲氏確爲女真遺民一實。榆中蒲察氏之變,並非迫於政治强權,實則出於複姓簡化。漢氏爲金朝皇族完顔氏支系之遺留,祖先原活動於燕山以北地區,金元之際進入中原地區,明代洪武初年改姓漢氏,弘治末年遷居榆中,現有五通明及以後碑刻爲證,民間遺留的傳説也差可與《金史》《元史》等歷史記載相印證;蒲氏爲金朝高門蒲察氏支系之遺留,雖然僅見於方志記載,但是結合蒲察篤實之事蹟,兼采蒲氏族人之口述史資料,亦不難確定其女真遺民身份。隨著社會歷史的變遷,蒲察氏之女真民族特徵逐步淡化,姓氏也由“蒲察”而簡化爲單字“蒲”。

王東《吐蕃尚勇習俗與財富思想表達——以百慈藏卷〈吐蕃兵律〉爲中心》論述了百慈藏卷《吐蕃兵律》涉及吐蕃軍隊軍法、軍規、軍紀、排兵佈陣、守城等方面的律例,而吐蕃社會崇尚軍功,通過軍功獲取財富和政治地位是一種社會風尚,而律例中對此記載頗多,尤其是戰利品分配律例中更爲細緻。獎懲物品包括諸如銀兩、細軟、衣物、牲畜(馬牛羊等)等。另外,王東從律例條文方面探究所涉及到的一些吐蕃社會習俗。

以河北邯鄲市鄴城一帶爲中心的地區是東魏、北齊重要的政治、經濟和文化中心。孫曉峰在《鄴城北朝造像初識》中主要論述了這一時期盛行以白石爲主要材質的背屏式單體造像,其技藝精湛、裝飾華麗、題材豐富、風格獨特。充分彰顯出當時胡漢之間,以及絲綢之路上中西文化交融、碰撞與互動的時代特徵,在中國佛教造像史和雕刻藝術史上留下了濃墨重彩的一筆,對於認識和研究北魏以來中原北方地區佛教造像藝術樣式的發展、演變與傳承具有重要意義。

絲綢之路是古代連接中國内地與西方歐亞各國的重要通道,考古資料表明,早在張騫通使西域之前,東西方之間便存在著一條西玉東輸的“玉石之路”。樊麗沙、楊富學《“禺氏之玉”及月氏的原居地問題》認爲學界僅就“禺氏之玉”這一因素判斷月氏、烏孫的原始故鄉在東天山之説並不完全可信。樊麗沙通過探訪河西走廊馬鬃山、敦煌旱峽兩大古代玉礦遺址的發現,加以分析河西地區的地理環境特徵及月氏的生業形態,再結合史料和考古資料的雙重印證,論證月氏不僅僅是玉的轉運者,同時也可能是玉的生產者,“禺氏之玉”有可能就是月氏在酒泉地區所產之玉。

七、小　　結

敦煌被稱爲中國歷史文化名城、東亞文化之都。在複雜的歷史文化背景下，敦煌晚期石窟的研究較爲撲朔迷離。而石窟斷代問題，又是石窟研究中最基礎、最重要的工作，也是一項艱巨的任務。前輩學者們在有限的條件和精力下，對洞窟開鑿造像的時代判定或有偏頗，但給我們現在的研究提供了一定的參考價值和研究思路，不斷激勵現代學者在石窟分期與斷代研究中做更細緻、更深入的探究。此次敦煌石窟斷代會議，對前期工作進行了重新梳理，諸與會專家學者對最新學術論文做出詳盡報告，對現有研究做了系統整合，涉及敦煌學、回鶻學、宗教學、藝術等，内容多樣豐富。本次會議的一大亮點，除學術研討會議之外，會議特意安排會前考察瓜州榆林窟、鎖陽城和敦煌莫高窟，參觀考察了許多暫未對外開放的珍貴石窟，對後期石窟斷代研究工作提供了新的方向和更具有説服力的證據，得到了與會專家的一致認可，此行收穫良多。

此次"敦煌晚期石窟的分期與斷代研究工作坊"會議歷時三天，在敦煌研究院統籌支持下如期完成了大會的全部議程，達到了組織此次會議的初衷和目的。總之，此次會議和考察活動安排緊湊、内容豐富、形式多樣，與會專家學者各抒己見、深入探討，體現出學術平等的思想，是一場難得的學術盛宴，期待會有更好、更多的學術成果涌現，爲敦煌學做出更多貢獻，有力推進石窟斷代研究工作進程。

基金項目：敦煌研究院院級課題重點項目"敦煌晚期石窟的分期與斷代"（項目編號：2020 - SK - ZD - 01）

借絲綢古道　闡時代新學：“絲綢之路：多元共存和包容發展——中國敦煌吐魯番學會 2021 特別年會”學術綜述

徐　迪（浙江大學）

6月21日至22日，由中國敦煌吐魯番學會主辦，浙江省敦煌學與絲綢之路研究會、中國絲綢博物館、浙江大學歷史學系、浙江大學古籍研究所承辦的“絲綢之路：多元共存和包容發展——中國敦煌吐魯番學會 2021 特別年會”，在杭州隆重召開。本次特別年會是第二屆“絲綢之路周”的重要組成部分。來自北京大學、中國社會科學院、敦煌研究院、上海大學、西安博物院、南京師範大學、寧波大學、浙江工商大學、浙江工業大學以及浙江大學的 20 餘位專家學者，相聚玉皇山下，就絲路考古、文物保護、敦煌寫本、敦煌藝術等多項議題展開討論與展望。

年會開幕式由中國絲綢博物館館長趙豐教授主持，中國敦煌吐魯番學會會長榮新江教授、浙江省敦煌學與絲綢之路研究會副會長許建平教授分別致辭。

此次會議共收到論文 16 篇，現場宣讀交流 13 篇，分作歷史研究、文字研究、圖像研究、綜合研究四個場次開展，並分別由陳菊霞教授、趙曉星教授、郜同麟副研究員、張新朋教授擔任主持人。圍繞“歷史與文獻”“絲路與美術”兩大核心議題，與會專家學者做了精彩紛呈的學術報告，並進行了集體討論和評議總結。

一、歷　史　研　究

上午第一場主題爲歷史研究，由上海大學歷史系陳菊霞教授主持。

浙江大學歷史系馮培紅教授報告了論文《敦煌文獻、墓誌及史籍所見的唐代粟特軍將康太和》。敦煌藏經洞出土的大量公文、書信、帳簿、契約等公私文書蘊含著豐富的歷史信息，是研究中古歷史事件、人物彌足珍貴的史料，可以利用它補傳世文獻記載之未備。康太和是唐玄宗時期的邊防將領，傳世文獻中，僅樊衡《爲幽州長史薛楚玉破契丹露布》提到康太和於 733 年參加了對契丹的戰爭。敦煌文獻 P.3885 抄有一篇康太和書信《前大斗軍使將軍康太和書與吐蕃贊普赤德祖贊》，2019 年新刊佈的《唐康太和墓誌銘并序》提供了關於康太和更爲豐富的內容。該論文在前人研究基礎上重新校錄這兩篇文本,糾正了一些原錄文的錯訛疏漏。文章釐清了康太和的籍貫和世系,考證他的家族很有可能來自涼州西部的磻和粟特人聚落。文章還進一步探討了康太和一生的任官遷轉,描述了他從擔任宮廷宿衛到出使河隴參與對吐蕃戰爭的戎馬生涯。該論文利用三種材料,生動、鮮活地還原了這樣一位生於盛唐、出入於長安與帝國邊境之間的粟特軍將的歷史面貌,揭示其跌宕起伏的生平經歷,並全面抉發了康太和史料的學術價值。

　　馮培紅教授對康太和史料的深入研究建立在對原始文獻材料的細緻錄文、校勘、考辨的基礎上,可見文獻整理工作的重要性。自羅振玉、王國維等前賢導夫先路以來,經過百年來幾代學者艱苦卓絕的努力,敦煌文獻的整理工作不斷朝前推進,誕生了《敦煌曲校錄》《敦煌變文集》《敦煌文獻分類錄校叢刊》《敦煌經部文獻合集》等一批高品質的成果。浙江大學歷史學系劉進寶教授報告的論文《“會通”與“專門”——整理和研究敦煌文獻的感想》,爲進入21世紀以後,如何持續推動和完善敦煌文獻的整理、研究工作提供了新的思路和建議。他指出,中國學術史發展過程中有“通人之學”和“專家之學”的區分,傳統學術更爲看重匯通,而現代學術愈發走向專門。這一轉變發生在清末民國初。隨著西學東漸的歷史進程,西方現代的學科分類體系也融入我們的知識體系中。例如對敦煌文獻的分類,羅振玉、王重民等早期學者沿襲了傳統的四部分類,但是由於敦煌文獻包羅萬象的特點,傳統分類法勢必不能涵蓋所有類別。因此,後來一些學者在四部分類的基礎上,又參考現代學科分類增加經濟、社會、宗教、科技等門類。劉進寶教授注意到,現代學術過於強調專門之學以及壁壘森嚴的分科體系也會帶來弊端,他以敦煌寺院中的“唱衣”爲例,指出向達、任二北、謝和耐等學者從歷史、文學、宗教等不同的講述角度探討同一問題,會得出不同結論,但可能都只見一隅,不夠全面。因此,他呼籲今後敦煌文獻的整理、研究工作需要“会通”,綜合運用歷史、語言文字、宗教等多方面的知識。

　　1944年,重慶“中央研究院”與北京大學組織“西北科學考察團”赴敦煌調研,向達代表北京大學,與夏鼐、閻文儒一起,第二次前往西北開展考古發掘工作。這次考察成果頗豐,也爲中國的敦煌學研究開拓了新的道路。南京師範大學社會發展學院趙大旺講師的論文《向達敦煌考察中的美國捐款——兼談向達與中研院關於考察經費的糾紛》,著眼於這一歷史事件,探討了其中牽涉的一樁經濟糾紛。向達赴敦煌考察獲得胡適在美國所募捐款以及中研院的資助,他將這筆錢交給夏鼐作爲考察團集體使用。不過,在經費報銷環節,向達與中研院之間關於向達返程旅費的報銷問題產生了分歧,中研院認爲向達從夏鼐手中領取的三萬元旅費屬於中研院經費,應向中研院報銷;而向達堅持認爲這筆錢出於胡適所募得的捐款,與中研院無涉。出於對中研院及傅斯年等人的不滿,向達將所領的十萬元中研院款項全部退回,夏鼐最後又將其中五萬元退還給向達,以彌補其經濟上的損失。儘管有這樣的糾紛,考察團仍是中研院、中央博物館籌備處和北大三方的合作組織,向達和夏鼐的關係也未受其影響。

二、文 字 研 究

上午第二場報告會圍繞文字研究展開,由敦煌研究院趙曉星研究員主持。

敦煌文獻以寫本形態爲主,且大多由下層民衆抄寫,其中文字的訛脫衍倒比比皆是,俗字、俗詞滿坑滿谷,文字問題也常常成爲研究者釋讀文獻的攔路虎。在考訂、訓釋俗字、俗語詞方面,蔣禮鴻、項楚、張涌泉等學者創穫頗豐,但仍留下大量疑問尚待解決。中國社科院文學所部同麟副研究員的報告《敦煌變文字詞補釋》,在前賢基礎上又有新發明,可補前修未密之處。所謂"變文",指敦煌藏經洞發現的變文、講經文、話本等中古俗文學作品。20 世紀50 年代,王重民、王慶菽、向達、周一良、啓功、曾毅公等學者將這批作品彙編爲《敦煌變文集》。自此書刊佈以來,蔣禮鴻、徐復、郭在貽等先生對其中的疑難字詞作了考釋,項楚《敦煌變文校注》又集前人之大成,對敦煌變文作了更爲精細的校勘和注釋。該論文在參考《敦煌變文集》《敦煌變文集新書》《敦煌變文選注》《敦煌變文校注》基礎上,對"肅然""俠冤(俠讎)""寒毛槁豎""接""轟轟"等 13 個詞提出了新見。如認爲斯 328 號《伍子胥變文》中"俠冤""俠讎"中的"俠"當讀爲"愜";斯 2614 號《大目乾連冥間救母變文》中的"轟轟"義當爲和樂貌;俄弗 101 號《維摩詰經講經文》中"騰籠"爲"通籠"之音轉,爲朦朧模糊之狀等,均發前人之未發。

寧波大學人文與傳媒學院謝明講師則關注了敦煌道經中的疑難字詞。他的論文《敦煌道經疑難字詞考釋》,考察了敦煌 800 餘號道經寫卷中"薄地""昴""打持""打捍""打捛""的莫""慄慄"等 11 個字詞的意義,如認爲道經中的"薄地"的"薄"當讀作"鋪","薄地"與"敷地""布地"爲一詞之變體;"打捛"爲同義並列結構,"打持""打捍"爲字形訛誤;"的莫"當讀作"適莫",語出《論語》"無適也,無莫也"。這些訓釋,可以補充前人對敦煌道經中疑難詞語考釋研究中的未完備之處,對推進道教研究和漢語史研究具有重要的價值。

敦煌除了漢文文獻以外,也有大量的藏文文獻,對這些文獻的利用和釋讀可以幫助我們解開諸多關於吐蕃王朝的歷史疑問。南京師範大學社會發展學院歷史系陸離教授的報告《敦煌藏文文書〈吐谷渾小王編年〉殘卷再探討》,主要針對林梅村、F. W. Thomas 等中外學者對英藏藏文文書《吐谷渾小王編年》殘卷(vol.69, fol.84,現編號爲 IOL Tib J 1368)的研究作了辨析和討論。該文對寫卷作了錄文和譯釋,並分析了文書中出現的人物的身份和生活年代,以及涉及的地名。通過分析,報告認爲:該殘卷所記内容年代在706—715 年,並非所謂《松贊干布紀年》殘卷,而是 8 世紀初吐蕃統治下的青海吐谷渾王國編年史。它爲我們研究吐蕃統治青海歷史、吐谷渾史、漢藏關係史提供了珍貴史料。

敦煌、吐魯番寫卷自重見天日以來,横遭英、法、日、俄等國劫掠,導致寫卷往往支離破碎、殘缺不全。因此,對收藏於不同機構的寫卷進行綴合、還原寫卷本來面目,就成了整理此類文獻首先要做的工作。旅順博物館是重要的吐魯番文獻收藏機構,其所藏文書是日本大谷探險隊收集品的重要組成部分。2020 年,隨著《旅順博物館藏新疆出土漢文文獻》的出版,這批最後公佈的大宗吐魯番文書得以進入研究者的視野,也爲新的綴合工作的開展提供了可能。浙江工商大學張新朋教授的論文《旅博藏吐魯番文獻中的〈千字文〉殘片考辨》,就是利用這批"新材料"做出的最新成果。該文將旅順博物館藏品中前人未曾定名的 LM20－1548－09－60 和 LM20－1507－C1158b 兩件殘片認定爲《千字文》,並將它們綴合。同時將旅順博物館所藏 4 件《千字文》殘片與日本龍谷大學所藏相關殘片綴合爲兩組,分別爲(1) LM20－1468－18－10+LM20－1468－19－02+LM20－1468－19－03+大谷 3700+大谷 10357(A)+大谷 3719+大谷 5127 號、(2) 大谷 3829+LM20－1505－C1639b+大谷 3573 號。通過這些寫卷的綴合,可以窺探出中原文化在吐魯番地區的延續和傳承。

三、圖 像 研 究

敦煌、吐魯番以及絲綢之路沿綫地區保留了大量壁畫、雕塑、建築、器具等文物,它們不僅是世界文明史上的藝術瑰寶,也凝聚了東西方文化交流的歷史痕跡。利用圖像材料,並將其與出土和傳世文獻相印證,極大拓寬了研究的視野,體現了文字材料與實物材料的結合,文獻學和藝術史的結合,敦煌、吐魯番研究和絲綢之路研究的結合。在郗同麟副研究員主持的下午第一場研討會中,三位發言人"按圖索驥",作了精彩的報告。

上海大學陳菊霞教授的論文《涅槃圖中的佛枕》,探討了留存在世界各地的涅槃圖中佛枕的形制。公元 1 世紀前後,受希臘藝術和印度佛教藝術交互影響的犍陀羅藝術開始出現有釋迦形象的涅槃圖,據《中阿含經》等佛典記載,釋迦涅槃時所枕之物爲折疊的外衣"僧伽梨",但今天在犍陀羅地區、印度和中國留存的大量涅槃圖中所見的佛枕圖像,卻形態萬千、狀貌各異。報告展示了拉合爾博物館、克孜爾石窟、敦煌莫高窟、大都會博物館等地所見涅槃圖中的佛枕造型，從中遴選了四類佛枕：折疊枕、方枕、圓筒形枕和蓮花枕，並分別考察了他們的樣式、材質。對這些不同佛枕造型的起源、傳承、流變、融合的考察，可以揭示出它們在絲綢之路的傳播路徑，並可以作爲東西方物質文明交流的一個具體的個案。

敦煌研究院趙曉星研究員的報告同樣是對佛教圖像的研究。她的論文《〈天盛改舊新定律令〉"所誦經頌"與西夏敦煌壁畫之關係》，探討了官方規定持誦的佛教經典在敦煌壁畫中的繪製情況。西夏仁宗仁孝時期天盛年間（1149—1169）成書的《天盛改舊新定律令》中規定了出家的番、羌和漢人行童試經時必須能誦的經頌各十一種，經過比較，可以發現其中有7種是漢和番、羌都必須能誦的，只是書寫文字不同；又有4種爲番、羌非漢文經典，4種爲漢文經典。作者通過實地考察，發現有6種"所誦經頌"在敦煌壁畫中有體現，且這些圖像都有相應的版畫，並與壁畫呈現出較爲一致的圖像特徵。至於未出現在壁畫的經典，或是因爲其本身內容不適合入畫，或是沒有作爲壁畫底本的版畫。從整體來看，敦煌西夏時期的壁畫帶有明顯的西夏仁宗時期的特點。

西安博物院王樂慶研究員以《西安博物館藏幾件唐代文物造型與圖像的外來因素再探討》爲題，介紹了西安博物館收藏的幾件具有代表性的唐代文物，並通過與傳世文獻記載相對照，以及與其他文物圖案、造型的比較，討論中西方文化交流對文物形態塑造的影響。如博物館所藏的童俑，可能與唐代開始出現的"磨喝樂"（Mahoraga）崇拜有關，磨喝樂本爲佛教八部衆神之一的摩睺羅神，傳入中國後成爲民間用於乞巧和求子的偶像，並逐漸演化成了兒童的形象。另一件藏品唐鎏金銀銅盤所飾"帶翼飛獸"，其造型類似於波斯史詩《列王紀》中描繪的"森木鹿"形象，或許是粟特商人通過絲綢之路將這一波斯神獸的形象傳入中國。此外，著名的"都管七個國銀盒"上的"騎象人"圖案可能也與佛教的舍利供養有關。王樂慶老師的報告還提出了一些頗爲有趣的問題，如狻猊是否與外來的獅子有關，"安息射"圖像與中國傳統中的"回馬槍"的關係，鹿紋飾在東西方的不同理解和應用等。通過解讀文物的藝術內涵和文化本義，可以幫助我們還原完整的歷史語境和文化傳承脈絡，使文物研究真正"活"起來。

四、綜 合 研 究

最後一組報告會主題爲綜合研究，由張新朋教授主持。

敦煌、吐魯番以及絲綢之路蘊含了豐富的文字文獻和實物資料，內容涉及語言文字、歷史、宗教、科技、藝術等方方面面，是一座研究的寶庫。本組報告會宣講的三篇論文,展示了敦煌、吐魯番以及絲綢之路研究涵蓋内容的多樣性和廣泛性,同時在研究方法上,既有傳統的文獻學路徑,也有運用多學科理論方法的綜合研究。浙江工業大學羅慕君講師的報告《敦煌本漢文本〈金剛經〉題記研究》彙集了敦煌本《金剛經》題記 113 條。在總結既往研究的基礎上,根據題記的性質和抄寫者的身份,將這 113 條題記分爲(一)玄奘譯經題記 2 條、(二)唐代宮廷寫經題記 12 條、(三)官吏寫經題記 3 條、(四)僧尼寫經題記 10 條、(五)八十老人抄本題記 15 條、(六)以西川印本爲底本的寫本題記補充 4 條、(七)邑社寫經題記 3 條、(八)其他寫經題記 53 條、(九)非寫本題記 4 條,共計九類,並按照題記的功能,將其大致分爲記事、祈願兩種。另附相關題記 2 條、疑僞題記 4 條。

　　浙江大學歷史學系羅帥副教授的論文《和田博物館藏 12 世紀鍮石器研究》,關注收藏於和田博物館的一批鍮石器,研究了絲綢之路沿綫地區一種特殊器具的物質特徵、演變歷史和傳播路徑。這些伊斯蘭銅器出土於和田、阿特曲村、洛浦縣、策勒縣以北沙漠地區,帶有濃烈的地域、時代特徵。根據對其器型、器類特徵和裝飾技術、圖案以及題款的研究,可以確定這批鍮石器產自 12 世紀中期以也里城爲中心的呼羅珊。文章進一步探究了 10 到 13 世紀伊朗、中亞金工藝術的發展變化,指出在 12 世紀中期出現了所謂"也里式嵌式黃銅器流派",這批具有復古藝術特點的鍮石器應運而生。它們大約在 12 世紀後半葉流入于闐,在 13 世紀初被埋藏遺棄。這批文物具有重要的歷史價值,它們不僅指示了在絲綢之路衰落後商品沿歐亞交通網絡進行長途傳播的情況,也反映了葱嶺兩側民間經濟上的往來,以及古代伊斯蘭文化在物質文化各方面的傳輸與接受,同時也指示了伊斯蘭銅器對中國瓷器產生影響的一個途徑。

　　南京師範大學文學院黃徵教授的報告《敦煌唐寫本〈佛説天皇梵摩經〉卷五考證》,對原藏於日本東京藤井有鄰館、現藏於南京金陵博物館的《佛説天皇梵摩經》卷第五做了多方面的考證辨析,認爲該卷爲敦煌莫高窟藏經洞出土的真品。池田温等學者多依據該卷卷末題記出現唐"長慶三年"年號,以及具有字大如錢、彩繪鮮豔等藝術特點,爲同時期寫卷中未有,認定其爲贋品。該文另立新説,認爲這一寫卷是出資抄寫者令狐慈用來作爲反抗吐蕃統治、祈求回歸大唐的輿論宣傳工具。其用大字抄寫,正爲收宣傳之效。寫卷中彩繪與圖左經文標題相對應,顯然也不是後世補繪。同時寫卷多有殘破處,或是因爲其爲當時非法寫經,被吐蕃官方用利器搗毀。

　　每場學術報告會結束後,與會學者針對報告人論文存在的疑問展開了熱烈的討論,在充分肯定其研究成果的基礎上,從多個角度提供了有價值的意見及建議。

閉幕式上，四位學術交流的主持人對各場報告作了全面、深入的總結。浙江省敦煌學與絲綢之路研究會會長劉進寶教授做了閉幕致辭，代表研究會向蒞臨的專家學者以及大會組織者表達了誠摯的感謝，並宣佈本次中國敦煌吐魯番學會 2021 特別年會圓滿結束。

在此次特別年會上，各位專家學者的報告涵蓋面廣、深入細緻、異彩紛呈，既有對基本文獻問題的突破創新，又有多學科、多視角的交叉融合；既展現了當今學術研究的前沿、熱點問題，同時又富有方法論層面上的反思和啓發意義，可以説代表了當今敦煌、吐魯番及絲路研究的較高水平，並有助於開拓這一領域研究的新天地。

俄羅斯科學院東方文獻研究所藏漢文珍品：紀念亞洲博物館
——俄羅斯科學院東方文獻研究所成立 200 周年

原作者：И.Ф.波波娃（陝西師範大學）

譯者：楊軍濤（新疆師範大學）

序　言

本文專門紀念一個重要的日子——1818 年 11 月 11（23）日，即紀念以亞洲博物館爲基礎的俄羅斯科學院東方文獻研究所成立 200 周年。那時，俄羅斯開始成爲世界大國，對東方文字遺存的研究是我國東方學實踐和學術研究的基礎。亞洲博物館旨在收集、保存和研究東方語言的文字遺存、書籍和寫本。

1930 年，亞洲博物館改組爲蘇聯科學院東方學研究所，其任務首先是要論證蘇聯在東方的政策，創立新文字，彙編東方語言的字典和語法——主要是蘇聯中亞各民族的語言，並研究寫本收藏品。1950 年，科學院主席團決定將研究所遷移到莫斯科，以"保障日常領導"。東方學研究所東方寫本部（起初也稱其爲博物館）留在了列寧格勒，其主要任務仍然是保存和研究亞洲博物館的寫本收藏品。1956 年，該部門更名爲東方學研究所列寧格勒分所。1960—1969 年，它被改稱爲蘇聯科學院亞洲民族研究所列寧格勒分所，並於1991 年獲得俄羅斯科學院東方學研究所聖彼得堡分所的地位。2007 年 6 月19 日，俄羅斯科學院主席團通過了關於重組東方學研究所的第 143 號決議，剝離聖彼得堡分所，並在其基礎上成立獨立機構——俄羅斯科學院東方文獻研究所。其主要任務仍然是研究東方的文字遺存。

目前，俄羅斯科學院東方文獻研究所的收藏品包含 11.5 萬餘件寫本和古代印刷書籍，涉及 65 種現存語言和古代東方語言。這是我國最大的收藏品，也是世界上東方寫本爲數不多的重要收藏之一，是俄羅斯國內文化中的一種獨特現象。它是通過幾代俄羅斯公民——學者、外交官、政治家、藝術贊助者的努力創造的。1834 年，俄羅斯政府規定，在亞洲任職的所有領事都有義務購買東方語言的古代寫本。直到第一次世界大戰爆發，都在嚴格執行這一命令。東方學家的努力目標明確，在科學上取得了突破，這正是歸功於對他們收集的亞洲博物館藏品的研究。從成立之日起，博物館就不僅從事保存和研究工作,而且還從事教育啓蒙活動,向廣大公衆介紹自己的藏品。那些希望"不需要任何手續"的人可以熟悉博物館展廳中所展示的稀有物品,而來自世界各地的東方學家都可以使用其寫本。

俄羅斯科學院東方文獻研究所(亞洲博物館)藏漢文寫本和木刻本十分豐富,其收藏不僅在 1818 年該博物館正式成立之前,而且早在 1724 年科學院本身正式成立之前早已開創。目前,其收藏包括敦煌全宗號(2 萬個存儲單元)、新的漢文寫本全宗號(約 500 件)、漢文版畫全宗號(超過 1 000 張)和漢文木刻本全宗號(3 768 件)。在其他一些全宗號——西夏文、韓文、製圖、藝術等藏品中,也有漢文材料。

東方語言的書籍以各種方式進入俄羅斯收藏。最初的存放地是教堂、修道院和王公的以及後來的皇家寶庫。18 世紀,私人收藏具有重要意義,其中,與歷史和藝術有關的主題一起,也開始出現了自然科學的材料和書籍。在私人豐富的圖書收藏中,有包括漢語在內的東方語言書籍。例如,在俄羅斯帝國副總理 А.И.奧斯捷爾曼(Остерман,1686—1747)和其他人的收藏品中就有中文書籍,他們的書籍很可能是來自歐洲。彼得大帝領導了一場積極的收集活動,他在 1697—1698 年與"龐大的大使館"一起在西歐各國旅行時,進行了多次收購,包括所有相關知識領域的書籍。1714 年,爲存放彼得大帝的豐富收集品,建立了圖書館和藝術博物館(Kunstkamera,現人類學與人種志學博物館)。

在本文中,介紹了亞洲博物館——俄羅斯科學院東方文獻研究所漢文藏品全宗號的"珍品",該館所自 1818 年成立以來,一直是俄羅斯東方寫本和古代印刷書籍保存和研究的主要中心。

漢文收藏品珍品　漢文木刻本全宗號

目前,亞洲博物館最早收到的漢文書籍已歸入俄羅斯科學院東方文獻研究所的漢文木刻本全宗號,共有約 5 萬個存儲單元(3 768 個書名)。復原收藏的完整歷史並不容易——收到書籍的許多目録清單都未保存下來。全宗號藏品來源的多樣性,可以根據現有清單以及書籍上的標記判斷出來。但衆所周知,俄羅斯科學院東方文獻研究所藏有大量漢文寫本和木刻本,其收藏不僅在 1818 年亞洲博物館正式成立之前,而且早在 1724 年科學院本身正式成立之前就已開始了。

彼得大帝派出的研究西伯利亞的探險考察隊,在科學院收藏品的積累過程中發揮了重要作用。科學院最早收藏"蒙古人和中國人的文字"材料,與大衛・戈特利布・梅塞施密特(David Gottlieb Messerschmidt,1685—1735)到西西伯利亞、達斡爾和蒙古的考察旅行有關［Станюкович，1953 年，第 33 頁］。1727 年 2 月，返回聖彼得堡後，D.G.梅塞施密特以没有完整的“條目清單”爲藉口，並不急於將其收集的物品轉交給藝術博物館，而是扣押了這些物品［《帝國科學院的歷史材料》（Материалы для истории Императорской Академии наук），1885 年，第 289—290 頁］。爲了確定所收集展品的價值，1727 年 4 月 28 日成立了由 I.D.舒馬赫（Schumakher）、I.N.德里爾（Delil）、T.Z.拜耳（Bayer）、I.kh.巴克斯鮑姆（Buxbaum）組成的特別小組，他們“一致贊同，將從梅塞施密特博士那裏收到的上述書籍和其他一些記録送到科學院”［《帝國科學院的歷史材料》，1885 年，第 297 頁］。西奥菲·西格弗里德·拜耳（Theophil Siegfried Bayer，1694—1738）院士在梅塞施密特的收集品中發現了“令人驚奇的古物”［《帝國科學院的歷史材料》，1885 年，第 347 頁］，但遺憾的是，目前尚不清楚它們是什麼。收集品移交後，科學院向梅塞施密特支付了所有費用，並從他那裏得到了專門的字據（“有誓言的證詞”），他未經許可“就不能公佈有關存放在藝術博物館中的書籍、記録和新奇事物”［《帝國科學院的歷史材料》，1885 年，第 348 頁］。

俄羅斯科學院圖書館第一本指南的編寫者是伊萬·格里高利耶維奇·巴克梅斯捷爾（Иван Григорьевич Бакмейстер），他把科學院漢文書籍（實際上是木刻本）全宗號建立的時間定期爲 1730 年：“收入圖書館的第一批漢文書籍是駐中國宫廷的前俄羅斯居民郎格（Ланг）先生 1730 年從北京耶穌會傳教士那裏帶來的，計 8 個資料夾中的 82 册。同樣，其他的書籍也是從同一宗教的人那裏送交給我們的。”［Бакмейстер，1779 年，第 93—94 頁］

18 世紀下半葉至 19 世紀初，在俄羅斯東正教駐北京佈道團的努力下，科學院中文書籍的主要採購才得以實施。伊拉里昂·卡利諾維奇·羅梭辛（Илларион Калинович Россохин，1717—1761）非常重視對科學院圖書館中文部分的補充收購。1741 年，收到他從北京帶回的 20 本書；1742 年，他又從失寵的奥斯捷爾曼伯爵圖書館的藏書中選出了 23 本漢文木刻本書籍，並將其轉交給了科學院［Горбачева，1958 年，第 312 頁］。它們主要是有關清國歷史和地理的書籍、經典書籍和辭典。1748 年 3 月，科學院根據 И.К.羅梭辛的建議從不同的人那裏購買了 15 本漢文和滿文書籍。同年，科學院以交換方式收到了中國北京三所耶穌會學校的書籍。在 1747 年 12 月 5 日藝術博物館的一場大火中，科學院的部分漢文藏書被焚毁。1753 年，爲彌補這一損失，醫生弗朗茨·盧卡·耶拉契奇（Франц-Лука Елачич）被派往北京。1756 年，他獲得了 42 本書，並將其轉交給了科學院圖書館，其中有字典以及地理、歷史、醫學、天文學、數學書籍和“各種藝術”書籍［Шафрановская，1961 年，第 131 頁］。

1761 年,科學院從 И. К. 羅梭辛的遺孀那裏購得一些漢文和滿文書籍[Горбачева，1958 年,第 313 頁]。

後續收到的書籍都與俄羅斯傳教士在中國的活動有關。1807 年,安東·格里戈里耶維奇·弗拉迪金(Антон Григорьевич Владыкин，1761—1811)轉交了 7 本書;1809 年,還從他那兒收到了滿—漢—俄語詞典;1810 年,某個赫爾曼(Херман)轉交了附有注釋的孟子論著;1811 年,帕維爾·伊萬諾維奇·卡緬斯基(Павел Иванович Каменский，1765—1845)寄給科學院 20 本有關自然史和醫學的漢文書籍;1813 年,從 Р.Х.倫茨(Ленц)那裏收到了一些漢文書籍[Горбачева，1958 年,第 314 頁]。亞洲博物館成立之時,科學院圖書館藏有 377 部漢文典籍,共 2 957 冊,這反映在 П.И.卡緬斯基和斯捷潘·瓦西里耶維奇·利波夫佐夫(Степан Васильевич Липовцов，1770—1841)受謝爾蓋·謝苗諾維奇·烏瓦羅夫(Сергей Семенович Уваров，1786—1855)的委託編寫的目録中[《漢文和日文書籍目録》(Каталог китайским и японским книгам)，1818 年]。

1818 年亞洲博物館成立後,科學院將所有東方語言的書籍轉交給了該館,隨後也開始將來自亞洲的書籍送往那裏,其中也包括漢文書籍。佐亞·伊凡諾夫娜·戈爾巴喬娃(Зоя Ивановна Горбачева，1907—1979)研究了科學院圖書館藏漢文部分的形成歷史,並指出,在其存在的最初階段,由"一些非系統性甚至是隨機性收到的書籍"構成了其組成[Горбачева，1958 年,第 315 頁]。另外,送書者人數衆多,且之間沒有聯繫,導致在圖書館中逐漸出現了藏書複本。

帕維爾·利沃維奇·希林·馮·康施塔特(Павел Львович Шиллинг фон Канштадт，1786—1837)的捐贈極大地豐富了科學院的圖書館,俄羅斯學者立即注意到了這一重要性。馬利·伊萬諾維奇·布羅謝(Марий Иванович Броссе，1802—1880)在敘録亞洲博物館圖書館漢文部分的報告中説道:"但迄今爲止,科學院的漢文藏品並没有什麼特別引人注目的東西,至少没有什麼能超過私人收藏,並且能滿足科學界需求的資源,科學界處於使其收藏不斷增長的最有利的環境條件。但在 1836 年和 1838 年,漢文藏品好像是通過某種魔法突然增長到了前所未有的豐富程度,因此,除了巴黎皇家圖書館外,該館館藏現在因其新保管員斯坦尼斯拉夫·朱利安(Stanislav Julien)所擁有的書籍而極大地增加了,毫無疑問,我們的藏書超越了所有其他歐洲國家的這類圖書館。"[Броссе，1841 年,第 3 頁]

П.Л.希林的第一批藏書敘録保存在俄羅斯科學院東方文獻研究所東方學家檔案中,主要由在中國購買書籍的通訊員編撰[俄羅斯科學院東方文獻研究所東方學家檔案，全宗號56，目錄號1，存儲單元112；全宗號56，目錄號1，存儲單元115，頁1—18、57—58；全宗號56，目錄號1，存儲單元131]。П.Л.希林及其他人的一些記錄證明，該收藏是一個組織良好的圖書館，不僅其所有者在實踐和學術研究中利用該館，而且所有感興趣的俄羅斯東方學家也都在使用。在願意向自己的同胞提供稀有珍貴書籍的同時，П.Л.希林還滿足了歐洲學者的要求，寄送他們感興趣的書籍以供其臨時使用。藏書中有歐洲所有館藏中都沒有的孤本典籍[Чугуевский，2006年，第260頁]。

П.Л.希林收藏品的補充，在很大程度上是通過俄羅斯東正教駐北京佈道團的成員來進行的——П.И.卡緬斯基、尼古拉·伊萬諾維奇·沃茲涅先斯基（Николай Иванович Вознесенский）、扎哈爾·費多羅維奇·列昂季耶夫斯基（Захар Федорович Леонтьевский，1799—1874）、德米特里·謝苗諾維奇·賈斯特內（Дмитрий Семенович Честный，1801—1866）、米哈伊爾·德米特里耶維奇·西帕科夫（Михаил Дмитриевич Сипаков）及其他專門執行П.Л.希林訂購的人。在П.Л.希林收集品中，有中文詞典（《說文》《語海》《康熙字典》《字學典》等）、百科全書（《通考》《通典》《通志》等）；儒家十三部經典著作；佛教典籍；滿語、藏語和蒙古語字典；歷史、地理、哲學、數學、天文學、自然科學和醫學方面的著作；歷史小說和其他小說；地圖；天主教傳教士的中文神學著作；主要是錢幣學和地理內容的日文著作，以及藏語、蒙古語和印度語著作。П.Л.希林精心挑選自己的收藏，有時還會歸還顯然是不同的人爲他購買的書籍複本。

1830年，當提出聖彼得堡大學成立東方語言系的問題時，П.Л.希林將他的圖書館藏書出讓給國家，但碰巧的是，這批收藏沒有收入大學圖書館中，尼古拉一世於1836年將其轉交給了亞洲博物館。關於這批豐富圖書收藏的轉交，М.И.布羅謝寫到：“當該收藏達到252部，包括323卷1 813册時，在當時的教育部長利文（Ливен）公爵的建議下，男爵於1830年將其轉讓給了政府。因爲部長先生打算在聖彼得堡大學引入廣泛的東方語言教學，因此該收藏品奠定了圖書館藏的基礎。此外，值得一提的是：大量最好的漢文和滿文字典，24卷185册精美版本的經典著作，六種語言的精美地理詞典，在科學院對它們進行過很多討論，著名小說《金瓶梅》的兩件滿文譯本以及許多歷史和地理書籍。由於大學空間不足，所有這些著作都被暫時放置在亞洲博物館的大廳裏，但當現任部長先生推遲，或更確切地說改變了建立東方系的設想時，科學院通過副院長得知，皇帝陛下願意將這筆財富捐贈給科學院。因此，科學院的收藏突然增加了近兩倍。”[Броссе，1841年，第6—7頁]

П.Л.希林決定在其1831年至1832年前往西伯利亞探險考察前夕出售藏

書,他顯然希望爲自己籌集補充新藏品的資金。П.Л.希林的第二批收集品後來也進入了亞洲博物館。從數量上來説,這批收藏大大超過了第一批,共計4 800多卷。尼基塔·雅科夫列維奇·比丘林(Никита Яковлевич Бичурин, 1777—1853)對該收藏品的漢文部分進行了詳細敘錄。

列昂尼德·約阿基莫維奇·楚古耶夫斯基(Леонид Иоакимович Чугуевский, 1926—2000)遺憾地指出,阿列克謝·奧西波維奇·伊萬諾夫斯基(Алексей Осипович Ивановский, 1863—1903)、帕維爾·安德列耶維奇·德米特里耶夫斯基(Павел Андреевич Дмитревский, 1852—1899)及其他人的藏書收入亞洲博物館較晚,都保留了收藏家自己的名字,而П.Л.希林的寶貴收藏,因布羅謝對其進行了敘錄,以"布羅謝收集品"的總稱成爲俄羅斯科學院東方文獻研究所漢文木刻本寶庫的一部分,從而掩蓋了其收藏家的作用[Чугуевский, 2006年,第261頁]。

19—20世紀初,因科學院本身以及通過外交部亞洲司的購買、個人的自願捐贈以及已故漢學家後人的捐贈,科學院的收藏持續形成規模。也進行了複本的交換。法國漢學家斯坦尼斯拉夫·朱利安(1845年,俄羅斯科學院通訊院士)多次利用亞洲博物館的圖書館藏,通過交換複本來補充其中文資料。後來,另一位傑出的法國學者保羅·伯希和(1878—1945)延續了這一傳統。

俄羅斯東正教佈道團成員和駐中國的天主教傳教士(利瑪竇等)將《聖經》譯成中文,其譯本收入亞洲博物館與П.И.卡緬斯基的活動有關。

1874年,皇帝亞歷山大二世批准了"帝國科學院圖書館和博物館的開支明細表",其中劃撥了600盧布,用於維護和補充亞洲博物館的收藏品。這一數額直到1894年一直保持不變,此後又追加了500盧布,這筆錢是在古典考古博物館關閉後騰出來的。1912年,爲補充收藏品設定了撥款的新限額5 000盧布[亞洲博物館,1914年報告,第229頁]。

在俄羅斯科學院東方文獻研究所寫本與文書部,保存著這一時期的書籍入藏清單,根據它們可以判斷中文木刻本藏品補充來源的多樣性。其中包括:"已故侍從官康斯坦丁·尼古拉耶維奇·波西耶特(Константин Николаевич Посьет)海軍上將收藏的書籍和地圖清單,它們是作爲禮物送給帝國科學院的(1899年9月4日全會紀要,§103)";"1902年收到古岑科(Гудзенко)的55部漢文書籍和寫本收藏(1902年9月18日第十一次歷史和語言學分會紀要,§169)";"已故的П.А.德米特里耶夫斯基存放在俄羅斯帝國駐首爾外交使團的圖書目錄,Г.波德斯塔文(Подставин)1900年編寫於首爾"(725個漢文名稱中的316個);"戈什蓋維奇(Гошкевич)的收藏品"

（1910 年入藏，144 個日文、漢文和滿文出版物名稱）；"1911 年夏收到的總參謀部收藏的地圖、寫本和書籍目録清單"（72 種，主要爲漢文）；"謝爾蓋·亞曆山德羅維奇·梅德維傑夫（Сергей Александрович Медведев）捐贈給亞洲博物館的漢文書籍"（50 種）；"俄羅斯駐北京使團寄來的書籍"（2 種）；"斯捷潘諾夫（Степанов）的收藏品"（6 種）；"不同人的少量收藏品"（提到的有 В.И.羅鮑羅夫斯基、С.Ф.奧登堡、博恩施泰特（Бонштедт）女士、С.Г.葉里謝耶夫（Елисеев）、Б.Я.弗拉基米爾佐夫（Владимирцов）、В.В.拉德洛夫、В.Л.科特維奇（Котвич）、А.Т.別利琴科（Бельченко）、赫沃爾森（Хвольсон）以及股份公司"阿爾克托斯（Арктос）"）。

1910 年，根據俄羅斯駐德黑蘭和北京大使館的醫生埃米利·瓦西里耶維奇·布雷特施奈德（Эмилий Васильевич Бретшнейдер，1833—1901）的遺贈，亞洲博物館入藏了其收藏品中的書籍（23 種）。這些主要是符合收藏家科學興趣的地理、植物學和醫學方面的著作，但與此同時，收藏品中還包括 3 本植物相册，3 本有動物學和鳥類學内容的圖册以及 12 本最有意義的北京街頭風光相册［俄羅斯科學院東方文獻研究所東方學家檔案，全宗號 8，目録號 1，存儲單元 27—38，共 611 頁］。

1904 年，部分是贈與，部分通過購買（500 盧布）獲得了聖彼得堡大學教授阿列克謝·奧西波維奇·伊萬諾夫斯基（Алексей Осипович Ивановский，1863—1903）的收藏。其收藏有大約 250 部漢文和滿文著作，内容非常多樣化（字典、中文基督教文獻、儒家經典著作，佛教和道教典籍、地圖），很大一部分收藏都是有關古代西域（現爲中國新疆）地理的著作和地圖。

得益於 В.М.阿列克謝耶夫的努力，他將博物館的中文部"從檔案倉庫變成了現代漢學家的實驗室"［Ольденбург，1918 年，第 1747 頁］，從中國和日本爲亞洲博物館訂購了數量衆多且内容非常豐富的叢書、詞典、選集和中國古代經典著作。В.М.阿列克謝耶夫特別重視購買參考書，他認爲參考書是漢學家工作的必要條件。通過俄羅斯駐華外交官以及俄羅斯東正教駐北京佈道團，他設法與當時中國最大的出版社"掃葉山房書局"和"二酉齋"建立了聯繫，並收到了它們當時出版的所有書籍［Меньшиков，Чугуевский，1972 年，第 86 頁］。

這些書籍收入館藏的目録清單是由 В.М.阿列克謝耶夫編寫的，現保存在俄羅斯科學院東方文獻研究所寫本與文書部的檔案中："俄羅斯帝國駐廣州總領事 А.Т.別利琴科爲亞洲博物館購買的書籍目録清單"（書上標記有"廣州"，六個名稱系列），"通過 Г.Н.貢鮑耶夫（Гомбоев）在北京購買的中文圖書清單"（四部銘文學著作）；"從北京二酉齋購買的中文書籍清單"；"從上海掃葉山房書店訂購的中文書籍清單"(219 個書名)。

自 1930 年亞洲博物館改建爲東方學研究所以來,除了《四部叢刊》叢書中包含的稀有木刻本的影印本(1927—1936 年,在上海由"商務印書館"[商務印書館有限公司]重印的影印本集)外,没有大量入藏中國古代印刷書籍。

1950 年代,З.И.戈爾巴喬娃(Горбачева)和 Н.А.彼得羅夫(Петров)對科學院東方學研究所列寧格勒分所的中文木刻本全宗號進行了敘録。他們按照主題將收藏的中文木刻本劃分爲 15 個部分:(1)歷史。(2)地理與旅行、民族志、旅行指南。(3)法律法規,政府法令。(4)文學。(5)詞典編纂、詞典。(6)思想體系:a)儒教,b)道教,c)佛教。(7)百科全書和參考書。(8)目録和書目。(9)叢書。(10)植物學、醫學。(11)數學、天文學。(12)農業、手工業。(13)期刊。(14)基督教文獻。(15)雜項(傳記、藝術、軍事文獻等)。並根據這個系統,著手敘録全宗號的藏書。他們編寫的關於歷史、地理和文獻的三期敘録文稿存放在俄羅斯科學院東方文獻研究所東方學家檔案中[Горбачева,1961 年,Петров,1961 年]。

然而,研究所拒絕按照上述綱要創建注釋目録,於是由 Б.Б.瓦赫京(Вахтин,1930—1981)带領的一群年輕研究人員開始按照中國傳統的體系對中文木刻本的全宗號進行編目,即 18 世紀的欽定目録《四庫全書總目》中採用的體系。這項工作的成果是第一次完整敘録了俄羅斯科學院東方文獻研究所的中文木刻本收藏[《1973 年目録》]。

根據這個《1973 年目録》,在包含其中的出版物中,有 447 個書名歸入"儒家經典"(經)部,其主要部分是關於所謂的《小學》,即研究在象形文字中捕獲的語言(250 多種出版物)。全宗號藏書中包含有 17—19 世紀出版的儒家經典書籍,特別是《大學》中的摘録(明代出版,C-872,目録編號 182)。

"史"部包括 900 種出版物,其中三分之一收録在"地理"部分。該全宗號藏書中有四十多部所謂的"正史",元代或明初出版的《唐書》(E-656,目録編號 463)中的摘録(卷 138—142)難得一見,《漢書評林》的罕有版本因其卷數(93 卷)與 17 世紀中期出版的其他目録中記録的(100 卷)不同(D-113,目録編號 466),1529 年版的《金史》(E-268,目録編號 470),《周書》大部分頁張在折疊處定期爲 1588 年,而一些頁上有 1659 年和 1686 年的日期(D-115,目録編號 473)。在歸爲"編年"部分的書籍中,"紀事本末""别史""傳記""政書"等有 18 世紀的許多出版物。

"哲學"(子)部分將哲學、宗教、藝術和科學方面的著作結合在一起,是俄羅斯科學院東方文獻研究所中文木刻本藏品的最大部分——2 000 種出版物。其中包括儒家學派、法家學派學者的著作,有關軍事、農業、醫學、天文學、數學的書籍，百科全書參考書，以及豐富的藝術文學（小説）收藏——超過450種出版物，主要是19世紀的，佛教（350種）和基督教（300多種）著作。無論是從出版時間的角度來看，還是因爲它們在其他圖書館中幸存的很少，有些出版物非常有意義。這些首先包括 A.O.伊萬諾夫斯基（Ивановский）在中國北部地方收集的敘事詩歌體裁作品集，以及 B.M.阿列克謝耶夫的收集品。其中，“寶卷”體裁的作品脱穎而出。有小説《水滸傳》《三國演義》《金瓶梅》《紅樓夢》以及18—19世紀其他小説的多種版本。

“彙編”部分（集）包括“高級”文學作品、古典詩歌以及分析作品内容和創作技巧的評論性論著。該全宗號的藏品有284種出版物，其中包括諸如屈原、陶潛、白居易、杜甫和“唐宋八大家”等作家的文集。這些木刻本中很少見的是1575年出版的陶潛著作出版物（E-637，目錄編號3317）。

全宗號藏品中有一個特别的部分，即所謂的“叢書”，計有134種。其中一些未收入已知的《中國叢書綜録》中，因此具有一定的價值。例如，《古愚叢書》（D-636，目錄編號3540）、《滑稽叢書》（C-274，目錄編號3611）、《蟄廬叢書》（B-157，目錄編號3637）、《玉海堂景宋叢書》（E-736，目錄編號3662），以及與《中國叢書綜録》中所列内容不同的其他一些叢書。

俄羅斯科學院東方文獻研究所中文木刻本收藏品的形成，歸功於數代東方學家的努力，得益於人力和資金的巨大付出，並將長期成爲研究中國和中國文化的科研基地。

敦煌藏品全宗號

俄羅斯收藏的敦煌寫本由 C.Ф.奧登堡（1863—1934）的第二次俄羅斯新疆探險考察隊帶回聖彼得堡，考察隊於1914年8月18（31）日至1915年1月28日（2月10日）在中國甘肅省敦煌的佛寺莫高窟千佛洞工作。目前，保存在俄羅斯科學院東方文獻研究所的6—11世紀的寫本和殘頁，數量超過2萬件，其中包括最小的殘頁。最早的寫本被定期爲516年，[①]最晚到1002年。

在古代和中世紀，敦煌是中原帝國西部偏遠邊界的據點，然後成爲絲綢之路上的重要中轉城市，絲綢之路穿過河西走廊的哨卡和中國西域繼續向西。像大多數西域貿易城市一樣，敦煌在唐代（618—907）繁榮鼎盛。

到20世紀初，敦煌石窟寺群處於半廢棄狀態。在其南部，居住著幾位僧侶，其中一位是王圜禄。1900年6月22日（7月4日），他在清理一個洞窟被

---

① 已知敦煌藏經洞寫本中最早的是《維摩詰所説經》，由吕光抄録於393年，現保存在上海博物館。

沙掩埋的壁畫時,意外發現了裝滿寫本的封閉密室的入口。它是在 11 世紀西夏人入侵前被隱蔽起來的佛寺藏經洞。地方當局對發現沒有興趣,並決定重新封砌入口,並將寫本留在它們已存放了千年的原地。然而,這一發現的消息不僅在當地人中,而且還在考察研究中國西北地方文物古跡的歐洲研究人員中迅速傳播開來。

第一個考察敦煌藏經洞的歐洲人是馬克·奧雷爾·斯坦因(1862—1943)。1907 年,他在第二次中央亞細亞考察期間來到敦煌,並從那裏運走了藏經洞 30%至 40%的遺書,其中包括 7 000 件大型卷軸和殘頁。隨後,保羅·伯希和(1878—1945)率領的 1906—1908 年法國探險考察隊造訪了敦煌。1908 年 2 月 27 日(3 月 11 日)至 5 月 27 日(6 月 9 日),他在"千佛洞"工作。作爲一名中國佛教的優秀行家,P.伯希和挑選了約 4 000 件大型佛經和重要的殘頁。1908 年 6 月,他的探險考察隊出發返回,途經西安和北京。在北京,P.伯希和將幾件寫本交給了中國學者,然後中國學界意識到了發現敦煌藏經洞的重要性。在著名歷史學家羅振玉(1866—1940)的積極參與下,成立了一個特別委員會,該委員會説服中國政府將莫高窟藏經洞餘下的遺書運送到北京[波波娃,2008 年,第 160—161 頁]。

1910 年,中國當局組織將藏經洞遺書運往首都,很大一部分寫本(目前,中國國家圖書館敦煌全宗號有大約 13 000 個存儲單元)因而被保存下來了,但當局並未搜尋散落在當地居民中的寫本,也沒有在洞窟中進行發掘。因此,1912 年日本大谷光瑞的探險考察隊得以收集了藝術品和 400 多件寫本,A.斯坦因在 1914 年赴敦煌的下一次探險考察期間又拿走了 500 件卷軸。

C.Ф.奧登堡的第二次新疆探險考察的任務,是將莫高窟"千佛洞"作爲佛教藝術遺址進行考察研究。除了 C.Ф.奧登堡,1914—1915 年的探險考察隊成員中包括:民族志學者 C.M.杜金(1863—1929),他參加了第一次俄羅斯新疆探險考察隊;藝術家和攝影師 Б.Ф.羅姆伯格、地形測量師 H.A.斯米爾諾夫和建築師 B.C.比爾肯伯格。

歸國後,1915 年 5 月 2(15)日,C.Ф.奧登堡向俄羅斯中亞和東亞研究委員會報告了這次考察的進程和成果,並在 5 月 20 日向科學院歷史和語言分院作了報告(1915 年 5 月 20 日第 9 號紀要)。C.Ф.奧登堡的講話摘要保存下來了,並附有第二次俄羅斯新疆探險考察發現的簡要清單。根據這份清單,獲得了 200 多件漢文卷軸,以及"裝有漢文和(少量)藏文寫本和木刻本殘頁的箱盒。回鶻語木刻本的小碎片。2 件粟特語殘頁"[俄羅斯科學院檔案館聖彼德堡分館,全宗號 208,目録號 1,存儲單元 188,頁 10]。

1915 年 9 月 1(14)日,B.M.阿列克謝耶夫將來自敦煌的 103 包寫本接收進亞洲博物館［俄羅斯科學院檔案館聖彼德堡分館，全宗號 208，目錄號 1，存儲單元 188，頁 67］。除了寫本和藝術品之外，探險考察隊的材料還包括大量的檔案——文件、記錄、素描圖、描摹圖、照片、平面圖和圖紙。目前，它們存放在俄羅斯科學院檔案館聖彼得堡分館、俄羅斯科學院東方文獻研究所、國立艾爾米塔什博物館。С.Ф.奧登堡編撰的敦煌石窟記錄是探險考察材料的重要組成部分。此外，探險考察隊的所有成員都寫有旅行日記。

　　С.Ф.奧登堡製定了研究敦煌寫本的宏偉計劃，但由於忙於行政事務，他只發表了一篇關於敦煌藝術的論文，並附有幾張洞窟壁畫的照片［Ольденбург，1922 年］。

　　С.Ф.奧登堡去世後，В.М.阿列克謝耶夫對第二次俄羅斯新疆探險考察隊獲得的寫本做了敘錄，他在 62 個名目下編寫了 177 件最大型卷軸的目錄清單。

　　對第二次俄羅斯新疆探險考察隊從敦煌運回的寫本的研究始於 1918 年，當時 Ф.А.羅森伯格（Розенберг，1867—1934）發表了關於敦煌佛教內容的 2 件粟特文殘頁的研究［Розенберг，1918 年］。兩年後，他又發表了另一篇文章［Розенберг，1920 年］。日本學者狩野直樹（1868—1947）的文章是科學出版的最早材料，專門研究了第二次俄羅斯新疆探險考察收集品的漢文部分［狩野直喜，1929 年；1930 年］。1932 年，С.Е.馬婁夫（Малов，1880—1957）公佈了該收集品中的 4 件回鶻語法律文書的研究［Малов，1932 年］。

　　20 世紀 30 年代，К.К.弗魯格（Флуг，1893—1942）開始對敦煌全宗號藏品的研究整理工作，敘錄了 307 件寫本，並發表了幾篇有關全宗號佛教和非佛教部分最重要著作的文章［Флуг，1934 年；1936 年］。遺憾的是，這些研究對於新興的東方學在相當長的時間內仍不爲人所知。東方學是在研究在敦煌收集的寫本的基礎上在世界上發展起來的：1930 年，中國研究者陳寅恪（1890—1969）將“敦煌學”這個術語引入了科學應用。

　　К.К.弗魯格在列寧格勒大圍困中去世後，全宗號的研究整理工作中斷了 10 年，並在 20 世紀 50 年代由一個研究小組恢復了這項工作，其成員有 В.С.科洛科洛夫（Колоколов，1896—1979）、孟列夫（Л.Н. Меньшиков，1926—2005）、В.С.斯皮林（Спирин，1929—2002）和 С.А.什寇里亞爾（Школяр，1931—2007）。1953 年，М.П.沃爾科娃（Волкова，1927—2006）繼續對敦煌寫本進行清點登記。

　　到 1957 年，孟列夫開始領導東方學研究所列寧格勒分所的敦煌小組，根據清點記錄，全宗號有 3 640 個存儲單元，其中 2 000 個（包括 247 件卷軸）由 К.К.弗魯格研究整理，而 1 640 個則由 М.П.沃爾科娃研究整理。敦煌寫本的其餘部分仍處於未整理狀態,分別保存在 5 個包、1 個盒和 1 只口袋中［俄羅斯科學院東方文獻研究所東方學家檔案,全宗號 152,目錄號 1a,存儲單元 1236,索引 241,頁 9］。

東方學研究所列寧格勒分所承擔了研究整理全宗號大部分藏品的複雜的綜合任務:除塵(清理掉黃土)、修復、清點、編目和撰寫敘錄。該計畫的學術研究部分是由孟列夫的小組完成的,其成員除了 В.С.斯皮林和 С.А.什寇里亞爾以外,И.С.古列維奇(Гуревич,1932—2016)和 М.И.沃羅比耶娃—捷夏托夫斯卡婭(Воробьева-Десятовская,1933 年生)也參加了該小組。該小組成員編寫了第一輯《敦煌藏品全宗號漢文寫本敘錄》(Описание китайских рукописей Дуньхуанского фонда),其中包括 1707 個編號,並於 1963 年由孟列夫編輯出版,附有孟列夫的前言［Меньшиков,1963 年 a］。全宗號藏品的修復工作由 Р.В.康金斯卡婭(Кандинская)和 Г.С.馬卡里辛娜(Макарихина)完成,孟列夫對她們的工作給予了高度評價,並在後來寫道:"通過我們的修復者的努力,一堆皺巴巴的、撕碎的紙已經變成可讀的寫本和木刻本了。"［Меньшиков,1967 年 b,第 62 頁］

制定了敘錄敦煌全宗號寫本的綱要,它包括以下幾個部分:

1. 敘錄的序號和寫本庫中的分類號;

2. 寫本標題;如果知道作者的,則注明其名字;並且,如果該典籍是印度語佛教典籍的譯本,則在標題旁邊用拉丁文轉寫標注其梵文名稱;

3. 援引出現該典籍名稱的目錄和參考書;

4. 寫本的外在描述,包括: a) 尺寸和缺陷;b) 卷軸的頁張數、行數和每行中的字符數;c) 紙張、其品質和顏色;d) 打格及其特徵;e) 筆跡及其特徵;f) 標題;g) 圖書館藏書標記;h) 正文的注釋、跋和其他補充內容;i) 有關卷軸背面的信息;

5. 寫本的定期。

這種成功應用的技術方法非常有效,因爲它包含有關寫本的所有必要信息。後來,法國敦煌學者在編制巴黎國家圖書館藏書目錄時使用了東方學研究所列寧格勒分所採用的敘錄綱要。

在敘錄藏品時,編寫者們採納了中國同行的建議,他們是 20 世紀 50 年代訪問列寧格勒的鄭振鐸、梁希彦和鮑正鵠。這一幫助極大地促進了這項工作,因爲在吳其昱、王重民和潘重規赴歐洲旅行並瞭解了歐洲的收藏之後,中國敦煌學研究取得了巨大的飛躍,但並非所有已出版的著作都傳到了列寧格勒。與中國同行的直接交流在一定程度上彌補了文獻的不足,尤其是綜述文獻的匱乏,當時在中國出版了不少綜述文獻,但該小組的所有成員當時都是很年輕的學者，主要依靠自己的能力和知識，得益於對主要材料——敦煌寫本的日常研究，他們的能力和知識成倍增長。

在東方學研究所（亞洲民族研究所）列寧格勒分所敦煌小組的工作過程中，鑒定出許多佛教和非佛教的典籍，完成了數百個聯接，進行了大量的文本學、考古學和古文字學工作。該小組的出版物和工作成果在國外引起了廣泛的反響。保羅·戴密微、金岡照光、米列娜（Milena Doleželová-Velingerová）和杜德橋都寫到過它們。敦煌小組成員的工作獲得了 1965 年法蘭西文學院授予的斯坦尼斯拉夫·朱利安獎。

隨著第二輯《敦煌藏品全宗號漢文寫本敘錄》的出版，它涵蓋了 1 247 個編號（目錄編號 1707—2954）[Меньшиков，1967 年 a]，擴大後的小組不復存在。20 世紀 60 年代至 80 年代，孟列夫、Л.И.楚古耶夫斯基（1926—2000）和鄺麗幼繼續對全宗號藏品進行整理和編目工作，他們敘錄了近 5 000 件。

1999 年，兩輯《敦煌藏品全宗號漢文寫本敘錄》均被譯成中文，並由上海古籍出版社出版[《俄藏敦煌漢文寫卷敘錄》，1999 年]，而 1994—2002 年，敦煌藏品全宗號的寫本由同一家出版社出版了 17 卷的影印本[《俄藏敦煌文獻》]。

俄羅斯科學院東方文獻研究所敦煌藏品大部分是佛教内容的文書，它們分為兩大類：列入經典中的翻譯著作和中國佛教的原創著作。通常，經文以熟練優美的筆跡抄寫在高品質的"金紙"上，供僧侶使用。大眾文學作品（俗文學）看起來與衆不同，其中許多體裁的發現與敦煌藏經洞的發現有關。俄羅斯科學院東方文獻研究所敦煌全宗號藏品的非佛教部分，其内容非常多樣，包括文件、小說、中國哲學思想，以及歷史、儒家、道教著作，字典、教科書、尺牘大全、象形文字教科書、醫學和占卜文書、日曆和書法練習。敦煌的官方、經濟、法律和圖書文件往往非常零散。在這些文件中，保存下來了申訴書和契約、戶籍清單、財務記錄和報告、稅務登記簿等，這些文件既說明了僧人社團本身的生活，也揭示了僧人社團與居士的關係以及居士相互之間的關係。

在佛教典籍中，幾本精美的《大般若波羅蜜多經》非常突出，其中有非常早期的抄本。這是大乘佛教最重要的佛經之一，是關於般若波羅蜜多的經典經文，是關於至高的直覺智慧、到達"彼岸"的頓悟，即涅槃。

還有幾本《蓮花經》（《妙法蓮華經》）。有《維摩詰經卷第一》，講述了佛陀及其弟子在毗舍離城附近的集會，以及文殊菩薩和居士維摩詰的辯論。

一些敦煌文書屬於律藏（Vinaya）和論藏（Shastra）部分。例如，《尼律藏第二分卷第四》和論《因果品法門名義集》就是罕見的文本。

俄羅斯敦煌藏品中最重要的獨特部分是"變文"，它是中國民間文學體裁的作品,以通俗易懂的語言複述佛經的複雜文本。20 世紀 60 年代至 80 年代,孟列夫爲這些作品的研究做出了巨大貢獻。1958 年,他在列寧格勒與中國傑出的文獻學家鄭振鐸會晤,促使他選擇了這個主題。鄭振鐸對世界上最大的敦煌藏品的構成非常瞭解,他指出了保存在東方學研究所列寧格勒分所的某些作品的絕對獨特性[鄭振鐸,1987 年,第 445 頁]。

1963 年,孟列夫開始研究變文體裁,發表了《敦煌的漢文寫本:佛教俗文學文獻遺存》(Китайские рукописи из Дуньхуана. Памятники буддийской литературы сувэньсюэ)一文[Меньшиков,1963 年 c]。其研究變文文本及其語境的一系列著作,包括研究俄羅斯敦煌藏品中的許多獨特寫本[Меньшиков,1963 年 b;1972 年;1984 年],可在很大程度上澄清中國佛教文獻的歷史,並確定中國民間佛教的特徵和作用。在對變文的研究中,孟列夫實際上在西方漢學中沒有前輩(著名的 A. 威利文集[Waley,1960 年]中有敦煌民間文學的譯本,但他後來很晚才知道)。孟列夫的變文作品注釋譯本,以及他確定的這些作品與敦煌石窟壁畫的變相題材的聯繫,可解讀中國新疆石窟寺壁畫的許多題材。

在敦煌全宗號的寫本中,發現了一些著名詩人的新作,甚至發現了新的詩人名字,例如佛教詩人的著作《王梵志詩一百一十首》。在許多檔案文件中,最重要的是 1002 年的所謂"圖書文件",這是敦煌藏經洞所有流傳至今的被定期的最晚的寫本(1002 年 8 月 25 日)。Л.И.楚古耶夫斯基將俄羅斯敦煌收藏品中的文件引入了學術應用,其中包括戶籍清單、買賣契約,它們揭示了中世紀中央帝國周邊地區的經濟狀況[Чугуевский,1983 年]。近年來,這些文件在世界敦煌學中得到了積極的研究,尤其是在中國和日本。

俄羅斯敦煌藏書 17 卷的影印出版,極大地推動了全世界,首先當然是在中國對它的研究。2010 年,公佈了最新的詳細書目,它幾乎涵蓋了有關敦煌學的所有中文著作[樊錦詩、李國、楊富學,2010 年]。

目前,俄羅斯科學院東方文獻研究所敦煌全宗號藏品的研究工作仍在繼續。修復師 Л.И.克里雅金娜(Крякина)和 Е.С.奧澤爾諾娃(Озернова)使敦煌殘頁恢復了生機;А.С.茹科夫斯卡婭(Жуковская)正在進行當前的檢查和清點登記。自 2004 年以來,俄羅斯科學院東方文獻研究所一直在參與由大英圖書館發起的"國際敦煌項目",該項目旨在在互聯網統一的虛擬空間收集散落在世界各地的所有敦煌寫本(http://idp.bl.uk/)。

漢文全宗號新藏品

1913 年,在開始對收藏品進行研究後,В.М.阿列克謝耶夫將 17—20 世紀初的"相對較新的"寫本單獨保存，主要是清代（1644—1911）時期的。漢文全宗號新藏品彙集了內容截然不同的材料——聖經和福音書的譯本、佛經、祈禱文和密教禮儀彙編、古典文學和民間小說、詞典、戲劇劇本、插圖專輯、書帖等。

全宗號新藏品寫本的撰寫或抄錄的時間，是印刷書籍（木刻本）早就成爲文學、哲學、歷史、語言學和其他著作在中國傳播的主要方式的時期。因此，特別令人感興趣的是木刻本的手抄複製本（大多相對罕見），它們顯然是根據專門訂購製作的。

漢文全宗號新藏品共有 1 057 個存儲單元，包括清點登記的寫本、數件稀有的木刻本，此外還有旅順口的幾百件漢語文書。

漢文全宗號新藏品的寫本來源並不總是確定的。俄羅斯科學院東方文獻研究所寫本與文書部檔案文件提供的關於藏品收集者的信息相當有限（按收到藏品的順序）：

1833 年，М.В.拉德任斯基（Ладыженский）收藏的一件寫本。

1835 年，俄羅斯東正教駐北京佈道團的藏書，由 П.И.卡緬斯基和 С.В.利波夫佐夫收集並轉交給亞洲博物館（13 件）。

1835 年，根據其敘錄者的名字 М.И.布羅謝知道的收藏品。由包含在 П.Л.希林·馮·康施塔特收藏中的寫本組成（24 件）。

1864 年，外交部亞洲司圖書館藏的寫本（117 件），其中 15 件來自東正教駐北京佈道團，並有 П.И.卡緬斯基的標記。

1868 年，З.Ф.列昂季耶夫斯基（Леонтьевский）的收藏品（7 件）。

1898 年，Н.Н.克羅特科夫的收藏品（4 件）。

1902 年，Э.В.布雷特施奈德的收藏品（2 件）。

1902 年，А.Н.古岑科的收藏品（7 件）。

1907 年，П.А.德米特里耶夫斯基收藏的一件寫本，有 П.И.卡緬斯基 1831 年的旁注。

1910 年，А.О.伊萬諾夫斯基的收藏品（7 件）。

20 世紀初，不早於 1913 年，В.М.阿列克謝耶夫收藏的寫本（6 件）。

1915 年，С.Ф.奧登堡收藏的一件寫本。

1916 年，А.Т.別利琴科的一件寫本。

1924 年，П.Д.巴羅德（Баллод）的收藏品（3 件）。

1962 年，從私人收藏收購的一件寫本。

1962 年，В.М.阿列克謝耶夫收藏的 2 件圖，Н.М.阿列克謝耶娃捐贈。

一些寫本上有外國學者的旁注，例如德國漢學家 Fr.赫特（Hirt），還有

P.伯希和。此外,有幾件寫本上寫有機構名稱或寫本擁有者的名字,但未清楚地明確是什麼機構或什麼人:伊戈爾·費多羅維奇(Егор Федорович)——可能是 Е.Ф.季姆科夫斯基(Тимковский)(4 件卷軸),Ц.Р.У.Б.Ш.圖書館——大概是什季格利茨(Штиглиц)男爵的中央繪畫學校(1 件),П.У.С.(?)(3 件)。

俄羅斯科學院東方文獻研究所漢文全宗號新品收藏的最有價值的寫本之一,是 1935 年科學院遠東分院轉交的 115 卷(23 部典籍)漢文寫本,其中包括罕見的插圖版蒲松齡短篇小説《聊齋志異》,以及一卷著名的明代百科全書《永樂大典》。這些寫本最初是在北京翰林院,1901 年被運送到符拉迪沃斯托克(海參崴)的東方研究所(東方研究所的圓形印章證實了這一點)。1920年,在高等教育機構重組後,該藏品成爲國立遠東大學圖書館的一部分(也有國立遠東大學的印章)。1931 年底,亞歷山大·弗拉基米羅維奇·馬拉庫耶夫(Александр Владимирович Маракуев,1891—1955)副教授敘錄了東方研究所——國立遠東大學的漢文寫本全宗號[Маракуев,1932 年]。1932 年 5月,漢文寫本和木刻本從國立遠東大學轉交到了蘇聯科學院剛成立的遠東分院。一份 А.В.馬拉庫耶夫目錄被寄給列寧格勒的 В.М.阿列克謝耶夫,後者對蒲松齡的書深感興趣,立即聯繫了科學院遠東分院。因爲這次通信,寫本被從符拉迪沃斯托克轉寄到了列寧格勒的科學院東方學研究所,根據 1935 年的文件記錄,К.К.弗魯格(1893—1942)和 Л.С.普奇科夫斯基(Пучковский,1897—1970)在那裏接收了這些寫本。1958 年 4 月,根據蘇聯政府的決定,《聊齋志異》和《永樂大典》被移交給了中華人民共和國。這些獨一無二的寫本現在已被收藏在北京的中國國家圖書館。

1947 年,拉扎爾·伊薩耶維奇·杜曼(Лазар Исаевич Думан,1907—1979)根據科學院的命令,將從符拉迪沃斯托克運回列寧格勒的旅順口的檔案收入漢文全宗號新品。在俄羅斯政府於 1898 年從中國租借遼東半島土地 25 年後,該檔案最初從旅順口來到了符拉迪沃斯托克。

20 世紀 30 年代,К.К.弗魯格對科學院東方學研究所的漢文全宗號新品進行了系統的敘錄。他在學術刊物上通報了有關它的一些信息[Флуг,1934年;1937 年]。弗魯格編寫的全宗號藏品分類號 A、B、C、E 未公佈,其簡短敘錄保存下來了。Д.И.季洪諾夫(Тихонов)的述評中包含了有關全宗號藏品的總體信息[Тихонов,1953 年]。20 世紀 50 年代至 60 年代,М.П.沃爾科娃繼續進行全宗號藏品的清點登記和系統化工作,其庫存清單中登記了 379 個寫本名稱。

在漢文全宗號新藏品的寫本中,有關於中國歷史、地理、民族學的材料

（47 件），其中包括歷史著作（24 件）。其中，令人非常感興趣的是明代歷史學家、文學家和書法家陳繼儒（1558—1639）著作的 17 世紀手抄本，其書在 18 世紀被清政府禁止使用（Б－36 和 Б－37，後者上有 P.伯希和的親筆簽名），另有有關清朝歷史和滿族起源的材料（4 件）、有關"齋教派"（操會，Б－6）的材料等。還有"由扎哈爾·列昂季耶捷夫斯基翻譯成中文的卡拉姆津歷史（《羅西亞國》）的前三卷"的寫本和木刻本（С－89，М－30/3）。

該全宗號藏品有價值的部分包括有關中國意識形態史的材料——18 世紀寫本中的祈禱書和密教禮儀彙編。有佛教典籍（11 部），其中包括經文的手抄本，以及佛教儀軌和祈禱書，其中最早的是寫本《傳頂華嚴經科儀》，被定期為 1639 年（Б－49）。

有關基督教傳教士在中國活動的資料，包括俄羅斯東正教佈道團成員翻譯的《聖經》、福音書和教父的著作（32 部），17 世紀天主教傳教士利瑪竇等的類似著作（9 部）。所有這些收藏都與 П.И.卡緬斯基的活動有關，其中大部分寫本都有他的旁注。

在文學作品中，中國民間戲劇作品（5 部）很有意義，對研究中國戲劇史很重要，其寫本被定期為 18 世紀末—19 世紀初。在敘事文學的樣本（4 部）中，值得一提的是小説《紅樓夢》的稀有抄本，其早期版本是《石頭記》（Б－107），孟列夫和李福清（Б. Л. Рифтин， 1932—2012）將其引入了學術應用［Меньшиков，Рифтин，1964 年］，以及民歌敘事作品樣本《女筋斗子弟書》。

全宗號藏品中有詞典（12 部），大部分集合為《華夷譯語》系列，由大清國四譯館編纂。其中有關於暹羅語、藏語、維吾爾語、梵語詞彙的教科書。此外，還有手抄詞典《鄂羅斯番語》，反映了俄羅斯人和中國人之間貿易關係中使用的恰克圖買賣城的邊境方言（С－59）［Попова，Таката，2017 年］。

全宗號藏品中還有繪畫作品，例如幾件卷軸畫，包括丹邱生（藝術家、書法家和詩人柯九思的筆名之一，1290—1343）繪畫和文壁（文徵明，1470—1559）書法的兩件清代複製品。

畫册具有很廣泛的代表性，其中書法抄録的文書配有色彩豐富的插圖，或者系列繪畫配有對應説明。其中——4 本民族學畫册，佚名藝術家描繪了中國南方各族人民的生活場景（М－6—М－10），以及 1 本性質相同的畫册，是畫家賀長齡（1795—1848）的圖畫，畫册名為《陰雨膏之》，年代為 1842 年（М－11）；中國民間日常生活場景的民俗畫——5 卷（Н－51/1－5）；《般若波羅蜜多經》附有 1750 年根據丁雲鵬（1547—1628）的原作繪畫在菩提樹葉上的圖，他是明代以宋代（960—1279）風格作畫的大藝術家，與插圖對應的文字由清代書法家梁國治（1723—1786）用金墨親手抄録（Н－57）；6 本《乾隆戰圖》銅版畫畫册(H‐54);14 卷有插圖的《列仙傳》(H‐56/1‐14)。

全宗號中還收藏有樹皮畫和與之風格相近的繪畫和版畫(12 件),其中包括數本描繪中國人類型和街頭生活場景的畫册,畫在通草紙或厚宣紙上(N‐1、N‐2、H‐10、H‐15)。有配以水墨畫插圖的寫本(3 件),其中包括有道教萬神殿諸神圖的寫本,一件有植物圖的寫本(H‐19),一件有中式小舟圖的寫本(H‐8)。

書法藝術作品中有 24 本精美的集册,寫有乾隆皇帝及其近臣在 1746 年盛宴上誦讀的詩(H‐53),由書法家梁詩正(1697—1763)親筆抄錄。

漢文全宗號新品的旅順口檔案文件提供了有關 19 世紀中國軍隊的組成和人數、財務和其他報告制度以及許多官員的各種信息。最早的文件被定期爲 19 世紀 60 年代,最晚的是 1900 年。其中有奉天府以及周圍城鎮和村莊的部隊和民兵人員名單;人口清單;獎賞清單;財務文件(預算、估價、報告、審計報告);彈藥、物資、各種設備的結算;記録收發電文的簿册;呈報、關係、請示、報告、命令;公函和私信。此外,還必須加上學員的數學、戰術和各種武器的教學筆記本。

除了旅順口的文書之外,漢文全宗號新品中還有私人、民間和政府等各種來源的其他文書。其中包括民事文書(22 件)和來自新疆的軍事文書(6 件)。

1938 年,尼古拉·彼得羅維奇·利哈切夫(Николай Петрович Лихачев,1862—1936)藏書的漢文部分收入研究所,2014 年併入新品全宗號。該藏書數量不大,但種類多樣,共 22 件,包括寫本、木刻本、文書和信件。其大多數是在 19 世紀末—20 世紀初收購於俄羅斯或歐洲;除了 1682 年康熙皇帝的聖旨(N‐179)外,它是負責俄羅斯駐北京外交使團事務的米哈伊爾·謝爾蓋耶維奇·謝金(Михаил Сергеевич Щекин, 1871—1920)在中國爲 Н.П.利哈切夫購買的。

收藏品中寫本部分最有價值的是獨特的語法書《俄羅斯翻譯捷要全書》(C‐72)。這本教科書是世界漢學首次用中文和滿文介紹歐洲語言的嘗試。傳教士衛匡國(Martino Martini,約 1652 年)、萬濟國(Francisco Varo, 1703 年)和傅爾蒙(Etienne Fourmont, 1742 年)的一些較早的語法著作旨在用西方語言描述中文。

在收藏品中發現了幾封信和劄記。

在漢文文書中,有一張獎勵俄羅斯奉天駐軍長官康斯坦丁·維肯季耶維奇·策爾皮茨基(Константин Викентьевич Церпицкий, 1849—1905)中將的證書,他獲得了清帝國最高的寶星勳章(雙龍)。該文件的日期爲光緒二十九年八月二十日（1903 年 10 月 10 日），並注明所授勳章的編號爲 2363。也要值得關注的是，咸豐四年五月二十日（1854 年 7 月 4 日）由香港海關簽發的一艘顯然是葡萄牙商船的外國船"船舶護照"，"是在萊比錫從某個李斯特·弗蘭克（Liszt Frank）那兒買來的"。文件確認，該船通過了海關檢查，並已按丈抽稅率繳納關稅，丈抽稅率依據船舶的大小確定，並准許其在中國沿海航行。

在 Н.П.利哈切夫收藏的木刻本中，可以發現明代版本《佛説陀羅尼集經》第一卷，遺憾的是有缺陷，該經是《金剛大道場經》的組成部分，由印度傳教者阿地瞿多翻譯於 653—654 年。

本文選自 И.Ф.波波娃爲紀念亞洲博物館——俄羅斯科學院東方文獻研究所成立 200 周年所著的一本書（Жемчужины китайских коллекций Института восточных рукописей РАН）（俄語、英語），在蔣經國國際學術交流基金會的資助下，由 КВАРТА（意爲"夸脱"或"四度"）出版社於 2018 年出版於聖彼得堡，ISBN 978 - 5 - 89609 - 531 - 6。

由活化石到活歷史

——讀楊富學著《霞浦摩尼教研究》

劉拉毛卓瑪（敦煌研究院）

　　著名摩尼教研究專家楊富學先生所著《霞浦摩尼教研究》（以下簡稱楊著）於 2020 年 11 月由中華書局正式出版，這是繼《回鶻摩尼教研究》（中國社會科學出版社，2016 年）之後，楊富學教授推出的又一部摩尼教研究專著。先前出版的《回鶻摩尼教研究》以回鶻語摩尼教寫本、吐魯番出土回鶻摩尼教壁畫爲基本資料，結合漢文、波斯文文獻的相關記載，系統深入地探討了摩尼教在回鶻的發展情況，內容豐富，論證周密，在回鶻學、摩尼教研究領域多有拓荒之舉，引起了學術界廣泛的關注。[①] 與之相比，《霞浦摩尼教研究》一書的研究視角主要集中於會昌法難之後傳入閩浙地區摩尼教的發展變化，是楊先生研究摩尼教入華發展史在時間和空間上的延續。

　　公元 3 世紀源於波斯的摩尼教沿絲綢之路於唐代武則天時代東傳入中國，8 世紀後半葉借助回鶻的力量，盛極一時，影響及於漠北、西域以及唐朝腹心地區的黃河與長江流域。及至 843 年會昌滅法，摩尼教首當其衝受到打擊，幾近滅頂，餘部隱遁閩地民間，以“明教”的面貌出現。[②] 2008 年，福建霞浦、屏南、福清等地相繼發現的大批摩尼教文獻、文物與古遺址表明，宋以降至清中葉，閩浙尚有摩尼教信仰的痕跡留存，成爲波斯摩尼教在中國遺存的活化石。相較於敦煌、吐魯番出土摩尼教文獻，霞浦和屏南摩尼教文書所展現出的摩尼教面貌卻大相徑庭，即傳入閩浙的摩尼教視時空位置和社會文化的不同而不斷變化，朝著民間化和世俗化的方向轉變，一改歷史上以依託佛教爲主的態度，更多地依託道教，而民間宗教色彩亦極爲濃厚，充分體現了摩尼教在閩浙地方化的特色。楊著即以霞浦、屏南、福清等地發現的摩尼教文書爲基本材料，首先回顧了學界十多年來關於霞浦、屏南、福清摩尼教文獻的研究歷程，對福建諸地發現的摩尼教文獻及其所反映的歷史文化問題進行深入探討，尤爲重要的是，將目前所知的六件特別重要的霞浦摩尼教文書全部進行

---

　　① 蓋佳擇《半生研“摩”終有成——楊富學〈回鶻摩尼教研究〉評介》，《中國民族報》2018 年 5 月 29 日第 3 版；劉拉毛卓瑪《學問須於不疑處有疑——讀楊富學著〈回鶻摩尼教研究〉有感》，《河西學院學報》2018 年第 6 期，第 37—40 頁；胡康《楊富學〈回鶻摩尼教研究〉》，余欣主編《中古中國研究》第 2 卷，上海：中西書局，2018 年，第 325—334 頁；彭曉靜《詮釋信仰：回鶻與摩尼教關係的多維透視——楊富學著〈回鶻摩尼教研究〉評介》，《敦煌研究》2019 年第 3 期，第 137—140 頁。

　　② 楊富學《回鶻摩尼教研究》，北京：中國社會科學出版社，2016 年，第 231—256 頁。

校録刊佈，以便學人今後的研究，功莫大焉。用著名摩尼教研究專家、哈佛大學教授馬小鶴先生的話說：“《霞浦摩尼教研究》的出版，正是霞浦（包括屏南）文書研究的一個里程碑，標誌著第一階段的結束與下一階段的開始。”①誠不爲虛言。

摩尼教的盛行早已成爲過眼雲煙，儘管學術界對這一宗教的關注始終不曾停息過，但作爲宗教，卻久已淡出人們的視野。就學術研究而言，新文獻的發現無疑可爲重新認識摩尼教教義、儀軌及發展軌跡提供最可靠的第一手資料。歷來學界利用敦煌、吐魯番摩尼教文獻和西方摩尼教資料對摩尼教的基本教義及其在中亞、新疆以及中原地區的傳播史做過不少發覆鉤沉的工作。2008 年以來發現的大批霞浦文書足以與敦煌、吐魯番出土摩尼教文獻相比肩。霞浦文書面世十餘年來，由於種種原因，僅有屈指可數的研究者有緣得識其真面目，加上這些摩尼教科儀書抄本至今還在民間繼續使用，出於個人收藏與發表授權等問題所圍，其“照片不能如敦煌、吐魯番文獻那般結集圖版公之於衆，只能仰仗持有文獻的專家學者之録文，公刊一件是一件”。② 這樣的處境導致今天的研究成果雖衆，但多爲對個別文獻、個別問題、個別詞彙的專題性研究；由於文獻掌握不全，致使文獻研究之標點斷句多有錯訛之處，極易出現斷章取義的問題。職是之故，一個較爲完善的霞浦摩尼教文録校底本是摩尼教研究所必需的基本資料，也是重中之重。

霞浦發現的摩尼教文獻數量衆多，有的已經爲學界所知，有的尚深藏高閣，就今天搜集整理到的主要有《摩尼光佛》《冥福請佛文》《樂山堂神記》《明門初傳請本師》《奏申牒疏科册》《點燈七層科册》《興福祖慶誕科》《禱雨疏》《高廣文》《借錫杖文》《借珠文》《付錫杖偈》《吉祥道場申函牒》《吉祥道場門書》《門迎科苑》《送佛文》《摩尼施食秘法》《繳憑請秩表》《求雨秘訣》及多種《無名科文》等。鑒於《摩尼光佛》③《樂山堂神記》④與《明門初傳請本師》⑤三件文書業已刊佈，楊著則選取內容比較重要的六件霞浦、屏南摩尼教文書《禱雨疏》《冥福請佛文》《點燈七層科册》《興福祖慶誕科》《奏申牒疏科册》和《貞明開正文科》作了録文和詳細校勘、注釋。唯《摩尼光佛》另行刊佈，故而未收

① 馬小鶴《序》，載楊富學著《霞浦摩尼教研究》，北京：中華書局，2020 年，第 7 頁。
② 楊富學《霞浦摩尼教研究》，北京：中華書局，2020 年，第 14 頁。
③ 包朗、楊富學《霞浦摩尼教文獻〈摩尼光佛〉研究》，蘭州：甘肅文化出版社，2020 年；林悟殊《〈摩尼光佛〉釋文并跋》，收入氏著《摩尼教華化補說》，蘭州：蘭州大學出版社，2014 年，第 457—492 頁。
④ 楊富學《〈樂山堂神記〉與福建摩尼教——霞浦與敦煌吐魯番等摩尼教文獻的比較研究》，《文史》2011 年第 4 期，第 135—140 頁；黃佳欣《霞浦科儀本〈樂山堂神記〉再考察》，陳春生主編《海陸交通與世界文明》，北京：商務印書館，2013 年，第 248—251 頁。
⑤ 黃佳欣《霞浦科儀本〈樂山堂神記〉再考察》，陳春生主編《海陸交通與世界文明》，北京：商務印書館，2013 年，第 251—255 頁。

録入本書之中。① 看似簡單的基礎工作，卻是築牢摩尼教研究這座大廈的基石。

自 2008 年霞浦文書現世以來，林瞪與霞浦摩尼教之關係日益成爲摩尼教學界的熱門話題。陳進國和林鋆、②林悟殊、③馬小鶴、④、楊富學⑤等諸位先生曾先後撰文對林瞪之身份和地位作過專門的論述。然對於楊文《林瞪及其在中國摩尼教史上的地位》所論證的"林瞪爲霞浦摩尼教教主"一說，林悟殊先生頗有異議，認爲"北宋明教依託道教，蓋被統治者目爲道門之一宗，而林瞪生前嚴格修持明教，死後顯靈，統治者自以道門神號封之，而鄉民則目爲道教神仙、地方大神膜拜之，並非將林瞪奉爲明教之神"。同時，林先生又批評楊文僅以《樂山堂神記》中的某些名號爲據推論其教主地位，而並未舉證任何可資征信的資料。⑥ 針對林悟殊先生的批評，新刊楊著列出專章《再論林瞪之霞浦摩尼教教主地位》（與蓋佳擇合撰）予以回應，以霞浦、屏南、福清、溫州蒼南等地發現的摩尼教文獻和摩尼教造像爲依據，結合閩浙地區存留的活態摩尼教信仰，就林瞪之教主地位作了細緻入微的探討。此文或可解林悟殊先生之疑。

楊著首先根據霞浦《孫氏族譜》和《林氏族譜》等宗譜中關於林瞪的記載，對林瞪之生平及其獲封緣由作了梳理，指出林瞪師承孫綿大師，孫綿大師故去後，林瞪承孫綿大師之志，重振樂山堂，廣開法系，樂山堂成爲上萬村村民集會場所，霞浦明教經典從本堂而傳至民間。其仙逝後，"果滿功成"，先後被朝廷加封，獲"興福真人""洞天都雷使""貞明内院立正真君"等稱號。然，這顯然與《八世祖瞪公讚》云公"自入明教後若無所表見"⑦大相徑庭。究其原因，"當亦與明教遭禁相關"：瞪公生前與明教相關的事蹟鄉民都諱莫如深，而特强調其爲"道士"受皇封。⑧ 林瞪獲封入聖，其妻陳氏之身份隨之被抬高，信徒通過"拉郎配"，竟稱瞪妻爲閭山派教主、八閩尊崇的五代閩國順懿夫人陳靖姑，以便符合林瞪之教主身份。

霞浦、屏南、柘榮三地文書中對林瞪的稱號每每涉及"靈相""度師"等詞眼，如《奏申牒疏科册》中稱"本壇靈相度師、四九真人"（第 258 行），《樂山堂

① 包朗、楊富學《霞浦摩尼教文獻〈摩尼光佛〉研究》，蘭州：甘肅文化出版社，2020 年。
② 陳進國、林鋆《明教的新發現——福建霞浦縣摩尼教事蹟辨析》，《不止於藝——中央美院"藝文課堂"名家講演録》，北京：北京大學出版社，第 343—389 頁。
③ 林悟殊《霞浦林瞪崇拜之我見》，《文史》2015 年第 2 輯，第 109—133 頁。
④ 馬小鶴《福建明教、林瞪與〈興福祖慶誕科〉》，《史志研究》2015 年第 1 輯，第 301—326 頁。
⑤ 楊富學《林瞪及其在中國摩尼教史上的地位》，《中國史研究》2014 年第 1 期，第 109—124 頁。
⑥ 林悟殊《霞浦林瞪崇拜之我見》，《文史》2015 年第 2 輯，第 123 頁。
⑦ 陳進國、林鋆《明教的新發現——福建霞浦縣摩尼教事蹟辨析》，《不止於藝——中央美院"藝文課堂"名家講演録》，第 247、348 頁。
⑧ 楊富學《霞浦摩尼教研究》，北京：中華書局，2020 年，第 139 頁。

神記》稱"本壇明門都統威顯靈相、感應興福雷使真君、濟南法主四九真人"
（第11行），《明門初傳請本師》中則有一長一短兩號，分別爲"都統威顯靈相、
度師四九真人"（第19行），"本壇祖師明門統御威顯靈相、洞天興福雷使真
君、濟南四九真人"（第25—26行）。其中，"靈相"本爲佛語，指佛之莊嚴妙
相，如沈約《釋迦文佛像銘》："仰尋靈相，法言攸吐。"①玄奘《大唐西域記·憍
賞彌國》亦謂："有刻檀佛像，上懸石蓋，鄔陀衍那王之所作也。靈相間起，神
光時照。"②摩尼教先藉以指代教主摩尼，如敦煌本 S. 3969《摩尼光佛教法儀
略·形相儀第二》記載："摩尼光佛頂圓十二光王勝相，體備大明，無量秘
義……諸有靈相，百千勝妙，寔難備陳。"③及至明清時期，摩尼教科儀文書又
將"靈相"之稱冠於林瞪，庶幾可認爲此時林瞪和摩尼一樣已經具有了教主身
份。另，"度師"爲"道教三師之一，《上清三尊譜錄》：第一度師玄真明道君，
即元始上皇丈人也，第二度師無上玄老，即高上九天太上真皇也，第三度師真
人，即兆應現在度師，而金明七真是矣。乃先天三寶至真也。"④是故，"度師"
則等同於道教之"真君"，爲道教神祇的品位尊稱。此外，在閩浙地區的一些
師巫宗教中有"傳度師"之稱，指傳法授徒之輩，作爲已經鮮明民間宗教化了
的摩尼教，稱其初傳法者至尊教主、本壇師尊爲"度師"亦不爲過。另案，嚴格
來説，在道教中度師、籍師並非師承關係，故個別專家質疑孫綿並無"籍師"身
份，故林瞪亦不當稱"度師"，⑤其説也就不成立了。由是亦説明，閩浙之摩尼
教實乃"一種雜糅了佛教、道教、摩尼教及閩浙當地師巫信仰爲一體的綜合
體，《貞明開正文科》贊林瞪爲'通天三教'教主，可謂恰如其分"。⑥

　　林瞪生前身份並不顯赫，影響僅及於閩東一帶，仙逝後，林瞪信仰遍及福
建及浙南。關於其崇拜也不僅僅止於紙面和口耳，霞浦、屏南、福州、晉江等
地更供有大量林瞪繪畫與雕塑。綜觀林瞪形象，文武兼備而以文身形象爲主
流，與其"度師"身份相合，武身形象則與其"雷使真君""威顯靈相"的降魔者
身份相關。尤其值得注意的是，福州福壽宮（明教文佛祖殿）所供之"度師真
人"像，經楊富學先生踏查研究，確定爲林瞪本人。該像與晉江五境宮之兩種
"都天靈相"形象恰相對應，由此可證，"都天靈相"與"度師真人"實爲一神之
二名，即同指霞浦摩尼教教主林瞪。林瞪改造了摩尼教，借用道教齋醮科儀，

---

① ［唐］道宣《廣弘明集》卷16，《大正藏》第52冊，No.2103，第212a頁。
② ［唐］玄奘、辯機原著，季羨林等校注《大唐西域記校注》卷5，北京：中華書局，1985年，第468頁。
③ 中國社會科學院歷史研究所等編《英藏敦煌文獻（漢文佛經以外部分）》第5卷，成都：四川人民出版社，1992年，第224頁下。
④ 李叔還編《道教大辭典》，杭州：浙江古籍出版社，1987年，第281頁下欄。
⑤ 林悟殊《從"末摩尼"到"摩尼光佛"——兼質疑"明教文佛"之"定讞"》，《西域研究》2021年第4期，第24頁。
⑥ 楊富學《霞浦摩尼教研究》，北京：中華書局，2020年，第144—145頁。

以雷法或師巫之法充實了閩地摩尼教,使波斯摩尼教脱夷而華化,真正創立了一個具有地方特色、深度華化的明門教派,故而被稱爲本壇教主或本師教主,成爲科儀文書必請之神。[1]

楊著對摩尼教研究最大的貢獻在於,綜合各類文獻和田野調查結果論述摩尼教之華化問題,尤其是其道化和民間化特徵。以往,學界多關注摩尼教的佛教化問題,但對摩尼教的道化和民間化問題研究相對薄弱,囿於資料所限,對摩尼教的民間化傾向更是鮮有人提及。其實,關於霞浦摩尼教的華化問題,楊先生在 2016 年出版的《回鶻摩尼教研究》之第十章"回鶻摩尼僧開教福建及相關問題"中,即已明確指出:"會昌滅法後傳入福建的摩尼教,經過幾個世紀的傳播與發展,不僅與東南沿海地區的佛教、道教相融合,也吸收了大量民間信仰的内容,同時也展現出了一個由佛化逐漸轉向道化的過程。"[2]只是當時並未就此問題展開進行論述,在新著中,楊先生通過比對敦煌、吐魯番出漢文摩尼教寫本經典與霞浦文書,考釋霞浦文書中出現的神祇名號、宗教術語及科儀儀軌,結合福壽宮中的摩尼教神祇,深入探討了摩尼教在閩浙地區的發展變化特徵,揭櫫了霞浦摩尼教佛教化、道教化、民間化的傾向軌跡及最終形成中國本土摩尼教多元化的宗教特質。

吾人固知,摩尼教以明顯融合各大宗教文化而著稱於世,從波斯古國到中國東南沿海的閩浙地區,在數世紀的嬗變過程中,其形態在"清净、光明、大力、智慧"這個被濃縮了的基本教義不變的情況下,在中華文化精神生活土壤中發生了深刻的變化。正如沙畹、伯希和氏所云:"真正之摩尼教,質言之,大摩尼自外來傳佈之教,已滅於八四三年之敕,尚存者爲已改之摩尼教,華化之摩尼教耳。"[3]通觀霞浦文書,既包含閩地傳統宗教的痕跡,也接續很多經典摩尼教的母題,將異國神明與鄉土神靈、家族先人崇拜糅合,形成了一個中外兼蓄、教俗交融的法事範本,充分體現了摩尼教在閩浙地區的傳播和發展特徵,生動展示了古代東西方宗教文化的深入交流,是摩尼教華化稀見而典型的範例。

霞浦文書所見"三清"觀是霞浦摩尼教道化的典型例證。《奏申牒疏科册》《禱雨疏》二文書中共有四份《奏三清》。"三清"本爲道教概念,爲元始天尊、靈寶天尊和道德天尊等三位最高神明的合稱,而上述而文書所奏告的對象卻均爲"再蘇活命夷數和佛(廣明上天夷數和佛)""神通降幅電光王佛(靈

---

① 楊富學《霞浦摩尼教研究》,北京:中華書局,2020 年,第 157—158 頁。

② 楊富學《回鶻摩尼教研究》,北京:中國社會科學出版社,2016 年,第 231—246 頁。

③ Éd. Chavannes-P. Pelliot, Un traité manichéen retrouvé en Chine: traduit et annoté, *Journal Asiatique* 1913, mar.-avr, p. 303;[法]沙畹、伯希和撰,馮承鈞譯《摩尼教流行中國考》,《西域南海史地考證譯叢八編》,北京:中華書局,1958 年,第 80 頁。

明大王電光王佛)"和"太上教主摩尼光佛"(太上真天摩尼光佛)。"太上"
"真天""教主"是道教的專有名詞,將其冠於摩尼教三位主神稱謂首端,表明
霞浦摩尼教在道教的外衣掩護下積極發展和宣傳自身宗教教義,體現出明顯
的道化傾向。然而,霞浦摩尼教之道化只是借其外衣而已,儘管使用了道教
三清觀念,卻冠以"佛"的稱謂,指的卻是摩尼光佛、電光王佛和夷數和佛,皆
爲摩尼教神衹;與敦煌、吐魯番出土漢文摩尼教寫本相較,霞浦摩尼教之道教
化最明顯的特徵便是新增了不少道教神衹,如《樂山堂神記》所記神譜中,道
教諸神之占比明顯高於佛教,有北方鎮天真武菩薩、九天貞明大聖、太上三元
三品三官大帝、三天教主張大真人、三衙教主靈寶天尊、敕封護國太后元君、
感應興福雷使真君及貞明法院三十六員天將和七十二大吏兵等。諸如此類,
摩尼教道化例證在書中比比皆是。

　　楊著還指出霞浦摩尼教在吸收衆多的道教元素之餘,民間信仰成分亦顯
著加重,這既是摩尼教在霞浦民間化的表現,也是摩尼教在霞浦的新發展和
新變化,呈現出霞浦摩尼教的獨特個性。其民間化傾向的表現如道化現象一
般,首先表現在對地方民間信仰神衹的融攝。書中所列之福壽宮諸神中即有
福建地區流行的地方神衹,如臨水夫人、華光大帝馬天君和黃、趙二大王等。
作爲霞浦摩尼教科儀書之一的《點燈七層科册》,也有大量的民間信仰元素,
其奉請的神衹中有很多中國東南沿海民間祭祀的神仙,如飛騰玉鈴使者、終
户群支使者、坎母造化將軍、吹濤神女、運水將軍、搬柴力士等。霞浦摩尼教
科册本身便呈現出明顯的現實化和世俗化特徵,其内容多關乎國泰民安、穩
固政權、治病除疫、祈雨求晴、生兒育女之類。如此種種,民間化傾向非常
明顯。

　　楊著利用霞浦文書對摩尼教道化及民間化的研究,説明道化和民間化傾
向是摩尼教在華發展史上真實存在的客觀現象,而並非偶然現象。同時,使
學界對這一問題也有了更直觀、更具體的認識,而不僅僅停留在以往的簡單
概念上。

　　綜上,此書爲一部全面研究霞浦摩尼教的力作。國學大師陳寅恪先生
云:"一時代之學術,必有其新材料和新問題。取用此材料,以研求問題,則爲
此時代學術之新潮流。治學之士,得預於此潮流者,謂之預流。"[1]楊富學先生
在學術上素以追求"三新"(即新資料、新問題、新觀點)爲秉持,通讀《霞浦摩
尼教研究》一書,不難看出,全書在充分運用各類新出文獻資料的同時,結合
實地調研之結果對霞浦摩尼教之發展變化進行論證,其資料新、觀點新、視角

---

① 　陳寅恪《敦煌劫餘録序》,《學衡》第 74 期,1930 年,第 7 頁。

新,對諸多舊説給出了新見解,對諸多新提出問題給出了自己的見解,令人耳目一新。霞浦文書被稱作世界摩尼教史和東西方文化交流的活化石,藉由《霞浦摩尼教研究》一書,這些活化石再現了千餘年來摩尼教在東方傳播的歷史,使長期被歷史塵埃湮没的摩尼教歷史活了起來,至爲難能可貴。可以認爲,該書是自霞浦文書現世十餘年來,從宏觀到微觀,對霞浦摩尼教文獻、歷史發展脈絡及其相關歷史文化内容論述最爲全面系統而又深入淺出的一部研究著作,在世界摩尼教研究史上當佔一席之地。

《敦煌漢文文獻(佛經以外部分)
殘斷與綴合研究》評介

黄　威(哈爾濱師範大學)

　　20世紀初,在中國甘肅敦煌莫高窟藏經洞發現了一批製作於公元4—11世紀的文獻,學界一般稱之爲"敦煌文獻"。由於自然與人爲因素,敦煌文獻殘斷嚴重,"首尾完整的卷子所餘極少,充其量只占10%",[①]而在大量殘斷文獻中有相當比例者是可以相互拼合的。這一現象很早就被學界關注並有綴合成果持續刊佈。近年敦煌文獻的綴合與研究更是成爲了敦煌研究領域的熱門話題,成果頗豐。劉郝霞《敦煌漢文文獻(佛經以外部分)殘斷與綴合研究》[②]則是此領域的最新研究成果,該書以敦煌漢文非佛經文獻爲考察對象,分"理論篇""實證篇"兩部分探討這批文獻的殘斷與綴合問題。"理論篇"又包括"殘斷論""綴合論":第一至三章爲"殘斷論",這一部分將敦煌文獻流傳情況分爲四個階段——入藏藏經洞前、入藏藏經洞後、流散之際、入藏現代公私收藏機構後,揭示敦煌文獻在不同階段殘斷的致因,以及不同裝幀形式的文獻殘斷後的物質形態;第四至九章爲"綴合論",針對敦煌文獻的綴合問題,做了回顧綴合成果、概述綴合條件、總結綴合方法、揭示綴合問題等幾方面的工作。"實證篇"爲敦煌文獻綴合成果敘録,此部分系統梳理了前賢關於敦煌漢文非佛教文獻的綴合成績,發佈了作者本人的新綴成果,並爲綴合成果製作了綴合圖版。

　　本書的優越性首先體現在其對前賢的研究成果進行了系統性總結。在"理論篇"之"綴合論"部分,作者在第四章對劉復、王重民、任二北等早期敦煌文獻綴合成就較高學者的研究成果進行了細緻梳理,並著重强調了姜亮夫在綴合理論層面的貢獻。尤其是書中用表格的形式直觀地呈現了王重民《敦煌古籍敘録》一書的綴合成績,使王先生對敦煌文獻綴合研究的貢獻一目了然,極便參考。在敦煌文獻流出之後,其主體部分陸續彙集到英、法、俄、中、日等國的公私收藏機構中,作者在第五章利用英、俄、法三國收藏機構對本國藏品的整理成果,從中梳理出敦煌世俗文獻綴合信息並以條目的形式加以臚列,得英藏101條、俄藏165條、法藏56條,使得三個收藏機構在綴合領域的成績得以清晰呈現。在"實證篇"中,作者在全面掌握當前敦煌世俗文獻綴合成果

①　[日]藤枝晃著,翟德芳、孫曉林譯《漢字的文化史》,北京:知識出版社,1991年,第74頁。
②　劉郝霞《敦煌漢文文獻(佛經以外部分)殘斷與綴合研究》,成都:四川大學出版社,2020年。

的基礎上,採用文獻名稱統攝文獻編號的形式,撰有"《周易王弼注》""《兔園册府》""《詩經·周南》白文"等敘録 137 篇。這些敘録多採用文字表述配綴合圖的方式,對當前敦煌世俗文獻綴合成果做了全面梳理。敦煌世俗文獻的綴合成果極爲分散、龐雜,整理工作難度較大,而本書出色地完成了這一任務,爲學界瞭解非佛教類敦煌文獻的綴合現狀提供了便利,也爲後續的綴合工作奠定了基礎,學術價值重大。

如果一部學術專著僅是對前人的研究進行了總結,並不能稱之爲一部優秀的作品。本書的另一大優點,便是在系統梳理前人成果基礎上,發現了前賢研究存在的問題。作者在整理前人綴合成果過程中,發現"誤綴"例 9 條,並在第八章第二節中結合原卷圖版對這些問題做了訂正;發現"漏綴"例 4 條,並在第八章第三節中利用自己新發現的殘片,對《周易》《論語》《月令》《下女夫詞》四部存在"漏綴"的文獻進行了重新綴合。這些研究梳理細緻、材料可靠、論證充分,指瑕補漏,可爲定讞。上述創新性成果的産出,需要熟稔前賢綴合成績,再利用敦煌文獻殘片圖版一一核驗發現問題並進行修正補充,最後使用圖像處理軟件生成綴合圖。這一過程體現了作者敏鋭的學術眼光、卓越的研究能力以及解決問題所需的細心與耐心。

更爲難得的是,作者能在上述研究成果基礎上更進一步,從寫卷辨僞、古書形制兩個角度,深入探討了敦煌文獻綴合工作的學術史意義。如在本書第九章中,作者通過綴合實踐發現,造成 Дx.06133《烏鳴占》+《祭烏法》分版書寫的原因是將原紙先左右對折再上下對折後抄寫所致;《下女夫詞》少見的裝幀形態也與頁面特殊的折葉方式有關。這些研究發前人所未發,呈現了中古文獻複雜多樣的裝幀樣態,對研究我國古書裝幀形制的演變具有重要參考價值。

本書存在上述優越性的同時,尚有個別內容值得探討或完善。

其一,高溫與日照對敦煌文獻有無損害? 書中第一章第二節"影響敦煌世俗文獻紙張壽命的因素"部分,強調了敦煌地區高溫乾燥和日光照射對敦煌文獻保存的負面影響。從一般意義上而言,高溫與日照會加速紙張的損害並無疑問,此處的問題在於,敦煌文獻的主體最初保存在藏經洞中,而"藏經洞是一個再好不過的藏經地點,它開鑿在乾燥的岩體裏,沙漠山谷即使有一丁點的潮濕空氣,也與藏經完全隔離了。藏經洞三面是厚實的岩體,只有一面是封堵的磚牆,而且又被流沙埋藏了好幾個世紀,藏經洞裏的溫度基本上是恒溫。在如此乾旱的地方如此妥善地保存藏經簡直是再合適不過"。[①] 可

---

① ［英］奧雷爾·斯坦因《西域考古圖記(修訂版)》(第三卷),桂林:廣西師範大學出版社,2019 年,第 34—35 頁。

見,單純强調敦煌地區的自然環境而忽視藏經洞的特殊條件來談敦煌文獻的殘損是存在問題的。此外,第一章在探討"蟲蛀""酸化""火災""地震"等因素對敦煌文獻殘斷的影響時,更多的也是在一般意義上探討造成紙張殘損的因素而較少涉及敦煌文獻本身,稍給人以游離之感。

其二,簡册古書是否存在皮質編繩? 書中在論及簡册古書編繩問題時,有"簡帛時代使用熟牛皮系聯單支竹簡""竹木簡多用皮繩連接"[①]等表述,認爲簡册古書編繩有用牛皮製作者。這種説法源於《史記·孔子世家》"(孔子)讀《易》,韋編三絶"[②]句,傳統觀點認爲,引文中"韋編三絶"之"韋"爲用牛皮製作的簡册編繩。然而,此説法雖由來已久,但長久以來飽受質疑,商承祚、張顯成、駢宇騫等學者均明確反對這一觀點;諸家質疑的理由概括起來主要爲:一則從實用角度看,牛皮並不適合作爲簡册編繩,二則大量出土文獻中並未發現皮質編繩或其痕跡的實例;三則"韋編三絶"之爲"韋"描述的是簡册編繩與單支簡的相對方向而非材質,即"韋"爲"經緯"之"緯"而非熟牛皮。[③]因此,從論證嚴密的角度考慮,即便作者贊同"韋"爲熟牛皮的説法,也當標示上述重要異説並説明遵從傳統觀點的理由。

其三,古代抄書的報酬是高是低? 本書在討論古書在抄寫過程中存在的損壞時,論及傭書報酬問題,作者據史料中張静"兩紙酬錢五百"、劉芳"卷值以一縑"的記載指出,"抄書報酬極高,所以一些像班梁(筆者按:'梁'疑爲'超'字之訛)一樣的貧困的下層知識份子能够借此養家糊口"。[④] 從傭書史料中可見,各時代以傭書爲業者收入的高低雖不可一概而論,但總體上看多維持在糊口水平,下層知識份子往往是在貧賤時不得已才從事這一職業。本書第 63 頁引南齊庾震因家貧以賃書爲業掙取父母安葬費"至於掌穿"的事蹟,正可説明這一行業的收入水平。因此,張静、劉芳傭書回報豐厚或爲特例而非普遍現象,不宜據此得出抄書報酬高的結論。具體到唐五代時期的敦煌地區,更有大量史料表明傭書並非高收入職業。如英藏敦煌文獻 S.692《秦婦吟一卷》後附"貞明五年(919)巳(己)卯四月十一日燉煌郡金光明寺學仕郎安友盛"詩云:"今日書寫了,合有五升米,高代(貸)不可得,環(還)是自身灾。"[⑤]可見抄書的報酬並不令人滿意,以致讓安友盛感到入不敷出。又,國家圖書館藏敦煌遺書 BD01199 號寫卷卷末附《五言詩一首·贈上》云:"寫書今

---

① 劉郝霞《敦煌漢文文獻(佛經以外部分)殘斷與綴合研究》,成都:四川大學出版社,2020 年,第 48、58 頁。
② (漢) 司馬遷《史記》(第 2 版),北京:中華書局,1982 年,第 1937 頁。
③ 參朱彥民《"韋編三絶"新説——兼及古籍稱經的由來》,《社會科學研究》,2019 年第 2 期。
④ 劉郝霞《敦煌漢文文獻(佛經以外部分)殘斷與綴合研究》,成都:四川大學出版社,2020 年,第 65 頁。
⑤ 中國社會科學院歷史研究所等編《英藏敦煌文獻(漢文佛經以外部分)》(第二卷),成都:四川人民出版社,1990 年,第 117 頁。

日了,因何不送錢? 誰家無賴漢,回面不相看。"①可知抄書不但報酬少,還有拖欠工資的情況發生。又,敦煌市博物館藏 Db.t.0392 題有藏文題記曰:"這張廢頁,只是很小的一點錯誤,本來是可以上交的,但最後卻被兩位人碴作爲廢頁抽出;兩位瘋子,吃屎去吧!"②從引文可見,敦煌地區抄經有嚴格的管理規範,稍有不慎還要被罰工時影響收入。又,據 S.4211《壬辰年四月十一日支付寫經人物色名目》③的内容可知,敦煌地區書手的報酬並不總是現金,有時是以繡花鞋、銅鏡等各種日用器物支付的,收入並不穩定。上述諸例表明,收入低下、朝不保夕恐怕才是敦煌地區書手的生存常態。

其四,行文與規範問題。首先,本書在行文中存在前後重複的現象。如《下女夫詞》綴合論證的内容互見於第 223、239、403 頁,《烏鳴占》《祭烏法》綴合論證内容互見於第 199—200、236—238 頁;書中綴合圖版的使用也偶有重複,如《大蕃古沙州行人部落兼防禦兵馬使及行營留後監軍使論董勃藏重修伽藍功德記》綴合圖互見於第 152、352 頁,《陶弘景五法傳授儀》綴合圖互見於第 189、384 頁,《黄帝明堂經》綴合圖互見於第 204、357 頁等。上述問題可採用内容複現時簡述並標注首見位置的方式避免,實際作者在本書中也運用了此法,如第 378—379 頁《太上靈寶空洞靈章》綴合敘録部分,因内容上文已涉及,故採用"詳細綴合敘録見第八章第二節"的方式進行了標示,避免了重複;事實上,一部著作内容前後呼應是該書具整體性的表現,可惜的是這種處理複現内容的方式並未貫徹全書,使得書中個別章節稍嫌冗繁。其次,本書在引述一些史料證據時偶有轉引他書而未能標注原始出處的問題。如斯坦因(Stein)《塞林底亞》(Serindia)、徐珂《清稗類抄》、吕鐘《重修敦煌縣志》、羅繼祖《永豐鄉人行年録》等多引自張翼青《國寶流散——敦煌藏經洞紀事》,水梓《張廣建督甘時期的見聞》、曹元忠《沙州石室文字記》、謝稚柳《敦煌石室記》等轉引自榮新江《敦煌學十八講》等。作者如此處理可能有不掠人之美的考慮,但爲了保證史料的可靠性,這種情況當以直接引用一手資料爲佳。再次,本書行文中涉及大量散藏於世界各地的敦煌文獻,爲讀者核查、參考這些文獻的綴合情況方便計,似有必要製作一文獻編號索引附於書末,以最大限度地發揮本書的參考價值。最後,書中尚存在少量校對問題。如第 196 頁"文字"訛爲"文子",第 118 頁"日本天理大學"訛爲"日本天立大學",當訂正。

綜上,本書以敦煌漢文非佛教文獻爲研究對象,系統考察了這批文獻的

---

① 中國國家圖書館編;任繼愈主編《國家圖書館藏敦煌遺書》(第十七册),北京:北京圖書館出版社,2006 年,第 385 頁。
② 參張延清《敦煌古藏文佛經中的報廢經頁》,《西藏研究》,2009 年第 1 期。
③ 中國社會科學院歷史研究所等編《英藏敦煌文獻(漢文佛經以外部分)》(第五卷),成都:四川人民出版社,1992 年,第 269 頁。

殘斷與綴合問題,取得了令人矚目的成績。作爲敦煌文獻綴合研究領域正式出版的首部專著,因存在上述優越性,本書將是今後此研究領域無法忽視的重要成果。然而,我們也應看到本書爲敦煌文獻綴合研究局部領域的階段性總結而非終點。時至今日,敦煌文獻仍不斷有新材料陸續公佈;數字人文技術的發展爲這一研究領域注入了新活力,甲骨文 AI 智能綴合的成功範例爲敦煌文獻綴合工作提供了新的思路與方法;敦煌佛教文獻、非漢文文獻的綴合工作尚待推進。正因爲如此,敦煌文獻綴合研究才成爲當前的學術熱點,新成果不斷涌現。① 可喜的是,本書作者早已認識到這一點,本書僅爲其國家社科基金項目"中古寫本文獻綴合資料數據庫建設與應用研究"的階段性成果,期待作者在後續的研究中發揚本書的優點並彌補缺憾,爲敦煌文獻綴合工作做出更大的貢獻。

基金項目:本文係國家社會科學基金一般項目"敦煌文獻漢文寫本物質形態研究"(20BZW075)階段性成果。

---

① 這方面成績尤爲突出者爲張涌泉先生及其科研團隊。他們的《敦煌文獻經部合集》一書雖非敦煌文獻綴合專著,但其中公佈了大量新綴成果;他們的國家社科基金重點項目《敦煌文獻綴合研究》,"新發現可綴合殘卷達6000號以上";他們2020年國家社科基金冷門絕學團隊項目《敦煌殘卷綴合總集》,將主要從綴合理論總結、綴合成果集成以及殘卷新綴三方面開展,值得期待。以上信息分別參:張涌泉《敦煌文獻經部合集・前言》,北京:中華書局,2008年;《國家社科基金項目"敦煌殘卷綴合研究"獲優秀結項》,"浙大人文匯"微信公衆號: https://new.qq.com/omn/20210206/20210206A06SHK00.html,2021-2-6;《人文學院再獲1項國家社科基金冷門絕學專項學術團隊項目立項》,"浙大人文匯"微信公衆號: https://new.qq.com/omn/20201229/20201229A0BYXH00.html,2020-12-29。

《吐魯番出土文獻散録》出版
沈顧欣瑜（上海師範大學）

荣新江、史睿主編《吐魯番出土文獻散録（全二册）》已於 2021 年 4 月由中華書局出版發行。

本書收録了德國國家圖書館、德國東亞藝術博物館、俄羅斯科學院東方文獻研究所、美國普林斯頓大學葛思德東方圖書館、芬蘭國家圖書館、日本東京書道博物館、東京國立博物館、大阪四天王寺出口常順氏、中國國家博物館、中國國家圖書館、北京大學圖書館、中國科學院圖書館、甘肅省博物館、遼寧省檔案館、上海博物館、上海圖書館等公私收藏單位所藏吐魯番出土文獻，以及與本書所收文書可以直接綴合的其他收集品中的文書，共計 372 件。

本書由上下兩編組成：上編按照中國傳統的經史子集分類法編排，並在經部下單列小學類，在經史子集後又加入道教文獻、摩尼教文獻、佛教寫經題記三類。下編爲公私文書，按年代排序。每件文書在斷代、定性及特徵方面做出解題説明，内容詳實，包括文書尺寸、行數、正背關係、綴合情况、原定名及今定名，並在解題後附國内外學者關於該文書的研究成果。書中附有部分表示綴合情况和獲得版權的珍貴照片，共計六十餘幅。書後附有文書索引，便於查閲。

本書集中展現了古代西域地區的多元文化面貌，對研究中古時期政治制度、經濟、文化、社會生活等方面有重要學術價值。本書是整理、研究吐魯番文書的重要參考資料，是吐魯番文獻整理過程中的一部里程碑式的著作。

《法國國家圖書館藏敦煌藏文
文獻目録解題全編》出版
朱淑文（上海師範大學）

王啓龍主編《法國國家圖書館藏敦煌藏文文獻目録解題全編》（全八册），已於 2021 年 12 月由廣西師範大學出版社出版發行。

本書重點參考了上海古籍出版社出版的《法國國家圖書館藏敦煌藏文文獻》（簡稱“影印本”）、國際敦煌項目（IDP）官網提供的法藏敦煌藏文文獻數字資源及著録信息,參閲中外學術界已出版的法藏敦煌藏文文獻目録,以法國拉露女士編三卷本《法國國立圖書館藏敦煌藏文寫本文獻目録》(簡稱"拉露目録")和王堯先生主編《法藏敦煌藏文文獻解題目録》(簡稱"王堯目録")爲主要參考,在此基礎上增補修訂而成。主要内容涉及法國國家圖書館藏3176個敦煌藏文寫卷(P.T.0001—P.T.2225、P.T.3500—P.T.4450),詳細著録文獻標題(漢藏對照)、文獻録文(分别著録前五行、後五行)、編目注記(拉露目録、王堯目録、影印本)起始頁碼、卷子描述、相關研究信息等。全書以目録形式呈現,按號索驥,體例嚴謹,内容翔實。

本書是敦煌學和藏學研究的一部重要的工具書,爲中古歷史、宗教、語言、文字等諸多領域的研究提供了豐富的學術信息,具有重要的學術價值。

2021 年敦煌學研究論著目録

曾月秋　負國傑（上海師範大學）

　　2021 年度,中國大陸地區共出版敦煌學專著 60 多部,公開發表相關論文 400 餘篇。現將研究論著目録編制如下,其編排次序爲：一、專著部分；二、論文部分。論文部分又細分爲概説、歷史、社會文化、宗教、語言文字、文學、藝術、考古與文物保護、少數民族歷史語言、古籍、科技、書評與學術動態十二個專題。

一、專　著

榮新江《華戎交匯在敦煌》,蘭州：甘肅教育出版社,2021 年 8 月。

郝春文主編《2021 敦煌學國際聯絡委員會通訊》,上海：上海古籍出版社,2021 年 8 月。

郝春文編著《英藏敦煌社會歷史文獻釋録》第 17 卷,北京：社會科學文獻出版社,2021 年 7 月。

郝春文《蒙塵千年的敦煌寶藏》,蘭州：甘肅教育出版社,2021 年 9 月。

郝春文主編《敦煌吐魯番研究》第 20 卷,上海：上海古籍出版社,2021 年 8 月。

甘肅省圖書館、敦煌研究院等編《甘肅藏敦煌藏文文獻》第 28、29“甘肅省圖書館卷”,上海：上海古籍出版社,2021 年 4 月。

西北民族大學、上海古籍出版社、英國國家圖書館編《英國國家圖書館藏敦煌西域藏文文獻》第 15 册,上海：上海古籍出版社,2021 年 12 月。

李國、師俊傑主編《甘肅藏敦煌遺書研究文獻引得》,蘭州：甘肅教育出版社,2021 年 4 月。

王啓龍主編《法國國家圖書館藏敦煌藏文文獻目録解題全編》,桂林：廣西師範大學出版社,2021 年 12 月。

劉毅超《漢文敦煌遺書題名索引》,北京：學苑出版社,2021 年 1 月。

甘肅省文物考古研究所編著《敦煌佛爺廟灣——新店臺墓群 2015 年度發掘報告》,蘭州：甘肅教育出版社,2021 年 12 月。

馬煒、蒙中《敦煌遺珍》,“流失海外繪畫珍品系列”十册,杭州：浙江人民美術出版社,2021 年 5 月。

伏俊璉主編《寫本學研究》第 1 輯,北京：商務印書館,2021 年 3 月。

常書鴻《願爲敦煌燃此生》,成都:天地出版社,2021 年 8 月。

常書鴻、[日] 池田大作《敦煌的光彩:常書鴻、池田大作對談録》,成都:天地出版社,2021 年 5 月。

梁紅、沙武田《敦煌石窟中的歸義軍歷史——莫高窟第 156 窟研究》,蘭州:甘肅文化出版社,2021 年 5 月。

敦煌研究院編著《堅守大漠　築夢敦煌——敦煌研究院發展歷程》,蘭州:甘肅教育出版社,2021 年 1 月。

王斐弘《敦煌契約文書研究》,北京:商務印書館,2021 年 9 月。

李功國《敦煌古代法律制度略論》,北京:中國社會科學出版社,2021 年 6 月。

李功國《敦煌法學文稿》,北京:中國社會科學出版社,2021 年 9 月。

邵强軍《圖像與政權:敦煌曹議金第 98 窟研究》,蘭州:甘肅教育出版社,2021 年 7 月。

張笑峰《黑水城出土元代律令與詞訟文書整理研究》,北京:中國社會科學出版社,2021 年 5 月。

張俊民《懸泉漢簡:社會與制度》,蘭州:甘肅文化出版社,2021 年 3 月。

楊富學《漢唐長安與絲路文明》第 2 輯,蘭州:甘肅文化出版社,2021 年 4 月。

崔紅芬《文化認同視域下的西夏藏傳佛教研究》,北京:中國社會科學出版社,2021 年 6 月。

林悟殊《唐代景教再研究》(增訂本),北京:商務印書館,2021 年 8 月。

聖凱《漢傳佛教與亞洲物質文明》,北京:商務印書館,2021 年 8 月。

劉瑶瑶《敦煌寫本功德記輯釋》,成都:西南交通大學出版社,2021 年 3 月。

方廣錩《大藏經研究論集:大藏經的過去、現在與未來》,桂林:廣西師範大學出版社,2021 年 7 月。

常亮《旅順博物館藏敦煌寫本六祖壇經校寫與英譯》,北京,宗教文化出版社,2021 年 6 月。

劉顯《敦煌漢文本〈大智度論〉整理與研究》,揚州:廣陵書社,2021 年 4 月。

王志鵬《佛教影響下的敦煌文學》,北京:人民出版社,2021 年 11 月。

伏俊璉《敦煌文學寫本研究》,上海:上海古籍出版社,2021 年 5 月。

喻忠傑《敦煌寫本戲劇發生研究》,蘭州:甘肅文化出版社,2021 年 5 月。

劉元風主編《絶色敦煌之夜:絲綢之路(敦煌)國際文化博覽會服飾精粹》,北京:中國紡織出版社,2021 年 6 月。

毛君炎《中國三大石窟藝術巡遊》,南昌:江西美術出版社,2021 年 3 月。

孫志軍《世紀敦煌:跨越百年的莫高窟影像》,北京:中信出版社,2021 年 9 月。

何鴻《敦煌佛影》,杭州:中國美術學院出版社,2021 年 1 月。

寇勤《海外館藏中國文物精粹敦煌遺畫壁畫(英文)》,北京:五洲傳播出版社,2021 年 4 月。

關燕茹《敦煌壁畫中的服飾》,北京:清華大學出版社,2021 年 1 月。

史敦宇、金洵瑨《敦煌壁畫復原精品集》,蘭州:敦煌文藝出版社,2021 年 5 月。

史敦宇、金洵瑨《敦煌飛天》,蘭州:敦煌文藝出版社,2021 年 8 月。

趙聲良主編《敦煌壁畫藝術精品》,北京:中國書店,2021 年 3 月。

敦煌研究院編著《石窟面壁:關友惠關晉文敦煌壁畫臨摹集》,南京:江蘇鳳凰美術出版社,2021 年 1 月。

高山《再現敦煌壁畫藝術臨摹精品集》,南京:江蘇鳳凰美術出版社,2021 年 9 月。

梁德水《敦煌馬圈灣漢簡》,鄭州:河南美術出版社,2021 年 1 月。

陳振旺《隋及唐前期莫高窟藻井圖案研究》,蘭州:甘肅教育出版社,2021 年 1 月。

楊東苗、金衛東《絲路上的華美:敦煌藻井》,杭州:浙江人民美術出版社,2021 年 5 月。

侯翔宇《蓮華覆海:敦煌莫高窟北朝至隋代藻井研究》,北京:清華大學出版社,2021 年 8 月。

胡同慶《敦煌生活智慧探秘》,北京:文物出版社,2021 年 8 月。

胡同慶《蓮開敦煌:揭開敦煌的神秘面紗》,北京:文物出版社,2021 年 5 月。

胡同慶《敦煌傳統遊戲尋蹤》,北京:文物出版社,2021 年 11 月。

陳踐《敦煌古藏文語詞彙釋》,北京:中國藏學出版社,2021 年 1 月。

楊富學、張海娟、胡蓉、王東《敦煌民族史》,北京:社會科學文獻出版社,2021 年 12 月。

耿彬《敦煌寫本類書〈應機抄〉研究》,北京:中國社會科學出版社,2021 年 3 月。

郭金鴻《孝經鄭玄注匯校》,北京:中國社會科學出版社,2021 年 9 月。

王道坤《守正傳承岐黃術王道坤與敦煌醫學學派》,北京:科學出版社,2021 年 4 月。

陳明《天竺大醫:耆婆與〈耆婆書〉》,廣州:廣東教育出版社,2021 年 6 月。

榮新江《三升齋續筆》,杭州:浙江古籍出版社,2021 年 7 月。

劉進寶《敦煌學記》,杭州:浙江古籍出版社,2021 年 7 月。

張明泉、曾正中、王旭東、郭青林《莫高窟和月牙泉景區水環境》,蘭州:蘭州大學出版社,2021 年 2 月。

二、論　文

（一）概説

榮新江、劉進寶、郝春文、項楚、趙聲良《敦煌學視域中的中古歷史》,《中國社會科學》2021 年第 8 期。

榮新江《敦煌文書所記絲綢之路的新篇章》,《中國社會科學》2021 年第 8 期。

劉進寶《敦煌學對中古史地研究的新貢獻》,《中國社會科學》2021 年第 8 期。

郝春文《敦煌文獻展現的中古宗教史研究新圖景》,《中國社會科學》2021 年第 8 期。

項楚《敦煌語言文學資料的獨特價值》,《中國社會科學》2021 年第 8 期。

趙聲良《百年敦煌藝術研究的貢獻和影響》,《中國社會科學》2021 年第 8 期。

張涌泉、羅慕君、朱若溪《敦煌藏經洞之謎發覆》,《中國社會科學》2021 年第 3 期。

鄭炳林《傳承敦煌文化　堅定文化自信》,《絲路百科》2021 年第 3 期。

柴劍虹《再談"行百里者半九十"——紀念莫高窟藏經洞發現 120 周年》,《敦煌研究》2021 年第 4 期。

劉大勝《陳寅恪與"敦煌學"概念》,《史學理論研究》2021 年第 5 期。

宋翔《常書鴻先生與敦煌藝術研究》,《敦煌研究》2021 年第 1 期。

管小平《張大千臨摹敦煌壁畫繫年録》,《敦煌研究》2021 年第 2 期。

于天文《張大千對敦煌壁畫的貢獻及意義》,《炎黄地理》2021 年第 11 期。

屠瀟《羅振玉古文獻學貢獻述略》,《漢字文化》2021 年第 20 期。

鄭阿財《潘重規先生敦煌學研究及其與四川的因緣》,《中國俗文化研究》2021 年第 2 期。

汪正一《奮鬥百年路 啓航新征程·數風流人物——"敦煌的女兒"樊錦詩》,《敦煌研究》2021 年第 4 期。

劉蕊《新見王重民致伯希和信劄七通詮解——以王重民對法藏敦煌遺書的整理爲中心》,《文獻》2021 年第 5 期。

鍾書林《百年"敦煌文"整理研究的回顧與反思》,《文津學志》2021 年第 1 期。

李若妍《敦煌文化的數字化傳承與傳播》,《中國民族博覽》2021 年第 10 期。

趙哲超、王昕《媒介記憶視域下物質文化遺產的數字化傳播——以微信小程序"雲遊敦煌"爲例》,《新聞與寫作》2021 年第 3 期。

郝凱利《淺析數字化視角下的非遺文化保護與傳播——以甘肅敦煌彩塑藝術爲例》,《明日風尚》2021 年第 23 期。

王藝《淺析數字化技術與文化遺産的融合發展——以敦煌莫高窟爲例》,《美術研究》2021 年第 11 期。

王嫻《敦煌文化的數字化傳播研究》,江西財經大學 2021 年碩士論文。

陳永、陶美鳳《敦煌壁畫數字化修復方法綜述》,《軟件導刊》2021 年第 5 期。

付心儀、李巖、孫志軍、杜鵑、王鳳平、徐迎慶《敦煌莫高窟煙熏壁畫的數字化色彩復原研究》,《敦煌研究》2021 年第 1 期。

（二）歷史

管俊瑋《俄藏 Дx02160Va 考釋——兼對唐代長行坊減料制度的一點補充》,《敦煌研究》2021 年第 2 期。

管俊瑋《唐代尚書省"諸司符"初探——以俄藏 Дx02160Vb 文書爲綫索》,《史林》2021 年第 3 期。

賈鴻源《敦煌本〈刺史書儀〉"俵錢去處"所涉後唐宮城諸門位置商榷》,《華夏考古》2021 年第 2 期。

苑恩達、陸離《敦煌文書 P.3885 號中的"敵禮之恩"問題》,《西藏研究》2021 年第 6 期。

包曉悦《唐代使牒考》,《敦煌吐魯番研究》（第 20 卷）,上海:上海古籍出版社,2021 年 8 月。

朱麗雙《吐蕃統治時期沙州的部落劃分問題——P.T.1089 年代研究》,《中國藏學》2021 年第 4 期。

冉永忠、李博《吐蕃統治敦煌時期"奴"等群體社會地位考述》,《西藏民族大學學報》2021 年第 3 期。

陳踐《〈吐蕃兵律〉中戰利品分配律例譯析——兼論吐蕃暗軍》,《民族翻譯》2021 年第 2 期。

王凱平《敦煌吐魯番雇傭契約文書研究》,蘭州大學 2021 年碩士學位論文。

謝書磊《吐蕃統治時期沙州漢人研究》,蘭州大學 2021 年碩士學位論文。

李軍《控制、法定與自稱:唐宋之際歸義軍轄區變遷的多維度考察》,《中國史研究》2021 年第 4 期。

陸離《關於浙藏敦 114 號〈肅州府主致沙州令公書狀〉的幾個問題》,《青海民族大學學報》2021 年第 1 期。

陳雙印《張氏歸義軍時期敦煌漢族人口蠡測》,《敦煌學輯刊》2021 年第 2 期。

楊立凡《敦煌歸義軍接待外來使者之儀探析》,《敦煌學輯刊》2021 年第 3 期。

韓剛《敦煌曹氏歸義軍宮廷繪畫機構與官職考略》,《美術大觀》2021 年第 7 期。

馮家興《晚唐五代宋初敦煌詩僧與歸義軍政權》,《河西學院學報》2021 年第

4 期。

楊寶玉《晚唐文士張球生平索隱》,《敦煌研究》2021 年第 6 期。

鄭怡楠《敦煌寫本 P.3556〈張慶德邈真讚并序〉考釋》,《敦煌學輯刊》2021 年
　　第 2 期。

馮培紅、馮曉鵑《唐代粟特軍將康太和考論——對敦煌文獻、墓誌、史籍的綜
　　合考察》,《敦煌研究》2021 年第 3 期。

龐雲飛《大唐最後的河西節度使閻朝與敦煌的"城下之盟"研究》,《大學》
　　2021 年第 29 期。

何美峰《關於敦煌文書 S.2607+S.9931 所涉作者及相關問題考辯》,《西藏民族
　　大學學報》2021 年第 4 期。

蘇金花《"商品"與"貨幣"——再論唐五代時期敦煌地區絲綢流通的特點》,
　　《中國社會經濟史研究》2021 年第 4 期。

楊銘《再論吐蕃統治敦煌時期的馱、碩、斗、升》,《敦煌學輯刊》2021 年第
　　3 期。

楊銘、貢保扎西《法藏 1078bis〈悉董薩部落土地糾紛訴狀〉考釋——兼論吐蕃
　　在敦煌分配"籍田"(rkya zhing)的時間》,《敦煌研究》2021 年第 4 期。

路虹、楊富學《敦煌文獻所見沙州與周邊回鶻的商品貿易》,《中原文化研究》
　　2021 年第 3 期。

馬智全《敦煌懸泉月令詔條的節律詮釋》,《中國社會科學報》2021 年 4 月
　　27 日。

劉子凡《何以商胡不入蕃——從〈唐開元户部格殘卷〉看唐代的商胡貿易法
　　令》,《中國邊疆史地研究》2021 年第 1 期。

李并成《"敦煌"得名新考》,《敦煌學輯刊》2021 年第 1 期。

鄭炳林、張静怡《西漢敦煌郡的設置和敦煌城的修築》,《敦煌學輯刊》2021 年
　　第 2 期。

袁延勝《懸泉漢簡使節往來中的西域女性》,《西域研究》2021 年第 2 期。

黎鏡明《漢代敦煌的邊城景觀和地理意象》,《城市史研究》2021 年第 1 期。

魏泓、王東《十件古物中的絲路文明史》,《藝術品鑒》2021 年第 13 期。

魏迎春、鄭炳林《西漢敦煌郡移民研究》,《敦煌學輯刊》2021 年第 1 期。

孫培崗《晚唐涼州所見鄆州兵一事再考察》,《唐史論叢》2021 年第 1 期

董芙菱《唐宋之際河西龍家遷徙考釋》,《炎黃地理》2021 年第 5 期。

陳浩《敦煌岷州廟塔發願文補釋》,《敦煌研究》2021 年第 3 期。

于語和、邢鋭鋭《動盪西陲社會秩序的維護者:鄉賢——以〈敦煌本紀〉爲
　　例》,《長江叢刊》2021 年第 3 期。

（三）社會文化

金瀅坤《論敦煌蒙書的教育與學術價值》,《浙江師範大學學報》2021 年第
　3 期。

金瀅坤《敦煌蒙書〈武王家教〉中的唐代富貴貧賤觀念解析——以“十惡”爲
　中心》,《敦煌研究》2021 年第 6 期。

朱鳳玉《敦煌本〈太公家教〉的傳播及其對中國俗文化的展現》,《敦煌研究》
　2021 年第 6 期。

焦天然《漢唐間孔子與周公地位之嬗變——以敦煌蒙書〈孔子備問書〉“孔子
　問周公”爲緣起》,《浙江師範大學學報》2021 年第 3 期。

任占鵬《論唐代敦煌蒙書〈上大夫〉與後世〈上大人〉的關係》,《浙江師範大學
　學報》2021 年第 3 期。

黑曉佛《從寺學教育看敦煌地區的佛儒融合》,《絲綢之路》2021 年第 3 期。

丁紅旗《從敦煌、吐魯番出土寫卷看唐代〈論語〉讀習的歷史進程》,《唐史論
　叢》2021 年第 2 期。

周尚兵《唐五代敦煌的泥匠與百姓的日常生活》,《敦煌學輯刊》2021 年第
　1 期。

游自勇《敦煌吐魯番漢文文獻中的剃頭、洗頭擇吉日法》,《文津學志》2021 年
　第 1 期。

林春、李成《棋聲沙漠戈壁間——敦煌莫高窟藏經洞發現的棋戲和棋理》,《敦
　煌學輯刊》2021 年第 4 期。

郭海文、張平《敦煌壁畫所見中古女子體育遊藝初探》,《絲綢之路研究集刊》
　（第 6 輯）,北京：商務印書館,2021 年 6 月。

周尚兵《唐五代時期敦煌酒的釀造工藝研究》,《敦煌吐魯番研究》（第 20
　卷）,上海：上海古籍出版社,2021 年 8 月。

寧宇《敦煌寫本時日宜忌文書之思想主題探賾》,《蘭州大學學報》2021 年第
　2 期。

王黎《從吐蕃佛經目錄分類看漢藏文化交流》,《西藏大學學報》2021 年第
　3 期。

楊寶玉《晚唐敦煌文化中的江南元素及越州文士的貢獻》,《紹興文理學院學
　報》2021 年第 2 期。

趙洪娟《中古敦煌祈賽習俗觀見敦煌與西域之文化關係》,《敦煌研究》2021
　年第 5 期。

丁琳《金翅鳥形象與中西文化交流》,西北民族大學 2021 年碩士學位論文。

黑曉佛《敦煌變文中的大衆教化》,《炎黃地理》2021 年第 5 期。

馮家興《敦煌文書所見蕃佔時期傳承中原文化的敦煌詩僧》,《檔案》2021 年第 5 期。

邵強軍、朱建軍《敦煌維摩詰畫像中的文化彙聚》,《中國美術報》2021 年 5 月 3 日。

(四) 宗教

王招國、王雪《敦煌本〈大乘百法明門論開宗義記〉殘卷綴合研究》,《圖書館雜誌》2021 年第 8 期。

郭丹《遼寧省博物館藏敦煌寫經綴合四則》,《敦煌吐魯番研究》(第 20 卷),上海：上海古籍出版社,2021 年 7 月。

沈秋之、張涌泉《敦煌本〈和菩薩戒文〉殘卷綴合研究》,《出土文獻》2021 年第 3 期。

羅慕君、張涌泉《海内孤本周紹良舊藏〈金剛經〉殘卷綴合記》,《敦煌研究》2021 年第 5 期。

羅慕君、張涌泉《敦煌漢文本〈金剛經〉的綴合及啓示》,《敦煌吐魯番研究》(第 20 卷),上海：上海古籍出版社,2021 年 7 月。

劉丹、王勇《敦煌〈十誦律〉寫本綴合研究》,《敦煌學輯刊》2021 年第 3 期。

傅及斯《敦煌本〈辯意長者子經〉整理與研究》,《中國典籍與文化》2021 年第 3 期。

董大學《論唐代敦煌地區僧人的佛典學習——以 BD08263〈金剛般若波羅蜜經注〉爲中心》,《圖書館雜誌》2021 年第 8 期。

趙青山、劉淑偉《敦煌藏經洞所出外道口力論師文書〈五百梵志經〉研究》,《敦煌研究》2021 年第 5 期。

張鑫媛、普慧《敦煌遺書 S.4571〈維摩詰經講經文〉考論》,《西南民族大學學報》2021 年第 10 期。

王曉燕《羽 2〈維摩經義記·卷第二〉考釋》,《學衡》2021 年第 1 期。

夏吾措、桑吉東知《敦煌藏文寫本〈大乘無量壽宗要經〉的分類與流變關係研究》,《西藏大學學報》2021 年第 3 期。

昌如《敦煌文獻 Pelliot chinois 2183 校録》,《中國佛學》2021 年第 1 期。

王磊《敦煌六朝寫本與〈十誦律〉的翻譯與校定》,《中山大學學報》2021 年第 3 期。

金延林《敦煌本〈律雜抄〉初探》,《敦煌吐魯番研究》(第 20 卷),上海：上海古籍出版社,2021 年 7 月。

侯廣信《敦煌典籍對佛教中國化的現代啓示　以〈提謂波利經〉爲例》,《中國宗教》2021 年第 7 期。

侯沖《〈壇經〉“曹溪原本”考辨》,《世界宗教文化》2021 年第 4 期。

崔紅芬《英藏黑水城〈佛頂心觀音經〉相關問題考論》,《敦煌研究》2021 年第 3 期。

陳粟裕《隋至五代西天祖師像與〈付法藏因緣傳〉》,《世界宗教文化》2021 年第 2 期。

索南才旦《〈拔協〉與〈吐蕃興佛記〉關係解析》,《西藏大學學報》2021 年第 4 期。

王晶波《善惡童子考》,《歷史文獻研究》2021 年第 1 期。

申宇君《敦煌本〈思益梵天所問經〉研究》,浙江師範大學 2021 年碩士學位論文。

刀吉仁青《〈禪定目炬〉與吐蕃禪宗思想源流考》,《西南民族大學學報》2021 年第 7 期。

張喆妤《敦煌遺書中的“三科文”研究》,上海師範大學 2021 年碩士學位論文。

張總《陝西淳化金川灣石窟三階教刻經珍例——海内孤本〈兩階人發菩提心異同法〉錄介》,《敦煌吐魯番研究》(第 20 卷),上海:上海古籍出版社,2021 年 7 月。

紀應昕、馬德《唐宋時期敦煌密教餓鬼觀念及其信仰探析》,《敦煌學輯刊》2021 年第 3 期。

張小剛《古代敦煌龍王信仰及其圖像研究》,《敦煌研究》2021 年第 3 期。

馬托弟《觀音菩薩療疾功能演變研究》,《敦煌學輯刊》2021 年第 3 期。

劉波《“修故之福,無量無邊”——敦煌遺書中所見補綴舊經製作佛教功德寫經現象》,《敦煌吐魯番研究》(第 20 卷),上海:上海古籍出版社,2021 年 7 月。

何劍平《民間俗曲與佛教講經文之關係論略——以〈十二時(普勸四衆依教修行)〉與 P.2133 號〈妙法蓮華經講經文(三)〉爲例》,《敦煌學輯刊》2021 年第 4 期。

公維章《西夏時期敦煌的觀音信仰》,《泰山學院學報》2021 年第 4 期。

楊莉《漢唐時期敦煌地區佛教文化傳播研究》,蘭州大學 2021 年碩士學位論文。

段鵬《莫高窟所見清代敦煌四月八行事探析》,《敦煌學輯刊》2021 年第 2 期。

喬玉蕊《唐五代敦煌地區的佛衣與僧衣信仰研究》,蘭州大學 2021 年碩士學位論文。

陳凱源《唐宋時期敦煌佛頂尊勝陀羅尼信仰研究》,西北師範大學 2021 年碩士學位論文。

齊玥《敦煌藥師經變中的"十二藥叉"形象研究》,西北大學 2021 年碩士學位論文。

[日] 倉本尚德《行像與行城——敦煌行城儀式起源考》,《唐研究》(第 26 卷)北京:北京大學出版社,2021 年 3 月。

馬德、紀應昕《8—10 世紀敦煌無遮齋會淺識》,《敦煌研究》2021 年第 2 期。

徐銘《敦煌八關齋戒文獻寫本整理與研究》,《法音》2021 年第 7 期。

焦樹峰《敦煌石窟寺院儀軌圖像研究》,蘭州大學 2021 年碩士學位論文。

湛如《長安與敦煌之間　西明寺的大乘沙門與莫高窟的敦煌賢者》,《敦煌研究》2021 年第 2 期。

趙貞《杏雨書屋藏羽 689〈吐蕃監軍論董勃藏修伽藍功德記〉考釋》,《宗教信仰與民族文化》2021 年第 1 期。

陳大爲《唐後期五代宋初敦煌寺院中的客僧》,《敦煌研究》2021 年第 2 期。

王祥偉《敦煌"儭　狀"文書再探》,《敦煌研究》2021 年第 4 期。

張豔玉《唐後期五代宋初敦煌僧尼養老優老問題初探》,《敦煌學輯刊》2021 年第 4 期。

武紹衛《無名僧人的名山事業:中古時期僧人的日常抄經與校勘活動》,《中國史研究》2021 年第 2 期。

陸離《日本杏雨書屋藏 737 號吐蕃天下都僧統願文研究——兼談吐蕃僧官制度》,《西藏研究》2021 年第 4 期。

徐秀玲《晚唐五代宋初敦煌寺院的節料》,《甘肅廣播電視大學學報》2021 年第 3 期。

馬聚英《唐宋時期敦煌永安寺研究》,上海師範大學 2021 年碩士學位論文。

張亦鳴《唐宋時期敦煌乾元寺研究》,上海師範大學 2021 年碩士學位論文。

張鵬《輻合增衍模式下的道經文本——以敦煌本〈上清大洞真經〉爲中心》,《宗教學研究》2021 年第 2 期。

陸雯雯《唐代的儒釋道融合　以敦煌道教文書爲例》,《中國宗教》2021 年第 7 期。

劉志《道教文化與絲綢之路——記王卡先生新疆、敦煌調研》,《中國本土宗教研究》(第 4 輯),北京:社會科學文獻出版社,2021 年 3 月。

彭曉靜、楊富學《摩尼教"樹"信仰及其哲學化二元論思想——以敦煌文獻爲中心》,《敦煌研究》2021 年第 3 期。

楊富學、楊琛《華化摩尼教冥界觀與敦煌本〈十王經〉關係索隱》,《敦煌研究》2021 年第 5 期。

康高寶《福建摩尼教文書中的〈下部贊〉引文辨析——〈下部贊〉異本探秘》,

《紹興文理學院學報》2021 年第 5 期。

張澤洪、張繼馳《敦煌學視域下唐代長安的三教關係》,《石河子大學學報》
　　2021 年第 2 期。

裴長春《敦煌本武后抄經規模新探》,《中國社會科學報》2021 年 4 月 14 日。

　　（五）語言文字

鄧文寬《敦煌本〈字寶〉中的活俚語（去聲）》,《敦煌學輯刊》2021 年第 3 期。

傅及斯《"列"字新解》,《中國語文》2021 年第 3 期。

余柯君《四種〈大身咒〉齒音聲母的比較研究》,《語文研究》2021 年第 2 期。

張涌泉、沈秋之《敦煌社邑文書人名錄校匡正及其識讀方法》,《語文研究》
　　2021 年第 3 期。

張小豔《敦煌本〈雜集時用要字〉疑難詞語校釋》,《敦煌吐魯番研究》（第 20
　　卷）,上海：上海古籍出版社,2021 年 8 月。

尤澳、楊祖榮《日本杏雨書屋藏〈説文解字〉寫本殘卷考辨》,《閩江學院學報》
　　2021 年第 4 期。

王棟《日本杏雨書屋藏"説文解字殘簡"考釋》,《古漢語研究》2021 年第 2 期。

李圓媛《敦煌本〈太公家教〉"齊""聞"二字考辨》,《晉城職業技術學院學報》
　　2021 年第 4 期。

湯偉《S.202〈傷寒論·辯脈法〉疑難字考釋》,《西昌學院學報》2021 年第
　　3 期。

黃繼省《敦煌寫本〈尚書釋文〉"字形説解"類目研究》,《天水師範學院學報》
　　2021 年第 2 期。

彭慧《〈韓擒虎話本〉校注拾遺》,《天水師範學院學報》2021 年第 6 期。

任燁璿《〈燕子賦〉"祁摩"補釋》,《漢字文化》2021 年第 1 期。

張喆、党懷興《從王弼〈周易注〉看敦煌寫本的文字學價值》,《中國文字研究》
　　2021 年第 1 期。

李洪財《敦煌馬圈灣漢簡草書釋正》,《出土文獻》2021 年第 3 期。

康健、陳君逸《唐宋禪籍與敦煌文獻中的"子"綴詞》,《西華師範大學學報》
　　2021 年第 6 期。

李華斌《敦煌寫卷佛經音義疑難字考釋六則》,《中國文字研究》2021 年第
　　1 期。

羅慕君、張涌泉《文字比較在敦煌本〈金剛經〉整理中的運用》,《古漢語研究》
　　2021 年第 2 期。

張琴、黃徵《敦煌寫本〈珠英學士集〉異文的類型與特徵》,《鄭州航空工業管
　　理學院學報》2021 年第 4 期。

祝玉玲《敦煌漢簡文字筆形及字體風格研究》,西北師範大學 2021 年碩士學位論文。

汪豔萍《〈懸泉漢簡(壹)〉虚詞研究》,西北師範大學 2021 年碩士學位論文。

劉家齊《〈懸泉漢簡(壹)〉實詞研究》,西北師範大學 2021 年碩士學位論文。

傅及斯《從文獻與詞彙角度考辨〈辯意長者子經〉的譯出時代》,《漢語史學報》2021 年第 1 期。

王月妍《〈玉門關漢簡〉文字編》,吉林大學 2021 年碩士學位論文。

武慧敏《唐五代白話文量詞研究》,喀什大學 2021 年碩士學位論文。

鮑宗偉《敦煌文獻同人異稱研究》,《敦煌研究》2021 年第 2 期。

方廣錩《敦煌遺書中的界欄——寫本學劄記》,《圖書館雜誌》2021 年第 8 期。

王海雲、梁旭澍《敦煌研究院藏敦煌文獻殘片續綴》,《敦煌研究》2021 年第 4 期。

楊倩《一件有關唐五代敦煌净土寺學的寫本 P.2621——兼論卷背雜抄》,《天水師範學院學報》2021 年第 3 期。

高天霞《〈漢語大字典〉引敦煌文獻獻疑》,《寧夏大學學報》2021 年第 3 期。

(六) 文學

胡蓉《敦煌吐魯番文獻所見蒙元時期的絲路文學》,《吐魯番學研究》2021 年第 2 期。

劉傳啓《敦煌佛教齋文文體結構的劃分》,《西華師範大學學報》2021 年第 6 期。

武紹衛《敦煌本 P.3618V〈秋吟〉初探》,《西華師範大學學報》2021 年第 6 期。

熊一瑋《佛教割乳佈施典故探原》,《敦煌學輯刊》2021 年第 4 期。

陳映錦《律藏譬喻對敦煌變文的影響》,《中國宗教》2021 年第 11 期。

黑曉佛《敦煌世俗變文中中原情結的呈現與流變——兼論敦煌文化的基本精神》,《甘肅理論學刊》2021 年第 3 期。

張志婧《敦煌變文女性形象研究》,《時代報告》2021 年第 5 期。

程潔《敦煌變文獨特的敘事策略:夢境敘事》,《名作欣賞》2021 年第 14 期。

黃志傑《敦煌變文與河西寶卷淵源探論——兼述地方非經典文學作品的價值重估》,《中國俗文化研究》2021 年第 2 期。

黑曉佛《敦煌變文中非正統的英雄觀及其價值取向》,《今古文創》2021 年第 47 期。

王志鵬《敦煌絲綢之路詩歌整理研究述略》,《内蒙古大學學報》2021 年第 5 期。

石雲濤《敦煌歷史變遷在唐詩中的書寫》,《石河子大學學報》2021 年第 4 期。

朱瑜章《敦煌寫本 P.2555 卷"馬雲奇詩"考辨》,《敦煌學輯刊》2021 年第
2 期。

王素《敦煌 S.76 號文書所見劉廷堅其人其詩》,《敦煌吐魯番研究》(第 20
卷),上海:上海古籍出版社,2021 年 8 月。

趙庶洋《敦煌詩校録析分失當舉例》,《敦煌研究》2021 年第 5 期。

楊富學、葉凱歌《敦煌回鶻語頭韻詩及其格律特徵》,《敦煌研究》2021 年第
2 期。

冉怡《敦煌婚儀詩文研究》,西華師範大學 2021 年碩士學位論文。

李思家《敦煌三卷本〈王梵志詩集〉研究》,貴州師範大學 2021 年碩士學位
論文。

蕭虹《迷失的環節:〈雲謠集〉在詞誕生過程中的定位》,《蘇州教育學院學報》
2021 年第 3 期。

袁隴珍《敦煌曲子詞的譯介:現狀與未來》,《蘭州文理學院學報》2021 年第
3 期。

楊寶玉《〈貳師泉賦〉作者考辨》,《敦煌學輯刊》2021 年第 4 期。

楊倩《敦煌俗賦與戲曲》,《保山學院學報》2021 年第 4 期。

張焕忠《再論〈茶酒論〉的戲劇性——以 P.3910 爲中心》,《湖北文理學院學
報》2021 年第 6 期。

何迪《敦煌本〈搜神記〉研究綜述》,《寧夏師範學院學報》2021 年第 2 期。

張焕忠《〈茶酒論〉中的民俗與儀式》,《寧夏師範學院學報》2021 年第 6 期。

何迪《敦煌小説中的鬼神叙事》,西華師範大學 2021 年碩士學位論文。

王安琪《敦煌寫本 P.3771、S.2717 整理與研究》,西華師範大學 2021 年碩士學
位論文。

韋正春《敦煌儀式文學"兒郎偉"研究》,貴州師範大學 2021 年碩士學位論文。

張琴《敦煌所見李季蘭詩異文考辨》,《開封文化藝術職業學院學報》2021 年
第 5 期。

羅雙《敦煌醜婦文學寫卷整理與研究》,哈爾濱師範大學 2021 年碩士學位
論文。

劉東波《大谷探險隊與日本近代西域文學——論松岡讓〈敦煌物語〉中的
"虛"與"實"》,《人文新視野》2021 年第 1 期。

（七）藝術

張小剛《敦煌壁畫中兩種于闐歷史傳説故事畫新考》,《西域研究》2021 年第
2 期。

路文《儒家文化對中國佛教繪畫的影響——以阿旃陀石窟和敦煌的壁畫風格

對比爲例》,《中國宗教》2021 年第 8 期。

郭俊葉《敦煌執扇彌勒菩薩圖像考》,《敦煌研究》2021 年第 2 期。

陳曉咚《北涼時期三窟壁畫的西域風格與造型特點》,《藝術評鑒》2021 年第
　　8 期。

王樂樂《從印度到中國克孜爾、敦煌石窟：施身主題本生圖像的演變》,《湖北
　　美術學院學報》2021 年第 3 期。

李婷《榆林窟第 29 窟圖像配置研究》,《法音》2021 年第 4 期。

劉屹《敦煌所謂"白衣佛"問題之我見》,《敦煌吐魯番研究》(第 20 卷),上海：
　　上海古籍出版社,2021 年 7 月。

趙聲良《光與色的旋律——敦煌隋代壁畫裝飾色彩管窺》,《敦煌研究》2021
　　年第 3 期。

張春佳、趙聲良《莫高窟北朝忍冬紋樣的藝術特徵》,《敦煌研究》2021 年第
　　6 期。

高晏卿《敦煌莫高窟唐前期正卷立體化蓮瓣紋樣分析》,《敦煌研究》2021 年
　　第 4 期。

談偉傑《敦煌壁畫中喪葬題材繪畫的藝術風格研究——以涅槃經變畫爲例》,
　　西北師範大學 2021 年碩士學位論文。

馬莉《敦煌壁畫中的"拂塵"圖像》,《國畫家》2021 年第 4 期。

姚勝男《敦煌壁畫中的"八部衆"群像研究》,西北師範大學 2021 年碩士學位
　　論文。

李小康《敦煌莫高窟化生圖像研究》,西北師範大學 2021 年碩士學位論文。

王雷《榆林窟第 3 窟山水圖像研究》,西北大學 2021 年碩士學位論文。

尹璐瑶《敦煌石窟動物圖像研究》,蘭州大學 2021 年碩士學位論文。

王敬儀《唐代敦煌壁畫所見珠飾使用問題研究》,西北大學 2021 年碩士學位
　　論文。

李春格《試論敦煌壁畫中山水畫的理念與形式》,浙江師範大學 2021 年碩士
　　學位論文。

吳佳美《淺析敦煌莫高窟北朝壁畫人物造像的特徵》,雲南藝術學院 2021 年
　　碩士學位論文。

劉新源《莫高窟南北朝時期動物紋飾風格研究》,天津師範大學 2021 年碩士
　　學位論文。

李娜《解析"飛天"在中國古代壁畫中的形式演變》,《文物鑒定與鑒賞》2021
　　年第 8 期。

閆金金《敦煌壁畫的斑駁殘缺之美研究——以〈殘缺〉系列創作實踐爲例》,上

海師範大學 2021 年碩士學位論文。

高晏卿《敦煌莫高窟唐前期藻井寶相花中對葉形紋樣分析》,《佛學研究》2021 年第 1 期。

于小彤、宋莉《盛唐莫高窟藻井藝術風格探究——以第 320 窟爲例》,《美術文獻》2021 年第 4 期。

張蕾《敦煌藻井圖案研究與應用》,東北林業大學 2021 年碩士學位論文。

薛瑞佳《敦煌西夏石窟藻井圖案的藝術特色及應用研究》,西北大學 2021 年碩士學位論文。

張景峰《佛法身在敦煌經變畫中的體現——莫高窟第 31 窟研究之一》,《敦煌學輯刊》2021 年第 4 期。

龍忠、陳麗娟《彌勒單尊像、説法圖和彌勒經變的關係研究》,《絲綢之路》2021 年第 3 期。

龍忠、陳麗娟《唐宋時期敦煌石窟彌勒經變的演變》,《大衆文藝》2021 年第 11 期。

張善慶《圖像的層累與〈觀世音菩薩普門品〉的完整再現——莫高窟第 395 窟研究之一》,《敦煌研究》2021 年第 4 期。

呂曉楠《阿艾石窟與莫高窟 217 窟"觀無量壽經變"圖像比較研究——兼談敦煌壁畫粉本對龜茲石窟藝術的影響》,《西北美術》2021 年第 2 期。

李婷《敦煌西夏石窟新樣文殊圖像研究——以榆林窟第 29 窟爲例》,《美術學報》2021 年第 2 期。

李維《敦煌壁畫中的世俗性與現實性特徵研究——以"出行圖"爲例》,《財富時代》2021 年第 5 期。

劉璟《敦煌石窟"迦陵頻伽"圖像的認定與來源》,《美術》2021 年第 4 期。

余志雯《剝落與變色之美——敦煌莫高窟 220 窟北壁初唐壁畫〈東方藥師經變畫〉的審美價值探析》,中國藝術研究院 2021 年碩士學位論文。

焦響樂《敦煌莫高窟睒子本生故事畫及相關問題研究》,蘭州大學 2021 年碩士學位論文。

陳菊霞、馬兆民《延𫘬夫婦供養人像辨析》,《敦煌學輯刊》2021 年第 3 期。

劉維棟《榆林窟 29 窟西夏男性供養人再考》,《北方文物》2021 年第 6 期。

劉人銘《敦煌石窟回鶻王像身份屬性再思考》,《中國美術研究》2021 年第 2 期。

陳菊霞、李珊娜《敦煌莫高窟第 4 窟于闐供養人像研究》,《西域研究》2021 年第 2 期。

黃夢雨《從〈都督夫人禮佛圖〉看敦煌供養人形象》,《今古文創》2021 年第

44 期。

朱曉峰《唐代莫高窟經變畫樂舞圖像述略》,《敦煌研究》2021 年第 6 期。

朱曉峰《西夏觀無量壽經變中的音樂史觀察》,《敦煌學輯刊》2021 年第 2 期。

張建華、余虹《唐宋古譜研究舉要兼啓示》,《音樂探索》2021 年第 2 期。

劉文榮《敦煌壁畫樂器的綫形表達——兼談壁畫的以圖辨樂與圖像敘事》,《樂器》2021 年第 7 期。

朱曉峰、劉致暢《敦煌樂舞中的舞蹈:概念與分類》,《北京舞蹈學院學報》2021 年第 3 期。

趙喬《基於舞蹈表演教學的唐代飛天"身""神""韻"研究》,《北京舞蹈學院學報》2021 年第 3 期。

高德祥《敦煌壁畫中的反彈琵琶舞姿溯源》,《北京舞蹈學院學報》2021 年第 3 期。

馬軍、何銘《敦煌舞派"六法"探究》,《舞蹈》2021 年第 6 期。

王珊珊《西夏時期敦煌石窟壁畫中的樂舞圖像研究》,西安音樂學院 2021 年碩士學位論文。

童昕《敦煌伎樂天舞蹈表演的特徵》,北京舞蹈學院 2021 年碩士學位論文。

柴源媛《性格舞敦煌舞元素男性教材研究》,北京舞蹈學院 2021 年碩士學位論文。

潘琳《性格舞敦煌元素女性教材研究》,北京舞蹈學院 2021 年碩士學位論文。

高若琳《唐代敦煌琵琶古譜音樂與飛天壁畫藝術特色的比較研究》,四川音樂學院 2021 年碩士學位論文。

朱愛《莫高窟第 156 窟樂舞壁畫研究》,西北師範大學 2021 年碩士學位論文。

閆雨婷《新時代語境下的敦煌舞蹈研究》,西北民族大學 2021 年碩士學位論文。

謝佳西《敦煌壁畫世俗樂舞研究——以袖舞爲例》,西北民族大學 2021 年碩士學位論文。

賴以儒《中國國家博物館藏〈唐河西支度營田使户口給糧計簿殘卷〉雜寫書法研究》,《中國國家博物館館刊》2021 年第 5 期。

夏青《唐代敦煌寫經中章草墨跡捃撮》,《大學書法》2021 年第 3 期。

熊雙平《敦煌唐碑書法考察》,《西泠藝叢》2021 年第 1 期。

李逸峰《敦煌漢簡中轉折筆形分類研究》,《書法研究》2021 年第 2 期。

鮮喬生《敦煌題記書法研究》,西北師範大學 2021 年碩士學位論文。

陳爽《"秘畫珍圖":敦煌繪本長卷 P.2683〈瑞應圖〉再探》,《中國國家博物館館刊》2021 年第 9 期。

于向東《莫高窟第 285 窟西壁兩側龕内人物身份研究》,《敦煌學輯刊》2021
　　年第 3 期。

楊潤澤《吐蕃統治晚期敦煌莫高窟建築彩畫藝術研究》,蘭州理工大學 2021
　　年碩士學位論文。

陸昱潔《敦煌唐代壁畫山水的構圖方式及創作實踐運用》,西北大學 2021 年
　　碩士學位論文。

張彩霞《敦煌石窟壁畫元素在油畫創作中的運用》,遼寧師範大學 2021 年碩
　　士學位論文。

李子棱《敦煌莫高窟鳳鳥紋樣在現代服裝設計中的應用研究》,東華大學 2021
　　年碩士學位論文。

沈開豔《敦煌故事畫的時空表達在國畫創作中的運用》,上海師範大學 2021
　　年碩士學位論文。

周曉萍《敦煌石窟回鶻佛教藝術研究》,蘭州大學 2021 年博士學位論文。

張智源《〈净眼因明論〉與〈自敘帖〉比較研究》,淮北師範大學 2021 年碩士學
　　位論文。

鍾雪梅《絲路上以涼國夫人爲中心的五代服飾復原探索》,四川師範大學 2021
　　年碩士學位論文。

（八）考古與文物保護

韋正《莫高窟第 275 窟的年代方案》,《敦煌研究》2021 年第 5 期。

沙武田《禮佛窟·藏經窟·瘞窟——敦煌莫高窟第 464 窟營建史考論（上）》,
　　《故宫博物院院刊》2021 年第 7 期。

沙武田《禮佛窟·藏經窟·瘞窟——敦煌莫高窟第 464 窟營建史考論（下）》,
　　《故宫博物院院刊》2021 年第 8 期。

陳菊霞、李珊娜《榆林窟第 33 窟營建年代與功德人辨析》,《敦煌研究》2021
　　年第 1 期。

段媛媛《試論敦煌莫高窟十六國至北朝時期覆斗形頂（上）——莫高窟覆斗頂
　　與晉墓頂》,《敦煌研究》2021 年第 2 期。

趙曉星《關於敦煌莫高窟西夏前期洞窟的討論——西夏石窟考古與藝術研究
　　之五》,《敦煌研究》2021 年第 6 期。

趙豐、王淑娟、王樂《莫高窟北區 B121 窟出土元代絲綢研究》,《敦煌研究》
　　2021 年第 4 期。

沙武田《西夏瓜州佛教洞窟營建的時代特性》,《中原文物》2021 年第 4 期。

陸航、段錦航《拓展石窟寺考古研究方法》,《中國社會科學報》2021 年 7 月
　　19 日。

李銀廣《禮儀的空間：敦煌莫高窟第 285 窟石窟造型與空間佈局再考》,《裝飾》2021 年第 7 期。

袁頔、沙武田《行僧神化與圖像重構——瓜州榆林窟第 21 窟新辨識行脚僧研究》,《形象史學》2021 年第 2 期。

梁紅、沙武田《歸義軍首任節度使張議潮功德窟莫高窟第 156 窟的里程碑意義》,《絲綢之路研究集刊》(第 6 輯),北京：商務印書館,2021 年 6 月。

田林啓、王輝鍇《劉薩訶的美術——吳越阿育王塔與敦煌莫高窟第 72 窟》,《絲綢之路研究集刊》(第 6 輯),北京：商務印書館,2021 年 6 月。

張琪《敦煌壁畫廊廡建築歷史演進分期研究》,蘭州理工大學 2021 年碩士學位論文。

余生吉、吳健、王春雪、俞天秀、胡琢民《敦煌莫高窟第 45 窟彩塑高保真三維重建方法研究》,《文物保護與考古科學》2021 年第 3 期。

金良、薄龍偉、宋利良、吳健、俞天秀《莫高窟第 249 窟 VR(虛擬實境)展示系統的設計與實現》,《敦煌研究》2021 年第 4 期。

宋翔《前無成例：論國立敦煌藝術研究所之設立及其影響》,《敦煌研究》2021 年第 5 期。

田野《首次深入系統研究莫高窟諸家編號及對照關係》,《中國新聞出版廣電報》2021 年 3 月 31 日。

羅華慶、王進玉《敦煌藝術研究所時期制訂的石窟保護管理規則》,《敦煌研究》2021 年第 3 期。

田琳《國家與地方：文物保管的合作與衝突——敦煌土地廟遺書的發現與保管權爭議史實探微》,《敦煌研究》2021 年第 1 期。

陳明《印度漢學家師覺月 1948 年敦煌考察鉤沉》,《敦煌研究》2021 年第 2 期。

李康敏、王玉芳《莫高窟第 257 窟〈鹿王本生圖〉研究》,《雲岡研究》2021 年第 3 期。

劉興好《敦煌壁畫中佛寺建築的佈局》,《收藏與投資》2021 年第 6 期。

孫超《華爾納與哈佛藝術博物館敦煌文物收藏》,《收藏》2021 年第 4 期。

楊桐《〈明皇幸蜀圖〉與敦煌 217 窟〈化城喻品〉的對比研究》,中央美術學院 2021 年碩士學位論文。

(九)少數民族歷史語言

阿旺嘉措、才讓扎西《敦煌〈八嚩聲頌〉藏文寫卷的梵藏語法比較研究》,《敦煌學輯刊》2021 年第 3 期。

任小波《敦煌藏文〈十善説〉譯注與解説》,《敦煌吐魯番研究》(第 20 卷),上海：上海古籍出版社,2021 年 8 月。

貢保扎西《敦煌西域出土古藏文契約文書的相關問題研究》,《西南民族大學學報》2021 年第 9 期。

索南加《敦煌本〈吐蕃大事紀年〉部分地名及疑難詞句研究》,《西藏大學學報》2021 年第 1 期。

才讓《延續壽命法:〈尊勝陀羅尼〉吐蕃譯本與流傳》,《敦煌研究》2021 年第 2 期。

李宗俊《敦煌古藏文歷史文獻的撰修及其反映的早期吐蕃史》,《西藏研究》2021 年第 5 期。

黃維忠《從〈吐蕃大事紀年〉看吐蕃巡守制度》,《中國藏學》2021 年第 4 期。

杜曉峰、張旭、楊銘《敦煌本古藏文〈大事紀年〉記載的吐蕃社會階層及其地位》,《魏晉南北朝隋唐史資料》2021 年第 1 期。

楊銘《rkya:吐蕃統治敦煌西域時期的編戶制度》,《西域研究》2021 年第 4 期。

陳于柱、張福慧《敦煌漢、藏文〈宅經〉的比較歷史學研究》,《敦煌研究》2021 年第 4 期。

李鋒、楊銘《近年來敦煌本吐蕃歷史文書研究成果評析——從民族史的角度》,《西南民族大學學報》2021 年第 9 期。

則瑪其西《毗盧遮那的歷史遺産:8 世紀藏傳佛教本土化的多元視閾》,《中國藏學》2021 年第 3 期。

羅秉芬《藏學海洋中的一葉小舟——羅秉芬自述》,《中國藏學》2021 年第 3 期。

陳古目草《吐蕃統治敦煌時期的民族關係探索——從契約文書談起》,《太原城市職業技術學院學報》2021 年第 6 期。

桑吉東知《關於部分法藏敦煌藏文文獻的定名問題及其研究現狀述評》,《四川民族學院學報》2021 年第 3 期。

楊志國《敦煌藏文寫本〈寶雲經〉整理與研究》,蘭州大學 2021 年碩士學位論文。

王梓璿《敦煌藏文寫本〈白傘蓋經〉對勘與研究》,蘭州大學 2021 年碩士學位論文。

三排才讓《敦煌藏文文獻的字詞屬性統計研究》,西藏大學 2021 年碩士學位論文。

吉太本《敦煌古文獻〈大乘稻稈經隨聽疏〉漢藏文本比較研究》,中央民族大學 2021 年碩士學位論文。

多吉洛多《敦煌古藏文〈松巴母親語錄〉倫理思想研究》,西藏大學 2021 年碩士學位論文。

拉毛東知《敦煌古藏文寫卷 P.T.1287 之〈吐蕃大論世系表〉研究》,西藏大學
　　2021 年碩士學位論文。

普化才讓《敦煌古藏文寫本〈摩利支天陀羅尼經〉研究》,西藏大學 2021 年碩
　　士學位論文。

卓瑪傑《吐蕃兵律研究》,西北民族大學 2021 年碩士學位論文。

桑加才讓《藏文史籍〈奈巴教法史〉研究》,西北民族大學 2021 年碩士學位
　　論文。

班瑪卡召《敦煌古藏文文獻〈白傘蓋母〉研究》,西北民族大學 2021 年碩士學
　　位論文。

南傑才讓《8—9 世紀敦煌漢藏翻譯史研究》,西藏大學 2021 年碩士學位論文。

段玉泉、馬萬梅《新見法藏敦煌出土西夏文獻考釋》,《敦煌研究》2021 年第
　　4 期。

閆安朝《新見俄藏西夏文〈三才雜字〉考》,《西夏研究》2021 年第 4 期。

文志勇《英藏黑水城出土文獻西夏文〈壇經〉釋考》,《西夏研究》2021 年第
　　2 期。

［俄］維·彼·扎伊采夫、戴忠沛《英國國家圖書館藏西夏文殘片 Or.12380/
　　3495 再考》,《西夏研究》2021 年第 1 期。

趙成仁《英藏西夏文〈大般若波羅蜜多經〉卷八殘片考》,《西夏研究》2021 年
　　第 1 期。

劉景雲、湯曉龍《西夏文〈明堂灸經〉版本新考——英藏、俄藏本的啓示》,《中
　　醫藥文化》2021 年第 6 期。

鄧章應、李穎《西夏文佛經寫本校改體例研究——以俄藏寫本〈大寶積經〉爲
　　例》,《西夏學》2021 年第 1 期。

王海榆《西夏文〈三才雜字〉天部"雨"類目考》,《西夏研究》2021 年第 3 期。

馬洲洋《西夏文譯〈正理除意之暗〉初探》,《中國藏學》2021 年第 3 期。

王凱《俄藏西夏文〈大般涅槃經〉卷三十八釋讀》,《綿陽師範學院學報》2021
　　年第 3 期。

任景琦《俄藏西夏文〈大般涅槃經〉卷二十七釋讀》,《綿陽師範學院學報》
　　2021 年第 3 期。

張九玲《俄藏西夏文〈佛説寶雨經〉卷十譯釋》,《綿陽師範學院學報》2021 年
　　第 3 期。

吳雪梅《新見西夏文〈佛説如來一切總悉攝受三十五佛懺罪法事〉綴合研究》,
　　《西夏學》2021 年第 1 期。

張鐵山《敦煌研究院舊藏兩葉回鶻文〈阿含經〉殘片研究》,《敦煌學輯刊》2021 年第 1 期。

張鐵山、〔德〕皮特・茨默《敦煌研究院舊藏一葉回鶻文〈阿毗達磨順正理論〉殘葉及其相關問題研究》,《敦煌研究》2021 年第 2 期。

〔日〕森安孝夫、馮家興、白玉冬《敦煌出土元代回鶻文書中的行在緞子》,《中山大學學報》2021 年第 4 期。

張鐵山、〔德〕皮特・茨默《敦煌研究院舊藏回鶻文〈悉談章〉殘片研究》,《民族語文》2021 年第 6 期。

亞黎《回鶻文契約與回鶻式蒙古文契約文書比較研究》,西北民族大學 2021 年碩士學位論文。

（十）古籍

王慶衛《敦煌寫本 P.3816〈御注孝經贊並進表〉再考》,《國學學刊》2021 年第 3 期。

儲麗敏《從新反切層的角度看敦煌殘卷〈周易音義〉性質》,《漢語史學報》2021 年第 1 期。

張傳官《敦煌漢簡 2130〈急就篇〉殘觚復原》,《文史》2021 年第 3 期。

劉婷《敦煌文書 P.2607〈勤讀書抄〉考辨》,《形象史學》2021 年第 2 期。

張婧樂《中國國家博物館藏〈敦煌古籍零拾〉(唐五代寫本)》,《書畫世界》2021 年第 6 期。

曹丹《敦煌寫本類語體類書綜合研究》,蘭州大學 2021 年碩士學位論文。

任燁璿《敦煌寫本義净譯著整理與研究》,四川外國語大學 2021 年碩士學位論文。

周詩華《發現成玄英:敦煌文獻研究中的知識細化問題——以敦煌本〈老子道德經義疏〉第五殘卷的研究爲中心》,《歷史文獻》(第二十三輯),上海:上海古籍出版社,2021 年 3 月。

秦樺林《敦煌唐寫本〈劉子〉新識》,《敦煌學輯刊》2021 年第 2 期。

郜同麟《談敦煌道經中的所謂"千字文帙號"》,《中國典籍與文化》2021 年第 2 期。

李建華《敦煌石室〈晉史〉寫本乃孫盛〈晉陽秋〉考》,《古籍整理研究學刊》2021 年第 5 期。

梅雪、楊寶玉《法藏敦煌文書 P.2700bis〈大唐西域記〉殘片校釋》,《石河子大學學報》2021 年第五期。

王璽、李培潤《探析敦煌遺書〈輔行訣五臟用藥法要〉》,《光明中醫》2021 年第 10 期。

葛政、萬芳《敦煌吐魯番出土醫藥文獻中著録出處的亡佚隋唐醫方考》,《中國中醫基礎醫學雜誌》2021 年第 4 期。

楊寒《英藏敦煌本〈兔園策府〉考證及其影響研究》,《唐史論叢》2021 年第 2 期。

高静雅《〈文場秀句〉在日本的流傳與影響》,《敦煌研究》2021 年第 6 期。

韓春平《民國時期周鼇山收藏敦煌文獻史事鉤沉——曾廣鈞長詩〈題周鼇山藏唐人寫經卷子〉解析》,《敦煌學輯刊》2021 年第 3 期。

（十一）科技

高佳星、姚小强、鄭先麗、李鼎鵬、周亞婕、董莉莉《敦煌醫學重灸理論指導下治療類風濕性關節炎的研究進展》,《針灸臨床雜誌》2021 年第 7 期。

周亞婕、姚小强、鄭先麗、李鼎鵬、高佳星、董莉莉《敦煌醫學灸法治療類風濕關節炎選穴研究》,《中華中醫藥雜誌》2021 年第 8 期。

武佼佼、王進玉《絲綢之路上的訶黎勒及其在醫藥中的應用》,《敦煌學輯刊》2021 年第 2 期。

蔣勤儉《敦煌句本〈搜神記〉孝子故事所涉藥物考》,《中醫藥文化》2021 年第 4 期。

吳新鳳《敦煌遺書脈診文獻之脈象特徵研究》,甘肅中醫藥大學 2021 年碩士學位論文。

章天明《敦煌醫學美容妙方》,《家庭中醫藥》2021 年第 5 期。

李加太《敦煌本吐蕃醫學文獻中的藥用植物多樣性研究》,《湖北農業科學》2021 年第 7 期。

梁永瑞、李應存、李鑫浩《李應存教授運用敦煌大瀉肝湯治療尋常痤瘡臨證經驗》,《亞太傳統醫藥》2021 年第 7 期。

孫占宇、趙丹丹《〈懸泉漢簡（壹）〉曆表類殘册復原——兼談"曆日"與"質日"》,《敦煌研究》2021 年第 6 期。

任占鵬《敦煌〈算經〉編撰年代及源流探析》,《敦煌研究》2021 年第 6 期。

李并成《千年科技之光——敦煌科技史印跡》,《甘肅日報》2021 年 6 月 10 日。

宋雪春《國家圖書館藏敦煌遺書中的古代素紙及素紙裱補初探》,《圖書館雜誌》2021 年第 8 期。

（十二）書評與學術動態

趙貞《百餘年來敦煌學成就的全面總結——郝春文教授等〈當代中國敦煌學研究（1949—2019）〉評介》,《敦煌研究》2021 年第 4 期。

柴劍虹《金針度人，功德無量——捧讀〈敦煌藝術大辭典〉感言》,《敦煌研究》2021 年第 1 期。

劉子凡、馬俊傑《華戎交匯的歷史圖景——讀陸慶夫〈敦煌民族文獻論稿〉》，《2021 敦煌學國際聯絡委員會通訊》，上海：上海古籍出版社，2021 年 8 月。

王子瀟《〈敦煌民族文獻論稿〉評介》，《中國史研究動態》2021 年第 5 期。

李若愚、于方方《〈織網與鑿井：中西交通史研究論稿〉評介》，《2021 敦煌學國際聯絡委員會通訊》，上海：上海古籍出版社，2021 年 8 月。

邢小震、劉孟嬌《敦煌佛教圖像研究之肇始與彌新》，《中國出版》2021 年第 1 期。

石雲濤《別開生面的文史互證研究——讀朱雷師敦煌變文研究系列論文》，《許昌學院學報》2021 年第 6 期。

榮新江《〈敦煌學新論〉增訂本序》，《敦煌學輯刊》2021 年第 2 期。

榮新江《劉波〈敦煌西域文獻題跋輯錄〉序》，《敦煌學輯刊》2021 年第 2 期。

汪正一《敦煌研究院編〈堅守大漠　築夢敦煌——敦煌研究院發展歷程〉出版》，《敦煌研究》2021 年第 1 期。

鄭炳林《創造性轉化，創造性發展——序馮玉雷〈野馬，塵埃〉》，《絲綢之路》2021 年第 1 期。

朱必松《與時代同構的敦煌精神生活史——評〈我心歸處是敦煌——樊錦詩自述〉》，《長江文藝評論》2021 年第 2 期。

敏春芳、張黎《"前修未密，後出轉精"青出於藍而勝於藍——讀〈敦煌碑銘贊輯釋（增訂本）〉》《敦煌學輯刊》2021 年第 2 期。

廖可斌《〈英國國家圖書館藏中文古籍目錄〉前言》，《中國典籍與文化》2021 年第 3 期。

王成文《〈俄藏敦煌文獻敘錄〉介評》，《敦煌學輯刊》2021 年第 4 期。

汪正一《〈敦煌研究〉榮獲第五屆中國出版政府獎期刊獎》，《敦煌研究》2021 年第 4 期。

鄧文寬《鄭炳林、鄭怡楠輯釋〈敦煌碑銘贊輯釋（增訂本）〉》，《敦煌吐魯番研究》（第 20 卷），上海：上海古籍出版社，2021 年 8 月。

張韻涵《以黑白圖景載歷史記憶——大型圖錄〈觀象敦煌〉在美出版》，《敦煌研究》2021 年第 6 期。

徐兆壽《西北、敦煌及其他——〈敦煌本紀〉昭示的傳統與方向》，《長江文藝》2021 年第 9 期。

劉進寶《敦煌學術史的珍貴史料——讀孫儒僩先生口述〈菩提樹下〉》，《敦煌研究》2021 年第 4 期。

徐清《"古代絲綢之路書法史"研究的倡啓——評〈從長安到敦煌：古代絲綢之路書法圖典〉》，《中國書畫》2021 年第 4 期。

陳振旺《如將不盡,與古爲新——〈莫高窟唐代團花紋樣研究〉評介》,《服裝設計師》2021 年第 5 期。

馬振林《隋唐敦煌壁畫語言對現代美術創作的影響研究——評〈漢唐美術空間表現研究——以敦煌壁畫爲中心〉》,《林産工業》2021 年第 2 期。

張敏《敦煌壁畫中的服裝文化探析——評〈敦煌服飾文化研究〉》,《印染》2021 年第 2 期。

楊瑾《中國學者視野中敦煌與波斯關係研究現狀與展望》,《敦煌研究》2021 年第 5 期。

劉國平、虞運《敦煌體育研究綜述》,《武術研究》2021 年第 5 期。

佟茵《唐宋俗語詞研究綜述》,《漢字文化》2021 年第 9 期。

宋雪春《百年來法藏敦煌寫本文獻編目成果評述》,《2021 敦煌學國際聯絡委員會通訊》,上海:上海古籍出版社,2021 年 8 月。

定源(王招國)《杏雨書屋藏敦煌遺書編目整理綜論》,《2021 敦煌學國際聯絡委員會通訊》,上海:上海古籍出版社,2021 年 8 月。

高穎《元朝之前河西走廊的交通及藏漢佛教文化發展交流交融綜論》,《中國藏學》2021 年第 2 期。

牟欣、陳弘穎《2014—2020 年絲綢之路國際研究趨勢分析——以 Wed of Science 爲資料來源》,《敦煌學輯刊》2021 年第 2 期。

任光宇《敦煌學術史所涉早期人物整理與評議——兼論敦煌遺書發現人暨敦煌學的起始》,《唐都學刊》2021 年第 4 期。

劉甜甜《近四十年來〈文學遺産〉中唐代佛教文學研究回顧與展望》,《南京工程學院學報》2021 年第 2 期。

李并成《有關絲綢之路研究中若干學理問題的探究》,《石河子大學學報》2021 年第 3 期。

劉東波《國際敦煌學視域下東亞地區敦煌文獻相關研究的生成與發展》,《語言與文化研究》2021 年第 1 期。

劉進寶《學者的國際視野與政府的信任支持——"敦煌在中國,敦煌學在日本"的提出及引起的反響》,《敦煌研究》2021 年第 1 期。

張田芳《"第二屆敦煌與絲路文明專題論壇暨敦煌學視域下的東北西北對話"綜述》,《黑河學院學報》2021 年第 3 期。

郝春文《哭和平》,《敦煌吐魯番研究》(第 20 卷),上海:上海古籍出版社,2021 年 8 月。

榮新江《守正創新治殘簡 尊師重道理遺篇——懷念趙和平師兄》,《敦煌吐魯番研究》(第 20 卷),上海:上海古籍出版社,2021 年 8 月。

吳麗娛《趙和平先生與他的書儀研究》,《敦煌吐魯番研究》(第 20 卷),上海:上海古籍出版社,2021 年 8 月。

寧欣《一抹斜陽,青山猶在——紀念和平教授》,《敦煌吐魯番研究》(第 20 卷),上海:上海古籍出版社,2021 年 8 月。

劉屹《懷念趙和平老師》,《敦煌吐魯番研究》(第 20 卷),上海:上海古籍出版社,2021 年 8 月。

王麗《趙和平先生與〈周一良全集〉》,《敦煌吐魯番研究》(第 20 卷),上海:上海古籍出版社,2021 年 8 月。

趙晨昕《趙和平學術綜述》,《敦煌吐魯番研究》(第 20 卷),上海:上海古籍出版社,2021 年 8 月。

2021 年吐魯番學研究論著目録

梁天呈　林　達(上海師範大學)

　　本年度中國大陸地區共出版吐魯番學專著及相關圖文集(含再版與譯著)近 50 部,公開發表的相關研究論文達 440 餘篇。現將研究論著目録編製如下,編排次序爲: 一、專著;二、論文。論文又細分爲概説、歷史、社會文化、宗教、語言文字、文學、藝術、考古與文物保護、少數民族歷史語言、古籍、科技、書評與學術動態十二類專題。

一、專　著

崔永紅《絲綢之路——青海道史》,西寧: 青海人民出版社,2021 年 1 月。

鄭學檬、柴劍虹、張涌泉、劉進寶《敦煌吐魯番經濟文書和海上絲路研究》,杭州: 浙江大學出版社,2021 年 1 月。

王振芬、孟憲實、榮新江編《旅順博物館藏新疆出土漢文文獻》,北京: 中華書局,2021 年 1 月。

[日] 冨谷至著,劉恒武譯《木簡竹簡述説的古代中國——書寫材料的文化史》,上海: 中西書局,2021 年 1 月。

[英] 喬納森・克萊門茨著,彭建明譯《絲綢之路的歷史》,北京: 新世界出版社,2021 年 2 月。

李賀文《北朝至隋唐隴右少數民族歷史與文化——碑銘視角下的考察》,北京: 中國社會科學出版社,2021 年 2 月。

馬曼麗、李丁《絲綢之路發展史》,北京: 中國社會科學出版社,2021 年 3 月。

沈衛星編《外國文物裏的絲綢之路》,北京: 光明日報出版社,2021 年 3 月。

胡戟、張立俠主編《草原絲綢之路第一站——武川與白道》,北京: 中國文史出版社,2021 年 1 月。

楊富學編《裕固族文化研究》,蘭州: 甘肅文化出版社,2021 年 3 月。

陳同濱、陳淩編《絲路遺蹟: 墓葬篇》,北京: 中國建築工業出版社,2021 年 3 月。

陳同濱、陳淩編《絲路遺蹟: 城鎮篇》,北京: 中國建築工業出版社,2021 年 3 月。

張安福、田海峰《環塔里木漢唐遺址》,廣州: 廣東人民出版社,2021 年 4 月。

榮新江、史睿編《吐魯番出土文獻散録》,北京: 中華書局,2021 年 4 月。

白玉冬譯《胡風西來：西域史語譯文集》，上海：上海古籍出版社，2021 年
　　5 月。

朱悦梅、康維《吐谷渾政權交通地理研究》，北京：中國社會科學出版社，2021
　　年 5 月。

常任俠《絲綢之路與西域文化藝術》，北京：商務印書館，2021 年 5 月。

高建群《絲綢之路千問千答》，西安：西北大學出版社，2021 年 5 月。

北京華夏文化藝術研究院編《傳統佛像藝術典藏》，北京：文物出版社，2021
　　年 6 月。

侯楊方《重返帕米爾——追尋玄奘與絲綢之路》，上海：上海譯文出版社，2021
　　年 6 月。

張弛《公元前一千紀新疆伊犁河谷墓葬的考古學研究》，北京：科學出版社，
　　2021 年 6 月。

朱玉麒《西域文史》（第十五輯），北京：科學出版社，2021 年 6 月。

沙武田編《絲綢之路研究集刊》（第六輯），北京：商務印書館，2021 年 6 月。

楊巨平編《古國文明與絲綢之路》，北京：中國社會科學出版社，2021 年 6 月。

周偉洲《吐谷渾史》，北京：商務印書館，2021 年 7 月。

齊東方《我在考古現場——絲綢之路考古十講》，北京：中華書局，2021 年
　　8 月。

冉昊《絲路行記——消逝的王朝與定邦的先驅》，廣州：廣東人民出版社，2021
　　年 8 月。

余太山《兩漢魏晉南北朝正史西域傳要注》，北京：商務印書館，2021 年 7 月。

萬潔編《瀚海析微：新疆山普拉墓地出土紡織品保護研究》，北京：文物出版
　　社，2021 年 7 月。

張安福《天山廊道軍鎮遺存與唐代西域邊防》，北京：社會科學文獻出版社，
　　2021 年 8 月。

張良仁《東學西問》，北京：中國社會科學出版社，2021 年 8 月。

［日］出口治明著，黃哲昕譯《帝國與文明》，石家莊：花山文藝出版社，2021
　　年 8 月。

郝春文編《敦煌吐魯番研究》（第 20 卷），上海：上海古籍出版社，2021 年
　　8 月。

郝春文編《2021 敦煌學國際聯絡委員會通訊》，上海：上海古籍出版社，2021
　　年 8 月。

吳飛《中國古代北方民族史·回鶻卷》，北京：科學出版社，2021 年 8 月。

包文勝《中國古代北方民族史·突厥卷》，北京：科學出版社，2021 年 8 月。

袁剛《中國古代北方民族史·柔然卷》,北京:科學出版社,2021 年 8 月。

董惟妙《哈密盆地史前居民食譜》,上海:復旦大學出版社,2021 年 9 月。

郭建龍《絲綢之路大歷史:當古代中國遭遇世界》,成都:天地出版社,2021 年 9 月。

張曉妍《唐代女性妝飾文化中的西域文明》,北京:中國紡織出版社,2021 年 9 月。

王啓濤《絲綢之路語言新探》,北京:社會科學文獻出版社,2021 年 10 月。

羅豐《黃文弼與絲綢之路》,北京:科學出版社,2021 年 10 月。

〔瑞典〕斯文·赫定著,雷格、潘嶽譯《我的探險生涯》,北京:國際文化出版公司,2021 年 10 月。

朱國祥《回鶻文獻梵語借詞研究》,上海:上海古籍出版社,2021 年 11 月。

趙超《漢魏南北朝墓誌匯編(修訂本)》,北京:中華書局,2021 年 11 月。

吳華峰、施新榮編《西域歷史與文獻論叢》(第三輯),北京:學苑出版社,2021 年 11 月。

〔英〕奥雷爾·斯坦因著,巫新華譯《西域探險記》,桂林:廣西師範大學出版社,2021 年 11 月。

〔日〕井上靖著,王維幸譯《西域紀行》,重慶:重慶出版社,2021 年 12 月。

苗利輝《圖像及其意義——龜兹石窟佛像畫研究》,蘭州:甘肅教育出版社,2021 年 12 月。

羅豐編《絲綢之路考古》(第五輯),北京:科學出版社,2021 年 12 月。

二、論　文

(一)概説

周偉洲《中國絲路學理論與方法芻議》,《西域研究》2021 年第 1 期。

耿彬、劉全波《西行文獻的價值與意義》,《敦煌學輯刊》2021 年第 1 期。

楊蕤《被誤讀的宋代絲綢之路》,《尋根》2021 年第 2 期。

沈衛榮《陳寅恪與佛教和西域語文學研究》,《清華大學學報》2021 年第 1 期。

劉瑩《新發現唐長孺先生整理吐魯番文書筆記概述》,《文物》2021 年第 5 期。

劉瑩《關於麴氏高昌"義和政變"學術史的新發現——讀唐長孺先生整理吐魯番文書筆記零拾》,《西域研究》2021 年第 2 期。

張莉《樓蘭未了情——侯燦先生未完成的樓蘭研究寫作計劃》,《吐魯番學研究》2021 年第 2 期。

李吟屏《19 世紀末 20 世紀初外國人對帕米爾地區的探險考察》,《絲綢之路研究集刊》(第六輯),北京:商務印書館,2021 年。

［俄］И.Ф.波波娃著、楊軍濤譯《С.Ф.奧登堡第二次俄羅斯新疆探險考察（1914—1915 年）》,《敦煌吐魯番研究》(第 20 卷),上海：上海古籍出版社,2021 年。

李梅景《奧登堡新疆考察文物獲取途徑——以俄國駐烏魯木齊領事克羅特科夫與奧登堡往來信函爲中心》,《敦煌研究》2021 年第 3 期。

王子燁《榮赫鵬在帕米爾的四次探查活動考述》,《西域研究》2021 年第 3 期。

居政驤、許建英《1923 年德國阿斯米斯的新疆考察報告》,《西域研究》2021 年第 3 期。

吐送江·依明《德國西域探險團與德藏回鶻語文獻》,《敦煌學輯刊》2021 年第 2 期。

鄭麗穎《俄國外交官彼得羅夫斯基西域考察活動研究(1883—1903)》,蘭州大學 2021 年博士學位論文。

（二）歷史

張德芳《從出土漢簡看漢王朝對絲綢之路的開拓與經營》,《中國社會科學》2021 年第 1 期。

王子今《論"西北一候"：漢王朝西域決策的戰略思考》,《西域研究》2021 年第 1 期。

張瀚墨《延長中心,羈縻邊疆：早期政治地理模式影響下漢帝國對西域的經營與書寫》,《中國人民大學學報》2021 年第 6 期。

武晶、劉琴《兩漢經營西域戰略下絲綢之路沿綫的屯田發展研究》,《西域研究》2021 年第 4 期。

李斯《立高懷遠：漢代西域使者與邊疆經略》,《西域研究》2021 年第 1 期。

王海、續楠《"斷匈奴右臂"戰略與漢朝西域經營》,《西域研究》2021 年第 1 期。

孫聞博《輪臺詔與武帝的西域經營》,《西域研究》2021 年第 1 期。

樊麗沙、楊富學《司馬遷"行國"史觀及其對後世的影響》,《史學史研究》2021 年第 2 期。

張萍《唐王朝對楚河、塔拉斯谷地的經營與中亞文化遺産》,《社會科學戰綫》2021 年第 2 期。

白玉冬、張慶祎《碎葉出土殘碑再考——唐伊犁道行軍相關史事蠡測》,《敦煌學輯刊》2021 年 3 期。

白玉冬、吐送江·依明《有關高昌回鶻歷史的一方回鶻文墓碑——蒙古國出土烏蘭浩木碑釋讀與研究》,《敦煌吐魯番研究》(第 20 卷),上海：上海古籍出版社,2021 年。

董永强《平高昌前後的争論與唐初西域政策的轉向》,《唐都學刊》2021 年第
　2 期。

王玉平《唐代伊吾軍的遷移與伊州屯戍佈局的形成》,《中國邊疆史地研究》
　2021 年第 3 期。

代維《明代邊疆經略視域下回回通事群體研究》,《回族研究》2021 年第 2 期。

陳躍、韓海梅《明代哈密危機與嘉峪關開閉之争》,《安徽史學》2021 年第
　2 期。

秦鼎《明朝中期對西域諸國政策的調整——基於明政府對西域貢獅態度的考
　察》,《新鄉學院學報》2021 年第 8 期。

李阿慧《"西北藩屬"與"東方問題"——重審近代西北邊疆危機的兩個視
　角》,《北方民族大學學報》,2021 年第 4 期。

白京蘭《常與變:唐清西域治理之比較》,《中國邊疆史地研究》2021 年第
　2 期。

曲强《吐魯番伯克莽噶里克歸附始末考——兼論清朝對吐魯番的初步治理》,
　《清史研究》2021 年第 2 期。

馬智全《漢朝與西域的貢賜貿易》,《敦煌研究》2021 年第 6 期。

張龍海《兩漢時期中國與奄蔡、阿蘭交往芻論》,《外國問題研究》2021 年第
　4 期。

葉德榮《漢晉時期京師西域侍子及其佛教行事》,《學衡》2021 年第 1 期。

白曉緯《漢唐間于闐與河洛地區關係的變遷》,《西部學刊》2021 年第 6 期。

景凱東《開元二十五年崔希逸襲擊吐蕃事件探析——以王言爲中心》,《吐魯
　番學研究》2021 年第 1 期。

王力《准噶爾蒙古與俄國貿易的類型及其特點》,《中國邊疆史地研究》2021
　年第 4 期。

劉安志《唐代解文續探——以折衝府申州解爲中心》,《西域研究》2021 年第
　4 期。

趙貞《從敦煌吐魯番文書談唐代的"身死"》,《中國史研究》2021 年第 4 期。

張林君《唐代監牧置廢發展考論》,《農業考古》2021 年第 4 期。

張林君《唐代監牧基層勞動群體探微》,《江漢論壇》2021 年第 4 期。

孫麗萍《吐魯番文書〈唐西州高昌縣狀爲送闕職草事〉復原研究》,《敦煌吐魯
　番研究》(第 20 卷),上海:上海古籍出版社,2021 年。

李兆宇《吐魯番所出〈唐果毅高運達等請過所(?)殘文書〉初探》,《西域研究》
　2021 年第 4 期。

朱豔桐《北涼王國中樞職官考》,《西夏研究》2021 年第 3 期。

陸離《再論吐蕃統治下于闐、敦煌等地的 tshan》,《西藏大學學報》2021 年第 2 期。

周偉洲《唐“安西四鎮”最早設置時間辨》,《中國邊疆史地研究》2021 年第 4 期。

劉子凡《唐代北庭軍鎮體系的發展——敦煌 S.11453、S.11459 瀚海軍文書再探討》,《隋唐遼宋金元史論叢》(第十一輯),上海:上海古籍出版社,2021 年。

王聰延《從唐代西州户籍殘卷管窺唐朝户籍制度在西州的推行》,《新疆地方志》2021 年第 1 期。

王啓明《清前期吐魯番“土流並治”回衆管理模式的形成》,《清史研究》2021 年第 4 期。

聶紅萍《從辦事大臣到都統:乾隆朝新疆東路歸屬甘肅及其演變》,《中國邊疆史地研究》2021 年第 2 期。

劉錦增《1715—1755 年間新疆兵屯研究——以吐魯番、巴里坤和哈密爲中心》,《中國邊疆史地研究》2021 年第 1 期。

劉超建、孫燕京《清代烏魯木齊地區巡檢司研究》,《新疆大學學報》2021 年第 3 期。

鄧濤《藩部經略與直省支撑——甘肅在清朝經營新疆中的獨特地位》,《新疆大學學報》2021 年第 6 期。

廖文輝《清代嘉靖時期的新疆協餉運作及政策討論》,《新疆大學學報》2021 年第 6 期。

張文晶、李天石《3—4 世紀鄯善王國財產權法初探——以土地產權爲重點》,《中國經濟史研究》2021 年第 6 期。

鄭顯文、張媛媛《唐式東傳及對日本古代法典的影響》,《社會科學戰綫》2021 年第 5 期。

張弛《公元 3—4 世紀鄯善訴訟制度研究——以尼雅出土佉盧文簡牘爲中心》,《貴州社會科學》2021 年第 11 期。

管俊瑋《〈唐開元十七年(729)于闐蓋阿興典牒爲奴送麥事〉性質考釋》,《敦煌吐魯番研究》(第 20 卷),上海:上海古籍出版社,2021 年。

張亞華《吐魯番出土辯辭研究》,《吐魯番學研究》2021 年第 2 期。

佟文娟《乾隆朝新疆旗人遣犯“年滿安置”問題》,《新疆大學學報》2021 年第 1 期。

白京蘭、彭立波《清代“保狀”研究——以〈清代新疆檔案選輯〉爲資料基礎》,《新疆大學學報》2021 年第 1 期。

楊際平《論北朝隋唐的土地法規與土地制度》,《中國社會科學》2021 年第
　　2 期。

王旭送《唐代西州高昌縣隔地授田研究》,《中國社會經濟史研究》2021 年第
　　4 期。

馮玉《西北漢簡所見西域獻畜的管理》,《西域研究》2021 年第 3 期。

張婧《鄯善國農業管理措施探究——以佉盧文書爲文本的研究》,《乾旱區資
　　源與環境》2021 年第 7 期。

李麥産《論粟作西傳新疆與中原昆吾人西遷》,《農業考古》2021 年第 4 期。

李志强、趙静、程露明《西漢屯田對西域各個綠洲小麥種植和傳播的影響》,
　　《和田師範專科學校學報》2021 年第 4 期。

張開《唐代西北地區農牧兼營現象的機制分析》,《石河子大學學報》2021 年
　　第 4 期。

馬秀英、曹樹基《清代後期吐魯番的葡萄園典當與金融》,《清史研究》2021 年
　　第 6 期。

蔣洪恩、喬秋穎《從出土文獻看吐魯番晉唐時期的葡萄栽培》,《敦煌學輯刊》
　　2021 年第 4 期。

劉錦增《“籌備軍糧”與“節省國帑”:乾隆年間新疆兵屯作物種植結構調整問
　　題研究》,《雲南民族大學學報》2021 年第 3 期。

瞿萍《五涼河西蠶桑業考》,《敦煌學輯刊》2021 年第 1 期。

羅帥《漢佉二體錢新論》,《考古學報》2021 年第 4 期。

裴成國《中古時期絲綢之路金銀貨幣的流通及其對中國的影響》,《吐魯番學
　　研究》2021 年第 1 期。

李樹輝《西域棉布貨幣研究》,《敦煌學輯刊》2021 年第 3 期。

周大鳴、馬斌斌《道路與族群互動——南絲綢之路上的都蘭縣及其研究》,《西
　　北民族研究》2021 年第 1 期。

党琳《克亞克庫都克烽燧與唐代焉耆交通研究》,《敦煌學輯刊》2021 年第
　　1 期。

史念海、王雙懷《唐代的道路系統》,《絲綢之路研究集刊》(第六輯),北京:商
　　務印書館,2021 年。

王玉平《天寶十三載封常清在交河郡的行程》,《中國歷史地理論叢》2021 年
　　第 1 期。

何强林《絶域音書——悟空遊記所見之安西北庭》,《唐史論叢》2021 年第
　　2 期。

岳凱峰、楊芳《風險與機遇:北宋青唐路的興起及原因再探》,《青海師範大學

學報》2021 年第 1 期。

宋立州《明清絲綢之路哈密——吐魯番段“沙爾湖路”研究》,《歷史地理研究》2021 年第 1 期。

李軍《徐松西域調查行蹤稽考》,《中國邊疆史地研究》2021 年第 4 期。

李豔玲《西漢祁連山考辨》,《敦煌學輯刊》2021 年第 2 期。

周倩倩《唐代吐谷渾部安樂州考》,《敦煌學輯刊》2021 年第 3 期。

李鶴麗《西域“火燒城”袪疑》,《古典文獻研究》2021 年第 2 期。

李炳海《西域國名大月氏、安息、條支考釋》,《江漢論壇》2021 年第 9 期。

李炳海《邏:用於表示以自然天險爲邊境的界碑——〈大唐西域記〉漢譯地名研究札記》,《北方論叢》2021 年第 3 期。

付馬《〈蒙古山水地圖〉中的“洗兒乞”“脫谷思”與回鶻時代的伊西路》,《中國邊疆史地研究》2021 年第 1 期。

靳焱、陳世明《〈西域同文志〉中民漢語合璧地名研究》,《西部蒙古論壇》2021 年第 1 期。

王炳華《深一步認識阿拉溝》,《西域研究》2021 年第 3 期。

張永雷、許玉鳳、孫連群、朱慧方《塔里木盆地古城池時空變遷及其原因初探》,《黔南民族師範學院學報》2021 年第 4 期。

李後強、李海龍《尼雅古城廢棄原因探析》,《中華文化論壇》2021 年第 2 期。

史志林《黑河流域歷史時期野生動物變遷研究——以野馬和野駱駝爲例》,《敦煌學輯刊》2021 年第 2 期。

王羽堅、王思明《伊朗喀山與我國新疆吐魯番坎兒井對比研究》,《農業考古》2021 年第 1 期。

孟彥弘《唐代府兵“六馱馬”“八馱馬”“十馱馬”釋義》,《北京大學學報》2021 年第 4 期。

黃樓《唐代“十馱馬”制度新探》,《西域研究》2021 年第 4 期。

李世忠、高人雄《從吐魯番出土文書看唐代西域的軍馬制度》,《喀什大學學報》2021 年第 5 期。

張重洲《天寶六載唐擊小勃律行軍考》,《敦煌學輯刊》2021 年第 1 期。

黃永美《漢代軍事防禦中的加密思想和行爲初探——以烽燧信息傳遞爲中心》,《中國邊疆史地研究》2021 年第 4 期。

党琳、張安福《克亞克庫都克烽燧所見唐代西域治理》,《史林》2021 年第 5 期。

娜仁高娃《漢代西域烽燧功能探析——以樓蘭道孔雀河烽燧群爲中心》,《文物鑒定與鑒賞》2021 年第 13 期。

李相南《粟特人與後梁、後唐的政治》,浙江大學 2021 年碩士學位論文。

王新琪《唐代後期"排胡"現象研究》,上海師範大學 2021 年碩士學位論文。

高鵬《西漢北邊形勢研究》,西北大學 2021 年碩士學位論文。

司豪强《戰争與外交:前涼對外關係研究》,蘭州大學 2021 年碩士學位論文。

田玉梅《屯墾戍邊視域下明朝中期哈密危機問題研究》,塔里木大學 2021 年碩士學位論文。

董莉莉《絲綢之路與漢王朝的興盛》,山東大學 2021 年博士學位論文。

孔令通《出土文獻所見西漢時期職官材料整理與研究》,吉林大學 2021 年博士學位論文。

李森煒《吐魯番文書所見唐代官員攝判研究》,武漢大學 2021 年碩士學位論文。

白容瑄《昭武九姓在唐朝中後期政治影響力研究》,内蒙古大學 2021 年碩士論文。

饒曉燕《安史亂後藩鎮割據背景下的民族關係研究——以唐德宗朝爲例》,西北大學 2021 年碩士學位論文。

李園園《清代南疆緑營駐防研究(1759—1850)》,遼寧師範大學 2021 年碩士學位論文。

趙亞軍《左宗棠新疆屯政研究》,塔里木大學 2021 年碩士學位論文。

黄超《乾隆朝新疆兵屯研究》,塔里木大學 2021 年碩士學位論文。

王凱平《敦煌吐魯番僱傭契約文書研究》,蘭州大學 2021 年碩士學位論文。

趙雯雯《清末吐魯番地區土地買賣契約研究》,新疆大學 2021 年碩士學位論文。

亞黎《回鶻文契約與回鶻式蒙古文契約文書比較研究》,西北民族大學 2021 碩士學位論文。

閆雪梅《龜兹都城探析》,《考古與文物》2021 年第 4 期。

趙嬌嬌《清代新疆城市景觀研究》,西北師範大學 2021 年碩士學位論文。

武晶、劉琴《漢唐時期西域古樓蘭地區城市營建特徵探析——以營盤古城爲例》,《建築與文化》2021 年第 11 期。

盧慶洪《高昌的歷史變遷與高昌故城遺址》,《新疆地方志》2021 年第 3 期。

尹明麗《近百年來鄯善縣坎兒井及其影響下的緑洲變化初探》,新疆大學 2021 年碩士學位論文。

白楠、馬崢嶸《地理史觀視域下的怛羅斯之戰研究》,《外國問題研究》2021 年第 3 期。

謝娟燕《清代西域行記》,集美大學 2021 年碩士學位論文。

（三）社會文化

崔明德《論和親文化》,《中國邊疆史地研究》2021 年第 2 期。

孫悟湖、班班多傑《多元通和：漢族、藏族、蒙古族宗教文化交往交流交融的歷史考察》,《民族研究》2021 年第 1 期。

張俊明《互動與交融：論粟特人融入中華的歷史軌跡》,《敦煌學輯刊》2021 年第 4 期。

米海萍《西王母神話西傳蠡測》,《青海民族大學學報》2021 年第 1 期。

吳爽《西域對中華文化的認同——以兩漢時期漢語漢文在西域的使用與傳播爲視角》,《西域研究》2021 年第 4 期。

張乃壽《從魏晉南北朝時期東西方社會交流看中華民族共同體的形成》,《石河子大學學報》2021 年第 1 期。

張成渝、張乃壽《文物視域下的西晉洛陽與西域地區的文化交流》,《絲綢之路研究集刊》(第六輯),北京：商務印書館,2021 年。

劉子凡《唐朝經營西域的文化影響至深至遠》,《歷史評論》2021 年第 5 期。

尹波濤《唐代粟特康氏的祖先記憶與族群認同》,《唐史論叢》2021 年第 2 期。

楊玲玉、楊榮榮、包朗《唐代西域文化傳播中的胡姬形象探論》,《邊疆經濟與文化》2021 年第 7 期。

單超成《文化融合視域下宋元時期回鶻的宗教生活與中華文化認同》,《新疆地方志》2021 年第 3 期。

張子青、葉爾夏提·葉爾肯《元代阿兒渾人華化事蹟補遺一則》,《史學史研究》2021 年第 2 期。

尹偉先、陳芳園《清代西寧縣維吾爾人社會生活研究——以〈皇清職貢圖〉爲中心的討論》,《西北民族大學學報》2021 年第 2 期。

朱亞峰《清末西北邊疆"中華民族"一體觀的演進——一個實踐論的知識過程考察》,《北方民族大學學報》2021 年第 6 期。

溫睿、曹詩媛《試論宋元時期新疆玻璃器皿的功用與來源》,《西域研究》2021 年第 3 期。

吳曉桐、張興香、李雍、金正耀、王龍、王炳華《新疆吐魯番加依墓地人類遷徙與飲食結構分析》,《西域研究》2021 年第 3 期。

趙美瑩、党志豪、蔣洪恩《新疆米蘭遺址吐蕃時期的植物遺存》,《人類學學報》2021 年第 6 期。

殷小平、賈楠《中古時期西域食物的傳入與本土化》,《農業考古》2021 年第 1 期。

劉軍麗《絲綢之路上的粟特、回鶻民族與茶葉在亞洲腹地的傳播》,《農業考古》2021 年第 2 期。

蔣洪恩、吕恩國、張永兵《吐魯番洋海先民的生業模式探討》,《吐魯番學研究》
2021 年第 1 期。

包曙光、姜一哲《公元前一千紀東天山地區遊牧人群的屠宰行爲》,《農業考
古》2021 年第 6 期。

張元、閆雪梅、陳濤、蔣洪恩《新疆吐魯番哈拉和卓晉唐古墓群出土植物遺存
研究》,《農業考古》2021 年第 4 期。

羅權、李鑫鑫《葉尼塞河碑銘所見唐代黠戛斯的社會生活》,《中華文化論壇》
2021 年第 1 期。

王啓濤《吐魯番出土文獻所見人名賤稱與佳稱考》,《西南民族大學學報》2021
年第 8 期。

高壽仙《唐至明數目字人名的興衰及其原因》,《北京聯合大學學報》2021 年
第 3 期。

李鑫江、李開遠《從克孜爾壁畫中透視古代西域體育文化》,《武術研究》2021
年第 4 期。

連彤、吕釗《高昌回鶻女供養人"對襟長袍"結構和閉合方式分析》,《化纖與
紡織技術》2021 年第 4 期。

馬豔輝、吕釗《回鶻三叉冠的初步研究》,《化纖與紡織技術》2021 年第 9 期。

董昳雲、吴波《敦煌莫高窟第 98 窟毗沙門天王重繪服飾形制與意圖探究》,
《裝飾》2021 年第 11 期。

黄瑞、柳孟楠《兩漢至隋唐時期西域女性妝容探析》,《新疆藝術學院學報》
2021 年第 3 期。

張維慎《唐鴻臚卿蕭嗣業事蹟鈎沉》,《絲綢之路研究集刊》(第六輯),北京:
商務印書館,2021 年。

鄭旭東《西安新出唐代粟特裔翟伯墓誌研究二題》,《石河子大學學報》2021
年第 5 期。

李小白、劉志偉《宋雲、惠生西行考論》,《敦煌研究》2021 年第 2 期。

和談、吴爽《論中華文化在新疆的傳承》,《貴州民族研究》2021 年第 1 期。

楊巨平《從地中海到黄河——希臘化文化信息在中國的迴響(至公元 7 世
紀)》,《歷史教學》2021 年第 10 期。

竇知遠《淺談河西地區鮮卑吐谷渾部與党項拓跋部的族群融合——以兩族的
遷徙與地域分佈爲中心》,《文教資料》2021 年第 18 期。

巫新華、韓子勇《昆侖、天山與天命的文化一致性》,《西北民族研究》2021 年
第 2 期。

岳麗霞《唐以前環塔里木墓葬所體現的多元倫理思想研究》,西北師範大學
　2021 年碩士學位論文。

張宇翎《入華粟特人服飾審美研究》,西安建築科技大學 2021 年碩士學位
　論文。

高子期《虛實之間:漢唐時期獅子意象的流變》,上海師範大學 2021 年碩士學
　位論文。

劉江龍《伊犁將軍伊勒圖研究》,西北師範大學 2021 年碩士學位論文。

丁琳《金翅鳥形象與中西文化交流——以敦煌西域爲中心》,西北民族大學
　2021 年碩士學位論文。

米小强《黄金之丘墓出土物與絲綢之路文化交流》,蘭州大學 2021 年博士學
　位論文。

(四) 宗教

霍旭初《龜兹佛教研究的定位問題》,《西域研究》2021 年第 3 期。

何芳《唐代龜兹佛教的若干史事——以唐代佛教史料爲中心的考察》,《西域
　研究》2021 年第 3 期。

苗利輝《唐宋時期漢傳佛教在龜兹地區的傳播——以菩薩信仰爲中心》,《石
　河子大學學報》2021 年第 6 期。

彭無情《鄯善佛教嬗變研究》,《佛教文化研究》2021 年第 1 期。

王晨悦《于闐地區佛教信仰轉變過程中的影響因素探析》,《西部學刊》2021
　年第 5 期。

玉素甫江·肉孜《焉耆佛教與七個星佛寺遺址研究》,《西部學刊》2021 年第
　8 期。

劉屹、劉菊林《懸泉漢簡與伊存授經》,《敦煌研究》2021 年第 1 期。

張雁紅《北魏平城佛教與絲綢之路》,《雲岡研究》2021 年第 1 期。

石小英《魏晉南北朝時期尼僧與世俗家庭的關係》,《敦煌學輯刊》2021 年第
　4 期。

劉子凡《唐北庭龍興寺碑再考——以李征舊藏"唐金滿縣殘碑"綴合拓片爲中
　心》,《首都師範大學學報》2021 年第 5 期。

王啓濤《吐魯番文獻所見粟特人的宗教信仰》,《宗教學研究》2021 年第 1 期。

王紅梅《宋元時期高昌回鶻彌勒信仰考》,《世界宗教文化》2021 年第 4 期。

高建新《"雪嶺金河獨向東,吴山楚澤意無窮"——略説唐詩中的西域僧人》,
　《銅仁學院學報》2021 年第 3 期。

班瑪更珠《藏傳佛教上路弘法與古格王朝的文化選擇》,《中國藏學》2021 年
　第 4 期。

嚴世偉《高昌郡的佛典——以旅順博物館藏新疆出土漢文文獻爲中心》,《敦煌學輯刊》2021 年第 4 期。

王邦維《也談〈大唐西域記〉的"闕文"問題》,《文史》2021 年第 2 期。

王汝良、譚樹林《〈大唐西域記〉:"烈士傳説"的宗教背景考辨》,《西南民族大學學報》2021 年第 4 期。

阿依達爾·米爾卡馬力、薩仁高娃《中國國家圖書館藏回鶻文〈華嚴經·如來現相品〉殘葉研究》,《新疆大學學報》2021 年第 3 期。

[日] 中村健太郎著,王領、哈斯巴特爾譯《從回鶻文佛經到蒙古文佛經(下)》,《吐魯番學研究》2021 年第 1 期。

夏伙根、彭冰、楊婧《重慶中國三峽博物館藏敦煌高昌漢文寫經敘録》,《敦煌學輯刊》2021 年第 4 期。

乃日斯克《蒙古與回鶻故事中的文化心理共性——以一則回鶻文故事殘卷爲例》,《吐魯番學研究》2021 年第 2 期。

張世奇《高昌"俗事天神"新論——以魏晉南北朝時期道教流佈爲中心》,《絲綢之路研究集刊》(第六輯),北京:商務印書館,2021 年。

李大偉《漕矩吒與穢那天神考》,《唐史論叢》2021 年第 1 期。

衡宗亮《清至民國時期新疆定湘王信仰研究》,《中國本土宗教研究》(第四輯),上海:社會科學文獻出版社,2021 年。

姚崇新《珍珠與景教——以十字架圖像爲中心的考察》,《西域研究》2021 年第 1 期。

木再帕爾《回鶻摩尼教諸神之名考》,《河西學院學報》2021 年第 1 期。

[匈] 康高寶《摩尼教審判繪畫二幀》,《中山大學學報》2021 年第 4 期。

馬榮、祁姿妤《頭光、樹冠與臺座——論克孜爾石窟壁畫中的"樹下佛説法圖"性質與源流》,《美術大觀》2021 年第 11 期。

趙豔《從考古發現看古代新疆寺院經濟生活》,中央民族大學 2021 年碩士學位論文。

張重洲《高昌國佛教寺院經濟研究》,蘭州大學 2021 年博士學位論文。

段姍姍《塔里木盆地南緣古代地面佛寺佈局演變研究》,中央民族大學 2021 年碩士學位論文。

(五) 語言文字

王啓濤《吐魯番出土文獻疑難詞語考釋》,《文獻語言學》2021 年第 2 期。

張獻方、李豔麗、邊思怡、高静《新疆出土醫學文書俗字研究》,《浙江中醫藥大學學報》2021 年第 11 期。

侯潘《〈大唐西域記〉合成方位詞使用情況考察》,《賀州學院學報》2021 年第

4 期。

楊成虎、錢志富《"屈支""龜茲"等詞譯音考釋》,《語言與文化論壇》2021 年第 1 期。

曹利華《從借詞看晉唐時期吐魯番地區的民族交往——以吐魯番出土文書爲中心》,《新疆大學學報》2021 年第 1 期。

馬鳴崢《〈本草經集注〉兩殘卷文字勘誤》,《中醫文獻雜志》2021 年第 2 期。

歐陽佳麗《吐魯番出土文書復音異形詞研究》,南京師範大學 2021 年碩士學位論文。

汪豔萍《〈懸泉漢簡(壹)〉虛詞研究》,西北師範大學 2021 年碩士學位論文。

李丹妮《吐魯番出土文書紡織品類名物詞研究》,西南民族大學 2021 年碩士學位論文。

(六) 文學

鄧小清、李德輝《唐代青海軍城的文學價值》,《中國韻文學刊》2021 年第 1 期。

丁宏武《唐前河隴文學的地域特色與文化品格》,《西北師大學報》2021 年第 4 期。

傅紹磊、鄭興華《高昌歸唐與歌謠傳播》,《新疆地方志》2021 年第 2 期。

付雪《論和瑛的西域詩》,《名作欣賞》2021 年第 20 期。

石雲濤《從自然地貌到人文意象——唐詩中的莫賀延磧》,《地域文化研究》2021 年第 1 期。

張美麗《論岑參西域詩的"詩史"特徵》,《文學教育》2021 年第 3 期。

趙藝博《元稹詩歌中的西域名目》,《常州工學院學報》2021 年第 2 期。

周泓《詩學鏡像與古都遺風——中土西域詩的文化鉤沉之一》,《湖北民族大學學報》2021 年第 6 期。

米彥卿《元代草原絲綢之路上的上都書寫》,《西北民族研究》2021 年第 1 期。

乃日斯克《回鶻文"善惡兩王子的故事"與蒙古文、漢文故事文本的比較研究》,《民間文化論壇》2021 年第 6 期。

常萍《從文體特徵看吐魯番墓誌的發展演變》,《檔案》2021 年第 11 期。

胡凌燕《寫本文獻與武周時期文學研究》,浙江大學 2021 年博士學位論文。

魯媛媛《〈大唐西域記〉中的動物形象研究》,青島大學 2021 年碩士學位論文。

謝娟燕《清代西域行記研究》,集美大學 2021 年碩士學位論文。

虞越溪《考古發現與唐代西陲邊塞詩研究》,浙江大學 2021 年博士學位論文。

劉東波《大谷探險隊與日本近代西域文學——論松岡讓〈敦煌物語〉中的

"虚"與"實"》,《人文新視野》2021 年第 1 期。

韓欣享《蒙元詩人耶律楚材西域茶詩探微》,《名作欣賞》2021 年第 12 期。

王汝良、梁靖茹《〈大唐西域記〉:文類特徵辨微》,《中國語言文學研究》2021 年第 1 期。

劉嘉偉《元代畏兀詩人偰百遼遜的病痛書寫》,《中華文化論壇》2021 年第 4 期。

（七）藝術

徐漢傑、楊波《"龜兹風"的延續與變遷——森木塞姆第 44 窟研究》,《敦煌學輯刊》2021 年第 4 期。

丁斯甘《龜兹地區唐風佛教藝術研究——以阿艾石窟爲例》,《甘肅高師學報》2021 年第 4 期。

滿盈盈《克孜爾石窟主室前壁説法圖主尊之再思》,《南京藝術學院學報（美術與設計）》2021 年第 4 期。

常青《炳靈寺第 169 窟西秦塑像與壁畫風格淵源》,《美術觀察》2021 年第 1 期。

李瑞哲《龜兹石窟壁畫佈局反映的小乘説一切有部佛教思想》,《絲綢之路研究集刊》（第六輯）,北京:商務印書館,2021 年。

楊效俊《試論克孜爾石窟第 38 窟的佛舍利崇拜主題》,《文博》2021 年第 4 期。

王雨《克孜爾第 38 窟原創性影響初探》,《絲綢之路研究集刊》（第六輯）,北京:商務印書館,2021 年。

夏琳瑜《龍門石窟唐代佛像頸部三道蠶節紋緣由探析》,《河南科技大學學報（社會科學版）》2021 年第 3 期。

寧强、方蒙《須摩提女請佛故事畫的圖像學考察——以克孜爾、敦煌爲中心》,《美術學報》2021 年第 2 期。

［意］賽麗娜·奥伕羅著,鄭燕燕譯《印度河上游地區的佛教巖畫及其與古代新疆佛教藝術的關係》,《西域研究》2021 年第 1 期。

李瑞哲《高昌、龜兹回鶻風格佛教遺址中的地獄圖像》,《敦煌學輯刊》2021 年第 2 期。

李瑞哲《龜兹石窟中的禪修窟與禪修壁畫》,《敦煌吐魯番研究》（第 20 卷）,上海:上海古籍出版社,2021 年。

劉韜《高昌夜叉圖像考——以吐峪溝西區中部回鶻佛寺主室門道南壁畫跡爲中心》,《美術學報》2021 年第 4 期。

洪寶《高昌回鶻時期柏孜克里克壁畫的藝術風格》,《美與時代（中）》2021 年第 1 期。

張惠明《從那竭到于闐的早期大乘佛教護法鬼神圖像資料——哈達與和田出土的兩件龍王塑像札記》,《西域研究》2021 年第 2 期。

王菽一《丹丹烏里克佛寺遺址壁畫與于闐畫派》,《書畫世界》2021 年第 5 期。

新巴·達娃扎西《"鹿王本生"圖像再探》,《西藏民族大學學報》2021 年第 1 期。

楊文博《克孜爾石窟諸王皈依類説法圖研究》,《敦煌學輯刊》2021 年第 2 期。

張統亮《涅槃與"衆生舉哀圖"名稱考》,《絲綢之路研究集刊》(第六輯),北京:商務印書館,2021 年。

崔瓊、吾買爾·卡德爾《伯西哈石窟第 3 窟藥師净土變考》,《絲綢之路研究集刊》(第六輯),北京:商務印書館,2021 年。

任平山《克孜爾壁畫"挽弓試力金地王"釋讀》,《西域研究》2021 年第 4 期。

任文傑、王月月《多元文化融合的新疆佛教石窟壁畫》,《中國宗教》2021 年第 11 期。

任平山《佛母圖傳:克孜爾石窟壁畫中的摩耶夫人》,《藝術探索》2021 年第 4 期。

趙莉《克孜爾石窟"彌勒菩薩"圖像的重新認識》,《中原文物》2021 年第 5 期。

李雲《柏孜克里克 20 窟毗沙門天王圖像藝術特徵研究》,《文物鑒定與鑒賞》2021 年第 20 期。

姚敏《新疆古代碑刻藝術的珍品——〈且渠封戴墓表〉》,《新疆藝術(漢文)》2021 年第 1 期。

高愚民《試析吐魯番阿斯塔那墓葬出土彩塑價值》,《新疆地方志》2021 年第 3 期。

趙維平《絲綢之路胡樂人現象研究》,《音樂研究》2021 年第 1 期。

李琳倩《三部龜兹樂考辨》,《音樂研究》2021 年第 4 期。

朱韜武《從繁塔伎樂石刻磚看隋唐至宋代樂隊形制變化》,《藝術評鑒》2021 年第 8 期。

成軍《隋唐多部樂中的"龜兹伎"》,《當代音樂》2021 年第 10 期。

劉詩洋、王鶴《論唐李壽墓石槨坐部伎奏樂圖中的胡漢並舉》,《當代音樂》2021 年第 7 期。

温和《從新疆地區壁畫看唐代琵琶的孤柱現象》,《音樂文化研究》2021 年第 2 期。

周菁葆《絲綢之路上的于闐琵琶(上)》,《樂器》2021 年第 11 期。

周菁葆《絲綢之路上的于闐琵琶(下)》,《樂器》2021 年第 12 期。

繆泓蕓《從舞筵圖樣看唐代流行粟特樂舞的基本形象》,《人民音樂》2021 年第 7 期。

李晨楓、相寧《論唐代中原樂舞與西域樂舞的交流與融合》,《音樂生活》2021
　　年第 2 期。

周菁葆《隋代虞弘墓葬中的粟特樂舞(上)》,《樂器》2021 年第 1 期。

周菁葆《隋代虞弘墓葬中的粟特樂舞(下)》,《樂器》2021 年第 2 期。

李麗萍、程金城《絲綢之路中中國藝術風格和審美意識的嬗變——以漢唐樂
　　舞爲例》,《寧夏社會科學》2021 年第 3 期。

賴以儒《敦煌吐魯番出土貞觀年間寫經書跡研究》,《中國書法》2021 年第
　　3 期。

張永强《近代西北考察探險與絲綢之路書法史的構建》,《西泠藝叢》2021 年
　　第 1 期。

郭岩《新出土高昌本、樓蘭本〈急就篇〉楷書墨蹟研究》,《散文百家(理論)》
　　2021 年第 9 期。

郭岩《新出土高昌本〈急就篇〉書體研究》,《散文百家(理論)》2021 年第
　　10 期。

楊潔《何爲"蘇幕遮"——庫車出土"舍利盒"樂舞圖辨析(一)》,《新疆藝術
　　(漢文)》2021 年第 4 期。

王蘊錦《北朝至隋唐時期西域紡織品生命樹紋樣研究》,《民族藝林》2021 年
　　第 1 期。

劉韜《德國吐魯番探險隊所獲高昌天王幡的圖像與樣式考析》,《美術研究》
　　2021 年第 4 期。

隋立民《新疆岩畫中野生動物的形象解讀》,《新疆藝術(漢文)》2021 年第
　　5 期。

李晶静《吐魯番出土伏羲女媧圖像上的北斗星象》,《新疆藝術(漢文)》2021
　　年第 6 期。

董昱辰《回鶻扇形冠造型藝術分析》,《化纖與紡織技術》2021 年第 3 期。

阿不來提·賽買提《樓蘭古墓出土的精美絲綢》,《新疆藝術(漢文)》2021 年
　　第 2 期。

李曉《新疆阿斯塔那——哈拉和卓墓群所出織錦聯珠對稱紋樣的文化與宗教
　　因素》,《西北美術》2021 年第 3 期。

肖堯軒、童麗潔《從龜兹石窟寺探索西域信仰文化藝術的發展道路(上)》,
　　《中國民族博覽》2021 年第 2 期。

肖堯軒、馬驪《從龜兹石窟寺探索西域佛教藝術的發展道路(中)》,《中國民
　　族博覽》2021 年第 4 期。

肖堯軒、陳梓曦《從龜茲石窟寺探索西域佛教藝術的發展道路（下）》，《中國民族博覽》2021 年第 14 期。

丁瑩瑩《龜茲壁畫藝術語言探析》，《藝海》2021 年第 5 期。

姚敏《吐魯番出土駱駝俑塑藝術賞析及相關問題探討》，《文物天地》2021 年第 9 期。

孔德民《西域考古研究對中國音樂史的借鑑和意義》，《黃河之聲》2021 年第 3 期。

張傲《淺析樓蘭簡紙對當代書法的影響》，《造紙信息》2021 年第 2 期。

侯明明、霍旭初《論唐代龜茲佛教藝術》，《唐史論叢》2021 年第 1 期。

李雲、高婷《柏孜克里克第 9 窟壁畫藝術風格分析》，《收藏與投資》2021 年第 8 期。

陳玉珍《柏孜克里克石窟壁畫的藝術特色》，《炎黃地理》2021 年第 6 期。

李雲、孫虎《柏孜克里克第 17 窟"法華經變"圖像及其藝術分析》，《美術文獻》2021 年第 1 期。

王藝蓉《以西州草書熱爲例淺析東漢末年書法自覺的萌芽》，《美術文獻》2021 年第 1 期。

曹培、毛秋瑾《吐魯番出土〈佛遺教經〉寫本與章草書法研究》，《文津學志》2021 年第 1 期。

冉令江《民族融合視域下的北朝藝術風格演變研究》，東南大學 2021 年碩士學位論文。

高婷《柏孜克里克石窟第 9 窟圖像藝術研究》，新疆藝術學院 2021 年碩士學位論文。

孫虎《柏孜克里克石窟法華經變圖像研究》，新疆藝術學院 2021 年碩士學位論文。

陳建芳《吐魯番地區天王圖像研究》，新疆藝術學院 2021 碩士學位論文。

高婷《柏孜克里克石窟第 9 窟圖像藝術研究》，新疆藝術學院 2021 年碩士學位論文。

馬月楚《新疆地區傳統織物中典型果實紋樣的藝術表現研究》，新疆師範大學 2021 年碩士學位論文。

馬垚青《塔里木盆地出土的漢唐有翼獸圖像研究》，蘭州大學 2021 年碩士學位論文。

桑兆帥《克孜爾石窟頂燈圖像與頂燈舞文化流變的探源》，新疆藝術學院 2021 年碩士學位論文。

鞏莉《河西走廊魏晉十六國時期墓葬壁畫中的樂舞内容研究》，西北師範大學

2021 年碩士學位論文。

王婧《武威唐代吐谷渾王族墓葬木俑研究》,西北師範大學 2021 年碩士學位論文。

陳儀《克孜爾石窟壁畫中傳統繪畫特徵表現研究》,延邊大學 2021 年碩士學位論文。

葉慶慶《龜茲石窟壁畫的藝術風格研究》,景德鎮陶瓷大學 2021 年碩士學位論文。

張君君《克孜爾石窟涅槃圖像研究》,江南大學 2021 年碩士學位論文。

（八）考古與文物保護

胡興軍、阿里甫、蔡浩强、艾尼·亞森、徐佑成、蘇玉敏、康曉静《新疆尉犁縣克亞克庫都克唐代烽燧遺址》,《考古》2021 年第 8 期。

李肖、廖志堂《犍陀羅地區與塔里木盆地周緣佛教寺院形制佈局的比較研究》,《敦煌研究》2021 年第 3 期。

瑪爾亞木·依木拉音木、林鈴梅《論 IM21 墓主身份及洋海墓地的薩滿墓葬》,《吐魯番學研究》2021 年第 1 期。

舍秀紅、張永兵《新疆吐魯番巴達木墓地 2005 年發掘簡報》,《吐魯番學研究》2021 年第 1 期。

路瑩《勝金口石窟 1 號寺院遺址調查研究》,《吐魯番學研究》2021 年第 2 期。

高春蓮《勝金口石窟 6 號寺院遺址調查研究》,《吐魯番學研究》2021 年第 2 期。

艾力江·艾沙《2018—2019 年度新疆喀什汗諾依遺址考古收穫》,《西域研究》2021 年第 4 期。

劉翔《塞伊瑪—圖爾賓諾遺存發現與研究》,《西域研究》2021 年第 1 期。

張相鵬、党志豪、李春長、徐佑成《新疆輪台縣奎玉克協海爾古城考古發掘的新收穫與初步認識》,《西域研究》2021 年第 2 期。

田多、習通源、任萌、馬健、王建新、趙志軍《公元前一千紀新疆巴里坤地區的農業生産：農田雜草視角》,《西域研究》2021 年第 3 期。

任萌、馬健、習通源、王建新、李文瑛、田宜亮、艾合買提、蔣曉亮《新疆巴里坤海子沿遺址考古發掘收穫與思考》,《西域研究》2021 年第 3 期。

陳意、楊波、艾合買提·牙合甫《新疆哈密市拉甫卻克佛寺調查簡報》,《吐魯番學研究》2021 年第 1 期。

張海龍、舍秀紅、蔣金國《新疆鄯善縣楊家溝墓地發掘簡報》,《吐魯番學研究》2021 年第 1 期。

沙娜《新疆拜城縣克孜爾石窟第 27 窟調查簡報》,《吐魯番學研究》2021 年第

1 期。

高春蓮《交河溝北一號臺地石窟調查簡報》,《絲綢之路研究集刊》(第六輯),
　　北京：商務印書館,2021 年。

李亞棟《交河溝北三號臺地石窟調查簡報》,《絲綢之路研究集刊》(第六輯),
　　北京：商務印書館,2021 年。

陳淩、娃斯瑪‧塔拉提、王龍《新疆輪臺卓爾庫特古城考古收穫》,《西域研究》
　　2021 年第 2 期。

宋立資《塔里木盆地佛塔的類型及相關問題》,《敦煌學輯刊》2021 年第 1 期。

夏立棟《吐峪溝西區中部高臺窟院的功能空間》,《敦煌研究》2021 年第 5 期。

胡興軍《新疆若羌縣瓦石峽墓地考古發掘簡報》,《文博》2021 年第 1 期。

吾買爾‧卡得爾、楊超傑《吐峪溝石窟瘞窟的新調查》,《中原文物》2021 年第
　　4 期。

陳國科、劉兵兵、王山、趙亞君、王晨達、楊清風、王振宇、朱安、韓小豐、張淵
　　民、劉德春、張偉、謝欣芮、魏彥飛、王佳、沙琛喬《甘肅武周時期吐谷渾喜王
　　慕容智墓發掘簡報》,《考古與文物》2021 年第 2 期。

駱磊《漢代西域屯田景觀空間考古研究——以米蘭遺址爲例》,《風景園林》
　　2021 年第 11 期。

高愚民《新疆吐魯番阿斯塔那墓葬出土壁畫顏料分析》,《吐魯番學研究》2021
　　年第 2 期。

孫諾楊、王龍、韓賓、饒慧芸、楊益民《新疆吐魯番勝金店墓地出土煤精製品的
　　科技分析》,《文物保護與考古科學》2021 年第 4 期。

關明、康曉靜、魏樂、胡興軍、韓超、李興、劉瀚文、曲亮、趙鎮文《新疆尉犁縣克
　　亞克庫都克烽燧遺址出土的紡織品染料的科學分析》,《西部皮革》2021 年
　　第 13 期。

譚宇辰、李延祥、叢德新、賈偉明《新疆溫泉縣阿敦喬魯遺址出土早期銅器的
　　初步科學分析》,《西域研究》2021 年第 3 期。

于穎、王博《新疆鄯善耶特克孜瑪扎墓地出土元代光腰綫袍研究》,《文物》
　　2021 年第 7 期。

牛耕《巴音郭楞考古發現的銅鏡》,《吐魯番學研究》2021 年第 2 期。

劉維玉《新疆史前考古遺存中人偶崇拜及其相關問題初探》,《新疆藝術(漢
　　文)》2021 年第 3 期。

王照魁、武仙竹、封世雄《動物考古揭示戍邊將士別樣的閒情逸趣——新疆大
　　河古城出土馬髖骨》,《大衆考古》2021 年第 4 期。

牟新慧《新疆出土針衣囊袋考述》,《絲綢》2021 年第 10 期。

高愚民《吐魯番阿斯塔那墓葬出土馬俑研究》,《文物鑒定與鑒賞》2021 年第
　　5 期。

趙永升《新疆幾處唐代壁畫顔料分析研究》,《文化産業》2021 年第 4 期。

陳玉珍《吐魯番勝金店墓地 M25 出土紅色絹襪的評估與修復》,《吐魯番學研
　　究》2021 年第 1 期。

姚敏《吐魯番阿斯塔那出土泥塑文物修復中新材料的應用》,《吐魯番學研究》
　　2021 年第 1 期。

周智波《一塊異形壁畫的保護修復——以庫木吐喇石窟已揭取壁畫第 38 窟
　　第 19 塊爲例》,《文物鑒定與鑒賞》2021 年第 9 期。

吴勇《龜兹故城考古發掘及收穫》,《文物天地》2021 年第 7 期。

劉耐冬、王龍《高昌故城的發現與考古研究》,《文物天地》2021 年第 10 期。

党志豪、張相鵬、徐佑成《新疆輪臺縣奎玉克協海爾古城遺址考古發掘簡述》,
　　《文物天地》2021 年第 7 期。

陳凌《漢西域都護府遺址探索》,《文物天地》2021 年第 7 期。

張紫琪《新疆出土羊元素文物》,《文物鑒定與鑒賞》2021 年第 13 期。

葉采欣《新疆尼勒克縣吉仁台溝口遺址出土金器探討》,《文物天地》2021 年
　　第 3 期。

葉采欣《關於〈新疆尼勒克縣吉仁台溝口遺址出土金器探討〉的補充説明》,
　　《文物天地》2021 年第 5 期。

孫少輕《蘇貝希文化洞室墓研究》,《邊疆考古研究》2021 年第 1 期。

馬偉《絲綢之路沿綫所見金屬下頜托葬俗再考察——以中亞、新疆及固原三
　　地出土金屬下頜托爲中心》,《邊疆考古研究》2021 年第 1 期。

馬葉楨《新疆艾斯克霞爾墓地出土毛布大衣的保護修復》,《東方收藏》2021
　　年第 19 期。

陳成坤《車師古道綫性文化遺産保護與利用研究》,南京師範大學 2021 年碩
　　士學位論文。

（九）少數民族歷史語言

朱麗雙、榮新江《兩漢時期于闐的發展及其與中原的關係》,《中國邊疆史地研
　　究》2021 年第 4 期。

楊富學、葛啓航《高昌回鶻王國西部疆域再探》,《敦煌吐魯番研究》(第 20
　　卷),上海:上海古籍出版社,2021 年。

白玉冬《黄頭回紇源流考》,《西域研究》2021 年第 4 期。

李樹輝《敕勒、〈敕勒歌〉、敕勒川考論》,《中國邊疆史地研究》2021 年第 4 期。

陳菊霞、李珊娜《于闐國王李聖天供養人像及其相關問題》,《文津學志》2021

年第 1 期。

李宗俊《隋郁久閭可婆頭墓誌與柔然王族相關問題》,《石河子大學學報》2021 年第 4 期。

潘堯《北齊和士開族姓來源考論》,《暨南史學》2021 年第 1 期。

［日］吉田豐著,歐陽暉譯《粟特“昭武”姓氏的起源及相關問題研究》,《吐魯番學研究》2021 年第 2 期。

潘曉暾、張星瀚《遼代西域胡人形象微探——以考古資料爲中心》,《草原文物》2021 年第 2 期。

曹金成《元代“黄金家族”稱號新考》,《歷史研究》2021 年第 4 期。

曲强《元明之際吐魯番政治變遷考》,《中國邊疆史地研究》2021 年第 4 期。

李剛、張海龍《吐魯番吐峪溝 10 號窟新發現之回鶻文題記考釋》,《西域研究》2021 年第 1 期。

吐送江·依明《德國西域探險團與德藏回鶻語文獻》,《敦煌學輯刊》2021 年第 2 期。

朱國祥《回鶻文〈長阿含經〉梵語借詞對音研究》,《民族語文》2021 年第 4 期。

米熱古麗·黑力力《古代維吾爾語的硬齶鼻音 ṅ 及其歷史演變》,《民族語文》2021 年第 6 期。

［日］吉藤孝一、［德］彼得·茨默著,張九玲、王凱譯《〈金剛經纂〉與西夏和漢文本對應的回鶻文本》,《西夏研究》2021 年第 1 期。

次仁頓珠《〈大唐西域記〉工布查布藏譯本疑點舉隅》,《西藏研究》2021 年第 4 期。

扎西本《和田出土〈法華經〉古藏譯本的初步研究報告（二）》,《西藏研究》2021 年第 1 期。

于子軒《柔然文小考》,《中華文史論叢》2021 年第 2 期。

趙潔潔《〈西域爾雅〉詞彙校勘與整理舉隅》,《龍岩學院學報》2021 年第 4 期。

賈岩《重估玄奘西行的“印度價值”：印地語中的〈大唐西域記〉與玄奘傳記》,《中國語言文學研究》2021 年第 1 期。

才吾加甫《絲綢古道上的鮮卑歷史及佛教》,《中國俗文化研究》2021 年第 1 期。

王石雨《高車歷史研究》,内蒙古大學 2021 年博士學位論文。

劉曉恒《4 至 8 世紀回紇部落歷史研究——以突厥回鶻語碑銘爲中心》,蘭州大學 2021 年碩士學位論文。

曹磊《吐谷渾歷史問題研究》,内蒙古大學 2021 年博士學位論文。

趙沛堯《14—15 世紀明、帖木兒兩朝的陸上絲綢之路經營研究》,新疆師範大學 2021 年碩士學位論文。

牛時兵《從"開國西蕃"到"退居河朔"——4—8 世紀中期吐谷渾史研究》,蘭州大學 2021 年博士學位論文。

黄莞《中國古代民族志書寫傳統研究》,山東大學 2021 年碩士學位論文。

巴音德力開《13—14 世紀回鶻式蒙古文文字符號的比較研究》,西北民族大學 2021 年碩士學位論文。

（十）古籍

朱玉麒《李徵舊存照片中的〈詩經〉寫本》,《吐魯番學研究》2021 年第 2 期。

郭殿忱《吐魯番殘卷昭明太子〈文選序〉校釋》,《吐魯番學研究》2021 年第 2 期。

李鵬翔《〈逷域瑣談〉爲〈西域聞見録〉最初版本新證》,《西域研究》2021 年第 2 期。

竇秀豔《日藏吐魯番出土〈爾雅〉殘片考》,《東方論壇》2021 年第 6 期。

胡興軍《新疆尉犁縣克亞克庫都克烽燧遺址出土〈韓朋賦〉釋析》,《西域研究》2021 年第 2 期。

張新朋《吐魯番出土〈駕幸温泉賦〉殘片補考》,《尋根》2021 年第 3 期。

張新朋《旅博藏吐魯番文獻中的〈千字文〉殘片考辨》,《吐魯番學研究》2021 年第 2 期。

郭丹、劉波《遼寧省博物館藏敦煌吐魯番文獻近人題跋録釋》,《吐魯番學研究》2021 年第 2 期。

劉橋《〈辛卯侍行記〉西域史料的文學、歷史及語言價值》,《大西北文學與文化》2021 年第 1 期。

（十一）科技

王微、郭幼爲《本草考古：出土醫藥文書的歷史文化考察》,《農業考古》2021 年第 4 期。

田可《吐魯番洋海 1 號墓闞氏高昌永康曆日再探》,《西域研究》2021 年第 4 期。

劉子凡《黄文弼所獲〈唐神龍元年曆日序〉研究》,《文津學志》2021 年第 1 期。

陳習剛《元代的葡萄加工與葡萄酒釀造技術的進步》,《吐魯番學研究》2021 年第 2 期。

蕳詩芮《西北地方青銅時代早期的金屬使用——從技術與資源角度探討》,《文博》2021 年第 5 期。

（十二）書評與學術動態

劉全波《開啓西行文獻整理與研究的新境界——〈中國西行文獻叢書〉紹介》,

《吐魯番學研究》2021 年第 2 期。

李亞棟《趙紅著〈吐魯番俗字典〉》,《敦煌吐魯番研究》(第 20 卷),上海:上海古籍出版社,2021 年。

邱忠鳴《拆除巴別塔 鑿山顯禎瑞——評介〈龜茲石窟題記〉》,《敦煌吐魯番研究》(第 20 卷),上海:上海古籍出版社,2021 年。

孫武軍《入華粟特人墓葬圖像的新解讀——讀沈睿文〈中古中國祆教信仰與喪葬〉》,《唐史論叢》2021 年第 1 期。

朱旭潔《圖像學視野下的胡族衣履——讀〈漢唐胡服研究〉》,《吐魯番學研究》2021 年第 2 期。

趙海霞《新疆經濟史研究的新拓展——〈新疆農牧業歷史研究〉評介》,《西域研究》2021 年第 1 期。

陳菊霞《我國龜茲語研究的里程碑之作——〈龜茲石窟題記〉評介》,《敦煌研究》2021 年第 4 期。

姚崇新《里程碑式的成果——〈龜茲石窟題記〉評介》,《藝術設計研究》2021 年第 4 期。

姚崇新《敦煌吐魯番文獻"最後的寶藏"——〈旅順博物館藏新疆出土漢文文獻〉評介》,《吐魯番學研究》2021 年第 2 期。

吳華峰《敦煌吐魯番文獻"最後的寶藏"——〈旅順博物館藏新疆出土漢文文獻〉評介》,《西域研究》2021 年第 4 期。

劉屹《評〈旅順博物館藏新疆出土漢文文獻〉》,《敦煌吐魯番研究》(第 20 卷),上海:上海古籍出版社,2021 年。

鄭玲《集百家之長,成一家之言——楊富學〈回鶻文佛教文獻研究〉讀後》,《吐魯番學研究》2021 年第 1 期。

李若愚《〈織網與鑿井:中西交通史研究論稿〉評介》,《2021 敦煌學國際聯絡委員會通訊》,上海:上海古籍出版社,2021 年。

敏春芳《從語言接觸的角度考察民族關係——讀〈吐魯番地區民族交往與語言接觸研究——以吐魯番出土文書爲中心〉有感》,《甘肅高師學報》2021 年第 4 期。

祁梅香、杜夢《新疆晉唐墓葬研究述略》,《吐魯番學研究》2021 年第 1 期。

楊瀏依、趙斌《漢晉蜀錦研究綜述》,《吐魯番學研究》2021 年第 1 期。

杜海、郭楊《吐魯番地區粟特人研究綜述》,《吐魯番學研究》2021 年第 1 期。

張鐵山《回鶻文契約研究及其存在的問題》,《西域研究》2021 年第 4 期。

楊遠楨《漢代西域都護研究的學術史考察》,《喀什大學學報》2021 年第 5 期。

龍正華《西域文化與盛唐詩歌百年研究的回顧與反思》,《石河子大學學報》

2021 年第 2 期。

趙晶《敦煌吐魯番文獻與仁井田陞的中國法制史研究（上）》,《文津學志》
    2021 年第 1 期。

［俄］М.Д.布哈林著,楊軍濤譯《"我們兩個都在爲俄羅斯、爲科學工作……"：
    俄羅斯科學院檔案館收藏的 С.Ф.奧登堡與 Н.Н.克羅特科夫的往來通信
    （下）》,《吐魯番學研究》2021 年第 1 期。

2021 年日本敦煌學研究論著目録

一、論　　文

1. 政治・地理

江川式部,唐代の藩鎮と祠廟,國學院雜誌 122(2),1－18,2021－02

森部豊,隋・唐帝國と「宗教」：東ユーラシアから問いかける,上島享、吉田一彦編『日本宗教史 2・世界のなかの日本宗教』,169－200,吉川弘文館,2021－03

北村高,唐代東トルキスタン在住の沙陀突厥について,東洋史苑(92・93),1－32,2021－03

窪添慶文,北魏末・東魏の汎階と官僚の遷転：穆良墓誌の檢討を中心に,立正大學文學部研究紀要 37,69－91,2021－03

金子修一,唐帝の讓位時における改元について：玄宗はなぜ一二月に開元と改元したのか,國學院雜誌 122(6),39－52,2021－06

赤羽目匡由,則天武后末期の東方情勢に関する一問題：渤海における則天武后の影響と残像,唐代史研究 24,57－79,2021－08

妹尾達彦,中國の國土観の変遷,土木學會誌 106(8),22－25,2021－08

Kazushi Iwao, Gog cu as Tibetan Buddhist Site of the North-Eastern Amdo Area during the Post-Imperial Period, Revue d'Etudes Tibétaines 60, 161 – 173, 2021－08

森部豊,唐朝の羈縻政策に關する一考察：唐前半期の營州都督府隷下「羈縻府州」を事例として,東洋史研究 80(2),209－252,2021－09

2. 社會・經濟

相田満,相書に見る声で定命を知る平安時代の観相譚：『今昔物語集』巻六第四八の延命譚を敦煌文書と比較して分析する,『観相の文化史』,勉誠出版,2021－02

谷口高志,唐代文人と辺地の神：白居易の祝文を中心に,佐賀大國語教育/佐賀大學國語教育學會 5,29－46,2021－02

山本孝子,大状の諸相：唐末から宋における私信としての展開,敦煌寫本研究年報(15),51－65,2021－03

池田昌広,中國における册子の誕生とソグド人,汲古 79,26－31,2021－06

佐々木聡,通俗信仰と怪異：前近代中國の基層社會における災異受容史,東アジア怪異學會編『怪異學講義』,勉誠出版,2021－09

飯田清昭,紙が演出した文明史上の交代劇：第 6 部 シルクロード、インドと東南アジア,紙パ技協誌 75(7),637－645,2021－10

周霞,井上靖『敦煌』と諸関連文献との比較：〈開封〉の描写をめぐって,岡山大學大學院社會文化科學研究科紀要 52,45－62,2021－12

3. 法律・制度

岩尾一史、坂尻彰宏,歸義軍政權初期におけるチベット語公印の使用とその背景：Pelliot tibétain 1171 の檢討を中心に,敦煌寫本研究年報(15),97－109,2021－03

坂上康俊,唐日公式令の条文排列からみた牒と辞：敦煌発見唐公式令断簡開元二十五年令説の提唱,古瀬奈津子編『古代日本の政治と制度』,同成社,2021－03

武井紀子,日唐律令制における租税の受納手続,古瀬奈津子編『古代日本の政治と制度：律令制・史料・儀式』,94－120,同成社,2021－03

楊浩然、遠藤隆俊,円仁文書と求法巡礼の旅：唐代文書行政システムの観点から,海南史學(59),1－26,2021－08

4. 語言・文學

福田哲之,『蒼頡篇』の押韻と章序,島根大學教育學部紀要 54,41－50,2021－02

荒見泰史,S.2204『(擬)董永變文』再考,敦煌寫本研究年報(15),1－15,2021－03

玄幸子,中國口語史研究と敦煌文献(内田慶市教授退職記念号),関西大學外國語學部紀要(24),37－49,2021－03

高井龍,講經文の成立と利用：「維摩詰所説経講經文(擬)」を中心に,敦煌寫本研究年報(15),17－34,2021－03

道坂昭廣,王勃《陸録事墓誌》の断簡について,敦煌寫本研究年報(15),35－50,2021－03

任小波,《大乘經纂要義》藏漢對勘與漢文新譯,敦煌寫本研究年報(15),67－96,2021－03

龔麗坤,《十大弟子讚》的藏漢對照本及藏譯本,敦煌寫本研究年報(15),111－136,2021－03

裴長春,敦煌本藏漢語彙集 P.t.1257について,印度學佛教學研究 69(2),

797－794,2021－03

石﨑貴比古,天竺の語源に関する一考察,印度學佛教學研究 69(2),951－947,2021－03

張鐵山,敦煌研究院舊藏回鶻文《阿毗達磨俱舍論實義疏》殘葉研究,内陸アジア言語の研究 36,1－10,2021－10

米爾卡馬力、阿依達爾,中國國家圖書館藏二葉回鶻文《入阿毘達磨論》注釋書研究,内陸アジア言語の研究 36,11－22,2021－10

LiGang、ZhangHailong, Uyghur Wall Inscriptions Newly Discovered in the Cave 26 of the Tuyuq Grottoes of Turfan（Ⅱ）,内陸アジア言語の研究 36, 23－59, 2021－10

5. 宗教・思想

荒見泰史,敦煌仏教の展開と日本,上島享、吉田一彦編『日本宗教史 2・世界のなかの日本宗教』,吉川弘文館,2021－03

荒見泰史,「神」「仏」理解からみた中國宗教,吉田一彦編『神仏融合の東アジア史』,名古屋大學出版會,2021－03

小野嶋祥雄,敦煌文献中の三一権実論争関係資料,印度學佛教學研究 69(2),663－668,2021－03

中島隆博、伊藤聡、佐川英治、牧角悦子、渡邊義浩,天災と人禍:思想と宗教、そして文學と歴史から考える,中國:社會と文化 36,49－66,2021－07

伊吹敦,『六祖壇經』の成立に關する新見解:敦煌本『壇經』に見る三階教の影响とその意味,國際禅研究(7),5－44,2021－08

松浦史子,空飛ぶ人面魚たち:晋・前涼王朝の『山海経』受容と西北認識,『菊を採る東籬の下:石川忠久先生星寿記念論文集』,403－426,汲古書院,2021－10

荒見泰史,敦煌文献から見た玄奘三藏,佐久間秀範、近本謙介、本井牧子編『玄奘三藏:新たなる玄奘像をもとめて』,勉誠出版,2021－12

伊吹敦,敦煌本『壇經』から『曹溪大師傳』へ:八世紀後半の長安における荷澤宗の思想的變遷,印度學佛教學研究 70(1),312－305,2021－12

6. 考古・美術

八木春生,雲岡石窟第 11 窟と第 13 窟の造営について,中國考古學 18,154－172,2021－01

黒田彰,韓朋溯源(二):吳氏藏韓朋画象石について,文學部論集(105),1－27,2021－03

黒田彰,大象陶瓷博物館藏三彩四孝塔式缶について:唐代の孝子伝図,文學

部論集 105,59－86,2021－03

荒見泰史,和泉市久保惣記念美術館『仏説十王経』について,アジア社會文化研究(22),1－26,2021－03

本間紀男,敦煌塑像の技法(敦煌莫高窟について/各期の莫高窟塑像について),天平彫刻の技法復刻版,雄山閣,2021－08

吉川忠夫,釈尊をテーマにした敦煌出土手習い手本,『三余続録』,法藏館,2021－09

高陽,東アジアの須弥山図:敦煌本とハーバード本を中心に,高陽『説話の東アジア:「今昔物語集」を中心に』,勉誠出版,2021－09

檜山智美,クチャ(亀茲)國の早期の説一切有部系仏教寺院の復原的考察,密教図像 40,31－54,2021－12

八木春生,雲岡石窟第 7・8 窟の主室壁面構成と造営思想,中國考古學 21,163－178,2021－12

末森薫,天水麦積山石窟東崖窟の造営年代の再考:建築遺構を手掛かりとして,中國考古學 21,149－162,2021－12

趙聲良著,田衛衛訳,敦煌芸術と『法華経』(「法華経:平和と共生のメッセージ」展十五周年記念特集),東洋學術研究 60(1),33－48,2021

濱田瑞美,敦煌石窟唐代維摩經變の題記について,横浜美術大學教育・研究紀要 11,45－63,2021

齋藤龍一,中國南北朝時代における維摩像の展開と地域性:道教像との図像的関連に注目して,仏教芸術 6,9－34,2021

7. 文書・譯註

程正,俄藏敦煌文獻中に發見された禪籍について(32),駒沢大學仏教學部研究紀要(79),144－129,2021－03

﨑山忠道,『稲芋経』における三種の行(samskara)と縁起:不空譯『慈氏菩薩所説大乘縁生稲稈喩經』および失譯『佛説大乘稲芋經』と敦煌出土チベット語訳『聖稲苗大乘経』にみる特異な教説をめぐって,仏教學(62),25－43,2021－04

井口千雪、大賀晶子、川上萌実、小松謙、孫琳浄、玉置奈保子、田村彩子、藤田優子、宮本陽佳,「金剛醜女因縁」訳注(3),和漢語文研究(19),196－222,2021－11

小松謙、井口千雪、大賀晶子、川上萌実、孫琳浄、玉置奈保子、田村彩子、藤田優子、宮本陽佳,「金剛醜女因縁」訳注(2),京都府立大學學術報告(73),41－85,2021－12

8. 動向・調査

岩本篤志,濱田徳海の敦煌写経の蒐集とそのコレクションの性格,氣賀澤保規編『濱田徳海旧藏敦煌文書コレクション目録』,329－344,東洋文庫,2020－03

片山章雄,大谷探検隊員と関係者の絵葉書数十点,東海史學(55),43－48,2021－03

岩本篤志,大月氏・クシャーン期の北部バクトリアと仏教遺蹟に関する研究動向:2010年代の発掘・研究の紹介を中心に,立正史學(128・129),1－16,2021－03

玄幸子,石濱文庫所収書簡資料に見る明治三九年~昭和三〇年代の漢學(その1)石田幹之助書簡を通じて,関西大學東西學術研究所紀要54,29－53,2021－04

西村陽子、北本朝展,カード単位の照合エビデンスを共有するシルクロード考古遺蹟情報の統合データベース,『じんもんこん2021論文集』,146－153,2021－12

小助川貞次,敦煌本漢籍書誌目録(ペリオ本・書類)(1),大學人文學部紀要(74),59－74,2021

清水眞澄,三井記念美術館所藏「敦煌写経」と「聴氷閣旧藏碑拓法帖」逍遥:初唐の國家・仏教・人の一側面,三井美術文化史論集(14),3－68,2021

9. 書評・介紹

川合安,窪添慶文『墓誌を用いた北魏史研究』,六朝學術學會報22,61－68,2021－03

高田菜々子,渡辺信一郎『中華の成立:唐代まで(シリーズ中國の歴史(1))』,明大アジア史論集25,108－113,2021－03

和田英信,永田知之『理論と批評:古典中國の文學思潮』,中國文學報94,114－132,2021－04

服部一隆,榎本淳一『日唐賤人制度の比較研究』,日本歴史(877),90－92,2021－06

金子修一,日唐の改元と大赦:水上雅晴編『年号と東アジア:改元の思想と文化』(八木書店、二〇一九年)に寄せて,古文書研究(91),57－71,2021－06

浦西直也,榎本淳一『日唐賤人制度の比較研究』,鷹陵史學(47),197－199,2021－09

張雯雯,金子修一先生古稀記念論文集編集委員會編『金子修一先生古稀記

念論文集：東アジアにおける皇帝権力と國際秩序』,國史學(233),96－103,2021－11

前島佳孝,平田陽一郎『隋唐帝國形成期における軍事と外交』,史學雜誌 130(11),1797－1806,2021－11

関尾史郎,土肥義和『燉煌文書の研究』,歴史評論(860),96－100,2021－12

岸本美緒,渡辺信一郎『シリーズ中國の歴史(1)中華の成立唐代まで』,洛北史學(23),109－114,2021

　10.學者・其他

本屋にない本,濱田徳海旧藏敦煌文書コレクション目録,國立國会図書館月報(718),24,2021－02

高田時雄,再び白堅について,敦煌寫本研究年報(15),137－158,2021－03

西田愛,武内紹人先生を偲んで,内陸アジア言語の研究 36,119－128,2021－10

王衆一、王浩、郭然,美しい中國東アジア文化都市敦煌シルクロードにきらめく真珠莫高窟に残る仏教芸術の極み,人民中國(820),52－59,2021－10

榎本泰子,「敦煌」が日本人のあこがれだった時代：写真で読む研究レポート,アステイオン(95),4－11,2021－11

二、著　　書

平田陽一郎,隋唐帝國形成期における軍事と外交,汲古書院,2021－01

百橋明穂、田林啓編,神異僧と美術伝播,中央公論美術出版,2021－02

吉田一彦編,神仏融合の東アジア史,名古屋大學出版會,2021－02

板倉聖哲等編,アジア仏教美術論集 東アジアⅢ五代・北宋・遼・西夏,中央公論美術出版,2021－02

赤井益久,唐代伝奇小説の研究,研文出版,2021－02

榎本泰子,「敦煌」と日本人：シルクロードにたどる戦後の日中関係,中央公論新社,2021－03

周霞,井上靖の歴史小説：『敦煌』における歴史的要素に関する研究を通じて,岡山大學博士學位,2021－03

千田豊,唐代の皇太子制度,京都大學學術出版會,2021－03

武田時昌編,天と地の科學：東と西の出會い,臨川書店,2021－03

岩尾一史、池田巧編,チベットの歴史と社會(上下),臨川書店,2021－03

キャスリーン・デイヴィス著,久保美代子訳,シルクロード,早川書房,2021－03

吉村武彦等編,國風文化: 貴族社會のなかの「唐」と「和」,岩波書店, 2021－03

武田時昌編,術数學の射程: 東アジア世界の「知」の伝統,臨川書店, 2021－03

松岡正剛,仏教の源流,角川ソフィア文庫,2021－04

丸橋充拓,唐代北辺財政の研究,岩波書店,2021－04

中村清次,シルクロード: 流沙に消えた西域三十六か國,新潮社,2021－05

闞正宗編著,佛教、歷史、留學: 交流視角下的近代東亞和日本: 柴田教授退休紀念文集,博揚文化事業,2021－06

重信あゆみ,西王母と女媧: 二人の神,ビイング・ネット・プレス, 2021－06

安部龍太郎,シルクロード: 仏の道をゆく,潮出版社,2021－07

大澤正昭,妻と娘の唐宋時代: 史料に語らせよう,東方書店,2021－07

井上文則,シルクロードとローマ帝國の興亡,文藝春秋,2021－08

丸山裕美子、武情編,本草和名,汲古書院,2021－09

荒川正晴編,世界史とは何か,岩波書店,2021－10

會田大輔,南北朝時代: 五胡十六國から隋の統一まで,中央公論新社, 2021－10

小林宏,日本における立法と法解釈の史的研究 別巻補遺,汲古書院, 2021－10

栄新江,ソグドから中國へ: シルクロード史の研究,汲古書院,2021－10

大竹晋,大乗起信論成立問題の研究,國書刊行會,2021－11

佐久間秀範、近本謙介、本井牧子編: 玄奘三藏: 新たなる玄奘像をもとめて,勉誠出版,2021－12

古勝隆一,中國中古の學術と社會,法藏館,2021－12

渡邉義浩,中國における正史の形成と儒教,早稲田大學出版部,2021－12

李乃琦,一切経音義古写本の研究,汲古書院,2021－12

荒川正晴編,ローマ帝國と西アジア: 前三~七世紀,岩波書店,2021－12

《2020 年日本敦煌學研究論著目録》增補

柴劍虹、劉進寶著,［日］高井龍訳,敦煌,朝華出版社,2020－10

齋藤智寛,中國禪宗史書の研究,臨川書店,2020－12

大西磨希子,則天武后と阿育王: 儀鳳年間の舍利頒布と『大雲經疏』をめぐって,敦煌寫本研究年報(14),1－17,2020－03

山本孝子,《(擬)刺史書儀》〈封門狀回書〉與《五杉練若新學備用》〈大狀頭書〉之比較研究:〈唐宋時代の門狀:使用範圍の擴大と細分化〉補遺,敦煌寫本研究年報(14),85－97,2020－03

趙大旺,唐宋之際敦煌社邑的寫経活動,敦煌寫本研究年報(14),99－108,2020－03

馮培紅,法藏敦煌文献 P.2504　Pièce1－4 攷釈,敦煌寫本研究年報(14),19－38,2020－03

汪娟,敦煌摩尼教殘卷《佛性經》體式新詮:以佛經散文體「四言格」爲中心,敦煌寫本研究年報(14),39－50,2020－03

荒見泰史,敦煌の民間信仰と佛教、道教:佛教文獻に見られる符印を中心として,敦煌寫本研究年報(14),51－67,2020－03

高井龍,敦煌本「祇園因由記」考(續),敦煌寫本研究年報(14),69－83,2020－03

高田時雄,説"歹",敦煌寫本研究年報(14),109－117,2020－03

劉進寶,日本所藏敦煌文獻的來源及真僞:讀高田時雄《近代中國的學術與藏書》劄記,敦煌寫本研究年報(14),119－127,2020－03

荒川正晴教授略歷・研究業績,大阪大學大學院文學研究科紀要 60,186－200,2020－03

三﨑良章,墳墓壁画に見られる魏晋時代酒泉地域の漢人と非漢人,早稲田大學本庄高等學院研究紀要 38,17－34,2020－03

山下將司,漢文墓誌より描く六世紀華北分裂期のソグド人,日本女子大學紀要 69,41－54,2020－03

楊莉、桑原裕子、中川ゆかり,杜友晋撰『吉凶書儀』(伯三四四二)の注釈と研究:敦煌書儀による書記言語解明のための基礎的研究,研究報告書,2020－03

三谷真澄、臼田淳三、古泉圓順,『敦煌秘笈』羽二八五『法句經并法句經疏』解説と釈文,龍谷大學世界仏教文化研究論叢 59,25－103,2021－03

椛島雅弘,フランス國立図書館(BnF)における敦煌文献の調査報告,中國研究集刊(66),71－77,2020－08

六車楓,敦煌医書『明堂五藏論』釈読補訂,中國研究集刊(66),57－70,2020－08

金炳坤,慧浄述『妙法蓮華経纘述』の敦煌本について,身延山大學仏教學部紀要(21),43－70,2020－10

末森薫,敦煌莫高窟初唐窟に描かれた千仏図の研究,鹿島美術研究年報別

冊(37),427-437,2020-11

松浦史子,敦煌佛爺廟湾墓に表された人面魚・飛魚の世界：晋・前涼の『山海経』受容と西北認識,鹿島美術研究(37),516-526,2020-11

大西磨希子,則天武后の明堂と嵩山封禅：『大雲経疏』S六五〇二を中心に,氣賀澤保規編『隋唐洛陽と東アジア：洛陽學の新地平』,279-305,2020-12

景浩,『天津芸術博物館藏敦煌本文選註疏證』補校三則,中國文學論集(49),23-24,2020-12

Barrett T.H 著,石井清純訳,劉晏(716-780)の「三教不斉論」について：敦煌写本の問題点の考察(ワインスタイン教授追悼記念号東アジア仏教研究のあけぼの),駒沢大學禅研究所年報(特別号),335-347,2020-12

岡野誠,敦煌本唐職制律断簡再論：趙晶著「中國國家図書館藏両件敦煌法典残片考略」を読みて(島善高先生追悼号),法史學研究會會報(24),114-125,2020

菊地淑子,敦煌莫高窟唐前期窟における供養者像の配列と供養者題記中の親族呼称に関する初歩的考察：敦煌文献 P.ch.二六二五と莫高窟第二一七窟の関係,成城大學共通教育論集(13),228-202,2020

チャンドラロケッシュ著,山岸伸夫訳,法華経の旅：コータンから敦煌へ(特集シルクロード：仏教東漸の道(3)),東洋學術研究59(2),57-70,2020

　　基金項目：國家社會科學基金冷門絕學事項研究"敦煌民間信仰文獻整理與研究"(19VJX129)階段性成果。

1900—2000 年法國敦煌學研究論著目録

楊敬蘭（敦煌研究院）

據不完全統計,1900—2000 年度中國和法國公開發表有關法國學者敦煌學專著、論文集和譯著共 70 餘部,相關論文、譯文共計 400 餘篇,現將研究論著目録編制如下,編排次序爲:一、專著和譯著部分,格式爲:作者/編者/譯者 書籍名稱 出版社 出版年月;二、論文部分,格式爲:作者/編者/譯者 篇名 發表刊物 期次(期刊)/出版年份。論文部分又細分爲概説、歷史地理、文學與語言文字、社會民俗、民族與宗教、考古與藝術六個專題,分類後作者按拼音排序。

一、專 著 和 譯 著

奥布瓦耶《絲綢之路——法國國家圖書館和博物館收藏的古代中亞藝品》,巴黎,1976 年。

巴科、托瑪斯、圖散《敦煌文獻中有關西藏歷史的資料》,巴黎:集美博物館,1940 年。

巴黎國家科學研究中心《戈壁沙漠中的中國壁畫》,巴黎:國家科學研究中心出版,1983 年。

伯希和《伯希和筆記》,巴黎,1920—1924 年。

伯希和《伯希和敦煌洞窟筆記:壁畫及題記》第 1—6 卷,巴黎:法蘭西大學亞洲部,1981—1992 年。

伯希和《敦煌石窟》(1—6 卷),巴黎:P.Geuthner 出版社,1920—1924 年。

伯希和《中國印刷術的起源》,巴黎:邁松訥夫出版社,1953 年。

伯希和編《集美博物館藏〈敦煌的幡和(絹)畫〉》tXIV,巴黎,1974 年。

伯希和編《集美博物館藏〈敦煌的幡和(絹)畫〉》tXV,巴黎,1976 年。

伯希和編《集美博物館和國家圖書館藏〈敦煌織物〉》tXIII,巴黎,1973 年。

伯希和著,耿昇、唐健賓譯《伯希和敦煌石窟筆記》,蘭州:甘肅人民出版社,1993 年。

陳祚龍《敦煌漢文字書殘片——千佛洞所出〈字寶〉研究》,巴黎:法國漢學研究所(唐研究中心),1964 年。

陳祚龍《唐五代敦煌名人邈真讚》,巴黎:法國遠東學院出版社,1970 年。

陳祚龍《悟真(816—895)的生平和著作,敦煌文化史研究》,巴黎:法國遠東學院出版社,1966 年。

戴密微、饒宗頤、李克曼《敦煌白描畫》,巴黎:法國遠東學院編印,1978 年。

戴密微、饒宗頤《八到十世紀的敦煌曲》,巴黎:國家科學研究中心,1971 年。

戴密微《(8—10 世紀)唐代的通俗詩——王梵志詩(繼〈太公家教〉之後)寫本的釋譯、編注和評述》,巴黎,1982 年。

戴密微《〈敦煌曲〉8—10 世紀的唱詞寫本副本》(新加坡大學饒宗頤教授中文引論:《戴密微法文編譯及部分歌辭的翻譯》),巴黎,1971 年。

戴密微《〈王梵志詩〉和〈太公家教〉研究》,巴黎:法國漢學研究中心出版,1982 年。

戴密微《集美博物館藏敦煌木製收集品目錄》,巴黎:國家博物館,1976 年。

戴密微《吐蕃僧諍記——八世紀中印僧侶有關禪的一場爭論》,巴黎:法國漢學研究中心出版,1952 年;1987 年再版。

戴密微《寫本時代(十世紀以前)的中國藏書》,巴黎:EFEO,1991 年。

戴密微著,耿昇譯《吐蕃僧諍記》,蘭州:甘肅人民出版社,1984 年。

戴仁《從文字到圖像》,巴黎:法蘭西遠東學院,1999 年。

戴仁《敦煌文獻贗品散論——二十世紀早期流失海外的敦煌寫本》,倫敦:大英博物館,2000 年。

戴仁《中國寫本時代的圖書庋藏》,巴黎:法蘭西遠東學院,1991 年。

戴仁編,耿昇譯《法國當代中國學》,北京:中華書局,1998 年。

戴仁編《從敦煌到日本》,日内瓦:德羅茨出版社,1996 年。

杜乃昂、石泰安等著,耿昇譯《敦煌吐蕃文獻選附録》,成都:四川民族出版社,1983 年。

法國法蘭西學院、亞洲研究所、中亞與高地亞洲研究中心《伯希和探險隊考古資料叢刊》,巴黎,1981—1992 年。

法蘭西科學院敦煌研究組編《巴黎國家圖書館所藏伯希和敦煌漢文寫本目錄》,共六卷。謝和耐、吳其昱編寫第一卷(2001—2500 號),巴黎:辛格-波利尼亞克基金會,1970 年;隋麗玫、魏普賢編寫第二卷(2501—3000 號),未出版;蘇遠鳴主編第三卷(3001—3500 號),辛格-波利尼亞克,1983 年;蘇遠鳴主編第四卷(3501—4000 號),法蘭西遠東學院,1991 年;蘇遠鳴主編第五卷(上下册,4001—6040 號),法蘭西遠東學院,1995 年;第六卷著録《藏文卷子背面的漢文寫本》,巴黎,2001 年。

費薩達《敦煌壁畫介紹》,巴黎:Cercled'art 出版社,1962 年。

傅博納《〈菩提達摩輪〉今譯》,巴黎:LeMail 出版社,1986 年。

甘肅五涼古籍整理研究中心《伯希和中亞之行·敦煌石窟》[北魏、唐、宋時期

的佛教壁畫和雕塑(第 1 號—182 號窟及其他)〕,蘭州:甘肅文化出版社,
　1997 年。

高地《巴米揚石窟的建築和崖壁裝飾》,巴黎:亞洲和中亞研究中心圖書館,
　1977 年。

高利埃、熱拉·貝扎爾、瑪雅爾《阿富汗及中亞的佛教藝術》,巴黎:布里爾出
　版社,1976 年。

高特約特、伯希和《漢語和粟特語〈善惡因果經〉研究》,巴黎:P.Geuther 出版
　社,1920—1928 年。

國家科學研究中心《吐蕃研究:紀念拉露女士藏學研究論文集》,巴黎:國家
　科學研究中心協作出版,1971 年。

郭麗英《5—10 世紀中國佛教中的懺悔與懺儀》,巴黎:法國遠東出版社,
　1994 年。

哈密頓《敦煌出土九至十世紀回鶻文寫本彙編》,巴黎:彼特出版社,1986 年。

哈密頓《漢文文獻中所見五代時期的回鶻》,巴黎:法國漢學研究中心出版,
　1955 年。

哈密頓《五代回鶻史》,巴黎:法國漢學研究中心,1955 年;1990 年再版。

哈密頓著,耿昇、穆根來譯《五代回鶻史料》,烏魯木齊:新疆人民出版社,
　1986 年。

漢學研究所《吐蕃馬學與馬醫學研究資料(依據敦煌寫本)》,日内瓦:德羅兹
　出版社,1972 年。

海瑟·噶爾美著,熊文彬譯《早期漢藏藝術》,北京:中國藏學出版社,
　1994 年。

吉耶斯、科恩《西域佛教——絲綢之路千年的藝術》,巴黎:國家博物館聯合
　會,1995 年。

吉耶斯、蘇遠鳴、戴仁、艾麗白、梅弘理、施耐德《中亞藝術——吉美博物館藏
　伯希和編號繪畫》,巴黎:國家博物館聯合會兩卷(日文版,東京 1994—
　1995;英文版,中亞藝術:吉美博物館藏伯希和編號繪畫西域考古記),
　1996 年。

卡特琳娜·圖爾薩利《〈壇經〉譯注本》,巴黎:友豐書店版,1992 年。

克里斯娜·里布、加里布埃爾·維亞爾著《吉美博物館所藏敦煌織物》,巴黎,
　1970 年。

萊頓大學《漢學研究文選》,巴黎:布里爾出版社,1973 年。

羅伯爾著,耿昇譯《印度—西藏的佛教密宗》,北京:中國藏學出版社,
　2000 年。

羅福萇《巴黎圖書館所藏敦煌書目》，巴黎，1920 年。

馬伯樂《斯坦因第三次西域探險所獲漢文文書》，倫敦：不列顛博物館保管處，1953 年。

馬塞爾《塞林底亞：佛的世界——絲綢之路千年藝術展》，巴黎：大皇宮國家美術館出版，1995 年。

麥克唐納著，耿昇譯《敦煌吐蕃歷史文書考釋》，西寧：青海人民出版社，1991 年。

穆瑞明《〈洞淵神咒經〉——五世紀的道教末日説作品》，巴黎：法國漢學研究中心出版，1990 年。

那波利貞《唐代社會文化史研究》，東京：創文社出版，1970 年。

尼哈爾·塔劄朵《光明佛摩尼：漢文摩尼教理書之問答》，巴黎：塞爾夫出版社版，1990 年。

沙畹《中亞漢文十碑考釋》，巴黎：國家印刷局，1902 年。

石泰安《敦煌藏文寫本綜述》，巴黎，1984 年。

蘇遠鳴《繪畫與素描有關圖像辨識：伯希和、斯坦因收集的寫本全宗研究》，巴黎：法國遠東學院出版社，1999 年。

蘇遠鳴編《對敦煌研究的貢獻》，巴黎：書店出版社，1979 年。

蘇遠鳴編《對敦煌研究的新貢獻》，巴黎：法國遠東學院出版社，1984 年。

蘇遠鳴編《敦煌壁畫與寫本》，巴黎：辛格-波利尼亞克基金會，1984 年。

蘇遠鳴編《敦煌藏文寫本中的六字真言"om、ma、ni、pad、me、hūm"初探》，《對敦煌研究的貢獻》，巴黎：書店出版社，1979 年。

蘇遠鳴編《蘇遠鳴的主要著作》，巴黎，1996 年。

隋麗枚《中亞與中國發現的寶藏簡介》，巴黎：國家圖書館出版社，1979 年。

童丕《敦煌的借貸：中國中古時代的物質生活與社會》，巴黎：法蘭西學院漢學研究所出版，1995 年。

瓦楊《伯希和中亞考察隊的地理研究報告》，巴黎：國家歷史科學工程部地理協會通報，1956 年。

王微《中國五至十世紀地藏菩薩研究》，巴黎：法國遠東學院出版社，1998 年。

旺迪埃·尼古拉《伯希和敦煌石窟筆記：題記與壁畫》第 1 卷，巴黎，1981 年。

吳其昱《〈本際經〉介紹》，巴黎：國家科學研究中心，1960 年。

謝和耐、蘇遠鳴等著，耿昇譯《法國學者敦煌學論文選萃》，北京：中華書局，1993 年。

謝和耐《菏澤神會禪師語録（668—760）》，《法蘭西遠東學院叢刊》，河内：法蘭西遠東出版社，1949 年。

謝和耐《中國 5—10 世紀的寺院經濟》,《法蘭西遠東學院叢刊》第 39 卷,西貢,1956 年;巴黎:法蘭西遠東學院,1977 年再版。

謝和耐著,耿昇譯《中國五—十世紀的寺院經濟》,蘭州:甘肅人民出版社,1987 年;臺灣:商鼎文化出版社,1994 年。

二、論文及譯文

（一）概説

巴考《閃電預兆表——藏文文獻的刊佈與翻譯》,《亞細亞學報》第 2 卷第 1 期,1913 年。

貝扎爾、瑪雅著,台建群譯《吉梅博物館收藏未公佈於世的敦煌藏畫》,《新疆藝術》1989 年第 6 期。

貝扎爾、瑪雅爾著,耿昇譯《論敦煌彩幡的起源和裝配》,《中國敦煌吐魯番學會研究通訊》1986 年第 4 期。

畢諾著,耿昇譯《中國文化對 18 世紀法國哲學家的影響》,《國際漢學》第 1 輯,1994 年。

伯納《介紹千佛洞》,《法國科學院報告》,1901 年。

伯希和《1908 中亞考察報告——伯希和 1908 年 2 月 3 日給地理學會的信件》,《國家地理》,1908 年。

伯希和《伯希和的中亞考察——遠東的帝國:河内》,《國家地理學會年報:印度中國篇》總第 4 期,1909 年。

伯希和《伯希和敦煌石窟筆記》第 1 卷（伯編第 1—30 號洞）,1981 年;第 2 卷（伯編第 31—72 號洞）和第 3 卷（伯編第 73 - rl - a 號洞）,1983 年;第 4 卷（伯編- Za - 120n 號洞）,1984 年。

伯希和《伯希和考察:東亞和西藏》,《集美博物館考古報告》總第 2 期,1921 年。

伯希和《伯希和在中國土耳其斯坦的考察報告 1906—1909》,《法國純文學會議報告》,1910 年。

伯希和《甘肅發現的中古世紀藏經洞》,《遠東亞洲學刊》總第 8 期,1908 年。

伯希和《千佛洞》,《皇家亞洲社會學刊》第 46 卷,1914 年。

伯希和《偉大的敦煌藝術——中國西域探險記片段》,《風土什志》第 1 卷第 5 期,1945 年。

伯希和《伊朗文化對中亞、遠東的影響》,《文化信仰的歷史期刊》,1911 年。

伯希和《在高地亞洲度過的三年》,《法蘭西亞洲學刊》總第 1 期,1910 年。

伯希和編,陸翔譯《巴黎圖書館敦煌寫本書目》（1—2）,《國立北平圖書館館刊》第 7 卷第 6 號,1933 年;《國立北平圖書館館刊》第 8 卷第 1 號,1934 年。

伯希和著,耿昇譯《伯希和庫車地區考古筆記》,《新疆社會科學情報》1987 年第 5 期。

伯希和著,耿昇譯《高地亞洲三年探險拓記》,《絲綢之路》2000 年第 4 期。

伯希和著,陸翔譯《敦煌石室訪書記》,《國立北平圖書館館刊》第 9 卷第 5 號,1935 年;《獅子吼》第 24 卷第 6 期,1985 年。

伯希和著,陸翔譯《俄國所藏漢學寫本書志》,《說文月刊》第 2 卷第 8 期,1940 年。

伯希和著,陸翔譯《中古時代中亞細亞及中國之基督教》,《說文月刊》第 1 卷第 12 期,1939 年。

伯希和著,陸翔譯《中國西域探險報告書》,《說文月刊》第 2 卷(合訂本)1942 年。

布隆多著,耿昇譯《法國 50 年代來對西藏的研究》,《民族譯叢》1980 年第 2 期。

布羅斯著,耿昇譯《明代以前的中外關係簡介》,《中國史研究動態》1983 年第 4 期。

陳祚龍《巴黎國家圖書館所藏唐拓〈溫銘〉考》,《通報》第 46 卷第 3—5 期,1958 年。

陳祚龍《敦煌及周圍地區所出寫本的印章目錄》,《漢學研究》第 2 卷,1960 年。

陳祚龍《敦煌諸家編號目錄對照表》,《亞洲叢刊》第 250 卷,1962 年。

陳祚龍《增補唐五代官印目錄》,《亞洲藝術研究》第 251 卷第 2 期,1963 年。

戴路德著,吳其昱譯《戴密微先生與法寶義林》,《敦煌學》(臺)第 5 輯,1982 年。

戴密微《別母》,《東方和非洲研究學院學報》第 36 卷第 2 期,1973 年。

戴密微《從敦煌文獻看漢傳佛教之傳入西藏(日本近期研究狀況簡介)》,《對敦煌研究的貢獻》,1979 年。

戴密微《敦煌寫本中關於中國佛教傳入西藏問題的資料》,《對敦煌研究的新貢獻》,1981 年。

戴密微《敦煌研究的新動向》,《通報》第 56 卷第 1—3 期,1970 年。

戴密微《俗文學的起源》,《法國科學院通報》,1952 年;《漢學研究文選》,1973 年。

戴密微著,耿昇譯《從敦煌寫本看漢族佛教傳入吐蕃的歷史——日文近作簡析》,《國外藏學研究選譯》,1983 年。

戴密微著,耿昇譯《敦煌學近作》,《敦煌譯叢》第 1 輯,1985 年。

戴密微著,耿昇譯《二十世紀上半葉的法國漢學研究》,《中國史研究動態》1980 年第 3 期。

戴密微著,耿昇譯《法國漢學研究史》,《中國史研究動態》1980 年第 1 期。

戴密微著,耿昇譯《拉薩宗教會議僧諍記》序,《敦煌學輯刊》1982 年第 2 期。

戴密微著,耿昇譯《列寧格勒所藏敦煌漢文寫本簡介》,《敦煌譯叢》第 1 輯,1985 年。

戴密微著,耿昇譯《中國和歐洲的最早哲學交流》,《中國史研究動態》1982 年第 3 期。

戴密微著,秦時月譯《法國漢學研究史概述》(上、中、下),《中國文化研究》(總第 2 期)冬之卷,1993 年;《中國文化研究》(總第 3 期)春之卷,1994 年;《中國文化研究》(總第 4 期)夏之卷,1994 年。

戴密微著,施肖更譯《新發現的吐蕃僧諍會漢文檔案寫本》,《國外藏學研究譯文集》第 3 輯,1987 年。

戴密微著,吳其昱選譯《吐蕃佛教會議》(選譯)〔附大乘頓悟正理決照片〕,《敦煌學》(香港)第 1 輯,1974 年。

戴仁《大隨求陀羅尼的早期印本》,《紀念石泰安專輯》,2000 年。

戴仁《敦煌文獻研究的基本方法》,《敦煌壁畫寫本》,1984 年。

戴仁《敦煌寫本中的冊子研究》,《對敦煌研究的貢獻》,1979 年。

戴仁《敦煌與中亞寫本暨書籍史研究》,《中國研究》,1988 年。

戴仁《關於敦煌吐魯番文獻的書志學小考》,《法蘭西遠東學院通報》第 74 卷,1985 年。

戴仁《關於敦煌寫本的一些"新"收藏》,《遠東亞洲叢刊》第 3 輯,1987 年。

戴仁《歐洲地區的敦煌學研究》,《倫敦寒山堂》,1995 年。

戴仁《中國寫本文獻向印刷書籍的轉變》,《文本和銘文》,1989 年。

戴仁著,耿昇譯《敦煌和吐魯番寫本中的武則天時代的新字》,《中國敦煌吐魯番學會研究通訊》1986 年第 4 期。

戴仁著,耿昇譯《法國漢學研究所》,《世界漢學》1998 年第 1 期。

戴仁著,耿昇譯《近年來有關中國印刷術史研究的綜述》,《中國史研究動態》1989 年第 11 期。

厄德·保寧《千佛洞》,《碑銘學與美文學科學院年度會議紀要》第 45 卷第 2 號上,1901 年。

法國漢學研究所《法國學者敦煌學論著目錄》,《法國漢學》(敦煌學專號),2000 年。

費熱爾·洛爾《伯希和藏品介紹》,《東方》第 20 卷第 3 期,1989 年。

耿昇《二戰之後法蘭西學院的漢學研究》,《國際漢學》第 2 輯,1998 年。

耿昇《法國的絲綢之路研究》,《傳統文化與現代化》1998 年第 4 期。

耿昇《法國對古突厥、回鶻和新疆的研究》,《漢學研究》第 3 輯,1999 年。

耿昇《法國對中國古代社會經濟史的研究》,《漢學研究》第 2 輯,1997 年。

耿昇《法國對中國西域的研究》,《漢學研究》第 3 輯,1999 年。

耿昇《法國對中國哲學史和儒教的研究》,《世界漢學》1998 年第 1 期。

耿昇《法國國立亞洲藝術博物館——吉美博物館的圖書館》,《漢學研究》第 2
　　輯,1997 年。

耿昇《法國近年來對中國科技史的研究》,《漢學研究》第 3 輯,1999 年。

耿昇《法國戰後對中國占卜的研究》,《世界漢學》1998 年第 1 期。

戴路德著,耿昇譯《〈遠東亞洲叢刊〉簡介》,《國際漢學》第 2 輯,1998 年。

戴仁著,耿昇譯《法國漢學研究所簡介》,《國際漢學》第 2 輯,1998 年。

耿昇譯《國外論文摘編·法國(八篇)》,《中國敦煌吐魯番學會研究通訊》
　　1986 年第 1 期。

耿昇譯《法國敦煌學論文摘要》,《中國敦煌吐魯番學會研究通訊》1986 年第
　　4 期。

布尔努瓦著,耿昇譯《天馬與龍涎——12 世紀之前絲綢之路上的物質文化傳
　　播》,《絲綢之路》1993 年第 3 期。

謝和耐著,耿昇譯《再論中歐最早的文化交流》,《東西交流論壇》第 1 輯,
　　1998 年。

郭麗英著,耿昇譯《法國對漢傳佛教研究的歷史與現狀》,《世界漢學》1998 年
　　第 1 期。

郭正忠《國際漢學領域的一支新軍——訪法國遠東科技史研究組》,《中國史
　　研究動態》1994 年第 11 期。

哈幹《吉美博物館藏伯希和考察所獲資料展》,《吉美博物館考古報告》第 2
　　卷,1921 年。

韓百詩著,耿昇譯《法國五十年來對中亞地區的研究》,《中國史研究動態》
　　1979 年第 12 期。

韓百詩著,耿昇譯《中亞的歷史和文明》,《中國史研究動態》1982 年第 10 期。

韓百詩著,耿昇譯《中亞歷史和文明研究概況》,《中國史研究動態》1980 年第
　　7 期。

侯思孟著,吳其昱譯《戴密微先生年譜》,《敦煌學》(香港)第 1 輯,1974 年。

侯思孟著,吳其昱譯《戴密微先生著作目錄續編》,《敦煌學》(香港)第 1 輯,

1974 年。

吉耶斯《敦煌唐王朝佛教舉隅》,《絲綢之路：多元元素下的大統一》,1994 年。

蔣昌良《法國于儒伯教授在滬講法國漢學研究現狀》,《外語界》1981 年第 2 期。

桀溺著,吳其昱譯《戴密微先生(一八九四——一九七九)》,《敦煌學》(臺)第 5 輯,1982 年。

今枝由郎、麥克唐納著,耿昇譯《〈敦煌吐蕃文獻選〉第二輯序言及注記》,《國外藏學研究譯文集》第 3 輯,1987 年。

拉露《中亞的繪畫與印度神話》,《亞洲藝術》總第 9 卷,1946 年。

勞合·福奇兀著,楊漢璋譯《伯希和在敦煌收集的文物》,《敦煌研究》1990 年第 4 期。

理查·施耐德《敦煌寫本中殘損佛經的抄本》,《蘇遠鳴的主要著作》,1996 年。

露絲特·布林努瓦著,台建群譯《沙州、地圖和鬼魅》,《敦煌研究》1988 年第 2 期。

路易·巴贊著,耿昇譯《突厥曆法研究》,《法國西域敦煌學名著譯叢》,1998 年。

羅克著,耿昇譯《伯希和誕生 100 周年》,《中國史研究動態》1980 年第 8 期。

馬伯樂著,丁德風譯(《敦煌出土文件》)《大陸雜誌》第 15 卷第 11 期,1957 年。

馬克《敦煌數占小考》,《中國古代科學史論·續篇》,1991 年;《法國漢學》第 5 輯(敦煌學專號),2000 年。

麥克唐納著,羅汝譯《四天子理論在吐蕃的傳播》,《國外藏學研究譯文集》第 2 輯,1986 年。

茅甘《西北邊疆的動盪》,《遠東亞洲叢刊》第 11 輯,2000 年。

穆順英、王炳華《吐魯番研究入門中國專家研究成果概括介紹》,《對敦煌研究的貢獻》第 3 卷,1984 年。

潘重規《敦煌寫本中的弄臣評論文集介紹》,《對敦煌研究的貢獻》,1979 年。

彭琪、侯燦《吐魯番學研究資料與著述論文編目》,《中國敦煌吐魯番學會研究通訊》1986 年第 1 期。

錢林森、齊紅偉《法國漢學之一瞥》,(上)《古典文學知識》1997 年第 4 期。

錢林森、齊紅偉《法國漢學之一瞥》,(下)《古典文學知識》1997 年第 5 期。

錢林森《法國漢學的發展與中國文學在法國的傳播》,《社會科學戰綫》1989 年第 2 期。

丘古耶夫斯基《8 到 10 世紀的敦煌》,《對敦煌研究的新貢獻》,1981 年。

蘇瓦米耶著,耿昇譯《五十年來法國的漢學研究》,《中國史研究動態》1979 年第 7 期。

蘇遠鳴《北京國家圖書館藏寫本位 79 的時間和自然的研究》,《對敦煌研究的貢獻》第 3 卷,1984 年。

蘇遠鳴編《敦煌寫本筆記》,《對敦煌研究的貢獻》,1979 年。

王鐘華《法國南方的漢學中心——埃克斯大學》,《世界漢語教學》1989 年第 2 期。

王祖望《法國高等漢學研究所和高等日本學研究所——訪法散記(三)》,《國外社會科學》1985 年第 3 期。

旺迪埃・尼古拉著,耿昇譯《〈伯希和敦煌石窟筆記〉(第 1—5 卷)序言》,《中國敦煌吐魯番學會研究通訊》1984 年第 2 期;《中國敦煌吐魯番學會研究通訊》1984 年第 3 期;《中國敦煌吐魯番學會研究通訊》1985 年第 1 期;《中國敦煌吐魯番學會研究通訊》1986 年第 1 期;《中國敦煌吐魯番學會研究通訊》1986 年第 3 期。

夏征著,耿昇譯《法國 18 世紀對中國音樂的調查》,《西北民族研究》1986 年第 1 期。

謝和耐《戴密微:1894—1979 年傳》,《通報》第 65 卷第 1—3 期,1979 年。

謝和耐《唐代的中國在亞洲的影響》,《中國的面貌》(吉美博物館叢刊可供出售類圖書第 63 卷)第 1 卷,1959 年。

雅克・布羅斯著,耿昇譯《從西方發現中國到國際漢學的緣起》,《國際漢學》第 1 輯,1994 年。

雅克・吉埃著,耿昇譯《伯希和特藏和敦煌繪畫語言・對於甘肅聖地壁畫年代的綜合考釋》,《敦煌研究》1988 年第 2 期;《1987 年敦煌石窟研究國際討論會文集・石窟藝術編》,1990 年。

伊夫・赫維埃編,吳其昱譯《戴密微先生著作目錄(續)》,《敦煌學》(臺)第 5 輯,1982 年。

張芝聯《一九五六至一九五七年法國高等學院所開的漢學課程一覽》,《歷史研究》1957 年第 6 期。

(二)歷史、地理

安・古麗斯蒂娜、謝勒・肖布《爲棄教者祈禱:西藏歷史小考》,《遠東亞洲叢刊》第 11 輯,2000 年。

奧班著,耿昇譯《法國出版〈宋史研究〉叢書》,《中國史研究動態》,1979 年第 10 期。

伯希和著,馮承鈞譯《沙州都督府圖經及蒲昌海之康居聚落》,《史地叢考》,
　　1931 年;《西域南海史地考證譯叢七編》,1957 年。

耿昇《高地亞洲元代歷史地名的沿革》,《漢學研究》第 4 輯,2000 年。

哈密頓《851—1001 年間于闐君主統治》,《對敦煌研究的貢獻》,1979 年。

哈密頓《關於 9—10 世紀的于闐年表》,《對敦煌研究的貢獻》第 3 卷,
　　1984 年。

哈密頓《九到十世紀于闐國歷史分期》,《對敦煌研究的貢獻》第 3 卷,
　　1984 年。

哈密頓《十世紀仲雲建立的國家》,《亞洲叢刊》第 265 卷,1977 年。

哈密頓《公元 851 年到 1001 年的和闐王年號研究》,《對敦煌研究的貢獻》,
　　1979 年。

哈密頓著,耿昇譯《851—1001 年于闐王世系》,《敦煌學輯刊》第 3 輯,
　　1983 年。

哈密頓著,耿昇譯《九至十世紀的于闐紀年》,《中國敦煌吐魯番學會研究通
　　訊》1987 年第 1 期。

哈密頓著,耿昇譯《魯尼突厥文碑銘中的地名姑臧考》,《甘肅民族研究》1985
　　年第 3—4 期。

哈密頓著,榮新江譯《公元 851—1001 年于闐年號考》,《新疆文物》1988 年第
　　2 期。

拉露著,馮蒸譯《地名 ’A – ŽA 考略》,《國外中國學研究譯叢》第 1 輯,
　　1986 年。

拉露著,岳岩譯《〈8 世紀吐蕃官員呈文〉解析》,《國外敦煌吐魯番文書研究選
　　譯》,1992 年。

梅弘理《慶祝玄宗皇帝的未刊寫本》,《第二屆國際敦煌研究學會論文集》(臺
　　北),1991 年。

饒宗頤《梁武帝的"東都發願文"》,《對敦煌研究的貢獻》第 3 卷,1984 年。

沙畹著,馮承鈞譯《大月氏都城考》,《通報》(荷蘭),1907 年;《史地叢考》,
　　1931 年;《西域南海史地考證譯叢七編》,1957 年。

沙畹著,馮承鈞譯《宋雲行紀箋注》,《禹貢半月刊》第 4 卷第 1—2 期,1935 年;
　　《西域南海史地考證譯叢六編》,1956 年;《西域南海史地考證譯叢》第 2
　　卷,1995 年。

蘇遠鳴《敦煌漢文寫本的斷代問題》,《中亞收集品檔案文獻》,1990 年。

蘇遠鳴著,耿昇譯《敦煌佛教圖像劄記》,《法國學者敦煌學論文選萃》,
　　1993 年。

蘇遠鳴著,耿昇譯《敦煌漢文寫本的斷代》,《法國學者敦煌學論文選萃》,
　　1993 年。

（三）文學與語言文字

艾麗白《貧僧吟》,《從敦煌到日本》,1996 年。

伯希和《〈書經〉與〈尚書釋文〉的比較研究》,《東亞記憶》第 2 卷,1916 年。

伯希和《幾個藏文的中文音譯》,《通報》第 16 卷,1915 年。

伯希和《千字文漢藏對音本》,《亞洲叢刊》第 11 輯第 15 卷,1920 年。

伯希和《粟特語和漢語對照寫本》,《印度叢刊》,1911 年。

伯希和著,馮承鈞譯《說吐火羅語》,《通報》,1936 年。

伯希和著,馮承鈞譯《吐火羅語與庫車語》,《亞細亞報》第 1 册,1934 年。

陳祚龍《敦煌銘讚小集》《大陸雜誌》,1981 年第 4 期。

戴密微《〈辭娘讚〉研究》,《東方和非洲研究學院公報》,1973 年。

戴密微《〈斵書〉研究》,《亞洲專刊》第 7 期,1959 年。

戴密微《禪經：敦煌俗文學作品（王梵志 I）》,《法蘭西大學年報》,1957 年；
　　《漢學研究文選》,1973 年。

戴密微《禪經：敦煌俗文學作品（王梵志 II）》,《法蘭西大學年報》,1958 年；
　　《漢學研究文選》,1973 年。

戴密微《禪經：敦煌俗文學作品》,《法蘭西大學年報》,1956 年；《漢學研究文
　　選》,1973 年。

戴密微《禪宗與詩詞：敦煌俗文學作品 1》,《法蘭西大學年報》,1961 年；《漢
　　學研究文選》,1973 年。

戴密微《禪宗與詩詞：敦煌俗文學作品 2》,《法蘭西大學年報》,1962 年；《漢
　　學研究文選》,1973 年。

戴密微《敦煌的佛教疑僞經：敦煌俗文學作品 1》,《法蘭西大學年報》,1954
　　年；《漢學研究文選》,1973 年。

戴密微《敦煌的佛教疑僞經：敦煌俗文學作品 2》,《法蘭西大學年報》,1955
　　年；《漢學研究文選》,1973 年。

戴密微《九世紀的禪宗：敦煌俗文學作品》,《法蘭西大學年報》,1960 年；《漢
　　學研究文選》,1973 年。

戴密微《唐代的佛教——敦煌俗文學的起源》,《法蘭西大學年報》,1952 年；
　　《漢學研究文選》,1973 年。

戴密微《王梵志詩研究》,《法蘭西大學年報》,1959 年；《漢學研究文選》,
　　1973 年。

戴密微《武則天時代的佛教：敦煌俗文學作品》,《法蘭西大學年報》,第 1953

年;《漢學研究文選》,1973 年。

戴密微著,耿昇譯《敦煌變文與胡族習俗》,《中國敦煌吐魯番學會研究通訊》
　　1992 年第 1 期。

戴密微著,朱鳳玉譯《王梵志研究的專著評介》,《敦煌學》(臺)第 11 輯,
　　1986 年。

戴仁《敦煌和吐魯番寫本中出現的武后俗字》,《法蘭西遠東學院通報》第 73
　　卷,1984 年。

戴仁《敦煌吐魯番文獻中的武則天新字》,《法蘭西遠東學院通報》第 73 卷,
　　1984 年。

戈蒂奧著,馮承鈞譯《窣利語字母之研究》,《女師大學術季刊》第 1 卷第 4 期,
　　1930 年;《西域南海史地考證譯叢八編》,1958 年。

哈密頓、巴贊《敦煌——漢語和突厥語雙語寫本》,《突厥學報》第 4 卷,
　　1972 年。

哈密頓、楊富學、牛汝極《榆林窟回鶻文題記譯釋》,《敦煌研究》1998 年第 2
　　期;《西域敦煌宗教論稿》,1998 年。

哈密頓《敦煌回鶻文寫本》,《佛教善友和惡友太子故事的回鶻文版本》,
　　1971 年。

哈密頓《漢文數字一至三十的粟特文對音》,《對敦煌研究的新貢獻》,
　　1981 年。

哈密頓《漢語和粟特語數字 1 到 30 的分析》,《對敦煌研究的新貢獻》,
　　1981 年。

今枝由郎、王堯《關於“chis”一詞的翻譯問題》,《民族譯叢》1982 年第 1 期。

列維著,馮承鈞譯《所謂乙種吐火羅語即龜茲國語考》,《女師大學術季刊》第
　　1 卷第 4 期,1930 年。

列維著,馮承鈞譯《吐火羅語》,《亞細亞報》第 1 卷,1933 年。

路易·巴贊、哈密頓著,耿昇譯《“吐蕃”名稱源流考》,《國外藏學研究譯文
　　集》第 9 輯,1992 年。

熱拉·貝扎爾《中亞發現的毗沙門天圖像與印度貴霜文化的聯繫》,《巴黎東
　　方亞洲國際會議》,1976 年。

沙畹《伯納先生藏有關中亞的十件漢文拓片》,《學院備忘錄》第 9 卷第 2 期,
　　1902 年。

石泰安《敦煌寫本的兩種印-藏和漢-藏譯文辭彙集》,《法蘭西遠東學院通報》
　　第 72 卷,1983 年。

石泰安《兩件敦煌寫本中的儒家格言》,《法蘭西遠東學院學報》第 79 卷第 1

期,1992 年。

石泰安《吐蕃贊普時代在尊號中的隱喻》,《法蘭西遠東學院通報》第 73 卷,
　　1984 年。

石泰安著,褚俊傑譯《古藏語中的一個語義群》,《國外藏學研究譯文集》第 7
　　輯,1990 年。

石泰安著,方浚川、陳宗祥譯《有關彄藥與西夏的藏文新資料》,《寧夏社會科
　　學》(試刊號)1981 年第 1 期。

石泰安著,耿昇譯《敦煌藏文寫本中的某些新發現》,《中國敦煌吐魯番學會研
　　究通訊》1987 年第 2 期。

石泰安著,耿昇譯《敦煌藏文寫本中的新發現》,《中國敦煌吐魯番學會通訊》
　　1988 年第 1 期。

石泰安著,耿昇譯《敦煌藏文寫本綜述》,《國外藏學研究譯文集》第 3 輯,
　　1987 年。

石泰安著,耿昇譯《漢藏寫本中的印-藏和漢-藏兩種辭書》,《國外藏學研究譯
　　文集》第 8 輯,1991 年。

石泰安著,耿昇譯《兩卷敦煌寫本中的儒教格言》,《國外藏學研究譯文集》第
　　11 輯,1994 年。

石泰安著,魏英邦譯《〈法國國家圖書館藏藏文文獻選輯〉序言》,《敦煌學輯
　　刊》(創刊號),1983 年。

蘇遠鳴《巴黎藏漢文寫本研究》,《亞洲叢刊》第 269 卷第 1—2 期,1981 年。

蘇遠鳴《敦煌的傳説與曲子詞》,《法蘭西-亞洲》第 18 卷,1962 年。

蘇遠鳴《敦煌寫本中的壁畫題記》,《敦煌壁畫寫本》,1984 年。

蘇遠鳴《根據中國中觀學派的三論談思維經驗的超越》,《對敦煌研究的貢獻》
　　第 3 卷,1984 年。

蘇遠鳴《國畫題款彙編——敦煌寫本 P.3304 背面》,《對敦煌研究的新貢獻》,
　　1981 年。

蘇遠鳴《一卷敦煌壁畫題識集》,《對敦煌研究的新貢獻》,1981 年。

蘇遠鳴《中國避諱略述》,《亞洲學刊》第 278 卷,1990 年。

蘇遠鳴《在王梵志作品之外: 從未出版過的兩件無標題寫卷(P.3724、S.
　　6032)》,《對敦煌研究的貢獻》第 3 卷,1984 年。

蘇遠鳴著,耿昇譯《敦煌寫本中的壁畫題識集》,《法國學者敦煌學論文選萃》,
　　1993 年。

蘇遠鳴著,許明龍譯《中國避諱略述》,《法國漢學》第 5 輯(敦煌學專號),
　　2000 年。

王聊曾《關於新發現的敦煌音韻資料的幾個問題》,《通報》第 50 卷第 1—3
　期,1963 年。

王聊曾《唐代的音韻字典〈王仁煦刊謬補缺切韻〉》,《通報》第 45 卷第 1—3
　期,1957 年。

魏普賢《〈王梵志詩・缺題卷〉中的兩卷未刊佈的寫本》,《對敦煌研究的貢
　獻》第 3 卷,1984 年。

吳其昱《〈珠英集〉中的 14 位詩人(敦煌寫本)》,《對敦煌研究的新貢獻》,
　1981 年。

吳其昱《巴黎國立圖書館藏的敦煌梵文寫本》,《敦煌壁畫寫本》,1984 年。

吳其昱《巴黎國立圖書館藏四件敦煌梵文寫本》,《對敦煌研究的貢獻》第 3
　卷,1984 年。

吳其昱《敦煌本〈珠英集〉兩殘卷考》,《漢學研究文選》第 2 卷,1974 年。

吳其昱《敦煌的希伯來文寫本》,《蘇遠鳴的主要著作》,1996 年。

吳其昱《關於王梵志的敦煌寫本》,《通報》第 46 卷第 3—5 期,1958 年。

吳其昱《列寧格勒藏一件西夏文〈論語集解〉》,《通報》第 55 卷第 4—5 期,
　1969 年。

吳其昱《尚未刊佈過的三首貫休詩》,《亞洲叢刊》第 247 卷第 3 期,1959 年。

吳其昱《臺北中央圖書館藏四件敦煌吐蕃文佛經寫本研究》,《拉露紀念論文
　集》,1971 年。

吳其昱著,耿昇譯《〈珠英集〉中的 14 位詩人》,《法國學者敦煌學論文選萃》,
　1993 年。

吳其昱著,耿昇譯《敦煌本〈珠英集〉兩殘卷考》,《法國學者敦煌學論文選
　萃》,1993 年。

(四) 社會民俗

艾麗白《敦煌漢文寫本中的鳥形押》,《對敦煌研究的貢獻》,1979 年。

艾麗白《敦煌寫本之二〈上梁文〉》,《饒宗頤 75 誕辰紀念文集》(香港),
　1994 年。

艾麗白《敦煌寫本中的〈兒郎偉〉》(文體或曲調),《對敦煌研究的新貢獻》,
　1981 年。

艾麗白《敦煌寫本中的塗鴉:敦煌印象》,《敦煌繪畫論集:伯希和與斯坦因收
　集品中的紙本白畫與繪畫研究》,1999 年。

艾麗白《關於敦煌大儺的幾個問題》,《對敦煌研究的貢獻》第 3 卷,1984 年。

艾麗白《幾個敦煌寫本中之"兒郎偉"的含義》,《對敦煌研究的新貢獻》,
　1981 年。

艾麗白《中國古代與中世紀的動物葬禮》,《亞洲學報》第 280 卷第 1—2 期,
　　1992 年。

艾麗白著,耿昇譯《敦煌漢文寫本中的鳥形押》,《敦煌譯叢》第 1 輯,1985 年。

艾麗白著,耿昇譯《敦煌寫本中的"大儺"儀禮》,《法國學者敦煌學論文選
　　萃》,1993 年。

艾麗白著,耿昇譯《敦煌寫本中的"兒郎偉"》,《法國學者敦煌學論文選萃》,
　　1993 年。

艾麗白著,余欣、陳建偉譯《上古和中古時代中國的動物喪葬活動》,《法國漢
　　學》第 5 輯(敦煌學專號),2000 年。

陳祚龍《九世紀下半葉敦煌婚禮及習俗小考》,《東方和西方》第 22 卷第 3—4
　　期,1972 年。

陳祚龍《王敷所作〈茶酒論〉小考》,《漢學》第 6 卷第 4 期,1961 年。

戴密微《從〈黃仕强傳〉看唐代的入冥記》,《法國漢學研究》,1976 年。

戴密微《從一種唐代變文看胡人的習俗》,《匈牙利科學院東方學報》第 15 卷
　　第 1 期,1962 年;《漢學研究文選》,1973 年。

戴密微著,耿昇譯《唐代的入冥故事——黃仕强傳》,《敦煌譯叢》第 1 輯,
　　1985 年。

戴仁《敦煌的圓夢術》,《對敦煌研究的新貢獻》,1981 年。

戴仁《敦煌蝴蝶裝寫本研究》,《對敦煌研究的貢獻》第 3 卷,1984 年。

戴仁《敦煌紀念寫本紙張研究》,《通報》第 67 卷 3—5,1981 年。

戴仁《敦煌寫本〈解夢書〉研究》,《敦煌學論文集》第 2 卷,1981 年。

戴仁《敦煌寫本的幾個新收藏》,《遠東亞洲叢刊》第 3 輯,1987 年。

戴仁《敦煌寫本紙張的纖維及其年代》,《遠東亞洲叢刊》第 2 輯,1986 年。

戴仁《敦煌寫本紙張顏色小考》,《遠東亞洲叢刊》第 3 輯,1987 年。

戴仁《書籍的蝴蝶裝與旋風裝》,《中國佛教研究》,1996 年。

戴仁《寫本書與早期木刻本研究》,《圭亞那藏書家協會》,1986 年。

戴仁《對已斷代的敦煌漢文寫本的紙張和字體的分析》,《通報》第 67 卷,
　　1981 年。

戴仁著,耿昇譯《敦煌的經折裝寫本》,《中國敦煌吐魯番學會研究通訊》1985
　　年第 3 期;《法國學者敦煌學論文選萃》,1993 年。

戴仁著,耿昇譯《敦煌寫本紙張的顏色》,《法國學者敦煌學論文選萃》,
　　1993 年。

戴仁著,耿昇譯《敦煌寫本中的解夢書》,《法國學者敦煌學論文選萃》,
　　1993 年。

石泰安著,耿昇譯《8—9 世紀唐蕃會盟條約的盟誓儀式》,《西藏研究》1989 年第 4 期。

郭麗英著,耿昇譯《中國佛教中的占卜、遊戲和清净——漢文僞經〈占察經〉研究》,《國際漢學》第 2 輯,1998 年。

郭麗英《P.2189〈東都發願文〉小考》,《敦煌的壁畫和寫本》,1984 年。

郭麗英《敦煌曼陀羅與懺悔儀式》,《法國遠東學院學報》第 85 輯,1998 年。

侯錦郎《伯希和 3432 號:敦煌龍興寺器物曆》,《對敦煌研究的新貢獻》,1981 年。

侯錦郎《敦煌寫本中的"印沙佛"儀式》,《對敦煌研究的貢獻》第 3 卷,1984 年。

侯錦郎《敦煌寫本中的唐代相書》,《敦煌學論文集》第 1 卷,1979 年。

侯錦郎《唐代的相面術(關於敦煌寫本 P.3390 的研究)》,《對敦煌研究的貢獻》,1979 年。

侯錦郎著,耿昇譯《敦煌龍興寺的器物曆》,《法國學者敦煌學論文選萃》,1993 年。

侯錦郎著,耿昇譯《敦煌寫本中的"印沙佛"儀軌》,《法國學者敦煌學論文選萃》,1993 年。

侯錦郎著,耿昇譯《敦煌寫本中的唐代相書》,《法國學者敦煌學論文選萃》,1993 年。

克里希納·里保德著,楊富學譯《敦煌石窟所出儀禮與還願織物的重要性》,《敦煌研究》1995 年第 2 期。

路易·維迪、羅伯特·鮑威爾《元大都的紙與其他亞洲古紙》,《亞洲叢刊》第 206 卷,1925 年。

馬克《中國早期二十八宿值日的使用》,《中國研究》第 13 卷,1996 年。

茅甘《敦煌寫本中的"九宫圖"》,《對敦煌研究的新貢獻》,1981 年。

茅甘《敦煌寫本中的"五姓勘輿法"》,《對敦煌研究的貢獻》第 3 卷,1984 年;《敦煌壁畫和寫本》,1984 年。

茅甘《敦煌寫本中的狗占》,《皇家亞洲社會學刊香港分刊》第 23 輯,1983 年。

茅甘《敦煌寫本中的鳥鳴占凶吉書》,《遠東亞洲叢刊》第 3 輯,1987 年。

茅甘《敦煌寫本中的五姓學派》,《對敦煌研究的貢獻》第 3 卷,1984 年。

茅甘《唐代風水——五姓理論及其遺産》,《唐代研究》第 8—9 期,1990—1991 年。

茅甘著,耿昇譯《敦煌寫本中的"九宫圖"》,《法國學者敦煌學論文選萃》,1993 年。

茅甘著,耿昇譯《敦煌寫本中的"五姓堪輿"法》,《法國學者敦煌學論文選萃》,1993 年。

茅甘著,耿昇譯《敦煌寫本中的烏鳴占凶吉書》,《法國學者敦煌學論文選萃》,1993 年。

茅甘著,金昌文譯《敦煌漢藏文寫本中的烏鴉鳴占凶吉書》,《國外藏學研究譯文集》第 8 輯,1991 年。

茅甘著,楊民譯《論唐宋的墓葬刻石》,《法國漢學》第 5 輯(敦煌學專號),2000 年。

梅弘理《祭拜佛陀的供養人和藝人》,《中國佛教研究》,1996 年。

蘇遠鳴《〈孔子項托相問書〉研究》,《亞洲叢刊》第 242 卷第 3—4 期,1954 年。

蘇遠鳴《崇佛的施主和參與者》,《蘇遠鳴的主要著作》,1996 年。

蘇遠鳴《從敦煌曆法開始的漢字日期的表達》,《蘇遠鳴的主要著作》,1996 年。

蘇遠鳴《敦煌壁畫中的供養人》,《遠東亞洲叢刊》第 11 輯,2000 年。

蘇遠鳴《敦煌大儺(驅魔咒)概覽》,《對敦煌研究的貢獻》第 3 卷,1984 年。

蘇遠鳴《敦煌的(手風琴)經折裝寫本》,《對敦煌研究的貢獻》第 3 卷,1984 年。

蘇遠鳴《敦煌說夢》,《對敦煌研究的新貢獻》,1981 年。

蘇遠鳴《敦煌寫本中的十二月日曆》,《法蘭西遠東學院通報》第 69 卷,1981 年。

蘇遠鳴《可憐的僧侶的悲歌》,《蘇遠鳴的主要著作》,1996 年。

蘇遠鳴《七曜和十一曜——974 年康遵占星術手册研究: 敦煌寫本 P.4071》,《對敦煌研究的貢獻》,1979 年。

蘇遠鳴《中國的夢及其解》(夢與解夢),《東方史料》第 2 卷,1959 年。

蘇遠鳴著,耿昇譯《敦煌寫本中的地藏十齋日》,《法國學者敦煌學論文選萃》,1993 年。

童丕、藍克利著,耿昇譯《法國對中國古代社會經濟史的研究》,《漢學研究》第 2 輯,1997 年;《法國當代中國學》,1998 年。

童丕《從寺院的帳簿看敦煌二月八日節》,《從敦煌到日本》,1996 年。

童丕《酒與佛教——七至十世紀敦煌寺院的酒類消費》,《遠東亞洲叢刊》第 11 輯,2000 年。

童丕《六至十世紀中亞的棉花沿絲綢之路由西向東傳播的軌跡》,《阿萊斯大學中亞波斯研究》,1996 年。

童丕《十世紀的敦煌借貸人》,《通報》第 80 卷第 4—5 期,1994 年。

童丕《寺廟帳目中的敦煌臘八節》,《蘇遠鳴的主要著作》,1996 年。

童丕著,耿昇譯《10 世紀敦煌的借貸人》,《法國漢學》第 3 輯,1998 年。

童丕著,余欣、陳建偉譯《從寺院的帳簿看敦煌二月八日節》,《法國漢學》第 5
　輯(敦煌學專號),2000 年。

王微《春季盛典:臘八節的佛教儀式》,《蘇遠鳴的主要著作》,1996 年。

王微《禁食酒肉——從敦煌文書看中國佛教的特性》,《遠東亞洲叢刊》第 11
　輯,2000 年。

王微著,余欣、陳建偉譯《春祭——二月八日節的佛教儀式》,《法國漢學》第 5
　輯(敦煌學專號),2000 年。

吳其昱《涉及唐代十世紀奴隸制度的敦煌寫本》,《對敦煌研究的貢獻》,
　1979 年。

吳其昱《有關唐代和十世紀奴婢的敦煌卷子》,《對敦煌研究的貢獻》,
　1979 年。

吳其昱著,耿昇譯《有關唐代和十世紀奴婢的敦煌卷子》,《敦煌學輯刊》1984
　年第 2 期。

謝和耐《從九到十世紀的敦煌契約看中國的商品交易》,《通報》第 45 卷第
　4—5 期,1957 年。

謝和耐《大差異和小差別》,《占卜和唯理論》,1974 年。

謝和耐《敦煌請緩交的稅狀》,《對敦煌研究的貢獻》,1979 年。

謝和耐《敦煌租駝契研究》,《法國漢學研究》,1957 年。

謝和耐《論胡人的道德》,《從蒼穹到大地,從花園到爐灶,呂西安·貝爾諾
　(Lucien Bernot)紀念文集》,1987 年。

謝和耐《唐代的經濟和社會》,《中國的面貌》(吉美博物館叢刊可供出售類圖
　書第 63 卷)第 1 卷,1959 年。

謝和耐《在敦煌延期納稅的申請》,《對敦煌研究的貢獻》,1979 年。

謝和耐著,耿昇譯《敦煌賣契與專賣制度》,《法國學者敦煌學論文選萃》,
　1993 年。

謝和耐著,耿昇譯《敦煌碷户和梁户》,《敦煌譯叢》第 1 輯,1985 年。

謝和耐著,耿昇譯《敦煌寫本中的一項緩稅請狀》,《敦煌譯叢》第 1 輯,
　1985 年。

謝和耐著,耿昇譯《敦煌寫本中的租駱駝旅行契》,《法國學者敦煌學論文選
　萃》,1993 年。

(五) 民族與宗教

巴贊著,耿昇譯《蒙古布古特碑中的突厥和粟特人》,《民族譯叢》1987 年第

5 期。

彼諾著,耿昇譯《西域的吐火羅語寫本與佛教文獻》,《法國漢學》第五輯(敦煌學專號),2000 年。

伯希和、沙畹著,馮承鈞譯《摩尼教流行中國考》,《西域南海史地考證譯叢八編》,1958 年。

伯希和《〈沙洲都督府圖經〉和羅布泊地區的粟特移民》,《亞洲叢刊》第 7 卷,1916 年。

伯希和《兩件新發現的敦煌摩尼教寫本》,《皇家亞洲社會學刊》,1925 年。

伯希和《用東伊朗語書寫的佛教梵文經典金光明經殘片》,《語言社會的記憶》,1913 年。

戴路德《〈佛母經〉和〈摩訶摩耶經〉中佛涅槃後向其母現形考》,《中國佛教研究》,1996 年。

戴密微《慧能及其〈壇經〉》,《漢學研究所年報:哲學、科學與歷史》,1944—1947 年。

戴密微《有關中國禪宗的兩件敦煌文書》,《紀念塚本善隆教授佛學論文集》,1961 年;《漢學研究文選》,1973 年。

戴密微著,耿昇譯《達摩多羅考》,《國外藏學研究譯文集》第 7 輯,1990 年。

戴仁編《佛教圖像注釋——敦煌的降三世明王和金剛持》,《遠東亞洲叢刊》第 3 卷,1987 年。

高利埃《從伯希和收藏的兩份塔里木盆地出土畫像看末世信仰》,《亞洲藝術》第 28 卷,1973 年。

石泰安《觀音,從男神變女神一例》,《遠東亞洲叢刊》第 2 卷,1986 年;石泰安著,耿昇譯《觀音,從男神變女神一例》,《國際漢學》第 2 輯,1998 年。

謝和耐《静坐儀:宗教與哲學》,《法蘭西遠東學院學報》第 69 卷,1981 年;謝和耐著,耿昇譯《静坐儀:宗教與哲學》,《國際漢學》第 2 輯,1998 年。

克瓦爾内著,耿昇譯《釋藏文術語"苯"》,《民族譯叢》1989 年第 3 期。

郭麗英《關於中國佛教的偽經》,《法國遠東學院》第 87 卷第 2 期,2000 年。

哈密頓著,耿昇譯《敦煌回鶻文寫本〈善惡兩王子的故事〉》,《中國敦煌吐魯番學會研究通訊》1986 年第 3 期。

哈密頓著,耿昇譯《敦煌回鶻文寫本的歷史背景》,《西北民族研究》1988 年第 1 期。

哈密頓著,耿昇譯《敦煌回鶻文寫本概述》,《新疆社會科學情報》1988 年第 5 期。

哈密頓著,耿昇譯《敦煌回鶻文寫本綜述》,《民族譯叢》1986 年第 2 期。

哈密頓著,耿昇譯《九姓烏古斯和十姓回鶻考》(1—2),《敦煌學輯刊》(創刊號),1983 年;《敦煌學輯刊》1984 年第 1 期。

今枝由郎、魏英邦《論敦煌藏文寫本〈文殊師利根本儀軌經〉中的"預言國王"一章》,《敦煌學輯刊》1984 年第 1 期。

今枝由郎《Pt.1291 爲藏譯考》,《匈牙利東方學報》第 34 卷第 1—3 期,1980 年。

今枝由郎《敦煌寫本中的〈文殊師利根本儀軌〉》,《對敦煌研究的新貢獻》,1981 年。

今枝由郎《敦煌寫本中的一件〈文殊師利根本儀軌經〉吐蕃文節録》,《對敦煌研究的新貢獻》,1981 年。

今枝由郎著,耿昇譯《生死輪回史》,《中國敦煌吐魯番學會研究通訊》1986 年第 1 期;《國外敦煌吐魯番文書研究選譯》,1992 年。

今枝由郎著,魏英邦譯《論敦煌藏文寫本〈文殊師利根本儀軌經〉中的"預言國王"一章》,《敦煌學輯刊》1984 年第 1 期。

今枝由郎著,一民譯《有關吐蕃僧諍會的藏文文書》,《國外藏學研究譯文集》第 2 輯,1986 年。

康德謨著,耿昇譯《〈本際經〉人名考釋》,《敦煌譯叢》第 1 輯,1985 年。

康德謨著《〈本際經〉人物考》,《對敦煌研究的貢獻》,1979 年。

克洛松著,耿昇譯《論伯希和敦煌藏文寫本第 1283 號》,《西北民族文叢》1984 年第 1 期。

瑪拉、木村隆德《關於戴密微〈吐蕃僧諍記〉的一些補正》,《對敦煌研究的新貢獻》,1981 年。

梅弘理《〈佛法東流傳〉的古文本》,《對敦煌研究的新貢獻》,1981 年。

梅弘理《伯希和 3183 號〈天台宗智者大師發願文〉受净土思想影響的一件抄本》,《對敦煌研究的貢獻》,1979 年。

梅弘理《從三篇中宗漢文經文看超越思惟的經驗》,《對敦煌研究的貢獻》第 3 卷,1984 年。

梅弘理《敦煌本佛教教理問答書》,《敦煌的壁畫和寫本》,1984 年。

梅弘理《敦煌的宗教活動和斷代寫本》,《遠東備忘録》第 3 輯,1987 年。

梅弘理著,耿昇譯《敦煌本佛教教理問答書》,《法國學者敦煌學論文選萃》,1993 年。

梅弘理著,耿昇譯《敦煌的宗教活動和斷代寫本》,《法國學者敦煌學論文選萃》,1993 年。

梅弘理著,耿昇譯《根據 P.2547 寫本對〈齋琬文〉的復原和斷代》,《敦煌研究》

1990 年第 2 期。

穆瑞明《道教與佛教的"廚經"》,《遠東備忘録》第 11 輯,2000 年。

饒宗頤《北魏馮熙與敦煌寫經(關於敦煌寫本 S.996 的研究)》,《對敦煌研究的貢獻》,1979 年。

沙畹、伯希和《摩尼教流行中國考 1》,《亞洲學刊》,1911 年。

沙畹、伯希和《摩尼教流行中國考 2》,《亞洲學刊》,1913 年。

施耐德《印度和尚普化大師五臺山巡禮記》,《遠東亞洲叢刊》第 3 卷,1987 年。

施耐德著,耿昇譯《敦煌本〈普化大師五臺山巡禮記〉初探》,《法國學者敦煌學論文選萃》,1993 年。

施耐德著,王眉譯《敦煌文獻中被廢棄的殘經抄本》,《法國漢學》第 5 輯(敦煌學專號),2000 年。

施舟人《敦煌寫本中有關道教受戒中極端嚴格的儀軌》,《東亞的宗教與哲學,斯泰寧格紀念文集》,1985 年。

石泰安《頓悟:漢藏佛教專業術語考》,《宗教史雜誌》,1981 年。

石泰安《聖神贊普名號考》,《亞細亞學報》第 269 卷,1969 年。

石泰安《吐蕃王漢藏二尊號"聖神贊普"》,《亞洲叢刊》第 269 卷第 1—2 期,1981 年。

石泰安著,高昌文譯《有關吐蕃苯教殯葬儀軌的一卷古文書》,《國外敦煌吐魯番文書研究選譯》,1992 年。

石泰安著,耿昇譯《敦煌寫本中的吐蕃巫教和苯教》,《國外藏學研究譯文集》第 11 輯,1994 年。

石泰安著,耿昇譯《古代吐蕃和于闐的一種特殊密教論述法》,《國外藏學研究譯文集》第 7 輯,1990 年。

石泰安著,耿昇譯《漢藏走廊的羌族》,《西北民族研究》1986 年第 1 期。

石泰安著,耿昇譯《論"祖拉"及吐蕃的巫教》,《國外敦煌吐魯番文書研究選譯》,1992 年。

石泰安著,耿昇譯《有關吐蕃佛教起源的傳説》,《國外藏學研究譯文集》第 7 輯,1990 年。

石泰安著,岳岩譯《敦煌吐蕃文書中的苯教儀軌故事》,《國外藏學研究譯文集》第 4 輯,1988 年。

石泰安著,岳岩譯《吐蕃王朝時代告身中使用隱喻的情況》,《國外敦煌吐魯番文書研究選譯》,1992 年。

蘇遠鳴《敦煌龍興寺寶藏——關於敦煌寫本 P.3432 的研究》,《對敦煌研究的新貢獻》,1981 年。

蘇遠鳴《一件〈天台智者大師發願文〉抄本》,(關於敦煌寫本 P.3183 的研究)
《對敦煌研究的貢獻》,1979 年。

索安士《〈太上靈寶老子化胡妙經〉研究》,《對敦煌研究的新貢獻》,1981 年。

索安著《對寫本 S.2081:〈太上靈寶老子化胡妙經〉的研討》,《對敦煌研究的
貢獻》第 3 卷,1984 年。

魏普賢《劉薩訶與莫高窟》,《對敦煌研究的新貢獻》,1981 年。

魏普賢著,耿昇譯《敦煌寫本和石窟中的劉薩訶傳説》,《法國學者敦煌學論文
選萃》,1993 年。

魏普賢著,耿昇譯《劉薩訶與莫高窟》,《中國敦煌吐魯番學會研究通訊》1985
年第 3 期;《法國學者敦煌學論文選萃》,1993 年。

吳其昱《景教三威蒙度讚》,《亞洲-北非人類科學第三十一屆國際會議論文
集》,1984 年。

謝和耐《〈菏澤神會禪師語録(668—760)〉補考》,《法國遠東叢刊》第 46 卷第
2 期,1954 年。

謝和耐《神會禪師傳——禪宗史研究》,《亞細亞學報》第 239 卷,1951 年。

謝和耐《潙山靈佑大師語録(771—853)》,《法蘭西遠東叢刊》第 45 卷第 1 期,
1951 年。

謝和耐《中國 5—10 世紀的佛教徒中的火焚自殺》,《漢學研究所論叢》第 2
卷,1960 年。

謝蕭《龍樹〈因緣心論頌〉的吐蕃文寫本》,《遠東亞洲叢刊》第 3 輯,1987 年。

謝蕭《爲棄教者祈禱——吐蕃歷史殘卷研究》,《遠東亞洲叢刊》第 11 輯,
2000 年。

左景權《〈佛説生經〉殘片介紹》,《對敦煌研究的新貢獻》,1981 年。

左景權《P.3836 寫本整理工作小記》,《法國漢學研究》,1966 年。

左景權《敦煌寫本 P.2963——〈佛説生經〉殘卷》,《對敦煌研究的新貢獻》,
1981 年。

左景權《敦煌寫本 S.289 二三事》,《香港中文大學中國文化研究所學報》,
1976 年。

左景權《佛説本生經的一殘卷》,《對敦煌研究的新貢獻》,1981 年。

（六）考古與藝術

伯希和《尤莫弗波羅氏收藏的壁畫與敦煌壁畫之比較》,《亞洲藝術期刊》第 5
輯第 3—4 卷,1928 年。

戴仁《臺北藏敦煌寫本的年代與真僞》,《法蘭西遠東學院通報》第 74 卷,

1985 年。

戴仁著,耿昇譯《敦煌和吐魯番寫本的斷代研究》,《法國學者敦煌學論文選萃》,1993 年。

戴仁著,劉冰譯《敦煌寫本中的贗品》,《法國漢學》第 5 輯(敦煌學專號),2000 年。

德布東著,耿昇譯《法國國立圖書館發現一張 16 世紀的中國地圖》,《中國史研究動態》1981 年第 6 期。

多維耶著,耿昇譯《中世紀中國和中亞的亞美尼亞人》,《國外藏學動態》1988 年第 2 期。

費利·諾埃爾《日本考古探險隊在中國》,《法國遠東學院學報》第 11 期,1911 年。

弗郎吉尼《從敦煌曆日看中國曆書年月日的表達方式》,《從敦煌到日本》,1996 年。

哈密頓《回鶻文尊號闍黎和都統考》,《亞細亞學報》第 272 卷第 3—4 期,1984 年。

哈密頓著,耿昇譯《仲雲考》,《西域史論叢》第 2 輯,1985 年。

哈密頓著,林惠譯《〈九至十世紀敦煌回鶻文寫本〉導言》,《喀什師範學院學報》1998 年第 4 期。

哈密頓著,牛汝極、王菲譯《敦煌回鶻文寫本的年代》,《西域研究》1995 年第 3 期。

韓白詩著,耿昇譯《葉尼塞河上游三部族考》,《西北史地》1986 年第 2 期。

韓百詩著,耿昇譯《克失的迷考》,《敦煌譯叢》第 1 輯,1985 年。

韓百詩著,耿昇譯《匈人和匈奴人》,《民族譯叢》1984 年第 2 期。

科隆貝爾·皮埃爾《敦煌壁畫的繪製技術及遺址保護》,《敦煌壁畫寫本》,1984 年。

莫尼卡·瑪雅爾著,楊薇譯《論敦煌壁畫與掛幅畫之間的聯繫》,《敦煌研究》1988 年第 2 期;《1987 年敦煌石窟研究國際討論會文集·石窟藝術編》,1990 年。

熱拉·貝扎爾、瑪雅爾合著,《敦煌幡幢的來源與裝裱技術》,《亞洲藝術》第 40 卷,1983 年。

熱拉·貝扎爾、瑪雅爾合著,耿昇譯《敦煌幡幢的原形與裝潢》,《法國學者敦煌學論文選萃》,1993 年。

熱拉·貝扎爾、瑪雅爾合著《彩幡和卷軸畫在中亞佛教儀軌中的作用》,《亞洲藝術》第 44 卷,1989 年。

熱拉・貝扎爾、瑪雅爾合著《印度新德里博物館收藏的斯坦因收集品：阿彌陀佛净土圖》,《亞洲藝術》第 32 卷,1976 年。

熱拉・貝扎爾、瑪雅爾合著《中亞吉祥天圖像特徵》,《南亞考古》第 3 輯, 1989 年。

熱拉・貝扎爾《伯希和收集品中六件尚未公佈的幡頭》,《盧浮宫學刊》第 4 期,1978 年。

熱拉・貝扎爾《集美博物館藏一件尚未公佈的敦煌幡》,《盧浮宫學刊》第 13 期,1983 年。

蘇遠鳴《〈摩訶摩耶經〉和〈佛母經〉中佛涅槃後佛和佛母的依次出現》,《蘇遠鳴的主要著作》,1996 年。

蘇遠鳴《敦煌石窟壁畫上的瑞像》,《對敦煌研究的貢獻》第 3 卷,1984 年。

蘇遠鳴《敦煌石窟中的幾件神奇的泥塑藝術品》,《對敦煌研究的貢獻》第 3 卷,1984 年。

蘇遠鳴《敦煌藝術中的金剛和明王》,《遠東亞洲叢刊》第 3 輯,1987 年。

蘇遠鳴《國家圖書館敦煌藏品中的木刻版畫》,《對敦煌研究的貢獻》, 1979 年。

蘇遠鳴《中國佛教圖像小考：地藏菩薩的隨侍二童子》,《亞洲藝術》第 14 卷, 1966 年。

蘇遠鳴著,耿昇譯《敦煌石窟中的瑞像圖》,《法國學者敦煌學論文選萃》, 1993 年。

隋麗枚《國家圖書館收藏的敦煌木雕版圖像》,《對敦煌研究的貢獻》, 1979 年。

王微《法國國家圖書館所藏敦煌畫卷》,《亞洲藝術》第 49 卷,1994 年。

旺迪埃・尼古拉《〈舍利佛與六師外道圖〉考》,《伯希和西域探險記》, 1954 年。

旺迪埃・尼古拉《關於敦煌業報圖的幾個問題》,《東亞國際會議》,1976 年。

魏普賢《劉薩訶：傳統與圖像》,《敦煌壁畫寫本》,1984 年。

基金項目：本文係敦煌研究院院級課題"法國敦煌學研究的歷史與現狀"的階段性成果,編號：2020 - SK - YB - 4。

敦煌西域出土吐蕃文書研究論文目録

韓樹偉(中共甘肅省委黨校)

　　近年來,學界關於敦煌、西域出土的吐蕃文書研究取得了顯著成果,據筆者不完全統計,發表論文 269 篇,内容主要有吐蕃文獻考釋、佛教經典解讀、政治經濟制度、軍事地理、法律契約文書、人物族名、區域關係等多個方面。因筆者研究旨趣,故對近年來相關研究論文作一梳理,爲方便學界同仁查閱,按照論著發表的時間排序,同一作者的論著集中排序、學位論文置於各類之後。論文按照研究内容分爲十個部分:佛教佛典、政治制度、吐蕃文化、契約文書、吐蕃經濟、吐蕃法律、吐蕃軍事地理、區域關係、吐蕃族名人物、研究綜述及其他。因筆者學識有限,不免挂一漏萬,祈請方家批評指正。

一、佛教及其佛典

王堯《敦煌吐蕃文書 P.T.1297 號再釋——兼談敦煌地區佛教寺院在緩和社會矛盾中的作用》,《中國藏學》1998 年第 1 期,第 95—98 頁。

陳踐《敦煌藏文 ch.9.Ⅱ.68 號"金錢神課判詞"解讀》,《蘭州大學學報》2007年第 3 期,第 1—9 頁。

陳踐《P.T.1047 號和 IOL Tib J763 號羊胛骨卜新探》,《中國藏學》2013 年第 1期,第 3—44 頁。

陳踐《敦煌藏文 ITJ739 號骰卜文書繇辭譯釋》,《民族翻譯》2014 年第 4 期,第31—35 頁。

楊銘《敦煌藏文寫本〈岱噶玉園會盟寺願文〉研究》,載周偉洲主編《西北民族論叢》第六輯,中國社會科學出版社,2008 年,第 239—260 頁。

陸離《唐五代敦煌寺户制度源流辨析》,載鄭炳林主編《敦煌歸義軍史專題研究四編》,甘肅文化出版社,2009 年,第 698—712 頁。原載《敦煌吐魯番研究》第六卷,中華書局,2002 年。

陸離《吐蕃寺院岸本考》,《陝西師範大學學報》2019 年第 3 期,第 20—28 頁。

鄭炳林、陳于柱《敦煌古藏文 P.T.55〈解夢書〉研究》,《蘭州學刊》2009 年第 5期,第 1—3 頁。

陳于柱、張福慧《敦煌古藏文寫本 P.T.1055+IOL Tib J 744〈十二錢卜法〉題解與釋録——敦煌漢、藏文術數書的比較歷史學研究之一》,《敦煌學輯刊》2015 年第 4 期,第 6—21 頁。

陳于柱、張福慧《敦煌古藏文寫本 P.T.1055+IOL Tib J 744〈十二錢卜法〉研究——敦煌漢、藏文術數書的比較歷史學研究之三》,《蘭州大學學報》2017年第 5 期,第 74—79 頁。

陳于柱、張福慧《敦煌漢、藏文〈宅經〉的比較歷史學研究》,《敦煌研究》2021年第 4 期,第 32—41 頁。

顏福、高倩《法藏敦煌吐蕃占卜文書 P.T.351 研究》,《蘭州大學學報》2017 年第 1 期,第 59—65 頁。

阿旺嘉措《法藏敦煌藏文文獻中的苯教寫卷判定及內容解析》,《中國藏學》2014 年第 3 期,第 24—30 頁。

阿旺嘉措、張霞霞《P.T.1038 漢譯及其專有名詞"蔡""覺"考釋》,《西藏民族大學學報》2016 年第 3 期,第 67—73 頁。

張延清《敦煌古藏文佛經中的報廢經頁》,《西藏研究》2009 年第 1 期,第 42—51 頁。

楊福泉《敦煌吐蕃文書〈馬匹儀軌作用的起源〉與東巴經〈獻冥馬〉的比較研究》,《民族研究》1999 年第 1 期,第 91—100 頁。

葉玉梅《敦煌文化對西藏佛教文化藝術之影響——敦煌壁畫與西藏壁畫比較》,《西藏藝術研究》2002 年第 2 期,第 35—37 頁。

勘措吉《莫高窟第 465 窟藏文題記再釋讀》,《敦煌學輯刊》2011 年第 4 期,第 60—66 頁。

任小波《敦煌吐蕃文書中的"人馬盟誓"情節新探——IOL Tib J 731 號藏文寫卷研究釋例》,《中國藏學》2011 年第 3 期,第 106—113 頁。

任小波《敦煌藏文寫本研究的中國經驗——〈敦煌吐蕃文獻選輯〉兩種讀後》,《敦煌學輯刊》2012 年第 1 期,第 169—180 頁。

任小波《"權現馬王"儀軌故事與西藏早期觀音信仰——敦煌 P.T.239.2 號藏文寫本探例》,《復旦學報》2016 年第 6 期,第 12—19 頁。

任小波《敦煌藏文〈十善説〉譯注與解説》,載《敦煌吐魯番研究》第二十卷,上海古籍出版社,2021 年,第 101—117 頁。

尼瑪《敦煌藏文文獻〈十善法廣論〉譯注》,《伊犁師範學院學報》2010 年第 4 期,第 129—133 頁。

才讓《敦煌藏文佛教文獻價值探析》,《中國藏學》2009 年第 2 期,第 35—44 頁。

才讓《法藏敦煌藏文文獻 P.T.992 號〈分別講説人的行止〉之研究》,《中國藏學》2012 年第 1 期,第 107—114 頁。

才讓《法藏敦煌藏文本 P.T.449 號〈般若心經〉研究》,《敦煌學輯刊》2012 年第 2 期,第 23—35 頁。

才讓《敦煌藏文 P.T.996 號〈大乘無分別修習之道〉解讀》,《中國藏學》2013 年第 1 期,第 64—71 頁。

才讓《英藏敦煌藏文 IOL.Tib.J.26 號第二部分來源之研究》,載《敦煌吐魯番研究》第十五卷,上海古籍出版社,2015 年,第 145—163 頁。

陳立華《關於敦煌本古藏文〈般若波羅密多心經〉的解讀》,《西藏研究》2012 年第 3 期,第 62—68 頁。

索南《英藏敦煌藏文文獻〈普賢行願王經〉及相關問題研究》,《西藏研究》2013 年第 6 期,第 58—65 頁。

吐送江·依明《P.T.1292 古藏文音寫回鶻語佛教教義簡答手册研究》,《中國藏學》2018 年第 3 期,第 52—61 頁。

張雲《吐蕃苯教史研究中的幾個問題——以敦煌西域藏文文書和藏文史書〈韋協〉爲中心》,《陝西師範大學學報》2019 年第 3 期,第 29—38 頁。

羊本才讓、張澤洪《論斯巴苯教與雍仲苯教之間的關係——以古藏文苯教文獻和雍仲苯教文獻之間的關係爲視角》,《青海民族研究》2019 年第 4 期,第 214—221 頁。

［日］岩尾一史著,柴傑譯《敦煌石窟中 T 型題記框再論》,《吐魯番學研究》2020 年第 2 期,第 141—147 頁。

扎西本《和田出土〈法華經〉古藏譯本的初步研究報告(二)》,《西藏研究》2021 年第 1 期,第 74—84 頁。

卓瑪措《從詞彙的角度看敦煌藏譯佛典的語料價值——以法藏 P.T.903〈根本薩婆多部律攝〉爲例》,《中國藏學》2021 年第 4 期,第 94—97 頁。

楊志國《敦煌藏文寫本〈寶雲經〉的初步考察——兼論 P.T.824、ITJ 163 號寫卷的内容》,《中國藏學》2021 年第 4 期,第 81—93 頁。

盧素文《吐蕃石碑形制及裝飾圖案研究——兼論吐蕃立碑傳統由來》,《西藏研究》2021 年第 4 期,第 58—67 頁。

索南才旦《〈拔協〉與〈吐蕃興佛記〉關係解析》,《西藏大學學報》2021 年第 4 期,第 28—35 頁。

尹邦志、李波《吐蕃時期"頓漸之争"的教理分析》,《世界宗教研究》2021 年第 5 期,第 52—62 頁。

王招國、王雪《敦煌本〈大乘百法明門論開宗義記〉殘卷綴合研究》,《圖書館雜誌》2021 年第 8 期,第 116—122 頁。

趙曉星、江白西繞、萬瑪項傑《敦煌古藏文文獻 P.T.248〈如來藥師琉璃光王供養法〉研究——中唐敦煌密教文獻研究之五》,載《文津學志》第十六輯,國家圖書館出版社,2021 年,第 152—159 頁。

桑傑克《敦煌吐蕃文書〈聖神能斷金剛般若波羅密多經〉部分殘卷比較研究》,
　　西北民族大學碩士學位論文,2012 年 5 月。

李毛吉《敦煌古藏文寫本〈賢愚經〉研究》,青海師範大學碩士學位論文,2014
　　年 4 月。

尕桑東智《略論敦煌吐蕃文書 P.T.22—P.I.2 號〈百拜懺悔經〉》,西藏大學碩
　　士學位論文,2017 年 6 月。

楊春《吐蕃王室苯教喪葬儀軌——法藏敦煌藏文寫卷 P.t.1042 研究》,蘭州大
　　學碩士學位論文,2019 年 5 月。

趙松山《敦煌古藏文寫卷 P.t.1134(1—195 行)研究》,蘭州大學碩士學位論
　　文,2020 年 5 月。

二、政 治 制 度

王堯、陳踐《敦煌藏文寫卷 P.T.1083、1085 號研究——吐蕃佔有敦煌時期的民
　　族關係探索》,《歷史研究》1984 年第 5 期,第 171—178 頁。

王堯《P.T.1188 登裏回鶻可汗告牒譯釋》,《西藏民族大學學報》1987 年第 2
　　期,第 33—36 頁。

王堯、陳踐《吐蕃職官考信録》,《中國藏學》1989 年第 1 期,第 102—117 頁。

陳踐《敦煌古藏文 ཐུགས་བོང་དབར་བོ། 疏譯》,《民族翻譯》2018 年第 2 期,第 32—
　　35 頁。

孫修身《敦煌遺書吐蕃文書 P.t.1284 號第三件書信有關問題考》,《敦煌研究》
　　1989 年第 2 期,第 65—72 頁。

熊文彬《吐蕃本部地方行政機構和職官考——tshan-bcu、mi-sde、yul-sde、yul-
　　gru、yul-dpon》,《中國藏學》1994 年第 2 期,第 51—58 頁。

楊銘《關於敦煌藏文文書〈吐蕃官吏呈請狀〉的研究》,載楊富學、楊銘主編
　　《中國敦煌學百年文庫·民族卷(三)》,甘肅文化出版社,1999 年,第 1—
　　16 頁。

楊銘、索南才讓《新疆米蘭出土的一件古藏文告身考釋》,《敦煌學輯刊》2012
　　年第 2 期,第 15—22 頁。原文提交於"百年敦煌文獻整理研究國際學術討
　　論會",2010 年。

保羅《解讀敦煌吐蕃文書 P.T.1286 號寫卷及其歷史內容》,《西藏研究》2008
　　年第 3 期,第 7—17 頁。

宗喀·漾正岡布、周毛先《吐蕃〈大事紀年〉中的 sho tshigs——敦煌古藏文寫
　　卷 P.T.1288 中骰卜名號探析》,《青海民族研究》2015 年第 1 期,第 168—

172 頁。

陳楠《吐蕃告身制度試探》,《西藏研究》1987 年第 1 期,第 59—66 頁。

陳楠《吐蕃職官制度考論》,《中國藏學》1988 年第 2 期,第 88—104 頁。

陳楠《吐蕃告身制度》,《敦煌古藏文文獻論文集》(下册),上海古籍出版社,
　　2007 年,第 432—441 頁。

汶江《吐蕃官制考——敦煌藏文卷子 P.T.1089 號研究》,《西藏研究》1987 年
　　第 3 期,第 40—48 頁。

任樹民、白自東《仕蕃漢人官職考述——P.T.1089 號卷子研究》,《西藏民族學
　　院學報》1990 年第 2 期,第 61—66 頁。

趙心愚《吐蕃告身制度的兩個問題》,《西藏研究》2002 年第 1 期,第 15—
　　20 頁。

張秀清《吐蕃"大藏"申論》,《江淮論壇》2009 年第 1 期,第 152—154 頁。

林冠群《吐蕃中央職官考疑——〈新唐書·吐蕃傳〉誤載論析》,《"中央研究
　　院"歷史語言研究所集刊》,2009 年,第 43—76 頁。

陸離、陸慶夫《關於吐蕃告身制度的幾個問題》,《民族研究》2006 年第 3 期,
　　第 94—102 頁。

陸離《敦煌吐蕃文書〈吐蕃官吏申請狀〉所見 zar can 與 zar cung 詞義考》,《蘭
　　州學刊》2006 年第 11 期,第 97—98 頁。

陸離《關於吐蕃告身和大蟲皮制度的再探討——英藏新疆米蘭出土古藏文文
　　書 Or.15000/268 號研究》,載《藏學學刊》第十四輯,中國藏學出版社,2016
　　年,第 1—13 頁。

陸離《敦煌藏文文書〈吐蕃官吏呈請狀〉所記"陸""岸"二部落考》,《西藏研
　　究》2017 年第 1 期,第 16—22 頁。

陸離《吐魯番所出武周時期吐谷渾歸朝文書史實辨析》,載周偉洲主編《西北
　　民族論叢》第十六輯,社會科學文獻出版社,2018 年,第 93—111 頁。

陸離《再論吐蕃統治下于闐、敦煌等地的 tshan》,《西藏大學學報》2021 年第 2
　　期,第 48—56 頁。

陸離《日本杏雨書屋藏 737 號吐蕃天下都僧統願文研究——兼談吐蕃僧官制
　　度》,《西藏研究》2021 年第 4 期,第 16—23 頁。

王東《西域出土一份古藏文告身文獻補考》,《敦煌研究》2015 年第 4 期,第
　　73—77 頁。

王東《敦煌古藏文文獻 P.T.113 號〈大論致沙州安撫論告牒〉小議》,《文獻》
　　2016 年第 3 期,第 25—30 頁。

王啟龍、牛海洋《吐蕃告身名稱流變考》,《民族研究》2016 年第 4 期,第 96—

104 頁。

王啓龍《吐蕃告身制度相關問題研究》,《學術月刊》2017 年第 6 期,第 131—147 頁。

曾麗容《敦煌古藏文 P.T.1286 號文書釋讀之勘正》,《西藏研究》2018 年第 1 期,第 116—122 頁。

陳國燦《試論吐蕃佔領敦煌後期的鼠年變革——敦煌"永壽寺文書"研究》,《敦煌研究》2017 年第 3 期,第 1—7 頁。

李并成《蕃佔時期對塔里木盆地東南部一帶的經營——以米蘭出土簡牘爲中心》,《石河子大學學報》2019 年第 1 期,第 85—90 頁。

扎西當知《從敦煌古藏文史料看吐蕃王朝滅亡的根源》,《青海社會科學》2019 年第 4 期,第 13—18 頁。

張旭、鄭紅翔《吐蕃户籍管理制度探析》,《西藏大學學報》2020 年第 2 期,第 46—52 頁。

朱麗雙《吐蕃統治時期沙州官員的官秩品階問題——P.T.1089 釋讀》,《中國藏學》2020 年第 4 期,第 169—183 頁。

阿頓·華多太《都蘭熱水 2018 血渭 1 號墓出土銀製印章考辨》,《西藏大學學報》2021 年第 3 期,第 26—30 頁。

冉永忠、李博《吐蕃統治敦煌時期"奴"等群體社會地位考述》,《西藏民族大學學報》2021 年第 3 期,第 44—50 頁。

黃維忠《從〈吐蕃大事紀年〉看吐蕃巡守制度》,《中國藏學》2021 年第 4 期,第 59—70 頁。

李軍《控制、法定與自稱:唐宋之際歸義軍轄區變遷的多維度考察》,《中國史研究》2021 年第 4 期,第 110—127 頁。

胡小鵬、陳建軍《元代後期吐蕃行宣政院研究》,《西北師大學報》2021 年第 6 期,第 120—129 頁。

黃博《贊普、國王與法王:後吐蕃王朝時代藏文史籍中君主稱號的嬗變》,《四川大學學報》2021 年第 6 期,第 132—140 頁。

李元光《吐蕃時期政教關係新論》,《西南民族大學學報》2021 年第 7 期,第 83—91 頁。

王瑞雷《托林寺佛塔出土文書所見古格王國早期官方印章形制與特徵》,《文物》2021 年第 9 期,第 72—79 頁。

教毛加《P.T.1287 研究》,西北民族大學碩士學位論文,2014 年 5 月。

周太才讓《敦煌古藏文音譯文獻 P.T.1258 號〈天地八陽神咒經〉研究》,西北民族大學碩士學位論文,2014 年 5 月。

張旭《P.T.1288 藏文寫卷譯釋研究》,蘭州大學碩士學位論文,2014 年 5 月。

張旭《IOL Tib J 750 藏文寫卷研究》,蘭州大學博士學位論文,2017 年 6 月。

金鵬飛《尚族與吐蕃政治關係研究》,蘭州大學博士學位論文,2021 年 3 月。

三、吐 蕃 文 化

黃文焕《河西吐蕃文書簡述》,《文物》1978 年第 12 期,第 59—63 頁。

林冠群《重讀四件河西吐蕃文書——解讀吐蕃文獻之商榷》,《中央民族大學學報》2015 年第 2 期,第 55—69 頁。

王青山《古藏文寫本反映的幾種語音變化》,《青海民族學院學報》1988 年第 4 期,第 62—69 頁。

陸慶夫《敦煌民族文獻與河西古代民族》,《敦煌學輯刊》1994 年第 2 期,第 80—89 頁。

周雲水《淺談敦煌吐蕃文書〈禮儀問答寫卷〉中的仁學思想》,《西藏民族學院學報》2006 年第 2 期,第 32—35 頁。

卓瑪才讓《淺談吐蕃統治敦煌時期藏語文的使用和藏漢翻譯活動——以敦煌本古藏文文獻爲例》,《西藏研究》2008 年第 4 期,第 22—28 頁。

林美君、郭長青《敦煌藏文穴位圖之研究》,《山西中醫》2009 年第 2 期,第 55—57 頁。

劉瑞《吐蕃時期翻譯文學漢譯藏的特點——以敦煌吐蕃文書 P.T.1291 號和 986 號爲例》,《四川民族學院學報》2011 年第 5 期,第 7—10 頁。

束錫紅《海外藏敦煌西域藏文文獻的多元文化内涵和史學價值》,《敦煌研究》2012 年第 1 期,第 117—124 頁。

張延清、何金江《敦煌古藏文文獻中的數字密碼解讀》,載《藏學學刊》第九輯,中國藏學出版社,2013 年,第 30—40 頁。

傅千吉《敦煌藏文文獻中的天文曆算文化研究》,《西藏大學學報》2015 年第 3 期,第 86—92 頁。

陳踐《敦煌古藏文 P.T.992〈孔子項托相問書〉釋讀》,《中國藏學》2011 年第 3 期,第 96—105 頁。

陳踐《敦煌古藏文 P.T.986 文書〈尚書〉四古詞譯釋》,《民族翻譯》2014 年第 1 期,第 25—29 頁。

陳踐《吐蕃文獻解讀及古藏文釐定疏釋》,《民族翻譯》2017 年第 4 期,第 8—13 頁。

馬晟楠《法藏敦煌文書 P.T.986〈尚書·牧誓〉的藏漢對勘研究》,《故宫學刊》2015 年第 1 期。

沈琛《P.t.1291 號敦煌藏文寫本〈春秋後語〉再研究》,《文獻》2015 年第 5 期,第 69—89 頁。

劉英華、金雷、范習加《法藏敦煌本 P.3288 3555A V°藏文星占文書研究(其一)——吐蕃藏文堪輿圖研究》,《西藏研究》2018 年第 1 期,第 107—115 頁。

王金娥《敦煌吐蕃文書〈禮儀問答寫卷〉的定名與研究述要》,《寧夏大學學報》2018 年第 5 期,第 53—57 頁。

多布旦《敦煌古藏文〈羅摩衍那〉文本形式分析》,《西藏藝術研究》2019 年第 2 期,第 46—53 頁。

沙木、張寧《藏文造字新探》,《中國藏學》2020 年第 1 期,第 160—195 頁。

朱麗雙《吐蕃崛起與儒家文化》,《民族研究》2020 年第 1 期,第 93—104 頁。

瓊林、劉英華《敦煌吐蕃文書中的藏族古代沐浴和藥浴文化》,《西藏人文地理》2020 年第 3 期,第 128—133 頁。

王黎《從吐蕃佛經目録分類看漢藏文化交流》,《西藏大學學報》2021 年第 3 期,第 37—44 頁。

王瑞雷《托林寺佛塔新出土古藏文文書的書寫年代與價值》,《文獻》2020 年第 5 期,第 7—18 頁。

鄭炳林、朱建軍《海外藏對鹿紋掛錦所見絲綢之路多元文化交融》,《中央民族大學學報》2020 年第 5 期,第 21—26 頁。

李宗俊《敦煌古藏文歷史文獻的撰修及其反映的早期吐蕃史》,《西藏研究》2021 年第 5 期,第 48—56 頁。

傅紹磊、鄭興華《河、湟歸唐與晚唐詩歌研究》,《唐都學刊》2021 年第 6 期,第 11—15 頁。

朱婉晴《莫高窟第 158 窟佛枕圖案研究》,《收藏與投資》2021 年第 11 期,第 148—152 頁。

萬澤、李明傑《吐蕃時期唐蕃文獻交流探賾》,《圖書館雜誌》2022 年第 1 期,第 114—121 頁。

吉加本《試析法藏敦煌古藏文寫本〈白傘蓋〉殘片的版本及語法特徵》,西北民族大學碩士學位論文,2009 年 4 月。

才讓扎西《敦煌古藏文文獻〈羅摩衍那〉的文學價值研究》,西北民族大學碩士學位論文,2010 年 4 月。

三羊切旦《敦煌藏文文獻中的訴訟文及語法研究》,西北民族大學碩士學位論文,2010 年 4 月。

土登見參《淺析古藏文之吐蕃公文的語法特點——以雪石碑、諧拉康碑、甥舅會盟碑爲例》,西藏大學碩士學位論文,2014 年 4 月。

陳繼宏《吐蕃統治敦煌時期歷史問題研究二題》,蘭州大學博士學位論文, 2016 年 10 月。

洛桑《敦煌本吐蕃文獻中的諺語研究》,西藏大學碩士學位論文,2019 年 4 月。

夏吾更藏旦正《敦煌古藏文 P.T.1288 號寫卷研究》,青海民族大學碩士學位論文,2019 年 5 月。

四、契 約 文 書

楊惠玲《敦煌契約文書中的保人、見人、口承人、同便人、同取人》,《敦煌研究》 2002 年第 6 期,第 39—46 頁。

謝全發、段曉彥《吐蕃〈都督爲女奴事訴狀〉的法理分析》,《西北民族大學學報》2006 年第 4 期,第 14—18 頁。

卓瑪才讓《敦煌吐蕃文書 P.T.1095 號寫卷解讀》,《西藏研究》2007 年第 1 期, 第 20—23 頁。

楊銘《英藏新疆麻札塔格、米蘭出土藏文寫本選介(五)——武内紹人〈英國圖書館藏斯坦因收集品中的新疆出土古藏文寫本〉部分》,《敦煌學輯刊》2003 年第 1 期,第 34—43 頁。

[日]武内紹人著,楊銘、楊壯立譯《〈英國圖書館藏斯坦因收集品中的新疆出土古藏文寫本〉導言》,《西域研究》2009 年第 1 期,第 66—77 頁。

[日]武内紹人著,楊銘、楊公衛譯《敦煌西域古藏文雇傭契約研究》,《西域研究》2013 年第 4 期,第 13—22 頁。

[日]武内紹人著,楊銘、楊公衛譯《敦煌西域古藏文契約文書中的印章》,載《魏晉南北朝隋唐史資料》第三十輯,2014 年,第 264—272 頁。

[日]武内紹人著,楊銘、楊公衛譯《有關敦煌西域出土的古藏文契約文書的若干問題》,載《藏學學刊》第十三輯,中國藏學出版社,2015 年,第 269—282 頁。

楊銘、楊公衛《武内紹人與〈敦煌西域出土的古藏文契約文書〉》,《西藏民族大學學報》2016 年第 3 期,第 88—90 頁。

楊公衛《西域絲路契約精神:武内紹人"中亞出土古藏文契約"的研究》,《民族學刊》2016 年第 2 期,第 85—87 頁。

楊銘、貢保扎西《Or.8210/S.2228 系列古藏文文書及相關問題研究》,《敦煌研究》2016 年第 5 期,第 76—83 頁。

楊銘、貢保扎西《絲綢之路沿綫所出古藏文契約文書概説》,《西南民族大學學報》2017 年第 7 期,第 180—185 頁。

楊銘、貢保扎西《兩件敦煌古藏文寺院帳簿研究》,《敦煌學輯刊》2019 年第 1 期,第 169—182 頁。

楊銘、貢保扎西《敦煌所出藏漢兩種雇工收麥契比較研究》,《西藏大學學報》2020 年第 4 期,第 66—72 頁。

貢保扎西《敦煌西域出土古藏文契約文書的相關問題研究》,《西南民族大學學報》2021 年第 9 期,第 45—53 頁。

李并成、侯文昌《敦煌寫本吐蕃文雇工契 P.T.12974 探析》,《敦煌研究》2011 年第 5 期,第 100—105 頁。

侯文昌《敦煌出土吐蕃古藏文購馬契約探析》,《新西部》2011 年第 2 期,第 41 頁。

侯文昌《敦煌出土吐蕃古藏文借馬契探析》,《科技信息》2011 年第 6 期,第 390—391 頁。

侯文昌《敦煌出土吐蕃古藏文便麥契探析》,《才智》2011 年第 9 期,第 189 頁。

侯文昌《試析敦煌吐蕃文契約文書的資料價值》,《齊齊哈爾師範高等專科學校學報》2013 年第 6 期,第 88—89 頁。

侯文昌、多曉萍《唐代吐蕃土地買賣法律制度探蠡》,《中國藏學》2015 年第 3 期,第 292—301 頁。

侯文昌《敦煌出土吐蕃文契約文書研究述評》,《隴東學院學報》2015 年第 6 期,第 71—75 頁。

侯文昌《中古西域民族文契約之立契時間程式研究》,《隴東學院學報》2019 年第 1 期,第 71—79 頁。

王皓浩《吐蕃統治時期敦煌漢文便貸契問題小議》,《黑龍江史志》2014 年第 3 期,第 1—3 頁。

乜小紅《"絲綢之路出土民族契約研究國際學術論壇"綜述》,《西域研究》2016 年第 1 期,第 138—140 頁。

陳國燦《對敦煌吐蕃文契約文書斷代的思考》,《西域研究》2016 年第 4 期,第 1—6 頁。

陸離《關於發放堪布土登口糧契約的幾個問題——以三件英藏敦煌藏文文書爲例》,《青海民族大學學報》2017 年第 2 期,第 1—7 頁。

李帥《吐蕃印章初探》,《文物》2018 年第 2 期,第 67—74 頁。

徐秀玲《吐蕃統治敦煌西域時期雇傭契約研究》,《敦煌研究》2018 年第 6 期,第 106—113 頁。

何志文《吐蕃統治敦煌西域時期的雇傭問題探析——兼與陷蕃之前及歸義軍統治時期雇傭比較》,《中國農史》2017 年第 5 期,第 67—77 頁。

高蓮芳、貢保扎西《論敦煌西域出土古藏文契約文書的結構格式與語言風格》,《西藏大學學報》2020 年第 2 期,第 97—107 頁。

羅將《二十年來敦煌契約文書研究述評與展望(2000—2020)》,《河西學院學報》2020 年第 4 期,第 53—59 頁。

陳古目草《吐蕃統治敦煌時期的契約關係探析》,《河西學院學報》2021 年第 4 期,第 51—59 頁。

韓樹偉《西北出土契約文書所見習慣法比較研究》,蘭州大學博士學位論文,2020 年 3 月。

貢保南傑《敦煌古藏文文契的類型及價值研究》,中央民族大學碩士學位論文,2020 年 6 月。

五、吐 蕃 經 濟

陳慶英《從帳簿文書看吐蕃王朝的經濟制度》,《中國藏學》1992 年第 1 期,第 100—114 頁。

郝二旭《敦煌文書中的"羅麥"略考》,《農業考古》2012 年第 6 期,第 37—41 頁。

卓瑪才讓《英藏敦煌古藏文文獻中三份相關經濟文書之解析》,《西藏研究》2013 年第 3 期,第 58—73 頁。

楊銘《一件敦煌吐蕃文〈寺院施入疏〉考釋》,載周偉洲主編《西北民族論叢》第十八輯,社會科學文獻出版社,2018 年,第 97—115 頁。

楊銘《再論吐蕃統治敦煌時期的馱、碩、斗、升》,《敦煌學輯刊》2021 年第 3 期,第 32—43 頁。

楊銘《rkya:吐蕃統治敦煌西域時期的編户制度》,《西域研究》2021 年第 4 期,第 17—25 頁。

楊銘、貢保扎西《法藏 1078bis〈悉董薩部落土地糾紛訴狀〉考釋——兼論吐蕃在敦煌分配"籍田"(rkya zhing)的時間》,《敦煌研究》2021 年第 4 期,第 94—102 頁。

陸離《英藏敦煌藏文 IOL Tib J 897 號吐谷渾納糧文書研究》,《西藏研究》2018 年第 2 期,第 41—46 頁。

陸離《關於法藏敦煌藏文文書 P.t.1097〈官府支出糧食清册〉的幾個問題》,《敦煌研究》2019 年第 1 期,第 93—100 頁。

陸離《吐蕃統治敦煌賦税制度再探——以吐蕃文 rkya 爲中心》,《南京師大學報》2021 年第 6 期,第 138—147 頁。

徐秀玲《吐蕃統治時期敦煌寺院維修支出淺析——以 S.6829v 號文書爲例》,

《甘肅廣播電視大學學報》2019 年第 2 期,第 13—16 頁。

何志文《吐蕃統治敦煌時期地方財政支出的一個考察——以敦煌出土漢、藏
　　文支出帳爲中心》,《中國社會經濟史研究》2019 年第 2 期,第 1—10 頁。

六、吐 蕃 法 律

華熱·多傑《略談吐蕃王朝的損害賠償制度——對敦煌藏文寫卷 P.T.1071、
　　1073、1075 三個文書的分析研究》,《青海民族研究》1991 年第 2 期,第 39—
　　43 頁。

齊陳駿《敦煌、吐魯番文書中有關法律文化資料簡介》,《敦煌學輯刊》1993 年
　　第 1 期,第 1—10 頁。

陸離《吐蕃統治河隴時期司法制度初探》,《中國藏學》2006 年第 1 期,第 25—
　　33 頁。

陳踐《敦煌古藏文ཁྲལ་ཡུལ།與འདམ་རོ།疏譯》,《民族翻譯》2016 年第 2 期,第 5—
　　9 頁。

南傑·隆英强《中國本土民事法律文化:吐蕃王朝時期的民事法律》,《南京
　　大學法律評論》2017 年第 1 期,第 147—167 頁。

韓樹偉《契約文書與中世紀吐蕃習慣法研究的回顧與展望》,《西夏研究》2018
　　年第 1 期,第 120—125 頁。

韓樹偉《吐蕃契約文書之習慣法研究——以敦煌出土文書爲中心》,《西藏大
　　學學報》2018 年第 2 期,第 75—81 頁。

何志文《吐蕃統治敦煌時期的土地糾紛問題研究——以 S.2228 與 P.t.1078B
　　古藏文訴訟文書爲中心》,《西藏大學學報》2019 年第 3 期,第 121—128 頁。

多傑《藏族本土法的衍生與成長——藏族法制史的法人類學探索》,蘭州大學
　　博士學位論文,2009 年 3 月。

黎同柏《吐蕃王朝法制研究》,中央民族大學博士學位論文,2013 年 4 月。

索南才讓《敦煌藏族法律文書 P.T.1071 號償命法研究》,西北民族大學碩士學
　　位論文,2018 年 6 月。

洛絨呷瓦《敦煌吐蕃法律文獻漢譯研究》,西南民族大學碩士學位論文,2020
　　年 3 月。

七、吐 蕃 軍 事 地 理

姜伯勤《突地考》,《敦煌學輯刊》1984 年第 1 期,第 10—18 頁。

王堯、陳踐《P.T.1185 號〈軍需調撥文書〉》,《敦煌吐蕃文書論文集》,四川人
　　民出版社,1988 年,第 187—188 頁。

陳踐《百慈藏卷〈吐蕃兵律〉新譯》,《中國藏學》2020 年第 1 期,第 122—
133 頁。

林冠群《唐代吐蕃軍事佔領區建制之研究》,《中國藏學》2007 年第 4 期,第
3—17 頁。又見《史學彙刊》2008 年第 21 期,第 25—53 頁。

陸離《敦煌吐蕃文書中的"色通(Se tong)"考》,《敦煌研究》2012 年第 2 期,第
66—72 頁。

陸離《敦煌藏文 P.T.1185 號〈軍需調撥文書〉及相關問題研究》,《西藏研究》
2016 年第 2 期,第 49—56 頁。

葉拉太《敦煌古藏文吐蕃地名的分類及其結構特點探析》,《西藏大學學報》
2013 年第 2 期,第 84—91 頁。

葉拉太《敦煌古藏文吐蕃地名由來及對藏族地名的影響》,《青海民族大學學
報》2014 年第 4 期,第 58—65 頁。

葉拉太《敦煌古藏文文獻所見河隴西域等地歷史地名考釋》,《青藏高原論壇》
2019 年第 4 期,第 72—79 頁。

巴桑旺堆《一份新發現的敦煌古藏文吐蕃兵書殘卷解讀》,《中國藏學》2014
年第 3 期,第 5—23 頁。

華銳吉《敦煌吐蕃文書軍事問題研究綜述》,《敦煌學輯刊》2019 年第 2 期,第
191—197 頁。

林梅村《相逢在青藏高原——敦煌古藏文〈松贊干布本紀〉殘卷人物與葬地之
一》,《敦煌研究》2020 年第 6 期,第 78—87 頁。

林梅村《青藏高原的藏王陵與藏後陵——敦煌古藏文〈松贊干布本紀〉殘卷人
物與葬地之二》,《敦煌研究》2021 年第 1 期,第 1—14 頁。

王義康《唐王朝在粟特、吐火羅地區所置羈縻府州的性質以及監制措施》,《青
海民族研究》2021 年第 3 期,第 201—208 頁。

謝萍、魏露苓、倪根金《敦煌古藏文〈馴馬經〉中的馴馬技術研究》,《農業考
古》2021 年第 4 期,第 201—205 頁。

党琳、張安福《克亞克庫都克烽燧所見唐代西域治理》,《史林》2021 年第 5
期,第 36—45 頁。

趙美瑩、党志豪、蔣洪恩《新疆米蘭遺址吐蕃時期的植物遺存》,《人類學學報》
2021 年第 6 期,第 1055—1062 頁。

楊銘《敦煌古藏文 P.T.1285 號寫本所載小邦地名初探》,載周偉洲主編《西北
民族論叢》第二十二輯,社會科學文獻出版社,2021 年,第 117—127 頁。

苑恩達、陸離《敦煌文書 P.3885 號中的"敵禮之恩"問題》,《西藏研究》2021
年第 6 期,第 37—44 頁。

公卻才讓《論敦煌古藏文中多思麥的一些重要地名》,西藏大學碩士學位論文,2019 年 3 月。

八、區 域 關 係

[匈]葛薩·烏瑞著,王冀青、李超譯《有關怛邏斯戰役前中亞史地的古藏文文書和文獻資料》,《敦煌學輯刊》1986 年第 1 期,第 156—159 頁。

丹曲、朱悦梅《藏文文獻中"李域"(li-yul,于闐)的不同稱謂》《中國藏學》2007 年第 2 期,第 83—94 頁。

楊銘《敦煌藏文文獻所見的南詔及其與吐蕃的關係》,《敦煌研究》2008 年第 2 期,第 71—75 頁。

楊銘《敦煌、西域古藏文文獻所見蘇毗與吐蕃關係史事》,《西域研究》2011 年第 3 期,第 26—32 頁。

趙天英、楊富學《敦煌文獻與唐代吐蕃史的構建》,《中南民族大學學報》2009 年第 1 期,第 98—103 頁。

王東《絲路視域下 8—10 世紀敦煌民族交融與文化互鑒——從敦煌古藏文占卜文書談河西民衆社會生活》,《西北民族大學學報》2019 年第 6 期,第 14—24 頁。

趙世金、馬振穎《新刊〈康太和墓誌〉考釋——兼論敦煌文書 P.3885 中的唐蕃之戰》,《西夏研究》2020 年第 1 期,第 69—74 頁。

何志文《從 P.t.1077 文書看吐蕃統治時期沙州地區民族關係》,《西北民族大學學報》2020 年第 6 期,第 49—56 頁。

尕藏加《從歷史視域中管窺宗教信仰與文化認同——以早期漢藏佛教交流爲中心》,《世界宗教研究》2021 年第 4 期,第 59—67 頁。

杜建録《論民族交往交流交融中的西夏文化》,《中央民族大學學報》2021 年第 6 期,第 5—15 頁。

陳古目草《吐蕃統治敦煌時期的民族關係探索——從契約文書談起》,《太原城市職業技術學院學報》2021 年第 6 期,第 205—207 頁。

李學東《唐蕃在河隴、西域的博弈(7—8 世紀中葉)》,西北大學碩士學位論文,2019 年 6 月。

九、吐蕃族名人物

黃文焕《河西吐蕃文書中的"鉢闡布"》,《中國民族古文字研究》,1980 年,第 226—240 頁。

王堯、陳踐《敦煌吐蕃文書第 P.t.1291 號〈戰國策〉藏文譯文證補》,《青海民族學院學報》1983 年第 3 期,第 32—45 頁。

馬明達《P.T.1291 號敦煌藏文文書譯解訂誤》,《敦煌學輯刊》1984 年第 2 期, 第 14—24 頁。

黃盛璋《論璨微與仲雲》,《新疆社會科學》1988 年第 6 期,第 54—64 頁。

黃盛璋《再論漢(龍家)、于闐(Dum)、吐蕃文書(Lung dor)皆爲"龍家"互證落 實爲三重證據》,載《絲綢之路民族古文字與文化學術討論會會議論文集》, 蘭州,2005 年,第 197—217 頁。

楊銘《關於敦煌藏文卷子中 Lho Bal 的研究》,《西北民族研究》1994 年第 2 期,第 112—120 頁。

楊銘《敦煌西域文獻中所見的蘇毗末氏》,載周偉洲主編《西北民族論叢》第十 五輯,社會科學文獻出版社,2017 年,第 62—73 頁。

楊銘、索南加《敦煌古藏文 P.T.1285 所載小邦王名稱研究》,《西藏大學學報》 2021 年第 4 期,第 10—16 頁。

王欣《吐火羅之名考》,《民族研究》1998 年第 3 期,第 73—78 頁。

劉忠《敦煌阿骨薩部落一區編員表藏文文書譯考——兼向藤枝晃、姜伯勤等 先生譯文質疑》,《中國史研究》1999 年第 1 期,第 80—90 頁。

陳楠《P.T.999 號敦煌藏文寫卷再研究——以往漢譯本比較及相關史事補正 與考辨》,《中國藏學》2008 年第 3 期,第 19—27 頁。

洪勇明《甘州回鶻登裏可汗考辯》,《西域研究》2010 年第 2 期,第 78—85 頁。

洪勇明《胡語文獻涉"龍"諸名考辨》,《新疆師範大學學報》2010 年第 2 期,第 95—102 頁。

宗喀·漾正岡布、英加布、劉鐵程《論赤偕微噶(Blon Khri She'u Ka)——都蘭 吐蕃三號墓出土藏文碑刻考釋》,《文物》2012 年第 9 期,第 56—61 頁。

任小波《贊普葬儀的先例與吐蕃王政的起源——敦煌 P.T.1287 號〈吐蕃贊普 傳記〉第 1 節新探》,載《敦煌吐魯番研究》第十三卷,上海古籍出版社,2013 年,第 419—440 頁。

阿貴《論吐蕃遠古小邦的歷史演變——基於吐蕃出土文獻與藏文傳世文獻的 考察》,《青藏高原論壇》2013 年第 3 期,第 77—82 頁。

周偉洲《論藏文史籍中的阿夏(va-zha)與吐谷渾》,《中國藏學》2016 年第 1 期,第 5—11 頁。

黃維忠《英藏敦煌藏文文獻 IOL TIB J 1375 譯釋》,《西藏民族大學學報》2016 年第 2 期,第 69—72 頁。

陸離《關於康再榮在吐蕃時期任職的若干問題——敦煌文書〈大蕃紇骨薩部 落使康再榮建宅文〉淺識》,《西藏研究》2019 年第 5 期,第 16—24 頁。

阿錯《古代藏文文獻中的姜(vjang)及姜域(vjang yul)解讀》,《西藏民族大學學報》2019 年第 5 期,第 59—65 頁。

崔靖娟《敦煌文書 S.2214 及相關問題再探究》,《青海師範大學學報》2019 年第 6 期,第 74—79 頁。

索南才旦《授予西部西藏頡辛家族的敕書:與西藏吐蕃碑文的對比》(英文),《China Tibetology》2021 年第 2 期,第 62—73 頁。

朱麗雙《吐蕃統治時期沙州的部落劃分問題——P.T.1089 年代研究》,《中國藏學》2021 年第 4 期,第 71—80 頁。

阿頓·華多太《略論阿夏(ཨ་ཞ)族源》,《中國藏學》2021 年第 4 期,第 163—171 頁。

趙貞《杏雨書屋藏羽 689〈吐蕃監軍論董勃藏修伽藍功德記〉考釋》,載何星亮主編《宗教信仰與民族文化》第十五輯,社會科學文獻出版社,2021 年,第 111—134 頁。

旦增聰美《吐蕃時期有關"那雪"的若干歷史研究》,西藏大學碩士學位論文,2019 年 3 月。

十、研究綜述及其他

趙曉星《吐蕃統治敦煌時期佛教研究的成果與問題》,(載)《絲綢之路民族古文字與文化學術討論會會議論文集》,蘭州,2005 年,第 465—476 頁。

張延清、李毛吉《西北民族大學圖書館藏敦煌藏文文獻敘錄》,《西藏民族大學學報》2012 年第 2 期,第 121—123 頁。

陳楠、任小波《敦煌藏文寫本研究的回顧與前瞻》,載達力扎布主編《中國邊疆民族研究》第六輯,中央民族大學出版社,2012 年,第 279—294 頁。

黃維忠《國內藏敦煌藏文文獻的整理與研究回顧》,《敦煌學輯刊》2010 年第 3 期,第 93—102 頁。

黃維忠《古藏文文獻綫上項目及其〈法國國立圖書館和大英圖書館所藏敦煌藏文文獻〉》,《西藏民族大學學報》2011 年第 4 期,第 78—79 頁。

黃維忠《〈斯坦因收集品 Or.8210 中的古藏文文獻〉介紹》,《西藏民族大學學報》2013 年第 1 期,第 81—83 頁。

黃維忠《70 年來國內敦煌西域藏文文獻研究及其特點》,《中央民族大學學報》2019 年第 5 期,第 169—176 頁。

巴桑旺堆、才項多傑《繼續行進在藏學研究領域——訪著名吐蕃史研究專家巴桑旺堆先生》,《中國藏學》2016 年第 1 期,第 91—97 頁。

桑吉東知《敦煌藏文文獻研究綜述——以藏文論文爲中心(1982—2014)》,

《中國藏學》2016 年第 3 期,第 66—74 頁。

王文洲《"歷史上新疆與西藏關係學術討論會"綜述》,《西域研究》2017 年第 4 期,第 135—137 頁。

王培培《〈英國圖書館藏斯坦因所獲新疆出土古藏文寫本〉讀後》,《西夏研究》2018 年第 1 期,第 117—119 頁。

趙彥昌、姜珊《近三十年來唐宋告身整理與研究述評》,《蘭臺世界》2018 年第 9 期,第 37—43 頁。

貢保扎西《挖掘敦煌西域文獻 鉤沉民族歷史脈絡——訪西南民族大學楊銘先生》,《西藏大學學報》2019 年第 4 期,第 1—8 頁。

薩爾吉《西域發現的非漢語文書的整理與研究——以梵語藏語文獻爲中心》,載《敦煌吐魯番研究》第十九卷,上海古籍出版社,2020 年,第 23—44 頁。

桑吉東知《關於部分法藏敦煌藏文文獻的定名問題及其研究現狀述評》,《四川民族學院學報》2021 年第 3 期,第 1—7 頁。

榮新江《敦煌文書所記絲綢之路的新篇章》,《中國社會科學》2021 年第 8 期,第 118—127 頁。

劉進寶《敦煌學對中古史地研究的新貢獻》,《中國社會科學》2021 年第 8 期,第 128—139 頁。

李鋒、楊銘《近年來敦煌本吐蕃歷史文書研究成果評析——從民族史的角度》,《西南民族大學學報》2021 年第 9 期,第 38—44 頁。

劉潔《中國邊疆學視野下 2019 年度西藏歷史研究述評——以象雄與吐蕃時期爲中心》,載《中國邊疆學》第十四輯,社會科學文獻出版社,2021 年,第 276—288 頁。

萬瑪項傑《"第二屆敦煌吐蕃文化學術研討會"順利召開》,《敦煌研究》2021 年第 5 期,第 73 頁。

2019—2021 年國外敦煌學會議論文目録

胡耀飛（陝西師範大學）

　　題　記：本目録旨在收集 2019—2021 年國外召開的各類學術會議上所發表的敦煌學（包括吐魯番學，兼及部分絲綢之路研究）論文目録，借以補充一般年度論著目録在收集正式發表的文章之外，無法涉及的會議論文目録。這些論文大多是未定稿，代表了各位學者的階段性思考，頗值參考。附帶説明的是，因爲疫情，2020、2021 年的國際學術會議並不多，故而本文將三年目録匯集在一起，以備存覽。

内陸アジア古文献研究會春季大會

2019 年 3 月 22 日，東京：東洋文庫

武瓊芳：《莫高窟隋初供養人服飾》

菊地淑子：《敦煌莫高窟の漢語供養人題記にみる字体の問題》

久野美樹：《釈迦であり阿弥陀である仏像——初盛唐期法華経関連の造形を中心として》

敦煌學國際研討會（Dunhuang Studies Conference）

2019 年 4 月 17—18 日，劍橋：劍橋大學

郝春文：《敦煌寫本齋文的分類、定名及其文本結構》

張涌泉：《綴合與敦煌殘卷的斷代》

鄭阿財：《從敦煌本〈華嚴經〉論晉譯五十卷本與六十卷本的相關問題》

陳明：《全球史視野下的敦煌吐魯番醫學文獻》

Christine Mollier（穆瑞明）："Betwixt and Between：Dunhuang Talismans in Mantic Sciences and Religious Pratices"

余欣：《中古時代的式占：〈卜筮書〉寫本綜考》

梁麗玲：《敦煌文獻中觀音符印的借用與轉化》

王邦維：《再談敦煌寫卷 S.1344 兼論佛教與中國古代音韻學的産生和發展》

趙貞：《敦煌具注曆日中的"人神"標註》

大西磨希子："Relic Worship of Empress Wu and the Commentary on the *Dayun Jing*"

山口正晃："A Study about‘Shifang-qianwubai foming’（十方千五百佛名）

found from Dunhuang and Turfan"

楊明璋：《敦煌文獻中的道安與道安撰述》

張小豔：《伍倫 27 號〈普賢菩薩説證明經〉辨偽》

柴劍虹：《寓教於圖，修身養性——我們怎樣讀懂敦煌》

劉進寶：《國立敦煌藝術研究所成立史事再探》

沙武田：《文化偏見與藝術歧視——敦煌畫中外道女性表現手法發覆》

張先堂：《回鶻石窟藝術的代表——敦煌西千佛洞回鶻石窟試探》

荒見泰史："Prajñā-pāramitā-hrdaya and 'Xin 心'"

汪娟：《敦煌文獻中"禮佛三身"的型態與應用探究》

楊秀清：《敦煌石窟歷代遊人題記反映的佛教信仰》

周西波：《敦煌道教講經文中譬喻故事之探討》

赤木崇敏："Construction Projects and Religious Background of the Dunhuang Caves in the 10th Century: the Case of Cao Yuanzhong"

岩本篤志："A Fundamental Study of the Procession Scenes in Buddhist Caves around Dunhuang: Focused on the Murong Guiying's in the Yulin Caves"

坂尻彰宏："Yulin Caves and Regional Society as seen in Chinese Inscriptions and Donor Portraits around the 10th Century"

Nathalie Monnet（蒙曦）："Thousand-Armed Guanyin as Saviour of the Hungry Ghost and the Greedy One: Buddhist Visual Culture from Eastern India, Dunhuang, Sichuan, and the Dali Kingdom"

Michelle C. Wang（王慧蘭）："The Cross-Cultural Transmission of Mahāmayūrī Imagery on the Silk Road"

Paul Copp（柏崗）："Dunhuang Manuscripts, Vernacular Religion, and the Silk Road"

Yu-ping Luk（陸于平）："Visualising faith along the Silk Roads: Study into the donors of paintings found in Cave 17, Dunhuang"

Irina F. Popova（波波娃）："The Field Journal of D. A. Klemetz's Turfan Expedition from the Archives of the Institute of Oriental Manuscripts, RAS"

山本孝子："How to Write a Letter of Presenting Gifts: Notes on Transmittal Letter Tests from Dunhuang"

岩尾一史："On Additional Collection of Taxes under the Old Tibetan Empire"

Christopher Nugent（倪健）："Dunhuang Manuscripts of a Tang Educational *Leishu*"

Henrik H. Sørensen（索仁森）："A Tantric Buddhist Ritual in Dunhuang: The Case of the Twenty-eight Vajra Precepts"

Li-ying Kuo："The Dunhuang Certificates of Precepts Ordination Revisited"

李軍：《控制、自稱和法定：唐宋之際歸義軍疆域變遷的多維度考察》

高田時雄：《敦煌漢文文書中吐蕃官員的音譯》

鄭炳林：《唐敦煌米欽道與巂州都督張審素冤案》

辻正博：《P.4745〈永徽吏部式〉小考》

游自勇：《"沙州龍神力亡兄墓田爭訟"案卷再探》

伏俊璉：《寫本時期文學作品的結集和傳播——以敦煌寫本 Дx.3871+P.2555 爲例》

侯沖：《俗講再研究》

Costantino Moretti（牟和諦）："Picturing the Buddhist Hells in Dunhuang Murals：Iconic and Descriptive Scenes of the Netherworld in *Sūtra* Representations"

山部能宜："An Examination of a Painting of Sukhāvatī（Stein Painting 35）Stored at the British Museum"

林仁昱：《敦煌"散花"歌曲寫卷樣貌與應用意義探究》

朱鳳玉：《敦煌曲子詞寫本原生態及文本功能析論》

Dunhuang and Cultural Contact along the Silk Road

2019 年 5 月 2—3 日，布達佩斯：匈牙利科學院

Roderick Whitfield（韋陀）："Dunhuang International"

張元林："On the Illustrations of the Chapter Devadatta of the *Lotus Sūtra* in Dunhuang Wall Paintings"

Imre Hamar（郝清新）："The Central Asian Influence on the Samantabhadra Visualisation *Sūtra*"

Youngsook Pak（朴英淑）："Korea and Silk Road：How Silk Road Affected Korean Buddhist Art?"

Lilla Russell-Smith（畢麗蘭）："The 'Sogdian Deities' Twenty Years on：Reconsideration of a Sketch from Dunhuang in the Light of New Research and Newly Discovered Buddhist and Manichaean Paintings"

趙曉星："The Indian Buddhist Images Introduced to Dunhuang from the 10th to 12th Century"

王惠民："Buddha Images in Dunhuang Caves：Focusing on the Flower-Shaped Heart of the Buddha"

Neil Schmid（史瀚文）："Mogao Miniatures：Dunhuang Caves and the Aesthetics of Scale"

張小剛："Documental Research on the Archaeological History of Dunhuang"

Krisztina Hoppál（可茉）："From Xiyu to Daqin：Chinese Silk Finds along the Silk Roads"

孫志軍："Preservation Status Great Wall of the Han Dynasty in Dunhuang"

Szaboles Felföldi："The Excavation Methods of Sir Aurel Stein on the Silk Road"

Imre Galambos（高奕睿）："The Codex as a New Book Form in Dunhuang"

András Róna-Tas："Khitan，a Language on the Silk Road"

Costantino Moretti（牟和諦）："Organizing the Buddhist Doctrine in Conceptual and Physical Space：Listing，Collecting and Shelving Criteria in Medieval China，with a focus on *Sūtra* Catalogs and Dunhuang material"

Ágnes Birtalan："On the Religious Vocabulary in Turfan and Dunhuang Mongolica"

Gábor Kósa（康高寶）："Yejufu 耶俱孚 in the Dunhuang Hymnscroll and Some Newly Found Scriptures"

Gergely Orosz："Notes on Tibetan Paleography：the Use of tshegs and double-tshegs in the Old Tibetan Documents from Dunhuang"

Márton Vér："Applicability of Network Analysis Methods in Silk Road Studies：the Case of Old Uyghur Documents"

Judit Bagi（巴九迪）："*Sūtra on the Profound Kindness of Parents*：Confucian Virtue of Respect in its Buddho-Daoist Style"

Justin Jacobs："An Analysis of Modern Chinese Colophons on Manuscripts from Dunhuang and Turfan，1910－1944"

István Zimonyi："The Formation of the North-Western Branch of the Silk Roads and its Historical Consequences"

Szilvia Kovács："A Traveller from Khanbaliq to the West"

Edina Dallos："A Book of Divination from Dunhuang and Old Turkic Mythology：the Word *täñri* in the *Ïrq bitig*"

第 64 回國際東方學者會議

2019 年 5 月 18 日，東京：東方學會

Alisher Begmatov：《ソグディアナにおける新発見》

Frantz Grenet（葛樂耐）："The Wooden Panels from Kafir-kala：A Group Portrait of the Samarkand Nāf?"

荒川正晴：《6 世紀、高昌國のトゥルファン統治とソグド人集落》

影山悦子：《北朝期の葬具から見た6世紀のソグド人》

畢波："The New Bilingual Sogdian and Chinese Epitaph from Yeh and the Sogdians in the Northern Ch'i Dynasty"

山下將司：《戦乱の中のソグド人——漢文墓誌より描く6世紀華北分裂期のソグド人》

日本印度學仏教學會第 70 回學術大會

2019 年 9 月 7—8 日, 京都: 佛教大學

裴長春：《唐五代時期の仁王会について——敦煌本 P.3808〈仁王経講経文〉を中心に》

大屋正順：《〈釋浄土群疑論〉の敦煌写本について——S.2663・羽 021・羽 078の書風の比較を中心にして》

Establishing of Buddhist Nodes in Eastern Central Asia 6 – 14th C.

2019 年 9 月 16—18 日, 波鴻: 魯爾大學

George A. Keyworth（紀强）："Did the Silk Road(s) Extend from Dunhuang, Mount Wutai, and Chang'an to Kyoto, Japan? A Reassessment Based on Material Culture from the Temple Gate Tendai Tradition of Miidera"

Erika Forte："Khotanese 'Themes' in Dunhuang: Visual and Ideological Transfer in the 9th– 11th Centuries"

Lilla Russell-Smith（畢麗蘭）："The 'Sogdian Deities' Twenty Years on: Reconsideration of a Sketch from Dunhuang in the Light of New Research and Newly Discovered Buddhist and Manichaean Paintings"

Amanda Goodman："Vajragarbha Bodhisattva's Three-Syllable Contemplation: A Chinese *Guanxiang* Text from Late Medieval Dunhuang"

Henrik H. Sørensen（索仁森）："Visualising Oneself as the Cosmos: An Esoteric Buddhist Meditation Text from Dunhuang"

Jacob P. Dalton："Samaya from Yoga to Mahāyoga: Evidence from Dunhuang"

Yukiyo Kasai（笠井幸代）："Bodhisattva Cult in Turfan and Dunhuang"

國際學術會議"古道・関塞遺址調査に基づく前近代中國主要交通路の研究"

2019 年 12 月 14 日, 京都: 京都大學

森谷一樹：《河西回廊における遺蹟・交通路・オアシスの位置関係——敦煌と瓜州を中心に》

佛教在亞洲及亞洲之外的傳播：福安敦先生八十冥誕紀念會

2020 年 7 月 4—6 日，旭日全球佛學研究網絡（綫上）

Neil Schmid（史瀚文）："Ever on Edge：Resolving the Borderland Complex through Liturgical Space at Dunhuang"

Imre Galambos（高奕睿）："The Ox is a Powerful Bodhisattva：A Scroll from Dunhuang"

黃慶聖："Huisong 慧嵩：A Gaochang 高昌 Monk in Chinese *Abhidharma* Transmission Lineage"

國際研究集會：敦煌と東アジアの信仰

2020 年 8 月 1 日，大阪：大谷大學

荒見泰史：《敦煌莫高窟とその原始》

梁晨静：《敦煌と風伯信仰》

楊柳：《東アジアに伝来したアングリマーラ伝承》

荒見泰史：《和泉市久保惣美術館藏〈仏説十王経〉調査報告》

高井龍：《〈維摩詰所説経講経文（擬）〉寫本研究》

楊明璋：《講經與敦煌信仰習俗——祇域傳説於〈温室經〉〈維摩經〉講經之運用及其影響》

『玄奘三藏がつなぐ中央アジアと日本』國際ワークショップ

2021 年 9 月 29 日，名古屋：名古屋大學

荒見泰史：《敦煌文獻と玄奘三藏》

China，India，and Iran：Scientific Exchange and Cultural Contact through the First Millennium CE

2021 年 10 月 8—9 日，劍橋：劍橋大學

Jing Feng："Dunhuang Codices under the Cross-cultural Lens"

Imre Galambos（高奕睿）："The Pothi Book Form in 10th-century Dunhuang"

Nicholas Sims-Williams（辛維廉）、畢波："Astronomy and Astrology in a Manichaean Text from Turfan"

慶賀篠原亨一先生傘壽國際學術研討會

2021 年 10 月 14—16 日，UBC 旭日全球佛學網絡

張利明：《"捨身飼虎"故事的犍陀羅原貌及其在中國的發展》

李巍：《"捨身飼虎""割肉貿鴿"文本及其圖像化——兼論阿育王佛塔圖像中的捨身主題》

金延美："Between Image and Text：Tracing the Transformation of a Buddhist Talisman from Dunhuang and Korea"

The sixth SEECHAC Colloquium：Kucha and Beyond

2021 年 11 月 2—4 日，萊比錫：萊比錫大學

Ji Ho YI："Sacred Mountains Where Enlightened Beings Reside：Rows of Buddhas and Pratyekabuddhas in Kucha and Dunhuang"

國際研討會『内藤湖南と石濵純太郎：近代東洋學の射程』

2021 年 11 月 6—7 日，吹田：關西大學

高田時雄：《日本敦煌學の創始と田中慶太郎——明治四十二年の内藤湖南宛書簡三通》

長谷部剛：《羅振玉〈敦煌零拾〉所載〈雲謠集〉について》

"ユーラシアにおける宗教遺産研究の可能性：伝播と融合"公開研討會

2021 年 12 月 4 日，京都：京都大學

檜山智美：《敦煌壁畫に見られるインドと中國の世界觀の習合》

"絲綢之路與東西方交流"國際學術研討會

2021 年 12 月 7—9 日，布洛涅：濱海大學

Maelle Schmitt："The Buddha on the Silk Roads：the case of the Mogao Caves"

國内拍賣場所見散藏敦煌文獻目録

陳麗萍（中國社會科學院古代史研究所）
劉　婷（瀘州市天立中學）

　　國内散藏敦煌文獻的收藏、刊佈和研究狀況，我們在《中國散藏敦煌文獻敘録》中已有所匯總，附録“拍賣公司所見敦煌文獻”，粗略搜羅了 24 家拍賣公司的信息。[①] 但限於文題和篇幅，無法展現細節，搜羅也不盡全面。隨著近年拍賣市場的繁榮，敦煌文獻頻繁出鏡，雖有魚龍混雜之憂，但確實藉機披露出一些隱而未見的珍品，這爲我們全面統計敦煌文獻的總卷（件）數，研究各種類型文獻，回溯敦煌文獻的流散史等提供了重要信息。

　　國内敦煌文獻的拍賣始於 20 世紀 90 年代，但在學術界的影響較小，近年來一些拍賣公司策劃了敦煌文獻專場，如“濱田德海舊藏敦煌遺書”“一念蓮花開·敦煌寫經及佛教藝術”等，還配套如《濱田德海蒐藏敦煌遺書》[②]等圖録正式出版，或者有學者和拍賣圖録中也提供了不少信息，[③]將拍賣和敦煌學史、文獻研究等較爲連貫地銜接起來了。不過，更多敦煌文獻因混雜於諸如“中國古代書畫”“古籍善本”等題名的拍賣場中，不易引起外界重視。此外，拍賣品也因多被冠以“唐人寫經”等名籠統總稱，或有日本寫經和其他時代傳世寫經混雜，這些對我們的判斷也造成不小影響，故若拍賣公司未進一步備注爲敦煌文獻且無題跋、題簽證明的“唐人寫經”，本文皆暫不收入。本文也存在作者從未參與拍賣，没有身臨其境辨識實物的遺憾，故僅以所能搜集到的國内拍賣公司名以拼音爲序，對 2021 年底前公開拍賣的敦煌文獻略作彙整，以備學界進一步參證。本文所記文獻的編號、物質形態和内容、印鑒、題跋的説明，皆以各拍賣公司官網、拍賣圖録等上所配附的文字爲準，若有其他説明皆出注。所有敦煌文獻的尺寸單位皆爲“釐米”，正文中不再一一標注。

---

　　① 郝春文主編《2019 敦煌學國際聯絡委員會通訊》，上海：上海古籍出版社，2020 年，第 80—109 頁。

　　② 方廣錩《濱田德海蒐藏敦煌遺書》，北京：國家圖書館出版社，2016 年。

　　③ 陳樂道《敦煌卷子流散見聞録（續）》，《檔案》2007 年第 3 期，第 47—49 頁。此外，還有部分刊行的拍賣圖録可供參考：姜尋《中國拍賣古籍文獻目録（1993—2000）》，上海：上海書店出版社，2001 年；《中國古舊書刊拍賣目録（1995—2001）》，北京：北京圖書館出版社，2002 年；《中國古籍文獻拍賣圖録（2001—2002）》，北京：北京圖書館出版社，2003 年；《中國古籍文獻拍賣圖録年鑒（2003）》，北京：中華書局，2004 年；《中國古籍文獻拍賣圖録年鑒（2004）》，北京：中華書局，2005 年；韋力《中國古籍拍賣評述》，北京：紫禁城出版社，2011 年；王雁南主編《嘉德二十年精品録·古籍善本卷（1993—2013）》，北京：故宮出版社，2014 年；保利藝術研究院《保利拍賣十五周年精品集·古代書畫·古籍文獻卷》，北京：文物出版社，2020 年。

北　京

1. 北京保利國際拍賣有限公司

（1）2008 春季拍賣會・鑑古齋藏中國古代書畫專題（5.30）

LOT.1515《妙法蓮華經》，長 695、高 24，首尾全。首尾題跋、印皆不清。李啓嚴舊藏。曾出現在 1922 年紐約佳士得“李氏群玉齋藏書畫精品選”專場。

（2）2009 春季拍賣會・古籍文獻及名家墨蹟（5.30）

LOT.2590《敦煌寫經殘卷》，長 277、高 25，首尾殘。

（3）第 9 期精品拍賣會・中國古代書畫（12.11）

LOT.0875《敦煌遺畫》，長 42、高 33，10 紙。有傅增湘、王國維等題跋。

（4）2010 年 5 周年秋季拍賣會・古籍文獻及名家墨蹟（12.1）

LOT.0079《妙法蓮華經》，長 402、高 24，首尾全。首題“敦煌石室唐人寫經”。楊昭儁舊藏。存“楊昭儁”“東州曹氏十硯齋藏印”等印 9 方。

LOT.0080《金光明最勝王經》，長 504、高 27，首尾殘。

（5）2011 年春季拍賣會・古籍文獻及名家墨蹟（6.3）

LOT.1406《藥師琉璃光如來本願功德經》，長 535、高 25.2，首尾全。存印 1 方不清。爲海外回流收購。

LOT.1407《四分律删補羯磨卷上》，長 650、高 30，首尾全。

LOT.1411《題隋大業三年手繪佛像》①，長 28、高 32。上圖下部中題“南無大莊嚴佛”，左側題“大業三年四月，大莊嚴寺沙門智果敬爲敦煌守禦”，右側題“令狐押衙敬畫二百，普勸衆生供養受持”。

LOT.1412《敦煌寫經殘卷存真》，册頁裝，30 餘頁，保存完好。

（6）2012 年秋季拍賣會・廣韻樓藏珍貴古籍善本（12.7），此批拍品爲胡關妙舊藏。

LOT.9428《敦煌石室唐人寫經》，與上 LOT.0079 爲同一件。

LOT.9429《金光明最勝王經疏卷第九》，長 550、高 27.5，首尾殘。

LOT.9430《金剛般若波羅蜜經》，長 504、高 26，首全尾殘。尾部金栗山藏經紙章爲流散後所修復配補。

LOT.9432《十誦律》，長 377、高 25.5，首尾殘。

（7）2013 年八周年春季拍賣會・古籍文獻名家翰墨（6.3）

LOT.3027《净名經關中疏卷上》，與嘉德 2010 春拍之 LOT.8248 爲同

---

① 吴建軍《五代敦煌曹元忠統治時期雕版印刷研究》，《裝飾》2013 年第 4 期，第 82—85 頁。

一件。

（8）2013 秋季藝術品拍賣會·古籍文獻名家翰墨（12.3）

LOT.4018《敦煌石經唐人寫法華經》，長 1 033.5、高 24.5，首殘尾全。康有爲、沈增植舊藏。存康有爲題及"康有爲印""海日廔""沈"等印 6 方。

（9）2014 春季拍賣會·古籍文獻名家翰墨（6.3）

LOT.3471《佛説摩伽經第一》，長 1 425、高 26，首殘尾全。

（10）2014 春季拍賣會·翰不虛動——中國古代書法（6.4）

LOT.5492《大唐首羅比丘經》，冊裝 44 頁，每頁長 11、高 23，首全尾殘。王禔、鄧實舊藏。存王禔題及"炳東珍藏""潔廬""風雨樓""秋枚寶愛""王禔""王禔私印""福厂六十歲後書"等印。

（11）2014 秋季拍賣會·古籍善本、唐宋遺書、古籍文獻、翰墨菁萃（12.3）

LOT.2176《勝天王般若波羅蜜經述德品第十》，長 495、高 26，首全尾殘。

（12）2015 春季拍賣會·古籍文獻、唐宋遺書、翰墨菁萃、西文經典（6.4）

LOT.2735《般若波羅蜜多心經》，長 55.9、高 26.1，首尾全。卷首畫佛像，題記"聖曆二年八月十三日弟子袁懷義今寫多心經一卷供養"。拍品後有英文收藏卡片及中文收藏籤，備注經文與佛畫爲舊藏家合璧。李盛鐸舊藏，存"德化李氏凡將閣珍藏"印。爲海外回流收購。

LOT.2737A《摩鄧女經》《千字文一卷》，長 118、高 26.5，首殘尾全。高繹求舊藏並題，存"高繹求"印。2015 年 5 月 18 日經北京文物局審核爲一級文物。

LOT.2741《金剛般若波羅蜜經》，長 495、高 23，首殘尾全。

（13）2015 十周年秋季拍賣會·古籍文獻、唐宋遺書、翰墨精萃、西文經典（12.7）

LOT.0059《妙法蓮華經卷第六》，長 38、高 26，首尾殘。

LOT.0060《根本説一切有部毗奈耶雜事卷第三十四》，長 45.8、高 25.5，首尾殘。

LOT.0061《大乘無量壽經》，長 204、高 31，首尾全。蘇宗仁舊藏。存"百一硯齋""蘇宗仁""林蔭草堂"等印。

LOT.0063《大般若波羅蜜多經卷第三百八十一》，長 462.5、高 25，首殘尾全。

LOT.0064《説一切有部顯宗論卷第二十一》，長 566、高 25，首殘尾全。

（14）十周年秋季拍賣會·中國古代書畫（12.8）

LOT.16313《大乘無量壽經》，長 214、高 29，首尾全。李正宇 1998 年 8 月

11 日、10 月 13 日在蘭州鑒定爲國家一級文物。

（15）2016 春季拍賣會·古籍文獻、唐宋遺書、翰墨菁萃、西文經典（6.5）

LOT.0134《妙法蓮華經卷二》，長 1 007、高 25.5，首尾全。

LOT.0135《大方廣佛華嚴經菩薩明難品第六净行品第七》，長 437.6、高 21.8，首全尾殘。首題處有日本修復並手書補版，硃批提及"三葉縣"。爲日本回流收購。

LOT.0136《説無垢稱經卷六法供養品第十三》，長 112、高 24.4，首全尾殘。

LOT.0137《妙法蓮華經卷三藥草喻品第五》，長 139、高 24.6，首尾殘。

LOT.0138《維摩經疏第三菩薩品第四》，長 133.4、高 23.2，首尾殘。

LOT.0139《妙法蓮華經卷三》，長 75、高 25.1，首尾殘。

LOT.0140《妙法蓮華經卷四法師品第十》，長 50、高 25.7，首尾殘。

LOT.0141《大般涅槃經卷十九梵行品第八之五》，長 46.5、高 25.7，首尾殘。

LOT.0142《大般若波羅蜜多經卷第三百卅》，長 823、高 26，首殘尾全。首尾印文、題跋者名皆被抹去。

LOT.0143《大般涅槃經卷第十五》，長 109、高 24.3，首尾殘。存楊新"半聾"題及"世琛之印""半聾""常任俠""沅□"等印。

LOT.0144《大般若波羅蜜多經卷第三百二》，長 790、高 26，首尾全。

（16）2016 秋季拍賣會·古籍文獻、唐宋遺書、翰墨菁萃、西文經典（12.5）

LOT.0066《百論卷上》，長 1 036、高 24.8，首殘尾全。

LOT.0067《金光明經大辯天品第十二》，長 98、高 24.6，首全尾殘。

LOT.0068《金剛般若波羅蜜經》，長 101、高 25.4，首尾殘。

LOT.0069《維摩詰所説經卷下》，長 101.5、高 24.8，首殘尾全。爲日本回流收購。

LOT.0070《大般涅槃經卷三十六》，長 39、高 24.2，首尾殘。

（17）2017 十二周年春季拍賣會·古籍文獻、唐宋遺書、翰墨菁萃、西文經典（6.5）

LOT.0131《大般若波羅蜜多經卷第二十七》，長 47.7、高 25.4，首尾殘。

LOT.0133《舍頭諫太子二十八宿經》，長 41.2、高 23.8，首尾殘。

LOT.0134《維摩詰經香積佛品第十》，長 103.8、高 26.6，首尾殘。

LOT.0135《金剛般若波羅蜜經》，[1]長 84.5、高 24.5，首尾殘。周叔弢舊藏。

---

① 方廣錩編《成賢齋藏敦煌遺書》CXZ009，北京：中華書局，2014 年，第 143 頁。

存"周氏叔弢""周叔弢讀書記"等印。

LOT.0136《大般若波羅蜜多經卷第九十四》，長 43.7、高 25.2，首全尾殘。有"廣鍇審定之印"等印。

LOT.0137《佛説解百生怨家陀羅尼經》，①長 25、高 26，首尾全。

LOT.0138《妙法蓮華經卷第一》，長 187.2、高 26，首尾殘。與上列 LOT.0136 號皆爲同一藏家收藏。

LOT.0139《金光明最勝王經卷第八》，②長 195.5、高 25，首尾殘。存印多方，識讀不清。

LOT.0139A《思益梵天所問經卷四》（異本），③長 422.7、高 26，首尾全。方爾謙舊藏，存"慧""上善""樂壽""受研齋""慶基不惑"等印。

LOT.0140《金光明經懺悔滅罪傅》（異本），④長 852、高 26.5，首尾殘。

（18）2017 十二周年春季拍賣會·中國古代書畫(6.6)

LOT.3724《金光明經卷》，長 295、高 24，首全尾殘。存梁鴻志題及"雲沛""爰居閣主""丁丑"印。

（19）北京保利十二周年秋季拍賣會·古籍文獻、唐宋遺書、翰墨菁萃、西文經典(12.8)

LOT.0118《妙法蓮華經卷第六》，長 645、高 25，首殘尾全。題記"景龍二年四月二日，弟子孫達子爲父母所□"。

LOT.0119《妙法蓮華經卷第七》，長 487、高 25.2，首殘尾全。

LOT.0120《妙法蓮華經卷七》《觀世音經》，⑤長 217.5、高 24.6。前 3 紙《妙法蓮華經卷七》，首尾殘；後 3 紙《觀世音經》，首殘尾全。方爾謙舊藏，存"慧""如意寶""上善"等印。

LOT.0122《妙法蓮華經卷第二》，長 840、高 24.4，首殘尾全。存"南海康有爲更生珍藏"印。

LOT.0123《發智大毗沙論卷第一百二十八》，長 604、高 25.5，首殘尾全。

LOT.0124《大明度經卷第一》，長 51.5、高 28，首尾殘。

（20）2017 十二周年秋季拍賣會·古事——生活藝術Ⅲ（12.16）

LOT.1602《摩鄧女經》《千字文一卷》，與上 LOT.2737A 爲同一件。

（21）2018 春季拍賣會·古籍文獻、唐宋遺書、翰墨菁萃、西文經典(6.18)

---

① 《成賢齋藏敦煌遺書》CXZ025，第 382 頁。
② 《成賢齋藏敦煌遺書》CXZ018，第 260 頁。
③ 翁連溪編《世界民間藏中國敦煌文獻》（第一輯）CXZ024，北京：中華書局，2014 年，第 364 頁。
④ 《成賢齋藏敦煌遺書》CXZ027，第 396 頁。
⑤ 《成賢齋藏敦煌遺書》CXZ010，第 143 頁。

LOT.0061《維摩詰經卷下》，長 487、高 27.4，首殘尾全。

LOT.0063《大般若波羅蜜多經卷第五百六》，長 960、高 26，首尾全。

LOT.0064《大般若波羅蜜多經卷第二百三十一》，長 780、高 25.3，首尾全。爲日本回流收購。朱筆題字及印皆不清。

LOT.0069《增壹阿含經卷第二十七》，長 47、高 26.1，首尾殘。

LOT.0337《大般若波羅蜜多經卷第二百一十七》，長 172、高 26，舊題"周有光長跋敦煌遺書手卷附跋文底稿"，有周有光、舒乙、豐一吟、李佑增題跋。

（22）2018 秋季拍賣會·古籍文獻、唐宋遺書、翰墨菁萃、西文經典（12.7）

LOT.0120《大般若波羅蜜多經卷第三十六》，長 990、高 26，首尾全。拓曉堂舊藏並題。

LOT.0121《大乘密嚴經卷一》，長 774、高 25.8，首尾全。朱書尾題"勘兩遍未知定否"及"净土寺藏經"印。

LOT.0122《大般涅槃經卷二十二》，長 828、高 28.7，首尾全。

（23）2019 春季拍賣會·古籍文獻、唐宋遺書、翰墨菁萃、西文經典（6.4）

LOT.0219《妙法蓮華經》《金剛經》，長 189、高 23，首尾殘。宋伯魯舊藏並題，存"結盦石緣""鈍翁"印。

（24）北京保利 2019 秋季拍賣會·藝林藻鑒——中國古代書畫日場（12.3）

LOT.3788《敦煌寫經》，長 52、高 26，首尾殘。

（25）2020 拍賣十五周年慶典拍賣會·古籍文獻、寫經金石、翰墨菁萃、西文經典（10.18）

LOT.0109《大乘無量壽經》，與上 LOT.0061 爲同一件。

LOT.0110《大般若波羅蜜多經》，與上 LOT.0063 爲同一件。

LOT.0111《說一切有部顯宗論》，與上 LOT.0064 爲同一件。

LOT.0113《根本説一切有部毗奈耶雜事》，與上 LOT.0060 爲同一件。

LOT.0114《大般若波羅蜜多經》，長 47.3、高 24.4，首尾殘。

LOT.0116《尊佛畫及般若波羅蜜多心經合璧》，與上 LOT.2735 爲同一件。

（26）2021 秋季拍賣會·古籍文獻、金石碑帖、翰墨菁萃、西文經典（12.4）

LOT.0099《佛説寶雨經》，長 680、高 25.5，首殘尾全。

LOT.0101《摩訶般若波羅蜜經》，長 569、高 23.8，首殘尾全。有梁啓超、張元濟、黃賓虹、高吹萬、吳徵、徐乃昌、周慶雲、姜殿揚、蔣鴻林、莊俞、錢智修、王蘊章、湯寶榮、潘飛聲、陳楁、嚴昌堉、楊仁愷等題跋。存"佐禹""汪洛年"

"社耆"等印。

2. 北京包盈國際拍賣有限責任公司

2017 年秋季拍賣會·中國書畫(11.12)

LOT.0849《根本説一切有部毗奈耶卷一》,長 630、高 27.5,首尾殘。

3. 北京長風拍賣有限公司

(1) 2009 春季拍賣會·中國古代書畫(6.26)

LOT.0580《敦煌散佚墨筆佛像》,與北京翰海 2005 秋拍之 LOT.2255 爲同一件。

LOT.0581《敦煌散佚彩繪佛像》,與北京翰海 2005 秋拍之 LOT.2253 爲同一件。

LOT.0582《敦煌散佚彩繪觀音像》,與北京翰海 2005 秋拍之 LOT.2254 爲同一件。

LOT.0659《律藏四分卷第八》,長 765、高 26.5,首殘尾全。

LOT.0660《妙法蓮華經》,長 502、高 27.5,首尾全。

(2) 2009 秋季拍賣會·世家元氣·華人重要藏家藏中國書畫(12.16)

LOT.0081《五方五帝像》,長 61、高 130.5,首尾全。張大千舊藏並題。存"沙州龍興寺藏""大風堂""至寶是寶""敵國之富"印。

4. 北京誠軒拍賣有限公司

(1) 2008 春季拍賣會·中國書畫(一)(4.28)

LOT.0261《佛名經卷第十一》,長 1 152、高 32,首殘尾全。存"茶陵譚澤闓秘笈永寶""茶陵譚光鑒藏書畫記""唐寫經廠""瓶齋所藏"等印。

(2) 2008 秋季拍賣會·中國書畫(一)(11.11)

LOT.0395《金光明經卷第一》,長 198.5、高 23,首殘尾全。存"净土寺藏經""寄鴻齋藏"印。曾出現在 1985 年 12 月 3 日佳士得紐約拍賣場拍賣,編號2。

(3) 2009 秋季拍賣會·中國書畫(一)(11.23)

LOT.0465《大乘無量壽經》,長 223、高 32.5,首尾全。尾題"安國興寫"。

(4) 2011 秋季拍賣會·中國書畫(一)(11.11)

LOT.0265,與上列 LOT.0465 爲同一件。

(5) 2012 年春季拍賣會·中國書畫(一)(5.14)

LOT.0629《信力入印法門經卷第二》,長 146、高 26,首殘尾全。

(6) 2021 年春季拍賣會·中國書畫(一)(5.18)

LOT.0079《佛説太子須大拏經》,長 624、高 26,首殘尾全。

5. 北京東方藝都拍賣有限公司（北京盤古）

2010 春季藝術品拍賣會·書畫雜項（6.26）

LOT.0257《敦煌古畫遺存畫卷》，長 283、高 17，首尾殘。

6. 北京歌德拍賣有限公司

（1）2008 秋季藝術品拍賣會·慈雲法雨——中國首場佛教書畫專題拍賣（12.12）

LOT.0053《大般涅槃經》，長 950、高 26，首尾全。李盛鐸舊藏。存"德化李氏凡將閣珍藏""貫誠齋藏書畫"印。

（2）2009 春季藝術品拍賣會·琳琅飄香·古籍文獻專場（5.27）

LOT.0114《敦煌遺書》，長 10、高 24，首尾殘。

7. 北京翰海拍賣有限公司

（1）1995 秋季拍賣會·中國書法（10.6）

LOT.510《佛名經卷第二》，長 800、高 40.5，首殘尾全。題記"施主尼嚴勝"。王潛剛舊藏。存印鑒多方不清。

LOT.511《仁王護國般若波羅蜜多經》，長 1 244、高 29，首尾殘。羅振玉舊藏，前後有于連客題跋等。存"上虞羅氏南祖齋鑒藏古今名跡記"等印。

（2）1996 年春季拍賣會·中國古籍善本（6.29）

LOT.637《藥師經》，尺寸不明，首殘尾全。馮公度舊藏。

（3）2001 春季拍賣會·中國古籍善本（7.1）

LOT.1089《大乘無量壽經》，長 207、高 30.6，首尾全。尾題"張良友寫"。存"王龍""天瑞珍賞"印。

LOT.1090《妙法蓮華經分別功德品第十七》，長 249，高 25.6，首全尾殘。

（4）2002 春季拍賣會·古籍善本（6.30）

LOT.1126《敦煌唐木刻加彩佛像》，[①]長 19、高 27，首尾全。題記"永昌元年四月弟子石二郎敬造供養"。德國藏家所有。曾出現於 1983 年 11 月 30 日紐約克里斯蒂拍賣行。

LOT.1127《唐捺印佛像》，長 22、高 38，首尾殘。阿英舊藏。存印 1 方不清。

LOT.1128《佛名經卷第六》，長 200、高 25.5，首殘尾全。周墨南舊藏。存"膠西周氏""墨南考藏書畫碑版"等印。

（5）2003 春季拍賣會·古籍善本（8.31）

LOT.0923《大方等大集經瓔珞品第一》，長 854、高 26.5，首尾俱全，存

---

① 秦傑《千年敦煌佛像爲何没能拍出天價?》，《收藏界》2002 年第 10 期，第 84—85 頁。

尾題。

LOT.0924《金光明經》，尺寸不明，首殘尾全。

（6）2004 迎春拍賣會·古籍善本（1.11）

LOT.1598《唐捺印佛像》，長 33.5、高 24.5，首尾殘。存楊新題。

（7）2004 春季拍賣會·古籍善本（6.27）

LOT.0024《金光明最勝王經卷第八》，長 662、高 26.5，首尾全，存尾題。哈佛大學美術館舊藏。曾在 1993 年紐約·蘇富比拍賣行出現。

LOT.0025《金剛般若波羅蜜經》，長 305、高 25.6，首殘尾全。哈佛大學美術館舊藏。

LOT.0026《唐人寫經殘卷》，長 123、高 26，首尾殘。

（8）2004 秋季藝術品拍賣會·古籍善本（11.21）

LOT.1966《佛説仁王般若經卷上》，散頁裝，每頁長 36.5、高 25，共 18 頁，首殘尾全，尾題"大代永安三年歲次庚戌七月甲戌朔廿三日丙申佛弟子使持節散騎常侍都督嶺西諸軍事車騎大將軍瓜州刺史東陽王元太榮……"。存"沽上諶氏墨緣堂珍藏""諶延年得敦煌石室秘寶"印。

LOT.1967《金光明經卷第四》，長 440、高 25.2，首殘尾全。

LOT.1968《思益梵天所問經一卷》，長 960、高 25，首殘尾全。存"王潛剛印"。

LOT.1969《唐人寫經殘卷》，長 650、高 26，首尾殘。

LOT.1970《佛説無量壽經卷上》，長 960、高 26.2，首殘尾全。

LOT.1971《唐人寫經殘卷》，長 250、高 22.5，首尾殘。

LOT.1972《金光明最勝王經卷第六》，長 705、高 26，首殘尾全。

LOT.1973《大般若波羅蜜多經卷第二百一十》，長 49、高 28，首殘尾全。

（9）2005 秋季拍賣會·古籍善本（12.11）

LOT.2253《敦煌彩繪佛像》，長 39、高 59，首尾全。右下角題"隋開皇九年比丘靈裕敬造供養"。存"木齋審定"印。

LOT.2254《敦煌彩繪觀音像》，長 35、高 67，首尾全。存"木齋審定"印。

LOT.2255《敦煌墨筆佛像》，長 42、高 94，首尾全。畫兩旁題"大唐武德七年敬造""多寶寺沙門道因供養"。存"木齋審定"印。

（10）2006 春季拍賣會·古籍善本（6.25）

LOT.1652《思益梵天所問經》，尺寸不一，首尾殘。有左孝同、沈增植、余肇康、馮煦、鄒嘉來、陳夔麟、朱祖謀、陳乃徵等題。存"孝同之章""余氏伯子""植"等印。

（11）2007 春季拍賣會·古籍善本（6.23）

LOT.1014《般若波羅蜜菩薩教化經》,長 311、高 30.7,首尾全。首繪菩薩像,題記"正始八年歲在丁卯四月十六日,平原管輅信心敬寫供養"。有李盛鐸舊題。贋品。[①]

(12) 2010 春季拍賣會·古籍善本(6.6)

LOT.2303《妙法蓮華經卷第五》《大般若波羅蜜多經卷第九十六》《般若波羅蜜多心經》,長 1 275、高 24,首尾殘。馮國瑞爲半丁老人所奉壽禮,存馮國瑞題。

(13) 2010 秋季拍賣會·古籍善本(12.10)

LOT.0662《維摩詰經卷下》,每紙長 48.7、高 24.5,共 14 紙半,首殘尾全。康有爲舊藏,存"南海藏經"印。1949 年被日本認定爲重要美術品。

(14) 2015 春季拍賣會·古籍善本(6.27)

LOT.1670《大般涅槃經卷第十五》,與北京保利 2016 年春拍之 LOT.0143 爲同一件。

LOT.1671《妙法蓮華經》,長 252、高 24,首尾殘。榮叔章、常任俠舊藏。存"逸園秘笈""榮叔章鑒藏印"印。

8. 北京海王村拍賣有限公司

(1) 中國書店 2006 年春季書刊資料拍賣會(6.4)

LOT.0376《敦煌遺書》,長 96、高 25.5,首尾殘。

LOT.0377《敦煌遺書》,長 82、高 25.5,首尾殘。

LOT.0378《妙法蓮華經妙莊嚴主本事品第二十六》,長 123、高 24.6,首尾殘。

LOT.0379《金剛般若波羅蜜經》,長 262、高 26.5,首殘尾全。

LOT.0380《敦煌遺書》,長 205、高 26.5,首尾殘。

LOT.0381《敦煌遺書》,長 58、高 27.5,首尾殘。

LOT.0382《敦煌遺書零片》,尺寸不一。

LOT.0377《敦煌遺書》,長 82、高 25.5,首尾殘。

(2) 中國書店 2007 年春季書刊資料拍賣會(5.13)

LOT.0279《敦煌遺書》,長 243、高 27,首尾殘。

LOT.0280《敦煌遺書》,長 90、高 25.5,首尾殘。

(3) 中國書店 2008 年秋季書刊資料拍賣會(11.9)

LOT.0422《佛説佛名經》,長 400、高 24.5,首尾殘。存"王敬五珍藏印"。

LOT.0423《金光明經卷六》,長 675、高 26,首殘尾全。蘇宗仁舊藏。

---

① 方廣錩《僞敦煌遺書〈般若波羅蜜菩薩教化經〉考》,《敦煌研究》2015 年第 3 期,第 47—53 頁。

LOT.0424《大般若波羅蜜多經卷第三百七十》,長 766、高 26,首殘尾全。尾題"第一校海智,第二校法濟,曹清寫"。許承堯舊藏。存"歙許芚父遊隴所得"印。

LOT.0425《佛説觀無量壽佛經》,長 92.5、高 26,首尾殘。

LOT.0426《金剛波若波羅蜜經》,長 50、高 23.3,首尾殘。

LOT.0427《金剛波若波羅蜜經》,長 46、高 24.5,首尾殘。

LOT.0428《金剛波若波羅蜜經》,長 46、高 24.3,首尾殘。與上 LOT.0427 可綴接。

LOT.0429《大般若波羅蜜多經卷三百三十八》,長 537、高 24,首殘尾全。

LOT.0430《大般若波羅蜜多經卷三百卅五》,長 793、高 24,首尾全。

LOT.0431《大般若波羅蜜多經》,長 62、高 25,首尾殘。

LOT.0432《維摩詰經卷二》,長 186.5、高 26,首尾殘。顧二郎、諶延年遞藏。存"顧二郎""沽上諶氏墨緣堂珍藏""諶延年得敦煌石室秘寶"印。

(4)中國書店 2011 春季書刊資料拍賣會(5.28)

LOT.0375《大般若波羅多經第七十九》,長 726、高 26,首尾全。尾題"寶髻勘"。

LOT.0376《大般若波羅多經第五百六》,長 970、高 26.2,首尾全。

LOT.0377《妙法蓮華經》,長 120、高 26,首尾殘。

LOT.0375《阿毗達摩婆娑論》,長 82、高 25.5,首尾殘。

(5)中國書店 2015 年春季書刊資料文物拍賣會(5.30)

LOT.0836《敦煌遺書》,長 900、高 24,首尾全。

(6)中國書店 2015 年秋季書刊資料文物拍賣會·温景博收藏(11.21)

LOT.323《大乘入楞伽經卷二》,長 52.5、高 25.5,首尾殘。温景博舊藏。

(7)中國書店 2016 年春季書刊資料文物拍賣會·宗教典籍·古籍善本資料(5.21)

LOT.265《大般若經初分教誡教授品第七》,長 47.8、高 26,首尾殘。

LOT.266《一向出生菩薩經》,長 275、高 25,首殘尾全。

(8)2017 年春季書刊資料文物拍賣會·古籍善本、碑帖、西文、影像(5.21)

LOT.1470《佛教論義文》,[①]長 259、高 28.5,首殘尾全。有"廣錩審定之印"。

LOT.1471《六度禮懺文》,[②]長 78、高 28.6,首尾殘。有"廣錩審定之印"。

---

① 《世界民間藏中國敦煌文獻》(第一輯),第 384 頁。
② 《世界民間藏中國敦煌文獻》(第一輯),第 163 頁。

9. 北京華辰拍賣有限公司

（1）2003 年春季拍賣會·南國翰墨緣中國古代書畫（7.11）

LOT.0194《大般涅簋經卷第十二》，長 839、高 26.1，首殘尾全。

（2）2003 年秋季拍賣會·中國書畫（一）（11.26）

LOT.0301《魏晉南北朝寫經》，長 157、高 20，首尾殘。許承堯、陳季侃舊藏。存許承堯題及"霽堂"印。

10. 北京江陽富通國際拍賣有限公司

《大般涅槃經菩薩品第十六》《阿毗達摩俱舍論卷第二十九》，第二件長 695.9、高 26，首尾全。經孫軼青、方廣錩鑒定，爲江陽富通公司從敦煌郭姓人士處徵集而來。①

11. 北京九歌國際拍賣股份有限公司

2016 春季文物藝術品拍賣會·世家傳承——聽雨軒珍藏書畫（6.15）

LOT.1079 唐《普賢菩薩説此證明經》，長 141.5、高 25.5。李泰棻舊藏。存"兩壘軒"印。

12. 北京景星麟鳳國際拍賣有限公司

（1）大唐西市 2016 辭舊迎新藝術品拍賣會·徽章古籍雜項（2017.1.7）

LOT.1250《大般若波羅蜜經》，長 502、高 26，首尾殘。

（2）香港大唐西市 2018 年春季藝術品拍賣會·中國藝術精品集粹（5.27）

LOT.3091《唐人寫大般若經》，長 900，高不明。日本藏家所有。

13. 北京匡時國際拍賣有限公司

（1）2010 春季藝術品拍賣會·古代書法（6.5）

LOT.0810《行書金剛經手卷》，長 195、高 23，首殘尾全。于右任、徐平羽舊藏。存胡小石、沈尹默題及"徐平羽""平羽鑒賞""長隨行篋""右任""沙廬""沈""沈尹默印"等印。

（2）2010 五周年秋季藝術品拍賣會·古代書法（12.5）

LOT.0912《金光明經》，長 448、高 25，首尾全。

（3）2011 年秋季藝術品拍賣會·古代書畫（12.4）

LOT.2209《維摩詰經弟子品》，長 331、高 24.5，首尾殘。陳衡恪、曾仲鳴、方君璧舊藏。存陳衡恪、黃濬題及"頡頏樓藏""侯官黃濬""聆風簃"印。

（4）2014 春季拍賣會·古代書法（6.3）

LOT.0058《唐敦煌"三寶"大字》，長 8、高 25，首尾殘。方若舊藏，贈予日

---

① 藝承《敦煌遺書驚現拍——江洋富通董事長張青先生講述唐人寫經的傳奇故事》，《藝術市場》2007 年第 2 期，第 50—51 頁。

本人野崎誠近。存方若題跋及“藥雨”印。

（5）2015 秋季拍賣會·古代書法（12.5）

LOT.1445《維摩經弟子品》，與上列 LOT.2209 號爲同一件。

LOT.1446《大般若波羅蜜多經卷第四百卅九》，長 792、高 23.5，首尾全。吳曼公舊藏並題。存“毗陵吳觀海曼公審藏”“吳”印。

LOT.1447《金光明最勝王經堅牢地神品第十八》，長 148、高 23，首尾全。趙熙舊藏。有鄭孝胥、湯壽潛、宋育仁、江瀚、陳三立、楊增犖、周善培、趙熙、胡薇元、鄧鴻荃、林思進等題。存“趙熙”“太”“夷”“蟄光”“忝海所作”“陳三立印”“僧若”“香宋”“赫生”“不可時旅只以自嬉”“百梅亭長”“雨人”“林思進印”等印。

（6）2017 迎春拍賣會·古代書畫（3.30）

LOT.1745《文選注卷第二》，長 400、高 27，首殘尾全。李盛鐸舊藏。存俞棪（誠之）題。存“李盛鐸印”“木齋珍藏唐人秘笈”印。[①]

（7）2017 秋季拍賣會·古代書畫（12.4）

LOT.1526《大般若波羅蜜經》，長 150、高 26，首全尾殘。

（8）2019 春季拍賣會·古代書畫（7.13）

LOT.0738《大般若經卷八十》，長 822、高 24，首尾全。許承堯舊藏。存“歙許苣父遊隴所得”印。

14. 北京啓石國際拍賣有限公司

2017 年春季文物藝術品拍賣會·翰林子墨——古籍文獻（6.25）

LOT.0883《大般若波羅蜜多經卷第九十》，長 827、高 25，首尾全。

15. 北京琴島榮德國際拍賣有限公司

（1）2016 年秋季拍賣會·古籍善本·鄭爱居舊藏（12.27）

LOT.2220《大方等大集經卷十六》，長 183.5、高 25.5，首尾殘。

LOT.2222《大般若波羅蜜多經卷二十七》，長 47.8、高 22.3，首尾殘。

（2）2018 青島之夏藝術品拍賣會·古籍善本（7.20）

LOT.1115《大般若波羅蜜多經卷四百八十八》，長 55、高 26，首尾殘。

（3）2019 年春季藝術品拍賣會·古籍善本（6.29）

LOT.2278《佛説戒消災經》，長 44、高 24，首尾殘。

（4）2020 青島之夏藝術品拍賣會·古籍善本（8.12）

LOT.1200《大般涅槃經卷三金剛身品第二》，長 313、高 25.5，首全尾殘。此拍品符合國家文物局制定一級文物定級標準。

---

① 商務印書館編《敦煌遺書總目索引》之《李木齋舊藏敦煌名跡目録》（第一部分）第 0588，北京：商務印書館，1962 年，第 324 頁。劉波先生指出此爲偽卷。

16. 北京榮寶拍賣有限公司

（1）2018 年春季拍賣會·"一念蓮花開·敦煌寫經及佛教藝術"（6.14）

LOT.1239《妙法蓮華經卷第二》，長 6、高 31，首尾殘。

LOT.1240《佛説佛名經卷第二》，長 9、高 26，首尾殘。附題簽。

LOT.1242《大通方廣懺悔滅罪莊嚴成佛經卷下》，長 47、高 25，首尾殘。

LOT.1243《根本説一切有部毗奈耶第五十卷》，長 46、高 27，首尾殘。

LOT.1250《古寫經刻經匯英——佛經鑒定標本集》，含敦煌出土唐人寫經 1 片，附題簽。川瀨一馬鑒定整理。

LOT.1251《金剛經》，長 163、高 22.5，首殘尾全。尾有梵文印。濱田德海舊藏。此拍品被評定爲國家一級文物。

LOT.1252《金剛經》，長 217、高 24.6，首殘尾全。方雨庵舊藏。存"雨庵""清""雨樓""清印""雨庵心賞""方""雨庵曾藏"等印。此拍品被評定爲國家一級文物。

LOT.1253《妙法蓮華經》《觀世音經》，①長 218、高 25，首殘尾全。前 3 紙爲《妙法蓮華經》卷七，首尾殘；後 3 紙爲《觀世音經》，首殘尾全。存"慧""如意寶""上善""廣錕審定之印"等印。此拍品被評定爲國家一級文物。

LOT.1254《佛教論議文》，②長 259、高 28.5，首殘尾全。存"浄行樂壽""廣錕審定之印"印。

LOT.1256《大般涅槃經卷第八如來性品第十二》，此拍品被評定爲國家一級文物，與泰和嘉成 2017 年秋拍（12.17）之 LOT.2371 號爲同一件。

LOT.1257《妙法蓮華經》，長 423、高 25.6，首尾殘。此拍品被評定爲國家一級文物。

LOT.1259《大般若波羅蜜多經第二十七》，③長 705、高 25，首殘尾全。大谷光瑞舊藏，後出售至日本。此拍品被評定爲國家一級文物。

LOT.1261《妙法蓮華經常不輕菩薩品》，長 45、高 24.2，《金剛般若波羅蜜經》長 100、高 24.2，《大般若波羅蜜多經卷第二百六十一》，長 45、高 24.2。朱孔陽舊藏。存"曾經雲間朱孔陽朱德天二代珍藏""雲間朱孔陽雲裳父珍藏""雲間朱孔陽雲裳氏珍護"等印 7 方。此拍品被評定爲國家一級文物。

LOT.1262《妙法蓮華經卷第二譬喻品第三》，長 900、高 24.6，首殘尾全。蘇宗仁舊藏。有"竹蔭草堂""百一硯齋""蘇宗仁印""蘇厚如印"印。此拍品

---

① 《成賢齋藏敦煌遺書》CXZ010，第 143 頁。

② 《世界民間藏中國敦煌文獻》，第 384 頁。

③ 王國維、羅振玉《日本橘氏敦煌將來藏經目録》，《國學叢刊》第九卷，1912 年；榮新江、方廣錕、尚林《中國所藏大谷收集品概況——特別以敦煌寫經爲中心》，京都：日本龍谷大學佛教文化研究所，1991 年，第 139 號。

被評定爲國家一級文物。

LOT.1315 唐《敦煌佛畫》,長 31、高 39,右側殘。左側題"南無延壽命長壽王菩薩"。與本場 LOT.1259 號同爲日本京都藏家舊藏。

(2) 2018 年秋季拍賣會·"一念蓮花開·敦煌寫經及佛教藝術"(12.3)

LOT.1232《金光明最勝王經卷第六》,長 7.2、高 26.8,首尾殘。田中慶太郎舊藏。附題簽。

LOT.1233《妙法蓮華經卷第二》,長 13.2、高 26,首尾殘。

LOT.1247《大明度經卷第一》,長 51.5、高 28,首尾殘。

LOT.1248《佛説戒消災經》,長 45、高 26,首尾殘。

LOT.1249《大般若波羅蜜多經卷第二十三》,長 48、高 25.8,首尾殘。大谷探險隊所得。

LOT.1251《古寫經刻經匯英——佛經鑒定標本集》,共 38 件,含敦煌文獻。

LOT.1253《佛説佛名經卷第三》,長 78、高 23,首殘尾全。此拍品符合國家文物局制定一級文物定級標準。

LOT.1254《仁王般若經疏卷》,與西泠印社 2014 年春拍之 LOT.1956 爲同一件。此拍品符合國家文物局制定一級文物定級標準。

LOT.1255《大智度論卷七十六》,長 102.5、高 25.8,首尾殘。諶延年舊藏。存"諶延年得敦煌石室秘寶"印。此拍品符合國家文物局制定一級文物定級標準。

LOT.1256《金光明經銀主陀羅尼品第十一》,長 85、高 23,首全尾殘。馮汝玠舊藏。存馮汝玠題及"志清"印。此拍品符合國家文物局制定一級文物定級標準。

LOT.1257《妙法蓮華經卷第七》,長 96、高 24,首尾殘。此拍品符合國家文物局制定一級文物定級標準。

LOT.1258《金剛般若波羅蜜經》,長 97.5、高 27.3,首尾殘。此拍品符合國家文物局制定一級文物定級標準。

LOT.1259《入楞伽經卷第七》,長 100、高 26,首尾殘。濱田德海舊藏。此拍品符合國家文物局制定一級文物定級標準。

LOT.1260《妙法蓮華經卷第一》,長 160、高 26,首尾殘。此拍品符合國家文物局制定一級文物定級標準。

LOT.1261《普賢菩薩説此證明經一卷》,長 277、高 25.5,首全尾殘。李泰棻舊藏。此拍品符合國家文物局制定一級文物定級標準。

LOT.1262《大般涅槃經卷第二十九》,長 312、高 28,首尾殘。此拍品符合國家文物局制定一級文物定級標準。

LOT.1264《大乘無量壽宗要經》，藏文，長 540、高 31.1，首尾全。尾題"杜禄勒抄"。此拍品符合國家文物局制定一級文物定級標準。

LOT.1265《妙法蓮華經卷第六》，與北京保利十二周年秋季拍賣會（12.8）之 LOT.0118 爲同一件。此拍品符合國家文物局制定一級文物定級標準。

LOT.1267《妙法蓮華經卷四》，長 767、高 26，首尾殘。卷背有古藏文字跡的裱補條。存"勿我負人""化隆縣宗如鑒藏之印"印。此拍品符合國家文物局制定一級文物定級標準。

LOT.1268《妙法蓮華經卷四》，長 1 008、高 26，首尾全。袁勵准舊藏並題。此拍品符合國家文物局制定一級文物定級標準。

（3）2019 年春季拍賣會·"一念蓮花開·敦煌寫經及佛教藝術"（6.13）

LOT.0765《張大千寄贈羅寄梅敦煌寫經殘頁》，册頁裝，每頁長 37.5、高 21，55 塊。染潢紙 26 塊，約爲 7—8 世紀寫本；白麻紙爲吐蕃時期寫本。可分辨《阿毗達磨大毗婆沙論卷第六十二》《瑜伽師地論决擇分分門記卷第二》《大般若波羅蜜多經卷第三百三十》《大般若波羅蜜多經卷第四百五十一》等。張大千舊藏，後贈予羅寄梅夫婦。另附張大千敦煌臨摹壁畫並與羅寄梅夫婦合影 7 張。

LOT.0766《思益梵天所問經卷四》，長 28.2、高 24，首尾殘。

LOT.0769《觀世音經》，長 61.6、高 19.4，首殘尾全。此拍品符合國家文物局制定一級文物定級標準。

LOT.0770《妙法蓮華經卷六法師功德品第十九》，長 99.6、高 25.5，首尾殘。此拍品符合國家文物局制定一級文物定級標準。

LOT.0771《妙法蓮華經卷七妙音菩薩品第二十四》，長 175.7、高 26.4。首尾殘。此拍品符合國家文物局制定一級文物定級標準。

LOT.0772《唐人寫經四件組合》。《妙法蓮華經卷第一方便品第二》，長 126.9、高 25.2；《佛說佛名經卷第二》，長 50.7、高 25；《妙法蓮華經卷第三藥草喻品第五》，長 47.9、高 25.2；《妙法蓮華經卷第一序品第一》，長 46.9、高 24.9。南京文物公司舊藏。20 世紀 70 年代入藏十竹齋，被裝裱爲一體。此拍品被定爲國家一級文物。

LOT.0773《梵網經》，長 178、高 24，首全尾殘。許承堯舊藏。存"歙許苤父遊隴所得"印。此拍品符合國家文物局制定一級文物定級標準。

LOT.0774《妙法蓮華經卷四提婆達多品第十二》，長 292.5、高 26.2，首殘尾全。有"廣錩審定之印"。此拍品符合國家文物局制定一級文物定級標準。

LOT.0775《摩訶般若波羅蜜經卷十四佛母品第四十八》，長 142.6、高 23.7，首尾殘。此拍品符合國家文物局制定一級文物定級標準。

LOT.0776《般若波羅蜜多經卷第二百九十四初分説般若相品第三十七之三》,長 363、高 24.7,首殘尾全。梁素文舊藏並題。存"素文長壽""十魚齋"印。此拍品符合國家文物局制定一級文物定級標準。

LOT.0777《妙法蓮華經卷第一序品第一》,與泰和嘉成 2018 春拍之 LOT.2303爲同一件。此拍品符合國家文物局制定一級文物定級標準。

LOT.0778《大般涅槃經卷第十五梵行品之二》,長 1 130、高 26.5,首尾全。此拍品符合國家文物局制定一級文物定級標準。

(4) 2019 年秋季拍賣會·"一念蓮花開·敦煌寫經及佛教藝術"(12.1)

LOT.0831《受菩薩戒法》《鳩摩羅什法師誦法》,長 51、高 26,首尾殘。

LOT.0832《金光明最勝王經卷第六四天王護國品第十二》,長 46.5、高 25.5,首尾殘。

LOT.0833《勸善經》,長 28.5、高 28,首尾全。題記"貞元九年正月二十三日"。

LOT.0835《大乘無量壽宗要經》,藏文,長 538、高 31,首尾全。尾題"郭吉靈抄"。此拍品符合國家文物局制定一級文物定級標準。

LOT.0836《大般若波羅蜜多經卷第九十初分求般若品第二十七之二》,長 326、高 24,首尾殘。此拍品符合國家文物局制定一級文物定級標準。

LOT.0837《大般涅槃經卷三金剛身品第二》,長 363、高 26,首尾全。此拍品符合國家文物局制定一級文物定級標準。

LOT.0840《大般若波羅蜜多經卷第一百二十五初分校量功德品第三十之二十三》,長 770.9、高 25.6,首尾全。此拍品符合國家文物局制定一級文物定級標準。

LOT.0841《摩訶般若波羅蜜經卷第四幻學品第十一》,長 301.1、高 25.5,首尾殘。許承堯舊藏並題,存"歙許苣父遊隴所得""許承堯印"印。此拍品符合國家文物局制定一級文物定級標準。

LOT.0843《妙法蓮華經卷第一序品第一》,長 708.6、高 23,首殘尾全。存"聽雨軒書畫印"。

LOT.0844《妙法蓮華經卷二》,與北京保利十二周年秋拍(12.8)之 LOT.0122爲同一件。康有爲舊藏。存"南海康有爲更生珍藏"印。此拍品符合國家文物局制定一級文物定級標準。

(5) 2020 年春季拍賣會·"一念蓮花開·敦煌寫經及古籍善本"(8.23)

LOT.0831《麻布坐佛經幡畫》,長 18、高 17。

LOT.0832《妙法蓮華經卷七妙音菩薩品》,長 160、高 23,首尾殘。此拍品符合國家文物局制定一級文物定級標準。

LOT.0833《大般涅槃經卷第二十二光明遍照高貴德王菩薩品第十之二》，長 313、高 25，首殘尾全。此拍品符合國家文物局制定一級文物定級標準。本場 LOT.0831—0833 皆爲同一藏家之藏品。

LOT.0834《妙法蓮華經卷第三化城喻品第七》，長 574、高 25，首尾全。此拍品符合國家文物局制定一級文物定級標準。

LOT.0835《净名經集解關中疏》，長 1 600、高 28.5，首尾全。此拍品符合國家文物局制定一級文物定級標準。

（6）2020 秋季拍賣會·"一念蓮花開·佛教典籍及古籍善本"（12.20）

LOT.1064《大般若波羅蜜多經卷第五百一十三》，長 56.5、高 26，首尾殘。合肥孔氏、張廣建、許承堯收藏。存許承堯題及"合肥孔氏珍藏""合肥張家闐家供養經""許承堯印""檀幹村人"印。

LOT.1065《阿毗達磨大毗婆沙論卷第六十二》，長 42、高 26，首尾殘。

LOT.1066《大般涅槃經卷第十五》，長 46、高 25.5，首尾殘。

LOT.1067《妙法蓮華經卷第一》，長 94、高 25，首尾殘。

LOT.1068《佛説觀世音經》，長 114、高 25.5，首殘尾全。

LOT.1069《大般涅槃經哀歎品第三》，長 161、高 25，首全尾殘。

LOT.1070《妙法蓮華經卷二》，長 696、高 25.4，首殘尾全。

LOT.1071《大般涅槃經卷第二十六》，長 729、高 26，首殘尾全。

（7）2021 春季藝術品拍賣會·"一念蓮花開·佛教典籍與古籍善本"（6.19）

LOT.2561《金剛經》，長 755、高 25.7，首殘尾全。劉繼、何寶善舊藏。有裴景福、張一麐、沈同芳、羅良鑒、胡念修、潘復、成多禄、馮煦題及"劉繼""班侯書畫""淮安何寶善字楚侯亦字守拙""景福私印""氏傭""沈同芳""羅良鑒""盾叔""濟寧馨子""澹厂詩""多禄之印""吉林成氏""嵩叟"等印。

17. 北京世紀盛唐國際拍賣有限公司

2014 春季文物藝術品拍賣會·傾心——中國書法（8.9）

LOT.0333《妙法蓮華經卷》，與中國嘉德四季第二十七期拍賣會（2011.9.19）之 LOT.2310 爲同一件。

18. 北京泰和嘉成拍賣有限公司

（1）2014 年秋季藝術品拍賣會·古籍文獻·金石碑版（11.30）

LOT.0768《大般若波羅蜜多經》，長 150、高 26，首尾殘。諶延年舊藏，存"諶延年得敦煌石室秘寶"印。

（2）2015 年秋季藝術品拍賣會·古籍文獻（11.12）

LOT.1262《大般若波羅蜜多經》，長 48、高 26.5，首尾殘。

LOT.1263《妙法蓮華經見寶塔品卷十一》，長 50、高 24，首尾殘。

（3）2016 年常規拍賣會·古籍文獻（4.10）

LOT.1000《大般若波羅蜜多經卷第四百三十八》，長 54、高 25，首尾殘。

（3）2016 年春季藝術品拍賣會·古籍文獻、金石碑版（5.22）

LOT.1225《金剛般若波羅蜜經第十五品》，長 97、高 25，首尾殘。

LOT.1226《維摩詰經卷下》，長 102、高 25，首殘尾全。

LOT.1227《金剛般若波羅蜜經》，長 125、高 24，首尾殘。

（4）2016 年書畫·古籍常規拍賣會（二）·古籍文獻（9.22）

LOT.0714《佛名經卷第三》，長 9、高 31.5，首尾殘。存題簽。

（5）2017 年泰和嘉成常規拍賣會·古籍文獻（4.9）

LOT.2160《妙法蓮華經卷第二譬喻品第三》，長 423、高 25.7，首尾殘。

（6）2017 年春季藝術品拍賣會·古籍善本·金石碑版（6.4）

LOT.2369《大乘妙法蓮華經》，長 18.5、高 28，首尾殘；《金剛經》，長 163、高 22.5，首尾殘；《大般涅槃經卷十五》，長 46、高 25，首尾殘。

（7）2017 年秋季藝術品拍賣會·餉經堂舊藏暨佛教文獻、文物（12.17）

LOT.2371《大方等如來藏經》，長 267、高 25，首尾殘。張虹舊藏並題跋，存"張氏""虹"等印。

LOT.2372《金光明最勝王經妙幢菩薩卷三十八》，長 234、高 27。有"神斬勑玄女陰""覺皇寶壇天法司印"等甘肅地方宗教組織的印，應是被當作宗教法器所用。

（8）2018 年泰和嘉成常規拍賣會·古籍文獻（4.1）

LOT.2279《佛名經》2 片，長 6、高 32，首尾殘。《維摩詰經卷下》1 片，長 5、高 26，首尾殘。存題簽。

（9）2018 年春季藝術品拍賣會·古籍文獻·金石碑版（6.17）

LOT.2302《梵網經》，長 179、高 24，首尾全。序與卷上部分不同時期抄寫，後被拼成一卷。許承堯舊藏。存"歙許苣父遊隴所得"印。

LOT.2303《妙法蓮華經卷第一》，[1]長 860、高 25，首殘尾全。蘇宗仁舊藏。存"蘇宗仁""百一硯齋""竹蔭草堂""慧""如意寶""上善""樂壽""生生見佛世世聞經""净行樂壽禮""如意寶藏"印。

（10）2018 年秋季藝術品拍賣會·最上法供養——佛教典籍（12.6）

LOT.2272《十輪經卷第三》，長 215、高 25，首殘尾全。

LOT.2273《大乘無量壽宗要經》，藏文，長 398、高 31，首尾全。

---

① 《世界民間藏中國敦煌文獻》，第 58 頁。

（11）2019 年春季藝術品拍賣會·古籍善本·金石碑版（6.2）

LOT.2497《十輪經卷第三》，長 126、高 24，首尾全。

（12）2019 秋季藝術品拍賣會·古籍善本·金石碑版（11.30）

LOT.2043《鳴沙石室殘經》，長 41、高 27，首尾殘。錢玄同舊藏，後贈予沈士遠。有錢玄同題。存"吳興沈士遠劫餘圖書籍""鑒齋""沈士遠""吳""興""樂此不倦""士遠""康父長壽""□士經眼"印。

19. 北京萬隆拍賣有限公司

2001 藝術品拍賣會·古籍文獻（11.3）

LOT.0023《妙法蓮華經譬喻品第三》，尺寸不明，首尾殘。馮公度舊藏，有王式通、嚴復、端方、葉恭綽、劉若曾題。存"公度所藏隋唐墨寶""馮公度審寶記"印。

20. 北京文津閣國際拍賣有限責任公司

（1）2012 春季藝術品拍賣會·"書齋樂事·嘉和居長物"（6.1）

LOT.0440《大般若波羅蜜多經卷第一百五十九》，長 779、高 25，首尾全。光緒年間蘭州道尹彭英甲舊藏，後贈予德國泰米洋行工程師。

（2）2013 年秋季拍賣會·中國書畫（11.19）

LOT.0432《敦煌寫經》28 塊，尺寸不一。張大千舊藏，後贈予羅寄梅。

（3）2019 年春季拍賣會·文津——中國書畫與文房雅玩（7.12）

LOT.0098《千眼千臂陀羅尼經卷中》，長 860、高 26.5，首尾全。護首原爲敦煌顯聖寺《瑜伽師地論》之護首，乃後人附接。

（4）2020 年春季藝術品拍賣會·文津——中國書畫（10.15）

LOT.0124《金光明經卷第一》，與北京誠軒 2008 秋季拍賣會（11.11）之LOT.0395 爲同一件。

21. 北京萬隆拍賣有限公司

2004 年 5 月 16 日曾拍賣編號 5 的是南北朝寫經一卷。[①]

22. 北京伍倫國際拍賣有限公司

（1）2016 年秋季文物藝術品拍賣會·濱田德海舊藏敦煌遺書（9.25），此次拍品均收錄於《濱田德海蒐藏敦煌遺書》。

LOT.0001《妙法蓮華經卷第二》，[②]長 45.3、高 26.1，首殘尾全，題記"顯慶五年三月十四日，濟法寺沙門重遷師奉爲師僧父母，法界倉生敬造法華經一

① 陳樂道《敦煌卷子流散見聞録（續）》，第 47—49 頁。
② ［日］池田温《中國古代寫本識語集録》第 548 頁，東京：東京大學東洋文化研究所，1990 年，第 203—204 頁；商務印書館編《敦煌遺書總目索引》之《李氏鑒藏敦煌寫本目録》第 0512，北京：商務印書館，1962 年，第 323 頁；張涌泉《濱田德海舊藏敦煌殘卷兩種研究》，《浙江社會科學》2017 年第 3 期，第 98—102、158 頁。

部,願以斯景福拔濟有緣同離苦源,咸成佛道。"

LOT.0002《妙法蓮華經卷第五》,長 383、高 24,首殘尾全。楊士驄舊藏。存"隋經室主""壽石齋秘藏印""三佛庵主""士驄""師壽石齋悦目怡情之品"等印。

LOT.0003《敦煌洪潤鄉洪池鄉百姓借貸契約》,①長 6、高 11.1,首尾殘。存"楊氏永寶"印。

LOT.0004《妙法蓮華經卷第六》,②長 987、高 25.5,首殘尾全。存"俊峰"印。

LOT.0005《妙法蓮華經卷第六》,③長 871、高 25,首殘尾全。

LOT.0006《妙法蓮華經卷第五至第七》,長 906、高 26.5,首全尾殘。徐森玉、尾上柴舟舊藏。存"曾歸鴻寶""寒梧山莊""徐鴻寶審定記"印。

LOT.0007《妙法蓮華經卷七妙音菩薩品第廿四》,長 196、高 25.8,首尾殘。經文背有《法華經》裱補紙 24 塊。存"德化李氏凡將閣珍藏印"。卷尾武德七年題記是作偽。

LOT.0008《妙法蓮華經卷第八》,長 367.5、高 25.7,首尾全。尾書"彭法藏"。許承堯、尾上柴舟舊藏。存"歙許芚父遊隴所得"印。

LOT.0009《大般涅槃經卷第三十一》,④長 573、高 26.2,首殘尾全。顧二郎舊藏。存"二郎"印。

LOT.0010《大般涅槃經卷第十八》,長 314、高 25,首尾殘。

LOT.0011《大般若波羅蜜多經卷第六十七》,⑤長 752、高 26,首殘尾全。尾題"懷惠勘"。

LOT.0012《大般若波羅蜜多經卷第二百八十四》,長 337.2、高 25,首殘尾全。尾上柴舟舊藏。

LOT.0013《大般若波羅蜜多經卷第三百廿八》,長 642、高 25.9,首殘尾全。題記"大蕃歲次戊戌年三月廿五日學生張涓子操寫,故記之也"。

LOT.0014《大般若波羅蜜多經卷第四百八十四》,長 834.8、高 26,首尾全。題記"佛弟子徐浩敬書,建中二年歲次辛酉十二月朔日",爲現代作偽。

LOT.0015《大般若波羅蜜多經卷第五百卅九》,⑥長 581.5、高 24.7,首全尾殘。

---

① 陳麗萍《四件散見敦煌契約文書》,《敦煌研究》2018 年第 3 期,第 101—106 頁。
② 《敦煌遺書總目索引》之《李木齋舊藏敦煌名跡目録》(第二部分)第 0630,第 326 頁。
③ 《敦煌遺書總目索引》之《李氏鑒藏敦煌寫本目録》第 0511,第 323 頁。
④ 余欣《"顧二郎"與"護隴使者":首都博物館藏敦煌吐魯番文獻經眼録》,收入《博望鳴沙:中古寫本研究與現代中國學術史之會通》,上海:上海古籍出版社,2012 年,第 124—153 頁。
⑤ 《中國古代寫本識語集録》第 1115,第 356 頁。
⑥ 《敦煌遺書總目索引》之《德化李氏出售敦煌寫本目録》第 0554、0555、0557、0558、0559,第 324 頁。

LOT.0016《金光明經卷第四》，長 709、高 27.4，首尾全。川瀨一馬舊藏。存川瀨一馬題及"净土寺藏經"印。

LOT.0017《金光明最勝王經卷第十》，長 520、高 25.3，首殘尾全。尾題後有注音一行。存印 1 方不清。

LOT.0018《釋摩男經》，長 163.5、高 24.3，首殘尾全。曹善祥舊藏並題，存"爲善最樂""賜壽""善祥印"印。

LOT.0019《佛説天地八陽神咒經》，①長 100、高 26，首殘尾全。題記"清信俗弟子瓜州行軍兵馬都倉曹盧安多發心抄寫持誦一心受持""比丘還真勘定"。背面古代補紙 8 片，可考《佛説阿彌陀經》《四分律疏》《金光明最勝王經》。李盛鐸舊藏，存"德化李氏木齋閤家供養經"印。

LOT.0020《大智度論卷第十九》（異卷），長 627.5、高 26.4，首殘尾全。端方、康有爲舊藏。有午橋制軍題簽，存"陶齋鑒藏書畫""南海藏經"印。

LOT.0021《思益梵天所問經卷第一》，長 987.1、高 26，首尾全。川瀨一馬舊藏並題。

LOT.0022《思益梵天所問經卷第一、第二》，長 882.7、高 26.4，首尾全。

LOT.0023《思益梵天問經第三》，長 942、高 26，首尾全。康有爲、中村不折舊藏，存中村不折題及"南海藏經""不折"印。

LOT.0024《維摩詰經卷下》，②長 468.5、高 26，首殘尾全。

LOT.0025《觀世音經》，③長 163.5、高 25，首殘尾全。存印 2 方，識讀不清。

LOT.0026《大乘入楞伽經卷七》，長 104.3、高 25.3，首尾全。存題簽。

LOT.0027《證明經》《黄仕强傳》④《普賢菩薩説證明經》《證香火本因經》，長 906.5、高 24.3，首尾全。康有爲舊藏，存"南海藏經"印。

LOT.0028《勸善經》（異本），⑤長 42、高 26，首尾全。題記"貞元十九年甲申歲正月廿三日"。

LOT.0029《維摩詰所説經卷第一》，長 575、高 24.6，首尾殘。

LOT.0030《比丘羯磨》，⑥長 660.3、高 28.9，首尾殘。

LOT.0031《和菩薩戒文》，正背面有字，長 39、高 27.8，首全尾殘。

LOT.0032《五月五日下菜人名目鈔》，長 19、高 28.2，首尾全。

---

① ［日］池田温《中國古代寫本識語集録》第 2082，第 443 頁；《敦煌遺書總目索引》之《李氏鑒藏敦煌寫本目録》第 0381，第 321 頁。

② 《敦煌遺書總目索引》之《德化李氏出售敦煌寫本目録》第 0569，第 326 頁。

③ 《敦煌遺書總目索引》之《李氏鑒藏敦煌寫本目録》第 0406，第 321 頁。

④ 竇懷永《敦煌小説〈黄仕强傳〉新見寫本研究》，《敦煌學輯刊》2018 年第 1 期，第 14—22 頁。

⑤ ［日］矢吹慶輝《鳴沙餘韻·解説》，東京：岩波書店，1936 年，第 315—316 頁；《敦煌遺書總目索引》之《德化李氏出售敦煌寫本目録》第 0450，第 322 頁。

⑥ 《敦煌遺書總目索引》之《李氏鑒藏敦煌寫本目録》第 0485，第 322 頁。

LOT.0033《佛名經卷一》(十六卷本),長 192.5、高 25.8,首尾殘。存"實事求是""雨灘山莊""沖"印。

LOT.0034《妙法蓮華經卷一》,長 103.5、高 23.7,首尾殘。存"柴"印。

LOT.0035《大般涅槃經卷第廿七》,長 778、高 23.6,首尾殘。楊士驄舊藏。卷背以藏文、漢文墨書"樂土莊嚴"。存"三佛庵主""芟青所得之寶""隋經室主""士驄""泗州楊士驄芟青鑒藏金石書畫印""師壽石齋悦目怡情之品"印。

LOT.0036《瑜伽師地論義疏》、①背面《殘地契》,②長 92.4、高 27,首尾殘。存"瑱"印。

(2)2017 年秋季文物藝術品拍賣會·寫經書畫外國手跡(11.15)

LOT.0001《妙法蓮華經第七》,此拍品與西泠印社 2015 春拍(7.4)之 LOT.0477 爲同一件。

LOT.0003《佛説佛名經卷一》,此拍品與伍倫 2016 秋拍(9.25)之 LOT.0033 爲同一件。

LOT.0004《維摩詰所説經卷下》,③長 700、高 24.5,首殘尾全。康有爲、濱田德海舊藏。存"南海藏經"印。此拍品 1949 年 5 月 28 日被認定爲重要美術品。

LOT.0007《佛説佛名經卷第二》,長 504、高 28,首殘尾全。

LOT.0008《金光明經》,此拍品與北京保利 2017 十二周年春拍(6.6)之 LOT.3724 爲同一件。

LOT.0009《觀世音經》,長 130、高 26,首殘尾全。

LOT.0013《大般涅槃經卷第八》,長 40.5、高 24,首尾殘。

(3)2018 年秋季文物藝術品拍賣會·寫經碑帖名人手跡書畫(12.28)。

LOT.0001《妙法蓮華經卷第四見寶塔品第十一》,長 24、高 25,首尾殘。

LOT.0002《四分律删補羯磨卷上》,長 660、高 29.5,首殘尾全。

LOT.0003《摩訶般若波羅蜜經卷第廿四》(異本),長 336、高 27,首尾全。

LOT.0004《大乘無量壽宗要經》,藏文,長 408、高 30,首尾全。

LOT.0005《諸經要集卷第十》(異本),長 78、高 28,首尾殘,經方廣錩鑒定。

LOT.0012《五代後晉開運四年敦煌歸義軍節度使曹元忠雕印觀世音像》,長 32、高 46,首尾全。觀音畫像右題"歸義軍節度使檢校太傅曹元忠造",左題"大慈大悲救苦觀世音菩薩"。願文"弟子歸義軍節度瓜沙等州觀察處置管內營田押蕃落等使特進檢校太傅譙郡開國侯曹元忠雕此印板,奉爲城隍安

---

① 張涌泉《濱田德海舊藏敦煌殘卷兩種研究》,第 98—102 頁。
② 陳麗萍《四件散見敦煌契約文書》,第 101—106 頁。
③ 《"重要美術品"認定作品總覽》,日外アソシエツ株式會社編集,2016 年,第 229 頁。

泰,闔郡康寧。東西之道路開通,南北之凶渠順化,勵疾消散,刁斗藏音,隨喜見聞,俱沾福佑。於時大晉開運四年丁未歲七月十五日紀。匠人雷延美。"

（4）2019 年春季文物藝術品拍賣會·寫經、碑帖、信劄（7.14）

LOT.0001《大般涅槃經卷第三十》,長 12、高 26,首尾殘。

LOT.0002《四分律卷第十五》,長 16.5、高 27,首尾殘。

LOT.0003《大般涅槃經卷第三十》,長 36、高 25.5,首殘尾全。

LOT.0004《大般若波羅蜜多經卷第二十六》,長 60、高 26.5,首尾殘。

LOT.0005《妙法蓮花經》,長 47、高 25,首尾殘。

LOT.0006《〈法華經·序品〉扇面》,長 51、高 18,首尾殘。周紹良舊藏,邵章剪裱。存"邵章""周紹良印"。

LOT.0007《金剛般若波羅蜜經》,長 360.3、高 27.6,首殘尾全。題記"我願常侍佛,遂願得出家。常修净梵行,世世度衆生。空法戒净,我願亦如何。發願已,至歸命禮佛寶。弟子範光暉共養。"周紹良舊藏,啓功題、方廣錩著文介紹。存"周紹良經眼"印。

LOT.0008《瑜伽師地論開釋分門記》,長 275.9、高 30,首尾全。周紹良舊藏,方廣錩著文介紹。存"至德周紹良"印。

LOT.0015《大般若波羅蜜多經卷第四百八十四》,此拍品與伍倫 2016 年秋拍（9.25）之 LOT.0014 爲同一件。

LOT.0016《妙法蓮華經卷第三》,長 335、高 26.5,首殘尾全。

（5）2020 年春季拍賣會

《妙法蓮華經五百弟子授記品》,長 155.6、高 25.2。秦仲文舊藏。

（6）2021 年春季文物藝術品拍賣會·古籍善本寫經（8.1）

LOT.0004《大智度論卷八三》,長 206、高 23.8,首尾殘。此拍品爲文物公司舊藏,曾見於 2020 年伍倫春拍預展。

LOT.0005《維摩詰經卷第一》,長 960、高 26,首殘尾全。李盛鐸、雒卓筠舊藏。題記"麟德二年十一月□日清信佛弟子雲騎尉王菩提,割捨净財奉爲七代父母所生父母及己身並妻子等姻親,並獲萬春之壽,逯沾法界,普潤舍生俱會至,真齊登正覺。"存"敦煌石室秘笈""木樨軒珍藏印""木齋審定""雒炳冬印""竹筠藏書"印。

LOT.0008《行書經論》,長 164.6、高 28,首尾殘。包括對《佛垂般涅槃略説教誡經》《成唯識論》《大般若經》等解讀。雒卓筠舊藏。存"雒炳冬印""竹筠藏書"印。

23. 北京西榮閣拍賣有限公司

五周年慶 2016 年秋季文物藝術品拍賣會·私人收藏（11.23）

LOT.0234《大般若波羅蜜多經》,長 800、高 27,首尾殘。

24. 北京卓德國際拍賣有限公司

北京卓德 2014 年春季拍賣會·法寶重光——佛教經典專場(6.20)

LOT.2510《敦煌寫經殘片》,皆爲殘片,尺寸不一。張大千舊藏,後贈予羅寄梅夫婦。存"養雲洗鶴""千秋潭上人家"印。

25. 北京永樂國際拍賣有限公司

前奏·永樂夏季拍賣會·中國書畫(8.17)

LOT.0773《妙法蓮華經卷第七》,長 487、高 25.2,首殘尾全。

26. 華藝國際拍賣有限公司

(1)華藝國際(香港)2019 秋季拍賣會·餘香集——宮廷及重要藝術珍品(11.24)

LOT.1136《妙法蓮華經卷第三》,長 844.1、高 26.3,首殘尾全。川瀨一馬舊藏並題。

(2)華藝國際(北京)2020 秋季拍賣會·大美——中國藝術珍品之夜(12.5)

LOT.0001《大般涅槃經卷第卅八》,與中國嘉德 2012 春拍(5.12)之 LOT.0138爲同一件。此拍品符合國家文物局制定一級文物定級標準。

27. 明古國際拍賣有限公司

北京明古網拍 2018 春季藝術品拍賣會·大品般若——佛教專場(6.25)

LOT.25010《妙法蓮華經》,長 160、高 26,首尾殘。

28. 太平洋國際拍賣有限公司

(1)2008 第三季藝術品拍賣會·佛教藝術專場(9.28)

LOT.0071《金剛般若波羅蜜經卷》,長 600、高 23,首尾全。有楊雄、趙建玉題。

LOT.0072《妙法蓮花經卷普賢菩薩勸教品第二十八》,長 180、高 25,首尾全。有啓功題。

(2)新記 2011 春季中國書畫拍賣會·歷代書畫專場(5.20)

LOT.0201《大般涅槃經卷第二十六》,長 400、高 26,栗山文庫、田山方南舊藏。

29. 中古陶(北京)拍賣行有限公司

2019 年春季藝術品拍賣會·繪意——中國書畫(二)暨古籍碑帖專場(6.5)

LOT.1491《大般若波羅蜜多經卷第一百一十七》,長 913.5、高 26.7,首尾全。

30. 中國嘉德國際拍賣有限公司

（1）1994 秋季拍賣會·古籍善本（11.8）

LOT.304《大般涅槃經迦葉菩薩品》，長 440、高 26，首全尾缺。

（2）1995 春季拍賣會·古籍善本（5.10）

LOT.413《般若波羅蜜多心經》，尺寸不明，首尾全。有許承堯、張伯駒題。存"歙許苊父遊隴所得""承堯私印""張印伯駒"等印。

（3）1997 春季拍賣會·古籍善本（4.19）

LOT.0577《妙法蓮華經》，首尾殘。有張元濟、鄭孝胥題。存"歸安李氏""溪山遺史審定""娛桐居士"印。

（4）1998 秋季拍賣會·古籍善本（10.27）

LOT.0607《維摩詰經》，長 81，寬 25，首尾殘。

（5）1999 春季拍賣會·古籍善本（4.20）

LOT.0468《大般若波羅蜜多經卷第五十二》，尺寸不明，首全尾殘。端方、謝緒璠舊藏。存"文炳長壽""文叔子所藏金石圖書""端方""謝緒璠"印。

LOT.0469《佛本行集經殘卷》，首尾全。

LOT.0470《妙法蓮華經第三》，首全尾缺。

LOT.0471《大般涅槃經》，首尾殘。

LOT.0472《佛說如來藥師經》，首尾殘。

LOT.0473《敦煌寫經殘卷》，首尾殘。

（6）1999 秋季拍賣會·古籍善本（10.26）

LOT.0377《敦煌寫經殘片二紙》，首尾殘。存印 1 方不清。

（7）2000 春季拍賣會·古籍善本（5.7）

LOT.0484《敦煌佛名經》，繪有佛像，首殘尾全。有周墨南題詩一首。存印 3 方不清。

LOT.0485《金剛般若波羅蜜經殘卷》，首殘尾全。存"馮公度審定記""公度所藏隋唐墨寶""王敏齋藏"印。

LOT.0486《金光明經殘卷》，首殘尾全。

LOT.0487《寫經殘卷》，首尾殘。

LOT.0488《金光明最勝王經殘卷》，首殘尾全。

LOT.0489《大般若波羅蜜多經殘卷》，首殘尾全。

LOT.0490《維摩經殘卷》，首尾殘。

LOT.0491《大般涅槃經卷第八》，首尾全。

LOT.0492《佛說佛名經》，首尾殘。

（8）2000 秋季拍賣會·古籍善本（11.5）

LOT.0611《大般若波羅蜜多經卷第一百二十六》，首全尾殘。存"寄鴻齋藏"印。

（9）2002 春季拍賣會·古籍善本（4.23）

LOT.1395《大智度論》，長 25.2、高 12.5，首尾殘。張恩霈舊藏。存羅振玉題及"世惠長壽""張恩霈印""益津張氏珍藏之印"印。

LOT.1593《唐人書妙法蓮華經殘卷》，長 12.1、高 20.7，首尾殘。有羅振玉題。存"臣振玉""上虞永豐鄉人羅振玉字書言亦字商遺""羅繼祖""褒翁壬戌歲所得敦煌古籍""繼祖印信"印。

（10）2002 秋季拍賣會·古籍善本（11.3）

LOT.1620《唐刻佛經》，長 11.5、高 10，首尾殘。張大千舊藏。

LOT.1621《五代殘書印本》，長 5.5、高 8，存 10 字。張大千舊藏。

LOT.1622《西魏寫經》，長 12.5、高 10，正面爲西魏寫經，背面爲五代印本佛經。張大千舊藏。潘吉星鑒定。

LOT.1623《五代雙面寫平裝本寫經》，平裝本共 24 頁，雙面書寫，長 21.2、高 7.3。

（11）2004 春季拍賣會·古籍善本（5.17）

LOT.2474《摩訶般若波羅蜜經》，與上海崇源 2003 春拍（4.20）之 LOT.1067 爲同一件。

LOT.2475《唐人寫經》7 卷，2 卷《妙法蓮華經》及《金光明最勝王經》《維摩詰經》《思益梵天所問經卷第二》《大智度論》《金剛經》。蘭州郭培元舊藏。存郭培元題記及印 1 方不清。

LOT.2477《妙法蓮華經卷第一》，長 330、高 25，首殘尾全。

（12）2004 中國嘉德秋季拍賣會·古籍善本（11.7）

LOT.2544《大般若波羅蜜多經》，尺寸不明，首尾殘。

LOT.2545《妙法蓮華經卷二》，長 822、高 24.6，首殘尾全。

LOT.2546《仁王護國般若波羅蜜經》，長 46.8、高 26，首殘尾全。

（13）2005 春季拍賣會·古籍善本（5.15）

LOT.1429《妙法蓮華經》，長 431、高 26。首殘尾全。

（14）2008 四季第十三期拍賣會·古籍善本（3.22）

LOT.4152《摩訶般若波羅蜜經勝出品第廿一》，長度不明，高 26，首全尾殘。本拍品被定爲古籍一級。

（15）2008 秋季拍賣會·古籍善本（11.11）

LOT.2655《大般若波羅多蜜經》，長 760、高 20，首尾全。日本回流，有日人題。

（16）2008 四季第十五及十六期拍賣會·古籍善本碑帖法書（12.14）

LOT.4777《大般涅槃經衷歡品第三》，長 162、高 25，首全尾缺。

（17）2009 四季第十七期拍賣會·古籍善本碑帖法書（3.29）

LOT.3675《大乘無量壽宗要經》，藏文，長 130、高 31，首尾全。

LOT.3676《大乘無量壽宗要經》，藏文，長 674、高 31，首尾全。存郭培元題。

（18）2009 春季拍賣會·古籍善本（5.30）

LOT.2919《大乘百法明門論疏》，①長 303、高 28.2，首尾全。

LOT.2920《大般若波羅蜜多經卷第一百七》，長 338、高 20.3，首殘尾全。

LOT.2921《佛名經第三》，長 804、高 30，首殘尾全。尾題“施主尼嚴勝”。存“王饒生秘笈書畫印”“潛剛之印”“霍邱王氏觀滄閣珍藏書畫印”等印。

LOT.2922《大般若波羅蜜多經卷第三百六十二》，長 748、高 20，首尾全。

（19）2009 年秋季拍賣會·古籍善本（11.23）

LOT.3076《大般若波羅蜜經卷第三百六十二》，與嘉德 2009 春拍之 LOT.2922爲同一件。

LOT.3078《金剛般若波羅蜜經》，長 46.5、高 24.5，首尾殘。

LOT.3079《佛説佛名經卷九》，長 1 310、高 26.8，首尾全。有彩繪佛像七尊。

（20）2010 嘉德四季第二十一期拍賣會·古籍善本碑帖法書（3.22）

LOT.4714《大般若波羅蜜多經第二百九十四》，長 372.5、高 24.7。題記“延昌二年歲次癸巳六月二十日，敦煌鎮經生馬天安敬寫經”等。存“大化三唐寫經室主人”等印。

LOT.4715《大般瑜伽分地保壽真經》，長 524、高 28，首尾全。存“三界寺藏經”等印。

（21）2010 春季拍賣會·古籍善本（5.15）

LOT.8245《四十二章經疏鈔》，長 50、高 26.5，首尾殘。

LOT.8246《佛説佛名經》，長 51、高 28，首尾殘。有彩繪佛像。

LOT.8247《藥師經》，長 362、高 20.5，首殘尾全。馮公度舊藏並題。存“馮恕之印”“公度所藏隋唐墨寶”印。

LOT.8248《淨名經關中疏卷上》，長 2 410、高 26，首殘尾全。背面書“三種一心泰敬文思”等字。李盛鐸舊藏，有田山方南題。存“木齋審定”印。

LOT.8249《金光明最勝王經大吉祥天女品第十六》，長 649、高 20，首尾

---

① 馬德《新見敦煌本唐人草書〈大乘百法明門論疏〉殘卷述略》，《敦煌研究》2005 年第 5 期，第 49—50 頁；《敦煌本唐人草書〈大乘百法明門論疏〉殘卷簡介》，《收藏家》2009 年第 1 期，第 53—54 頁。

全。尾題"大周長安三年歲次癸卯十月己未朔四日壬戌,三藏法師義淨奉制長安西明寺新譯並綴文正字"等。Fogg Art Museum(福格藝術博物館)舊藏。

LOT.8250《勝思惟梵天所問經卷第四》,長 568、高 20,首殘尾全。尾題"武德六年四月沙門玄會供養謹造"。存黄賓虹題。

(22) 2010 四季第二十三期拍賣會·古籍善本碑帖法書(9.20)

LOT.5303《金光明經》,長 645、高 20,首尾全。

(23) 2010 秋季拍賣會·古籍善本(11.23)

LOT.4499《唐乾寧四年曆書》,長 154、高 28,正面爲北魏寫經,背面爲唐曆法。羅振玉舊藏。[①]

(24) 2011 四季第二十五期拍賣會·古籍善本(3.22)

LOT.6863《敦煌石室唐人寫經》,長 400、高 20,首尾全。存印 7 方,識別不清。

(25) 2011 年春季拍賣會·古籍善本(5.22)

LOT.0096《大般泥洹經》,長 468.5、高 25,首全尾殘。

LOT.0097《大般涅槃經卷第四》,長 686.5、高 20.2,首殘尾全。

LOT.0098《大般涅槃經卷第八》,長 892、高 19.7,首尾全。本拍品被評定爲一級文物。

LOT.0099《維摩經弟子品第三》,長 329.5、高 20,首全尾殘。

LOT.0100《西涼寫經卷》,長 84.5、高 24.5,首尾殘。此拍品爲 1954 年 3 月 15 日東京古書會館售出之文求堂田中慶太郎遺藏品。

LOT.0148《佛名經》,長 362、高 10.8,首尾殘。嚴復後人舊藏。存"鬼物守護煩撟呵""嚴群所寶"印。

(26) 2011 四季第二十七期拍賣會·中國書畫(十七)(9.19)

LOT.2310《唐人寫經》,[②]長 957、高 22.5,首殘尾全。日本知名藏家舊藏。存周慶雲、潘飛聲、栗山題,及"息園所藏""七佛龕""曾遊南洋印度洋紅海地中海""佛弟子""栗山文庫""烏程周慶雲"印。

(27) 嘉德四季第二十七期拍賣會·古籍善本、碑帖法書(9.19)

LOT.6288《維摩詰經卷下》,長 82、高 19.5,首殘尾全。

(28) 2011 秋季拍賣會·古籍善本(11.22)

LOT.0292《金光明經三身分別品第三》,長 390、高 19.1,首尾全。存"趙培

---

① 羅振玉《敦煌石室碎金》之《宋淳化元年殘曆》,東方學會印,1924 年;[日]藤枝晃《敦煌曆日譜》,《東方學報》(京都版)第 45 期,1973 年,第 377—441 頁;趙貞《國家圖書館藏 BD16365〈具注曆日〉研究》,《敦煌研究》2019 年第 5 期,第 86—95 頁。

② 《中國古代書畫圖目》,北京:文物出版社,1997 年;北京東方藝術品博覽會組委會編《歷代風華》,北京:文物出版社,2013 年,第 146—147 頁。

元"等印。

（29）2012 春季拍賣會·古籍善本（5.12）

LOT.0136《摩訶般若波羅蜜經》，長 584、高 26，首尾全。尾題"用帋十八張，六月五日經生氾仁寫訖，一校竟道人僧遵"。張氏慶雲堂舊藏。存"曾在不因人熟之室"印。

LOT.0137《大智度論》，長 284、高 28.3，存 7 紙，首殘尾全。張氏慶雲堂舊藏，有啓功題及"曾在不因人熟之室"印。

LOT.0138《大般涅槃經卷第卅八》，長 825、高 26，共 21 紙半，首尾全。張氏慶雲堂舊藏。

LOT.0139《大方便報恩經卷第五》，長 769、高 25，共 17 紙，首殘尾全。張氏慶雲堂舊藏。存啓功題及"曾在不因人熟之室"等印。

（30）2012 秋季拍賣會·憶梅庵長物——羅寄梅夫婦七十年珍藏（10.30）

LOT.5506《敦煌寫經殘片》，①其中部分爲羅寄梅夫婦 1943—1944 年赴敦煌考察攝影時於砂礫中拾獲，部分爲張大千贈予羅寄梅夫婦。

（31）2012 秋季拍賣會·古籍善本（10.31）

LOT.5700《佛説佛名經卷第十一》，長 1 373、高 31，首尾全。前有佛説法彩繪圖一幅，内有彩繪佛像二尊，尾題"敬寫大佛名經貳佰捌拾捌卷，惟願城隍安泰百姓康寧，府王尚書曹公已躬永壽，繼紹長年合宅拔羅常然慶吉，於時貞明六年歲次庚辰五月拾五日寫訖"。

（32）2014 春季拍賣會·筆墨文章（5.20）

LOT.2445《五代敦煌供養菩薩像》，②長 56.5、高 180，取自於幢幡的幡身部分。張大千舊藏，後流往日本，存張大千題及"蜀郡張爰""三千大千"印。

（33）2014 秋季拍賣會·古籍善本（11.21）

LOT.1927《敦煌殘經》，長 31、高 21，共 3 紙，2 紙佛像，1 紙殘經。佛像兩側題"歸義軍節度使檢校太傅曹元忠造""大慈大悲救觀世音菩薩"。存佐藤光一題。

LOT.1928《靈寶經等三種》，長 802、高 26，首尾殘。

（34）2016 年春季拍賣會·古籍善本（5.16）。

LOT.2087《許承堯跋敦煌寫經殘叢》，長 96、高 25，首尾殘。《摩訶般若波羅蜜經》卷第二、卷第二十與《大方廣佛華嚴經卷》卷第四十二。有許承堯題。存"許大""許菴""承堯""際唐""黄海菴父"印。

---

① 陳懷宇《普林斯頓所見羅氏藏敦煌吐魯番文書》，《敦煌學》第 25 輯，2004 年，第 419—441 頁。
② 龍德俊《新見白描〈晚唐敦煌菩薩像幡〉探微》，《敦煌研究》2017 年第 5 期，第 29—41 頁。

（35）2017 嘉德四季第 49 期拍賣會·古籍善本筆墨文章（9.2）

LOT.6318《維摩詰所説經》，長 5、高 20，首尾殘。附題簽。

LOT.6319《佛説佛名經》，長 8.3、高 32，首尾殘。附題簽。

LOT.6321《維摩詰所説經》，長 2.6、高 25.7，首尾殘。

（36）2018 秋季拍賣會·古籍善本金石碑帖（11.21）

LOT.2190《大般若波羅蜜多經卷第六百》，長 722.5、高 24，首尾全。

LOT.2191《金剛經》，長 49、高 22.5，首尾殘。吳曼公舊藏並題。存“毗陵吳觀海曼公審藏”印。

（37）2019 春季拍賣會·無盡意——敦煌遺書及佛教典籍（6.3）

LOT.2422《大般涅槃經卷第十一》，長 1 130、高 20，首尾全。川瀬一馬舊藏並題。存“一馬”印。

LOT.2423《成實論卷二》，長 649、高 25.9，共 13 紙，首殘尾全。尾題“梁天監十六年四月十五日，比丘惠諦敬造誠實論經一部。以兹勝業，奉福尊靈，早升仏地。”李盛鐸、反町茂雄舊藏。方廣錩作跋。存“木齋審定”“月明莊”印。

（38）2019 秋季拍賣會·古籍善本金石碑帖（11.18）

LOT.2489《十誦羯磨比丘要用》，長 120、高 25.5，首尾殘。附題簽。存“味墨山房”“閉門即是深山”印。

LOT.2492《大乘密嚴經卷上》，長 774、高 25.5，首尾全。尾題“勘兩遍未知定否”。存“净土寺藏經”印。

LOT.2493《大般若波羅蜜多經卷第三百六十二》，長 798、高 26，首尾全。

（39）2020 春季拍賣會·古籍善本金石碑帖（8.16）

LOT.2038《許承堯舊藏寫經三種》。《摩訶般若波羅蜜經卷第二》《摩訶般若波羅蜜經卷第二十》《大方廣佛華嚴經卷第四十二》，長 95.5、高 25，首尾殘。稺成舊藏。存許承堯題及“許大”“許芚”“黃海芚父”“承堯”“際唐”印。

LOT.2039《摩訶般若波羅蜜經卷第二十八》，[①]長 331.5、高 25，首尾全。

（40）2021 春季拍賣會·無盡意—歷代宗教典籍（5.20）

LOT.2591《大智度論卷二十四》《唐乾寧四年曆日》，此件拍品與“2010 秋季拍賣會·古籍善本”之 LOT.4499《唐乾寧四年曆書》爲同一件。

LOT.2593《金光明最勝王經第九品至第十一品》，長 473、高 25.5，首尾全。諶延年舊藏。存“諶延年得敦煌石室秘寶”“沽上諶氏墨緣室珍藏”印。

31. 中鴻信國際拍賣有限公司

（1）2017 中鴻信 20 周年春季拍賣會·般若——傳承千年佛教藝術

---

① 李際寧《由敦煌遺書〈摩訶般若波羅蜜經〉卷第二十八略談敦煌遺書的年代判斷問題》，https：//auction.artron.net/paimai-art0090012039/。

（4.30）

LOT.0641《千字文》《摩鄧女經》。此拍品與 2015 年北京保利春拍（6.4）之 LOT.2737A 爲同一件。

（2）2018 中鴻信 20 周年慶典拍賣會・般若——傳承千年佛教藝術（1.6）

LOT.0415《佛説天皇梵摩經卷第五》，長 650、高 29.5，首尾全。題記："佛説天皇梵摩經卷第五。夫妙像莊嚴，佛法無量無盡。若比丘比丘尼、優婆塞優婆夷，皆悉禮拜讚歎，不敢輕慢，恭敬供養。一切生老疾苦死，皆得解脱。災障不起，長夜安隱，諸怖遠離。長慶三年七月，佛弟子令狐慈，滅割家財，敬造佛説天皇梵摩經一部供養。"京都藤井有鄰館藤井善助舊藏。存長尾雨山題及"月明莊""長尾甲印"印。曾在 1990 年 11 月東京"古典籍下見展觀大入劄會"展覽。

LOT.0416《唐上元二年寫經》，長 368、高 25，首殘尾全。尾題"上元二年五月四日僧一真誦習善見律起"。朱翼盦舊藏。

（3）2018 秋季拍賣會・信仰——佛教藝術（1.3）

LOT.1303《大般若波羅蜜多經卷第五百卅二》，與西泠印社 2018 年春拍之 LOT.3803 爲同一件。

（4）2018 秋季拍賣會・中國古代書畫專場（1.3）

LOT.1723《敦煌畫像・行書》，尺寸不一，存柳曾符題及"書癡""柳曾符印"印。

32. 中貿聖佳國際拍賣有限公司

（1）2006 秋季拍賣會・中國古代書畫（10.30）

LOT.0847《師子意佛造像》，①長 31、高 31.5，上圖下中題"南無師子意佛"，左側題"大業三年四月，大莊嚴寺沙門智果敬爲敦煌守禦"，右側題"令狐押衙，敬畫貳佰佛，普勸衆生，供養受持。"高又明舊藏。有周伯敏、吴宓、景梅九、楊風晴、姚文青、曹伯庸等人題跋。存"高押""師佛軒""白公渠首是吾家""又明收藏金石書畫""伯庸""雕藝小技""風晴""吴宓""梅九""周伯敏印"等印。

（2）2017 春季藝術品拍賣會・萬卷——古籍善本（6.19）

LOT.0313《維摩詰經卷下》，長 73.5、高 27.1，首殘尾全。

LOT.0314《觀世音經》，長 136、高 26，首殘尾全。

LOT.0315《妙法蓮華經卷第五》，長 45.8、高 25.6，首尾殘。

---

① 吴建軍《五代敦煌曹元忠統治時期雕版印刷研究》，《裝飾》2013 年第 4 期，第 82—85 頁。

（3）2018 春季藝術品拍賣會·璀璨③——"弘曆的帝王品味"古代藝術珍品及宮廷藏瓷（6.20）

LOT.0637《十輪經卷第二》，與西泠印社 2008 年春拍（6.28）之 LOT.0391《隋人寫經册》爲同一件。

LOT.0638《瑜伽師地論卷第卅三》，①長 408、高 30.5，首尾全。有"唐大中十年"題記。

（4）2018 春季藝術品拍賣會·萬卷——古籍善本（6.21）

LOT.2113《妙法蓮華經卷二種》，含《常不輕菩薩品第二十》《如來神力品第二十一》，尺寸不一，首尾殘。

LOT.2125《摩訶般若波羅蜜經卷第三十》，長 247.5、高 25.8，首尾全。王聞善、王商一舊藏。有"聞善心賞""志峰心賞""聞善則喜""商一珍藏"印。

LOT.2126《大般若波羅蜜多經卷第三百二十八》，長 807、高 24.7，首殘尾全。

（5）2019 夏季藝術品拍賣會·佳宴——中國書畫及古代藝術珍品夜場（8.16）

LOT.0920《維摩詰經》，長 705、高 19.5，首殘尾全。

LOT.0921《大般若波羅蜜多心經第一百二十五》，長 760、高 26，首尾全。

（6）中貿聖佳 25 周年春季藝術品拍賣會·梵塵妙相——佛像藝術（10.16）

LOT.1766《唐人寫經宋元佛經册》，含敦煌《維摩詰經卷下》1 片。

LOT.1770《釋肇斷序抄義》，長 266、高 29，首尾全。尾題"余以大曆二年正月於資聖傳經之次，記其所聞，以補多忘"。李盛鐸舊藏。附題簽 4 張。存"木齋審定"印。

福　建

1. 保利（廈門）國際拍賣有限公司

（1）保利廈門 2015 秋季拍賣會·中國書畫（10.25）

LOT.0059《妙法蓮華經》，此拍品與中國嘉德 2011 年第二十七期（9.19）之 LOT.2310、北京世紀盛唐 2014 春季文物藝術品拍賣會（8.9）之 LOT.0333 爲同一件。

（2）保利廈門 2016 春季拍賣會·玄覽——重要作品（5.8）

LOT.0812《唐人寫經》，長 208、高 25，首尾殘。有楊守敬題及"楊守敬印"。

---

① 徐鍵《中貿聖佳拍品敦煌寫卷〈瑜伽師地論〉真僞考》，《敦煌研究》2019 年第 5 期，第 121—126 頁。

此拍品於光緒丙戌(1886)得自日本,非敦煌文獻。

廣　　東

1. 廣東精誠所至藝術品拍賣有限公司

2020 年秋季拍賣會·中國書畫

LOT.0062《十輪經》,此拍品與西泠印社 2008 年春季拍賣會(6.28)之 LOT.0391、中貿聖佳 2018 春季藝術品拍賣會(6.20)之 LOT.0637 爲同一件。

2. 廣東崇正拍賣有限公司

2019 秋季拍賣會·萃華·中國古代文房清供

LOT.1583《妙法蓮華經卷六法師功德品》,長 100、高 25.5,首尾殘。本拍品符合國家文物局一級文物定級標準。

江　　蘇

1. 江蘇兩漢拍賣有限公司

江蘇兩漢·四禮堂蘇州古籍善本春季拍賣會·古籍善本(2018.5.6)

LOT.1380《妙法蓮華經》,長 109、高 25,首尾殘。秦仲文舊藏並題。

2. 無錫藝宋文化發展有限公司

藝宋綫上 12 月古籍碑帖寫經刻經網絡拍賣會·古籍碑帖寫經刻經(2020.12.5)

LOT.0022《維摩詰所説經》,長 5.6、高 25.4,首尾殘。存題簽。

山　　西

山西晉寶拍賣有限公司

2019 春季藝術品拍賣會·中國書畫(6.16)

LOT.0047《大般若經卷第三百七十四》,長 19、高 28,首尾殘。附題簽。

上　　海

1. 上海博古齋拍賣有限公司

(1) 2016 年春季藝術品拍賣會·古籍善本(7.3)

LOT.1635《妙法蓮華經》,長 550、高 22.6,首尾全。褚德彝舊藏。存"禮堂得來"印。

LOT.1636《妙法蓮華經卷第三》,長 940、高 26,首殘尾全。川瀨一馬舊藏並題。

LOT.1637《大般若波羅蜜多經第三分天帝品第四之三》5 行、《維摩詰所説不可思議解脱經菩薩品第四》3 行,尺寸不一。

LOT.1638《法華經藥草喻品》,長 17.7、高 26.2,首尾殘。

(2) 2016 年春季藝術品拍賣會·古籍善本(12.17)

LOT.1392《摩訶般若波羅蜜經》,長 143、高 22.6,首尾殘。李際寧鑒定。此拍品爲國家一級文物。

LOT.1393《觀藥王藥上二菩薩經》,長 152、高 25.6,首殘尾全。

LOT.1396《大般若波羅蜜多經卷五百五十七第五分神咒品第四》,長 154、高 26,首全尾殘。

(3) 2017 年秋季藝術品拍賣會·古籍善本(12.16)

LOT.0447《大乘無量壽經》,長 160、高 27,首尾全。

(4) 2018 年秋季藝術品拍賣會·古籍善本(12.8)

LOT.1642《大般若波羅蜜多經卷五百五十七》,此拍品與上列 LOT.1396 爲同一件。

2. 上海崇源藝術品拍賣有限公司

(1) 2002 首次大型藝術品拍賣會·古籍善本·名家尺牘(10.21)

LOT.0427《唐人寫佛説報恩經品》,有尾殘。存王樹枏、路朝鑾題。存“王樹枏印”“晉卿長壽”“路朝鑾印”“瓠盦辭翰”等印。

LOT.0429《大般若波羅蜜多經卷第四百卌二》,長 820、高 26,首尾全。

(2) 2003 春季藝術品拍賣會·古籍善本、名家尺牘(4.20)

LOT.1067《摩訶般若波羅蜜經》,長 800、高 30.5,首尾全。存“張爰之印”“大千”“退翁”“吳湖帆”等印。

(3) 2004 春季大型藝術品拍賣會·古籍善本·殷契國粹(7.4)

LOT.1099《金光明最勝王經卷第三》,長 194、高 27,首全尾殘。

3. 上海大衆拍賣有限公司

2018 年秋季藝術品拍賣會·香港同一藏家舊藏書畫專題(12.21)

LOT.0597《手寫敦煌經》,長 9、高 26,首尾殘,共 3 紙。

4. 上海工美拍賣有限公司

(1) 2017 春季拍賣會·海上世家(7.23)

LOT.0608《妙法蓮華經卷第四》,長 290.5、高 26.2,首殘尾全。方廣錩鑒定。

(2) 2021 年秋季拍賣會·集勝(1.13)

LOT.0051《妙法蓮華經》,長 275、高 25,首全尾殘。有錢君匋題。存“潘伯鷹印”“燕江所藏”“君匋”“豫堂”印。

5. 上海國際商品拍賣有限公司

(1) 2001 春季藝術品拍賣會·古籍善本(6.10)

LOT.0002《唐人寫經》，尺寸不明，有金城題跋。存"金城印""金執伯精鑒印"。

（2）2002 秋季藝術品拍賣會·古籍善本（12.8）

LOT.001《僧伽吒經存卷第一》，首殘尾全。諶延年舊藏。存"沽上諶氏墨緣室珍藏""諶延年得敦煌石室秘寶"印。

LOT.002《維摩詰經卷第二》，首殘尾全。諶延年舊藏。存"沽上諶氏墨緣室珍藏""諶延年得敦煌石室秘寶"印。

LOT.003《佛本行集經上托兜率品存卷第四、第五》，首尾全。有尾題。諶延年舊藏。存"沽上諶氏墨緣室珍藏""諶延年得敦煌石室秘寶"印。

（3）2004 秋季藝術品拍賣會·古籍善本（11.15）

LOT.0045《唐人寫經殘卷》，長 110、高 26，首尾殘。

LOT.0046《唐寫殘經卷》，長 66、高 25，首尾殘。

LOT.0047《唐人寫經殘卷》，長 53、高 25，首尾殘。

（4）2006 春季藝術品拍賣會·古籍善本（5.27）

LOT.0001《五經同卷》。《般若波羅蜜多心經》《六門陀羅尼經一卷》《金有陀羅尼經》《佛說佛母經》《佛說七千佛神符經》，長 351、高 29。《般若波羅蜜多心經》尾題"庚子年三月十二日釋門都校授和尚智端計寫多心經四十九卷一心供養"。羅振玉收藏並題。存"抱殘翁壬戌歲所得敦煌古籍"印。

（5）2009 秋季藝術品拍賣會·古籍善本專場（12.20）

LOT.0108《妙法蓮華經陀羅尼品》，長 119、高 26，首尾殘。

LOT.0110《敦煌寫經斷簡》，長 11.4、高 29，首尾殘，共 2 紙。

（6）2010 秋季藝術品拍賣會·古籍善本專場（12.30）

LOT.0225《大般若經》，長 186、高 25.8，首全尾殘。

7. 上海泓盛拍賣有限公司

上海泓盛 2014 年春拍·葆真堂舊藏（7.18）

LOT.1366 南北朝《敦煌手抄經文》，其餘不明。

8. 上海嘉泰拍賣有限公司

嘉泰四季 2009 夏季拍賣會·中國書畫專場（6.15）

LOT.0546《敦煌發掘經》，長 9、高 24，首尾殘。

9. 上海匡時拍賣有限公司

上海匡時 2019 秋季拍賣會·古籍信劄美術文獻（12.19）

LOT.0942《大般若波羅蜜多經卷第五百七十三》，長 68、高 26.5，首尾殘。尾畫一觀音像。存一凡法師題及"廣鋁審定"等印 6 方。

四　川

四川和德儒藝術品拍賣有限公司

2018 年首屆藝術品拍賣會·筆底風華——近現代書畫/當代油畫(9.28)

LOT.3104《敦煌佛畫》,長 37、高 135,首尾全。上圖下題"大業三年四月,大莊嚴智沙門智果爲敦煌守禦令狐押衙敬畫兩百佛,普衆生,供養受持。"存張大千題及"張爰私印""大千富昌大吉"等印。

台　灣

藝珍藝術有限公司

藝珍藝術拍賣會第九回·雜項工藝品(2020.12.6)

LOT.2685《普賢菩薩證明經》,尺寸不一,首尾殘。

香　港

1. 保利香港拍賣有限公司

保利香港 2014 年秋季拍賣會·東渡,西來——禪林名僧墨蹟與中、日、韓佛教美術(10.6)

LOT.2801《敦煌龍興寺西域出土古文書片》,尺寸不一,皆爲殘片。存"素堂""素堂書笈"印。

LOT.2805《三國志·諸葛亮傳》,長 252、高 30,首殘尾全。題記:"元康八年歲在戊午春奉勒恭録,臣敦煌索綝敬書。"李盛鐸舊藏並題、日本奈良私人舊藏。存"木齋審定""木齋""德化李氏凡將閣珍藏"印。

LOT.2807《南元大德佛》,長 30、高 35,首尾全。上圖下中題"南元大德佛",左側題"大業三年四月,大莊嚴寺沙門智果敬爲敦煌守禦""令狐押衙敬畫貳佰佛,普勸衆生,供養受持。"

2. 東京中央拍賣香港有限公司

(1) 2014 首場拍賣·中國古代書畫(11.26)

LOT.0247《妙法蓮華經第四》,①長 934、高 26.5,首尾全。有尾佐治、筱原三千郎舊藏。存田山方南題。

(2) 2015 春季拍賣·中國古代書畫(5.27)

LOT.0273《栗山文庫藏敦煌書寫經》,長 583、高 26.5,首尾殘。

(3) 三周年拍賣·中國古代書畫(2016.11.27)

---

① 日本文部省教化局編《重要美術品等認定對象目録》,內閣部發行,昭和十八年(1943),第 198 頁。

LOT.0402《大般若波羅蜜多經第一》，長 48.5、高 26.5，首尾殘。大谷探險隊所得。存"愚道"印。

3. 佳士得香港有限公司

（1）2004 年春拍曾推出《張大千先生舊藏五代絹本菩薩像》。①

（2）2014 年春季拍賣會·中國古代書畫（5.26）

LOT.0948《菩薩本行經卷第五》，長 364.7、高 25.2，首尾全。疇卻達競、龜石舊藏。存疇卻達競題及"石雲山房""疇""密朝"印。

（3）2019 年秋季拍賣會·中國古代書畫（11.25）

LOT.0953《大般涅槃經卷第十》，長 223、高 30.5，首殘尾全。題記"泰始九年歲在癸巳五月十五日佛弟子張華寫記。"李盛鐸舊藏並題跋。存"木齋""木齋審定""德化李氏凡將閣珍藏"印。

（4）2020 年 7 月拍賣會·中國古代書畫（7.8）

LOT.0815《蜀志·諸葛亮傳》，此拍品與保利香港 2014 年秋拍（10.6）之 LOT.2805 爲同一件。

4. 香港蘇富比拍賣有限公司

（1）2016 年 5 月拍賣會·"中國古代書畫"（5.30）

LOT.0365《大聖毗沙門天王象》②，長 29、高 40，首尾全。題記"北方大聖毗沙門天王，主領天下一切雜類鬼神，若能發意求願，悉得稱心，虔敬之徒，盡獲福佑。弟子歸義軍節度使特進檢校太傅譙郡曹元忠，請匠人雕此印板，惟願國安人泰，社稷恒昌，道路和平，普天安樂。於時大晉開運四年丁未歲七月十五日紀。"密韻樓蔣氏舊藏。有葉恭綽、顧麟士、莊喆、勞乃宣、溥偉、升允、沈曾植、鄭孝胥、楊忠義、台静農題。存"蔣祖詒""穀孫鑒藏""吳鬱生印""鈍齋""退庵""顧鶴逸""西津""鶴逸畫記""鶴阜山樵""顧六""鶴逸""莊嚴""和碩恭親王""寐叟""海日慶""台静農""歇腳盦"印。

（2）2018 年春季拍賣會·中國古代書畫（4.1）

LOT.2227《古寫經斷卷合册》，35 開，共 63 塊，内含部分敦煌文獻。

浙　江

1. 西泠印社拍賣有限公司

（1）2005 年首届大型拍賣會·中國書畫古代作品（7.2）

① 中國嘉德《敦煌遺珍：張大千帶出來的五代絹本菩薩像》，http://arts.sohu.com/20140527/n400098160.shtml。
② 羅振玉《敦煌石室書目及其發見之原始》，《東方雜誌》第六年第十期，宣統元年（1909）九月；王國維《晉開運刻毗沙門天王象跋》，收入《海寧忠愨公遺書》本《觀堂別集》"補遺"，1927 年，第 24B—25B 頁；蔡淵迪《早期敦煌學史上的一件重要文物——吳縣曹氏舊藏〈晉佛堪圖卷〉考述》，《敦煌文獻整理與研究的新視野學術研討會論文集》，北京，2021 年。

LOT.0425《無量壽經卷》,長970、高26,首尾全。有唐貞觀二十年寫經者阿秦題記,是爲超度亡子行基而敬造。

(2)2008年春季拍賣會·中國書畫古代作品(明代及明以前)(6.28)

LOT.0391《十輪經》,册頁裝,長8.5、高22.5,共15頁。張知競舊藏。存許承堯題及"盛宣懷觀""舊王孫""三遮室""趙時棡審定無上神品""醜簃長壽""静安""許承堯印""疑庵""疑庵寓意"印。

(3)2010年秋季藝術品拍賣會·西泠首届古籍善本(12.11)

LOT.0427《唐寫經五種》。《佛説解百生怨家經陀羅尼經》,長24.8、高26;《大般若波羅蜜多經卷九十四》,長44、高25.2,首全尾殘;《衆學法斷卷》,長44、高24.7;《敦煌經斷卷》,長81.3、高26;《敦煌經斷卷》,長76、高27.6,前4件爲濱田德海舊藏。

(4)2011春季拍賣會·中國書畫古代作品(7.17)

LOT.1139《唐人書法華經卷》,長840、高24,首殘尾全。康有爲舊藏。存康有爲題及"南海康有爲更生珍藏"印。

(5)2011年春季拍賣會·古籍善本(7.16)

LOT.2685《大乘無量壽宗要經》,藏文,長671、高31,首尾全。有尾題。

(6)2013年春季拍賣會·中國書畫古代作品(7.12)

LOT.3135《智果繪南無師子意佛畫像及寫經》,與中貿聖佳2006年秋拍之LOT.0847爲同一件。

(7)西泠印社2014年春季拍賣會·古籍善本(5.5)

LOT.1956《仁王般若波羅蜜疏》,①長123.8、高27.5,首尾殘。

(8)2014年秋季拍賣會·古籍善本(12.13)

LOT.2437《佛説佛名經卷三》,長922、高26,首尾殘。有川瀨一馬題。

(9)西泠印社2014年秋季拍賣會·中國書畫古代作品(12.14)

LOT.1283《維摩詰經》,長1 598、高28。

(10)2015春季拍賣會·古籍善本(7.4)

LOT.0477《妙法蓮華經卷第七》,長565、高24.3,首殘尾全。吳士鑒、劉海粟夫婦舊藏。有溥侗題簽。存"九鐘精舍""士鑒珍藏敦煌莫高窟石室北朝唐人寫經卷子""海粟鑒定""吳""劉海粟家珍藏""藝海堂藏書畫印""藝海堂""伊喬珍藏""存天閣""存天閣主人珍藏""海粟鑒藏""後齋"印。

LOT.0478《智果繪供養神佛像及寫經》,與西泠印社2013年春拍LOT.3135爲同一件。

---

① 方廣錩《中國散藏敦煌遺書目録(一)》,《敦煌學輯刊》1998年第2期,第77—82頁。

（11）2016 年秋季拍賣會·古籍善本（12.18）

LOT.4940《敦煌净土寺藏大乘密嚴經卷上》，長 771、高 25.5，首尾全。尾題"勘兩遍未知定否"。存"净土寺藏經"印。

（12）2017 年春季拍賣會·古籍善本（7.17）

LOT.4616《仁王般若波羅蜜疏》，與 2014 年春拍之 LOT.1956 爲同一件。

LOT.4617《妙法蓮華經卷第三藥草喻品第五》，長 298、高 24，首尾殘。常任俠舊藏並題。存"穎上常任俠讀""常任俠鑒賞印""竹香廳""潤氏鑒藏""逸園秘笈""榮叔章鑒藏印""敬金堂藏書畫"印。

（13）2018 年春季拍賣會·古籍善本（7.9）

LOT.4878《智果繪供養神佛像及寫經》，與西泠印社 2011、2015 春拍皆爲同一件。

（14）2018 年春季拍賣會·華藏寶相·中國歷代佛教藝術（7.8）

LOT.3803《大般若波羅蜜多經卷》，長 915、高 24.5，首尾全。存劉文西、白伯驊題。

（15）2018 年秋季拍賣會·古籍善本·金石碑帖（12.16）

LOT.2853《妙法蓮華經卷第四》，長 290.5、高 26，首殘尾全。有"廣錩審定之印"。

（16）2019 年春季拍賣會·古籍善本·金石碑帖（7.8）

LOT.4731《净名經集解關中疏》，長 1 598、高 28.2，首全尾殘。

LOT.4732《諸星母陀羅尼經》，長 143.7、高 24.2，首殘尾全;《妙法蓮華經卷一序》，長 101.4、高 24.3，首尾殘。有文物公司舊簽。李盛鐸舊藏。存"木齋審定"印。

（17）2019 年秋季十五周年拍賣會·古籍善本·金石碑帖（12.13）

LOT.0024《大般若波羅蜜多經卷第一百五十八》，長 230、高 25.6，首尾殘。顧鐵符舊藏。存楊守敬題及"楊守敬印"。

LOT.0075《妙法蓮華經常不輕菩薩品第二十》，長 155、高 24.3，首尾全。顧坤一舊藏並題。存"右任""常熟顧坤一""家住補溪夫容莊"印。

（18）2020 年秋季拍賣會·古籍善本·金石碑帖（1.14）

LOT.0381《大乘無量壽經》，長 167、高 30，首尾全。

LOT.0382《大般若波羅蜜多經卷第三百六十二》，長 795.5、高 26，首尾全。

2. 浙江美術傳媒拍賣有限公司（美術拍賣）

以下拍品主要出自浙江美術傳媒拍賣公司運營的美術拍賣網，由於爲綫上拍賣，加之幾乎每日運營，故拍品流拍後往往持續上拍，重複頗多，拍品皆是介於長 5—10、高 25 釐米之間的殘片,多缺定名。

(1)古代佚名佛教寫經(2019.10.11)

S08100084《敦煌寫經》,長 7.5、高 23,首尾殘。

S08100086《敦煌寫經》,長 6、高 25,首尾殘。

S08100082《敦煌寫經》,長 5、高 25,首尾殘。

S08100094《大般若波羅蜜多經卷第二百四十七》,長 21、高 26,首全尾殘。有黑色圓墨印,識讀不清。

S08100092《敦煌寫經》,長 6、高 25,首尾殘。

S08100096《古佚名真金敦煌寫經》,長 6、高 27,首尾殘。

(2)名家書法國畫作品(2019.11.19)

S08100449《古佚名敦煌寫經》,長 5.5、高 24,首尾殘。

(3)中國書畫(2019.11.23)

S08100565《古佚名敦煌寫經》,長 5.5、高 25,首尾殘。

(4)名家書法國畫作品(2019.11.24)

S08100573《古佚名敦煌寫經》,長 7、高 25,首尾殘。

(5)名家書法國畫作品(2019.11.25)

S08100616《古佚名敦煌寫經》,長 5.5、高 24,首尾殘。

(6)名家書法國畫作品(2019.11.26)

S08100636《古佚名敦煌寫經》,長 5.5、高 25,首尾殘。

(7)名家書法國畫作品(2019.11.29)

S08100715《古佚名敦煌寫經》,長 5.5、高 24,首尾殘。

(8)名家書法國畫作品(2019.11.30)

S08100748《古佚名敦煌寫經》,長 6、高 24,首尾殘。

(9)名家書法國畫作品(2019.12.1)

S08100779《敦煌寫經》,長 5.5、高 24,首尾殘。

(10)名家書法國畫作品專場(2019.12.2)

S08100809《敦煌寫經》,長 7.5、高 24,首尾殘。

(11)名家書法國畫作品專場(2019.12.3)

S08100852《敦煌寫經》,長 5.5、高 24,首尾殘。

(12)名家書法國畫作品(2019.12.5)

S08100906《敦煌寫經》,長 9、高 25,首尾殘。

(13)名家書法國畫作品專場(2019.12.6)

S08100926《敦煌寫經》,長 5.5、高 24,首尾殘。

（14）名家書法國畫作品（2019.12.20）

S08101186《古佚名敦煌寫經》，長 6、高 24，首尾殘。

（15）名家書法國畫作品（2019.12.24）

S08101305《古佚名敦煌寫經》，長 5、高 24，首尾殘。

（16）名家書法國畫作品（2020.1.5）

S08101654《古佚名敦煌寫經》，長 8、高 25，首尾殘。

（17）名家書法國畫作品（2020.1.11）

S08101836《古佚名敦煌寫經》，長 5、高 25，首尾殘。

（18）名家書法國畫作品（2020.1.12）

S08101853《古佚名敦煌寫經》，長 5、高 25，首尾殘。

（19）名家書法國畫作品（2020.1.14）

S08101939《古佚名敦煌寫經》，長 6、高 25，首尾殘。

　　本文收録國内拍賣市場所見的敦煌文獻，據不完全統計有 600 件左右，超過 100 釐米長的有 300 件左右。需要指出的是，國内拍賣場所見的敦煌文獻主要集中在北京、上海兩地的拍賣場中。因拍賣公司官網未設“拍賣結果”或及時更新信息，我們的統計還會有不少疏漏；相當數量的拍品因流拍而輾轉各個拍賣公司，我們的統計因此也會有不確或重複之處；拍賣公司提供的圖版不甚清晰完整，一些題跋、鈐印等一時難以辨認；拍賣公司並未科學嚴謹地備注拍品信息，常以“唐人寫經”“寫經”“舊寫本”“古寫經”等非常寬泛的詞彙爲題，而未加説明時代、出土地等背景信息，這些都爲我們的收集和判斷增加了難度。部分文獻因輾轉數家，被一些藏家與其他文獻拼合粘接起來，這種對敦煌文獻後期加工的方式也非常值得注意。

　　國内拍賣場所見的敦煌文獻以漢文佛經爲主，另有少量佛畫、非佛教文獻和藏文佛教文獻，其中有幾件鈐有“净土寺藏經”墨印，數十件有抄寫或刻印題記。部分文獻曾由名人收藏而見載於各種記録，如李盛鐸舊藏、張大千舊藏、周紹良舊藏、成賢齋藏品等。部分因專場拍賣而匯集出版圖録，如《濱田德海蒐藏敦煌文獻》等。部分文獻或經權威機構鑒定爲國家一級文物，或由方廣錩、李際寧等敦煌學專家鑒定過真僞，品相和品質皆可保證。還如李盛鐸、張大千舊藏品出售後，今又經日本、美國、德國等回流入國内，這一現象非常值得關注。

　　國内拍賣場所見的敦煌文獻上有康有爲、羅振玉、李盛鐸、許承堯、張大千、周紹良、端方、周叔弢、川瀬一馬、藤井善助、中村不折、疇卻達競、田山方南、濱田德海、田中慶太郎、尾上柴舟等 60 餘位中日收藏家題跋、印鑒的留跡，抛除一些贋品的嫌疑,這些舊收藏信息爲探尋敦煌文獻的流散史提供了極爲豐富的參考價值。當然,敦煌文獻屢現於拍賣場固然令人欣喜,但拍賣公司往往將敦煌文獻、吐魯番文獻、日本古寫經、不同時代寫經,甚至贋品混同,故對這些拍品的真偽辨析會是一個長期和複雜的工程。

本文由中國歷史研究院"蘭臺青年學者計劃"項目資助。

本文的寫作得到中國國家圖書館劉波研究員的大力幫助,謹致謝意。

《敦煌學國際聯絡委員會通訊》稿約

　　一、本刊由"敦煌學國際聯絡委員會""中國敦煌吐魯番學會"和"首都師範大學古文獻研究中心"共同主辦,策劃:高田時雄、柴劍虹;主編:郝春文。本刊的内容以國際敦煌學學術信息爲主,刊發的文章的文種包括中文(規範繁體字)、日文和英文,每年出版一期。截稿日期爲當年3月底。

　　二、本刊的主要欄目有:每年的各國敦煌學研究綜述、歷年敦煌學研究的專題綜述、新書訊、各國召開敦煌學學術會議的有關信息、書評或新書出版信息、項目動態及熱點問題争鳴、對國際敦煌學發展的建議、重要的學術論文提要等,歡迎就以上内容投稿。來稿請寄:上海市徐匯區桂林路100號上海師範大學人文學院陳大爲,郵政編碼:200234,電子郵箱:chendw@ shnu.edu.cn。

　　三、來稿請附作者姓名、性别、工作單位和職稱、詳細地址和郵政編碼以及電子郵箱,歡迎通過電子郵件用電子文本投稿。

圖書在版編目(CIP)數據

2022 敦煌學國際聯絡委員會通訊/郝春文主編. ——
上海:上海古籍出版社,2022.8
ISBN 978-7-5732-0394-6

Ⅰ.①2… Ⅱ.①郝… Ⅲ.①敦煌學—叢刊 Ⅳ.
①K870.6-55

中國版本圖書館 CIP 數據核字(2022)第 139246 號

2022 敦煌學國際聯絡委員會通訊

郝春文　主編

上海古籍出版社出版發行

(上海市閔行區號景路 159 弄 1-5 號 A 座 5F　郵政編碼 201101)

(1) 網址:www.guji.com.cn

(2) E-mail:guji1@guji.com.cn

(3) 易文網網址:www.ewen.co

上海惠敦印務科技有限公司印刷

開本 787×1092　1/16　印張 17.5　插頁 4　字數 305,000

2022 年 8 月第 1 版　2022 年 8 月第 1 次印刷

ISBN 978-7-5732-0394-6

K·3228　定價:88.00 元

如有質量問題,請與承印公司聯繫